人民音乐家
刘炽 传

The Melody
of the People's
Republic of China

共和国的旋律

刘欣欣
赵征溶 著

陕西新华出版 陕西人民出版社

图书在版编目(CIP)数据

共和国的旋律:人民音乐家刘炽传 / 刘欣欣,赵征溶著. — 西安:陕西人民出版社,2023.3
ISBN 978-7-224-14374-4

Ⅰ.①共… Ⅱ.①刘… ②赵… Ⅲ.①刘炽—传记 Ⅳ.①K825.76

中国版本图书馆CIP数据核字(2022)第019684号

出 品 人:赵小峰
总 策 划:关　宁
策划编辑:管中洑
责任编辑:管中洑　杨舒雯
整体设计:杨亚强

共和国的旋律
——人民音乐家刘炽传

作　　者	刘欣欣　赵征溶
出版发行	陕西人民出版社
	(西安市北大街147号　邮编:710003)
印　　刷	陕西龙山海天艺术印务有限公司
开　　本	787毫米×1092毫米　1/16
印　　张	28.75
字　　数	340千字
版　　次	2023年3月第1版
印　　次	2023年3月第1次印刷
书　　号	ISBN 978-7-224-14374-4
定　　价	69.00元

刘炽：舀来时代的风与火，浇铸人民的乐与魂

"烽烟滚滚唱英雄，四面青山侧耳听。晴天响雷敲金鼓，大海扬波作和声。人民战士驱虎豹，舍生忘死为和平……"今天的人们，常常会情不自禁地唱起这首歌，这首《英雄赞歌》已经成为我们时代的经典，激励、陶冶着一代又一代国人。

2021年是《英雄赞歌》曲作者、人民音乐家刘炽100周年诞辰，随着中国交响乐团在国家大剧院举办纪念音乐会《英雄的赞歌》，中国煤矿文工团在北京国图艺术中心举办专场音乐会《一条大河》，时光的记忆一次又一次被唤起。为探寻奋进新时代的宝贵精神财富，记者专访了刘炽之子——中国延安文艺学会文化创意产业中心主任刘欣欣，从不一样的视角走近作品依然深深影响着时代的这位艺术家。

一、生活："玻璃人""刘热闹"和"平民化"的标签

在延安鲁艺的老一代艺术家中，刘炽有很多雅号和标签。比如武汉市委宣传部原副部长、音乐理论家程云就评价刘炽是"玻璃人"。刘炽性格直爽，没有城府，喜怒哀乐表里如一，像一块透明的玻璃。所以无论是在生活中还是在工作中，刘炽发现问题，好直抒己见。从事实来看，这种表里如一的个性，既成就了他艺术创作的伟大，也令他的人生之路充满了磨难和曲折。

刘欣欣告诉记者："民间的一句生活箴言这样告诫我们：'见人只说三分话，不可便抛一片心。'但我父亲是恰恰相反的，他是'见人净说大实话，立刻又抛一片心'！也许就是这样耿直和坦诚的性格，导致他人生的多次大起大落吧！"

很多老战友称刘炽为"刘热闹"。因为他天性乐观，能感染周围人，当别人郁闷或沮丧时，往往跟刘炽接触后会化解掉心中的不满，从不好的情绪中解脱出来。所以，刘炽的朋友很多，以至于原解放军艺术学院副院长、著名军旅作曲家时乐濛曾在一次研讨会上感慨："咱们在座的大家在人类各界都有朋友，但是刘炽不一样，他在动物各界都有朋友！"一句话引来会场上的阵阵欢笑。

在刘欣欣眼中，父亲刘炽在生活中是一个很随性的人，在家里也是谈笑风生，和子女没有任何隔阂。"虽然父亲工作很忙，和我们相聚的时间很少，但只要他在，家里永远充满了欢乐。"

刘炽是一个非常平民化的音乐大家、艺术大家，他始终把自己的根扎在老百姓之中。这不仅体现在艺术创作上，还体现在对子女的教育上。当时具备条件的家庭都热衷于送子女去名校、去干部子弟学校，但刘炽坚持让子女就近入学，他说："我的孩子不要去上干部子弟学校，要上平民学校，哪个学校离家最近就上哪个学校。"

正是这种永远的童心、乐观和平民意志，让刘炽在多次深陷逆境时也能很快从悲悯和伤痛中挣脱出来，而终能达观知命、内心平和，持守信念和理想。刘欣欣说："我父亲内心始终相信党、相信人民，他有着'只要我不死就要为人民继续创作'的艺术理想，所以才能熬过最艰苦的日子。"

二、创作：作品传递出无限的幸福感和获得感

刘炽在他60年的艺术生涯中创作了上千部（首）作品，作品数量众多，且形式多种多样，创作范围囊括为社会各阶层所写的歌曲，包括儿童歌曲、交响合唱、无伴奏合唱、儿童戏剧、木偶剧、交响曲、歌剧、电影音乐、戏剧音乐、舞蹈音乐等诸多音乐门类。其脍炙人口的经典之作有《我的祖国》、《祖国颂》、《英雄赞歌》、《让我们荡起双桨》以及歌剧《白毛女》(合作)、歌剧《阿诗玛》、歌曲《新疆好》、圆舞曲《滇池圆舞曲》等，更在诸多领域留下了经久传唱和经久演奏的作品。中国歌剧舞剧院原院长、著名词作家乔羽曾多次感慨："刘炽那是写啥啥好！"

刘欣欣说："这几年我努力做的一件事情，就是让更多人知道，刘炽不单是一个歌曲作家，更是一个非常全面的音乐家，有各种各样的作品流传于世。"

刘炽的创作有浓郁的地方风情特点和突出的个性风格，《我的祖国》已是在当代中国影响最广、意义最为深远的经典歌曲之一。通过抒情性的叙述，以激扬的旋律和丰富的多声部效果将英雄祖国辽阔、壮丽的形象做了充分展现。而《新疆好》《让我们荡起双桨》《英雄赞歌》等一批被誉为"中国经典"的作品，也无不洋溢着纯正的民族风格。这些都来源于、归因于中国的民间民族艺术沃土养育了刘炽，而刘炽也将民族民间艺术作为自己成功之源泉。

刘炽从小就表现出突出的音乐天赋，11岁时就继承了西安城里被誉为"长安笛王"的王六爷的衣钵，成了西安三仙庙古乐队的领奏。汉唐大曲的气魄、民间音乐的气势和旋法，都深深地滋养了刘炽，他又把民间音乐的精髓融入自己的艺术创作中。

刘炽晚年曾说："祖国、人民、中华民族，这是我永恒的主题。"刘炽的作品通常主题宏大，但表达却非常通俗化，呼应着时代的发展，关心着民族的命运，随着跌宕起伏的旋律展开，音乐直抵人们的情感和心灵的深处。

在刘欣欣看来，刘炽的作品之所以如此深入人心，是因为前几代人有一个从旧中国到新中国的亲眼所见、亲身体会和亲自对比的过程。"当人们经过了各种苦难以后生活在新中国，就会产生无限的幸福感和获得感，而刘炽的作品就是对这种心灵的获得感的最动情的表达。"

三、影响：穿越时代、历久弥新

中国音乐家协会原主席傅庚辰说："刘炽是中国近现代音乐史上，继聂耳、冼星海之后，最有成就的伟大作曲家之一。"

刘炽的影响穿越时代、历久弥新。早年，刘炽创作的《工人大合唱》，很多老工人听后都是泪流满面，有的紧握刘炽的手，感动地说："真没想到您为我们这些'煤黑子'写了这么美的大合唱！"

刘欣欣还向记者讲了一个故事。20世纪80年代末，著名作曲家、教育家杨鸿年随中国一个艺术代表团赴美国演出，在专门慰问华侨的首场演出中，台下有多位老华侨递纸条到舞台上询问："为什么没有唱《让我们荡起双桨》？下一场演出您能不能为我们唱《让我们荡起双桨》啊？"杨鸿年见到这些小纸条后大为吃惊，没想到这首歌曲居然会令远在异国他乡的老华侨们念念不忘。当天晚上，杨鸿年几乎没有睡觉，赶紧联系国内找谱子和配钢琴伴奏，进行各种准备。在第二天的演出中，当《让我们荡起双桨》音乐响起时，全场起立鼓掌、含泪合唱……

20多年前，西方艺术演出团体到中国演出，几乎看不到、听不到他们演唱刘炽的作品，但是近些年来，随着他们对中国文化、中国艺术、中国音乐的了解越来越多，也开始关注刘炽的作品。如今，美国、英国、法国、德国等国家的很多艺术团体到北京演出时,《让我们荡起双桨》都是重要的演唱曲目,而且每场演出都获得了巨大成功。

刘炽的作品不但远播海内外,也影响着自己的子女。在阔别祖国数十年后,刘欣欣选择从美国纽约回到中国发展,他说:"我在美国各方面的发展都很好,但我还是选择放弃一切回国,因为我意识到我父亲的大批遗作需要整理,而我又是家中四个孩子里唯一一个学作曲的,众多的责任压在我的肩膀上啊!"

在整理父亲作品的过程中,刘欣欣对父亲的认识也更加深入和鲜活,他逐渐理解到,父亲是一个有信仰、有理想、有热情、有魅力、有天赋、有干劲、有毅力,用60年时间为祖国和人民留下了一大批优秀作品的伟大艺术家。整理父亲的作品和文稿已耗费了刘欣欣10年的时间,这是一个十分艰苦的过程,但他没有选择放弃。沿着父亲的足迹,刘欣欣希望逐步推出一组反映中西方文化碰撞的、他自己创作的歌剧和音乐剧作品。

据刘欣欣介绍,父亲晚年说过一句非常动情的话:"我这辈子做了什么呢?我把音乐还给了人民!"

这就是刘炽总结的他自己的一生:他只是把音乐又还给了人民。但还给人民的不是原来的民歌小调,而是在新的历史时期能够代表中国人精神价值的艺术佳作,是展现这个东方大国美好生活的灵魂篇和情感篇。这就是刘炽还给人民的音乐,也是人民音乐家刘炽留给中华民族的宝贵精神财富。

刘炽在他的音乐中活着,人民在刘炽的音乐中生活着。

——本文原载2021年5月14日《中国文化报》,作者王伟杰,收入本书时由刘欣欣修订

目　录

上篇　旋律人生

003　　西安：印着他童年坎坷的足迹

038　　延安：走星海老师的音乐之路

149　　挺进东北：在转战中挥着手和笔

189　　北京：和平环境给了他创作的丰收和辉煌

下篇　音乐传奇

285　　神采飞扬与神型兼备
　　　　　　——刘炽与新中国第三套、第六套广播体操

291　　一个黄金时代，一对南屋和北屋
　　　　　　——刘炽与乔羽的合作

297　　我写我心，"天天向上"
　　　　　　——新中国首部童声交响大合唱

301　音乐"考古"歌为证
　　　　——刘炽的《联合国日歌》与《工合之歌》

307　起来，中国的工人！
　　　　——延安鲁艺的《工合之歌》

310　海内存知己，真情乐与歌
　　　　——刘炽为西哈努克亲王作曲和编配作品三首

317　没有"儒家"的儒家，歌唱中的东方女性美
　　　　——刘炽赶写《巧媳妇》

321　一个作曲家埋没了一个舞蹈家
　　　　——刘炽的舞蹈作品概述

324　三拍子的中国式浪漫
　　　　——刘炽的六首圆舞曲风格作品

334　且将故事化歌传
　　　　——刘炽的四首叙事声乐作品

345　震撼心魂的经典
　　　　——刘炽的电影音乐

364　来自东方的咏叹与抒情
　　　　——介绍刘炽的四部歌剧音乐创作

379　"雪压冬云白絮飞"
　　　　——为毛主席诗词《雪》《冬云》谱曲

384　我心中的祖国与家乡
　　　　——两首思乡曲的创作

附录　刘炽文存选

395　关于《七月里在边区》

404　关于《翻身道情》

417　从四十年前的歌曲《胜利鼓舞》谈起
　　　　——兼论"作曲的形式和内容"

425　五十年前的《塞北黄昏》
　　　　——歌剧创作随草

433　"他是我们延安长大的孩子"

443　后　记

上篇 — 旋律人生

西安：印着他童年坎坷的足迹

西安，中国的历史名城，杜甫有诗云"秦中自古帝王州"。从西周至唐，前后有十余个王朝在此建都。悠久的历史赋予了它灿烂的文化。它还是座音乐之城，沣涝二水、浐灞两河从它身边流过，拨弄着大地的琴弦。悠悠韵响，滋养着八百里秦川。乐歌生生不息，以它独特的韵律，给古都以音的壮丽、乐的辉煌。

单说这每年夏末秋初时，农民收了庄稼，一些民间艺人便进了城。三人一组，一个拉胡琴，一个弹三弦，一个唱曲子兼打击乐，西安城四处便回荡起眉户调来。眉户调源于元代戏曲，又吸收了眉县、户县（今鄠邑区）的歌谣小调，音乐和故事都很感人。诸如《李翠莲大上吊》《孙庞斗法》《刘全进瓜》等，让人听了真"迷糊"（有人将眉户调误写为"迷糊调"）。大人被粘住了，孩子们跟着跑，那街头巷尾便淌成了一条音乐的河。

有一个四五岁的娃娃也似一朵浪花般追逐着这眉户音乐的波，奔呀、跑呀，"迷糊"了很远很远。即便巷子里都昏暗了下来，他也不觉得，还是钻到人群前面竖着小耳朵入神地听。唱曲子的艺人收场了，他才"醉"醒过来，"哇"的一声哭了起来。他摸不着家了。唱眉户调的猛然一怔，却又是好奇，便柔声细语地问："娃，你家住在哪？""甜水井。"这些民间艺人的心地似眉户调一样美好,他们把娃送回了家。这娃叫刘德荫,即后来延安中国民间音乐研究会(缩写为 MH,读音近似"眉户")五人团中的刘炽。这种自幼的喜好和追逐就是他日后走上音乐道路的起点;而那印在西安含光门内甜水井街巷的童年足迹,当是他人生旋律的最早音符。

一、报晓的雄鸡

刘炽出生在西安这座充满音乐氛围的古城里。

1921 年,中国共产党的成立,给灾难深重的中国人民带来了光明与希望。关中,这古代的四塞之地也迎来了马克思主义思想,古都西安同样成了新与旧、光明与黑暗较量的战场。人们期盼曙光,可军阀统治、战乱、灾荒,又把人们推入黎明前的黑暗之中。

这年 4 月 17 日,正是农历三月初十,夜色弥漫,却又是由浓渐淡。校场门的一户人家正处在不安躁动之中,这户主人叫刘彭卿,在富秦银行兴平支行任庶务,妻子薛慧贤就要临产,他在屋外来回地踱着步,焦急地等待小生命的降生。

另一间屋里传出了轻轻的咳嗽声,这是刘彭卿的父亲刘舜臣。他是读书人,一家几代男子都是单传,这便是他内心深处的隐痛。虽然他已有孙儿,娃叫恩荫,是彭卿的前妻所生。可这媳妇生育后不久病故了,他便让彭卿续了弦,而今薛慧贤足月临产,刘家有了人丁兴旺的希望。他给未来的孩子取名叫德荫,意思很明显,是希望祖上的恩德荫蔽孩子的成长。

除了产妇的呻吟，满屋的空气似乎都凝固了。"快，快!"忽地内屋传来接生婆的声音，就在大家屏气凝神的时候，一声长啼打破了夜空的沉寂。接着，金鸡打鸣，天亮了。那年是鸡年，后来刘炽常笑说自己就是那报晓的雄鸡。的确，从那降生的一声啼哭开始，世界上便有了他清亮的音，以至未来有了他光明的歌。

刘德荫幼年得到最多的爱是妈妈和爷爷给予的。妈妈薛慧贤是女子师范的毕业生，她的身上不仅有母性的善良和温柔，更有知识和修养，尤其她还会唱许多歌。小德荫还在襁褓中时，妈妈就把他搂在怀里，轻轻地拍打着，嘴里哼出的便是歌；小德荫躺在摇篮里，妈妈一边摇着，一边唱着，那又是歌；小德荫似乎整天都生活在音乐和幸福里，即便是睡觉，也是带着歌儿入梦。人都说，有成就的人离不开他的母亲。由此，是否可以说，是他母亲的歌声滋养着他的音乐细胞，而使他有了对音乐的热爱。

稍大一些时，小德荫就随着爷爷入馆读书了。刘家本是书香门第，小德荫的曾祖父就是个读书人。爷爷刘舜臣，写得一手好字和好文章，也曾几进科场，却是无钱贿通关节，每次榜出无名。一腔愤懑，满怀失意，灰了心，决意弃绝仕进，而当了坐馆塾师。那时代，读书人的心态是极其矛盾和痛苦的，自己仕途无进，便痛恨社会的黑暗，却又无法摆脱传统文化观念的羁缚，便把渺茫的希望寄托在后人身上。刘舜臣最不称意的便是儿子刘彭卿，彭卿因学问少也常受父亲的责备。刘舜臣就把希望寄托在孙子德荫身上。小德荫聪明，所以爷爷很早就把他带入馆内就读。

启蒙读物是《百家姓》《三字经》，读起来倒是朗朗上口。后来学到了《诗经》《论语》，什么"关关雎鸠，在河之洲"，小孩子如何懂得？什么"子曰：'学而时习之，不亦说乎'"，小孩子又如何愉悦？真是枯燥乏味。但他知道爷爷最喜爱用功的人，还是硬着头皮读，想招爷爷喜欢。虽然食而不化，可小德荫毕竟受到了一点古典文学的熏陶，这对他后来从事的音乐艺术活动，谁又能说没有一点影响呢？

与此同时，爷爷还常给小德荫讲一些民间的风俗和故事，一桩桩都那么有情有趣，让他仿佛步入又一奇妙的世界里，于是小德荫的童心里多了对生活的好奇。至于他后来倾心于民歌的研究，与童年的涉趣也该有一点渊源吧！

小德荫调皮，总爱蹦蹦跳跳的，连走路也不太守规矩，而最勾他魂的莫过于音乐了。那次他迷了路，被唱眉户调的艺人送回家后，他就挨了爸爸一顿结结实实的揍。可后来一听到唱眉户调，他就忘了屁股疼痛的滋味，一溜烟地又跟着跑去听了。附近乡村里搭台唱戏，他知道了都偷着去看。城里戏园子，他仗着人小往里钻。听了秦腔，回来还给外婆讲戏文故事。即便是和尚、老道念经，人家娶媳妇、办丧事，他也总是凑着热闹往里钻，一心一意地听那吹奏乐。小小的人儿，对音乐着了迷。西安的民间音乐很丰富，他自幼便生活在这遍布音乐的环境中，受着音乐的熏陶，从而有了童年的欢乐，也孕育着未来的事业。

二、校园里的小星星

6岁那年，小德荫进入陕西省立第一实验小学读书（当时人们称为"一实小"），这头活蹦乱跳的小马驹，便有了拘束。这是一所新式的学校，也是全市最好的小学，一踏进校园，小德荫眼前便展现出一排排整齐的校舍，有绿树、鲜花、草坪，还有好多好多的小朋友，他对一切都感到新鲜好奇。可是待铃声一响，往教室里一坐，他便如鸟入笼中直扑打。语文课教的字他早认识了；算术课教的"1、2、3、4、5"，他也不费劲便学会了。于是眼睛常望着窗外，脑子里都是那唱秦腔的戏园、唱眉户的街巷、唱经文的寺庙，耳畔萦绕着悠悠扬扬的音乐……老师发现他走了神，狠狠地剋了他，他害怕了，就埋下头，避开老师严厉的目光，怯怯地听着老师讲课。可放学铃一响，他便又匆忙回家钻戏园子去了！

学习这样心不在焉，他的成绩便也平平，有回算术竟考了不及格。爸爸要用巴掌教训他，而妈妈却护着他，把他紧紧地搂在怀里："孩子还小，打什么？跟他慢慢讲道理嘛！"这时平常最疼爱他的爷爷也气得翘起了胡子："德荫，你还是个聪明的娃，你的机灵劲跑到哪里去了？"刘德荫人小性子倔，还振振有词："怎么啦，我的音乐一百分哩！""那能当饭吃？！"爸爸一拍桌，"顶个屁用！"小德荫满腹委屈地流泪了。

小德荫的音乐老师叫全漫仙，山西人，是个30多岁的男子，个子不高，高高的鼻梁上架着一副眼镜，英俊潇洒，一派新式青年人的气度。在众多的学生中，他发现了刘德荫这个调皮而有灵气的孩子。那时学校里教的是"五四"以来的新音乐，一曲曲儿歌活泼明朗，与德荫过去惯听的秦腔、眉户调相比，又是另一种味道。刘德荫感到新鲜有趣，音乐课上歌学得快，音唱得准，甚至有时还锁着眉头，一股认真的劲儿，声音里竟不知不觉地含着情，使全老师都对他另眼看待了。学校里排文娱节目选中了他。刘德荫人小，可很有自尊心，他觉得光荣，便也特别认真地排练。他的接受力很强，全老师更加喜欢他了。那时他们常演黎锦晖的作品，如儿童歌舞剧《月明之夜》《葡萄仙子》《小小画家》《乒乓乓乓》《麻雀与小孩》。刘德荫唱呀跳呀,特别忘情,仿佛自己就是葡萄仙子,就是小画家。那清脆的童音、活泼的舞姿确实动人,在同学们的心目中,他成了一颗闪亮的小星星。

后来教音乐的换了一位姓康的女老师,二十四五岁,留着齐耳的短发,一对明亮的眼睛流露出女性的温柔。她也特别喜欢刘德荫,课后教他唱歌,教他跳舞,排练节目常让他当小主角。只要在康老师的身边,刘德荫便感到惬意,枯燥的数字"1、2、3、4、5、6、7",竟变成"do、re、mi、fa、sol、la、si",轻轻荡起旋律来,多美,多有趣。

艺术即人生,当年的小德荫自然是不懂的,然而音乐熏陶人的志趣,全老师、康老师似拉着他的手,引领着他往音乐的道路上走,迈出了那可喜的一步。

三、在三仙庙的古乐队里

校园的钟声悠悠扬扬地回响了四个春秋,小德荫越发喜爱康老师的琴声和歌声了。可他毕竟只是个九岁的孩子,并没有编织音乐的梦幻。他倒是记住了爷爷的期望——读书。再过两个月,他就初小毕业了。平时高小的学生在他们这些小不点面前趾高气扬,他就憋着气,嘀,不久他也是高小学生了。

一天,风和日暖,小德荫正在草坪上随康老师排练节目,准备初小毕业典礼的演出。三舅突然跑来找他,说是他爸爸的腿给汽车压折了。小德荫立即吓得哭了起来。三舅不由分说,拉着他就跑。气喘吁吁地跑到医院,爸爸正睡在病床上,爷爷、妈妈都在那里,一个个脸上笼着愁云。小德荫直扑过去，哭喊着爸爸，爸爸抓住小德荫的手又流泪了。

原来刘彭卿眼不太明，耳不太灵。走在路上，不料一辆军队的载重卡车直冲过来将他撞倒，压折了他的腿。"秀才遇见兵，有理讲不清"，在那年头，只能自认倒霉，刘彭卿被人抬进医院。就是这一不幸，让全家人跟着被撞进了灾难的深渊。

刘家本是小康人家。刘德荫曾祖父是个读书人，给人管账，略有积蓄；祖父设馆教书，因家中人口少，而薄有家产，在北校场门有一宅自家的住房，衣食温饱自是无虞。可后来连遭盗窃，家道渐渐败落，不得不变卖房产，几迁住处，最后搬到了甜水井街。

那时一家七八口人，爷爷、妈妈、哥哥、弟弟、外婆、德荫，还有舅舅，全靠父亲的薪水过活。本来手头就不宽裕，现在却又遭了横灾，住院治疗得花许多钱。

经过治疗，刘彭卿的腿骨是接上了，却变成了跛足。当家人把他接回家时，银行已经把他辞退了。刘彭卿和妻儿全呜呜地哭了，德荫的爷爷眉头紧锁着，他真不明白，为什么灾难竟接二连三降到他一家呢？一个人一张嘴，嘴一张就要吃饭，而今一家全断了生计。

开始，刘彭卿的朋友还周济他们一家，可这无法长久维持啊！于是，刘家常变卖家产糊口度日。德荫的妈妈也帮人拆洗衣服挣钱贴补家里。有时家里揭不开锅，妈妈便让德荫拿着口袋去北边的董家。董家开磨坊，卖烧饼，老人信基督教，人挺和善，见了口袋便也明白了几分，于是接过来装了点面粉让德荫再背回去。

小德荫背着面口袋回来，听到爸爸妈妈在里屋正在议论着什么。

"现在连饭都吃不上，德荫的学就别上了。"

"不，再困难，我也要想法子让孩子读书。"妈妈坚持说。

"可读书要钱，钱从哪儿来？……"

看到德荫的身影，爸爸和妈妈都不再说话。德荫望着父母愁苦的表情，再也忍不住了，把口袋往桌上一放，顺势往父母面前一跪："爸爸，妈妈，我不上学了，我要挣钱养活你们！"说着便"哇"的一声哭了起来。

"不能，德荫你才九岁……"妈妈更是伤心得泪如雨下。

爸爸默不作声，闭着双眼，任凭母子的哭声撕裂着心肺。

第二天一早，刘德荫退了学，他的双脚从实验小学的校门跨进了三仙庙，去那里打扫佛堂。

三仙庙在甜水井西头，离刘德荫家不远，是西安理教的中心。理教的规矩很严，"不抽烟、不喝酒、五字真言（观世音菩萨）不出口"，刘德荫对此是笃行不疑的。后来，在延安儿童剧社演出《古庙钟声》，他演主角王明。读剧本每逢遇"菩萨"二字，他总是说成"佛爷"，导演莫名其妙。指导员黄植特地找他谈话，他便说了入理教发誓的事。黄指导员引导教育一番，此后他才破除了这个迷信。

庙里主持的老道叫刘仙洲，会给人治病。刘仙洲治病不要钱，但看病的人要给神佛布施。就凭着这香火钱，刘仙洲不仅养活了庙里的人，还养起一支乐队。

庙里的古乐队平常有十七八个人，最多时有二三十人。刘德荫除了打扫佛堂，还参加了古乐队，对他来说，这可算是童年的音乐学校。

西安的古乐，亦称鼓乐，是隋唐燕乐流传下来的支系，常在庆贺丰收或举行乡会、庙会时演奏。古乐分"行乐"（亦称路曲）与"坐乐"两种。"行乐"是行进或站立时演奏的小散曲，如《柳生芽》《朝天子》等。其节奏整齐，所用乐器较少，笛、管各一支，笙一群（一般十个，多则二三十个），云锣及全部打击乐。"坐乐"为大型套曲，曲调粗犷高亢，亦有抒情的。其结构复杂庞大，分前后两大部分，以敲击乐开始，前部包括"头、二、三瑕（或'匣'）"、"法鼓段"（亦称"花鼓段"，以多段乐曲组成，为前部主体）、"垒鼓"三个乐章；后部包括"别子"（大段乐曲）、"引令"、"套词"（为后部主体）、"赞"四个乐章。前后部各冠以散板的"起"（引子），殿以快板的"退鼓"。亦有不用"法鼓段""别子""赞"的，则称为"八拍"。乐器有笛、笙、管、座鼓、战鼓、四鼓、独鼓等，锣、钱、铰、镲、云锣等二十余种。西安古乐的曲目极为丰富，据调查，坐乐套曲有八十余套，散曲二百余首。

当时西安全城的古乐社有十七八家，如显密寺、东仓、西仓、香米园、大吉昌、城隍庙等。城外四乡还有何家营，以至周至县等地都有古乐社。除了上面以旋律为主的古乐社，还有许多"打呱社"，全都是打击乐（大鼓、大铙、大钹），由引锣（即小手锣）担任领奏。这样西安城乡加上外县的古乐社超过百家。

古乐社分僧、道、俗三派。道派以城隍庙的安来绪为首；俗派以城郊何家营的农民为代表；僧派又分为革新派与保守派，前者以三仙庙、显密寺为主，后者以东仓、西仓、香米园为主。

三仙庙古乐队的领头叫富振中，他是西安古乐僧派中革新派的代表人物。随着佛教的传入，由于印度语言与汉语的差异，用汉语演唱梵音比较困难。中华民族毕竟是善于吸收并融合外来文化的民族，经过不断的发展交流，到了唐代便有了用汉语演唱的佛曲，后来便形成比较固定的程式，以至宋、元、明、清，多因袭旧乐，缺少发展创造。人民音乐家冼星海曾说过："音乐是人的，宗教是人创造的，宗教音乐也是人的音乐。"人随着时代发展变化着，作为"人的音乐"的一部分——宗教音乐岂能不做变革？别看富振中出身低微，貌不惊人，可这个四十来岁的中年人却是壮志凌云。他胸藏风雨雷电，笔下调动千军万马，写过十几部类似交响乐的大型古乐。尽管经常受到保守派的攻击，但他矢志不移，继续按他的构想去写，最终以其优美的旋律，气势恢宏的交响曲，有力地震动了西安古乐的乐坛，赢得了古乐界的敬重。

富振中是刘德荫的师傅，刘德荫跟从他学习笙、云锣、全部打击乐，还担任佛曲的领唱。富振中见刘德荫人聪颖，有音乐天赋，又肯勤学苦练，是个好苗子，十分喜欢刘德荫。正因为如此，他对刘德荫的要求特别严格。就拿学吹笙来说吧，他给每一个簧上都贴了张纸条儿，学会了一个音才准揭去一张纸条儿。刘仙洲的朋友邢老道的儿子也和刘德荫一起向富振中学吹笙，他见刘德荫的纸条揭得比自己快，便觉得奇怪。原来那时用工尺谱，刘德荫把这和小学里熟悉的简谱对照起来学，曲谱的掌握自然快捷得多。何况他又是早起睡晚地练，即使是寒雪天也躲在墙根苦练。

刘德荫还有一个师傅叫王六爷。王六爷虽是下层的劳动人民，可一支普通的竹笛，到了他的手中，竟装下了一个世界。经他轻轻一吹，那清亮的笛音里便有了银蛇狂舞，大山驱驰。刘德荫听了王六爷吹奏笛子，竟神魂颠倒地着了迷，缠着王六爷要学吹笛子。王六爷见这孩子有心，便收了刘德荫这个徒弟。从口风、指法到"借字"（转调），王六爷悉心指导。俗话说"百日笛子千日箫"，"功夫不负有心人"，经过一段时间的苦练，刘德荫拿起笛子便也能吹出行云流水一般的韵腔，乐得王六爷眼睛笑成了一条缝。"德荫，好好地练，日后我把乐队里的笛子领奏交给你。"刘德荫几乎不敢相信自己的耳朵，心想笛子领奏是乐队里挑大梁的，他这个乳臭未干的小孩哪能承顶得起？于是瞪大眼睛望着师傅王六爷，直摇着头。"不，孩子，你应该有这样的志气！"王六爷想到自己毕竟年龄大了，总该有人接他的班，他见刘德荫小小的人儿竟有这样的基础，将来定是一把好手，于是对刘德荫既是鼓励，又施加些压力，一心要培养刘德荫早日成材。小德荫是个有志气的孩子，便向师傅坚定地点了点头。于是，他开始拿起笛子向着蓝天白云吹，向着古塔大雁吹，日复一日，半空中也便多了越发纯熟的笛音。

刘德荫吹呀盼呀，终于盼到了农历六月十七这一天。

当地民间有农历六月十七是释迦牟尼佛生日的说法，城乡四处的各路古乐队都要朝庙拜佛。平日各古乐社刻苦训练，都想在这时候露一手，展示自己的实力与风采，以赢得人们的赞誉。那时庙宇很多，鼓乐队几乎每处庙都要朝拜。城里的大小庙朝拜完，再去终南山南五台，而这一路上又有许多庙，也是凡庙必拜。最后再去城西北朝拜普贤台、送灯台、文殊台、卧佛台……这样去迟了的往往要等许久，各队不由争先恐后，天不亮西安城便沸腾了。锣鼓震天，笙笛入云，弦歌缭绕，不绝于耳。西安完全成了音乐之城，每条街都涌动着音乐的潮水，人们完全沉浸在这特殊的音乐节的欢乐之中。

大街上缕缕行行的全是人，中间幡影舞动，各乐队亮着自己的旗号，乐队人员紧跟其后，一边吹奏着，一边行走着。两旁人头攒动，摩肩接踵的观众一边鼓掌吆喝着，一边看着。有的商号图兴旺，还让伙计燃放鞭炮助兴，真是好不热闹。更有兴致勃勃的老看客，不厌其烦地细数着一支支古乐队的特点和演奏能手，竟如数家珍一般。旁边的人经他们这一解说，也更添了兴趣。

在林林总总的古乐队中，以富振中为头领的三仙庙古乐队独树一帜。他们沉得住气，并不着急争做前驱，而是让老人和孩子也能看到他们的演奏，因而总是伴着阳光行进在街头。每到街巷转折处，一声嘹亮的笛音先声夺人，人们还未见三仙庙古乐队的旗号，便知他们来了，随之报以热烈的掌声和鞭炮声。经过富振中师傅革新过的三仙庙古乐，大胆地吸收了当时的民间曲调，更贴近生活，而为人们所喜闻乐见。同时他加强音乐的交响性，气势恢宏，具有撼人心魄的力量。人们循着笛声去寻找他们所熟悉的王六爷，却是一片惊叹，原来吹笛的是一个十岁左右的孩童，其神情庄重，笛音清亮圆润与王六爷如出一辙，诧异之后便又是一片赞叹。乐队接近含光门时，甜水井街道一带的街坊见了，便有人高声地惊叫起来："那不是刘家的德娃！"刘德荫的母亲也正在人群中，抱着弟弟福荫被人一浪一浪地挤到前面。她看到了德荫，忙用手给福荫指："福娃，快看，你哥……"刘德荫也看到了母亲，越发憋着一股劲认真地吹奏着。

西安古乐队的朝庙活动一般要持续三天，即从农历六月十七起要到十九才结束。且不说这一路要演奏演唱，便是这行程对一个孩子来说也是够累的了，可刘德荫却感到无比欢畅，他又有机会演出了！富振中和王六爷都为自己的徒弟在这次朝庙赛会中崭露头角而眉开眼笑。王六爷捋着胡须问他："德荫，笛子为什么能发出音？"刘德荫被这简单而古怪的问题问蒙了。"就是因为有竹子的虚心啊，若是不通、不虚心儿，咋吹？德荫，吹笛子，就应该像笛子一样正直虚心才是。""德荫，在南五台爬山时累不累？"富振中师傅在问。"累！""还有比这高的山么？""有，我们小学的老师说过，最高的山叫喜马拉雅山。""嗬，小小的年纪还真有学问。"富振中欣慰地摩挲着刘德荫的头顶，"对呀，这叫作山外有山，天外有天，便是这古乐，流传了上千年，也是永无止境啊！懂吗？"小德荫似懂非懂地点了点头。

小德荫一回家，便似撒欢的小马驹，他跟母亲、外婆绘声绘色地描述了朝拜南五台的热闹情景，还由送灯台讲到《宝莲灯》沉香劈山救母的故事。她们还真是津津有味地听着。母亲还夸了德荫几句，说孩子有出息。父亲自从折了腿，失业在家，闷得心烦，性格也变得暴躁。听了孩子和他妈的话，他更是愁肠百结：自己也是个堂堂的男子汉，却让孩子被迫辍学，小小年纪就又去学什么长安古乐，心里有说不出的羞愧和痛苦。他越听越不耐烦，冲着妻子嚷道："还抖什么，再好也不过是个吹鼓手！出息？有什么出息？""彭卿，你咋这样说话！孩子也是为了家里省一张吃饭的嘴，你怎么能伤孩子的心呢？"薛慧贤说着便嘤嘤啜啜地哭了。这时爷爷发话了，到底是爷爷有学问，劈头便问刘彭卿："当吹鼓手又怎么啦？告诉你，孔夫子就当过吹鼓手！我看这德荫将来比你有出息！"刘彭卿是个孝子，听了老人家的话，也便默不作声了。小德荫听得明白，那时民间艺人是被人瞧不起的，可是他眼前浮现的仍然是街头路旁人头攒动，人们争看古乐演奏的情景，既然那么多人喜欢，怎么会低贱呢？

四、没有枪高的小兵

1931年9月18日，日本帝国主义悍然侵略我国东北。而蒋介石的不抵抗主义，使西安各界公众悲愤失望继而慷慨激昂，便是小德荫也感到了城里气氛的异样。

一天，他路过原来就读的实验小学，看见操场上师生们正在集会，便走了进去。只听校长哭着说："咱们东北三省丢了！有人不抵抗，多好的国土、大平原、大森林和煤矿，都让日本人占领了！"接着，全场都哭了，刘德荫也哭了。"打倒日本帝国主义！"在那愤怒挥臂的拳林中也有刘德荫的小手，在那云飞潮涌的声浪里也有刘德荫的呐喊。

刘德荫幼小的心灵里，那时便燃起了爱国主义的火苗。"当兵去，打他娘的日本鬼子！"虽然他的想法天真而简单，但他真的去西安警备三团报名参军了。

报名处的军人见刘德荫也要参军，都给逗乐了："你这小不点儿，还没有枪高哩，想当兵？""我要参加抗日！"刘德荫却是一脸严肃的神情。负责招新兵的军官不同意，刘德荫便赖着不走。一个军人拿来了一杆枪，对他说："这枪你扛得动吗？""扛得动！"刘德荫自幼生得瘦小，人才有枪杆子大半截子高，枪是扛上了，可是连他自己也感到不太相称，周围的人见了都笑起来。刘德荫禁不住一阵脸红，放下了枪，恳切地说："我人小，是拿不起枪，可我扫扫地、打打水，当个勤务兵还不行？"负责招收新兵的军官还真没有见过这么执拗的小孩，他被德荫感动了，于是答应了德荫，把他留在副官处当勤务兵。

德荫的工作主要是扫地、打水、递送信件、给副官们买烟酒、把他们的衣服送给人去洗，忙得倒也不亦乐乎。有时一边做着事，一边还哼几句秦腔眉户调。刘德荫嘴勤手勤，副官处的雷副官、孙副官、邱副官都十分喜欢他。

不久，西安警备三团换防到了乾县，刘德荫便离开了西安。恰巧，有一个秦腔班子在那里演出，领班的王文鹏是秦腔班社中最好的老生，刘德荫便如鱼得水了。

秦腔是陕甘一带人民所喜爱的剧种。它源于陕甘一带的民间曲调，起于西周，源于西府，成熟于秦。曾受昆腔、阳腔、青阳腔的影响，以梆子击节，音调高亢激越，长于表现雄壮、悲愤的情绪。清乾隆年间，秦腔班社进京演唱，魏长生演出的《滚楼》一剧轰动京城，遂使"秦优新声"复振于世。当时仅西安地区就有保符班等秦腔班子36个，可见秦腔之盛。后秦腔流入南北东西，遂成了各路梆子，便在陕西也分成四路，东路秦腔为同州梆子，中路秦腔为西安乱弹，南路秦腔为汉调桄桄（又叫汉调秦腔），还有西府秦腔。流派纷呈，风格各异。

刘德荫这个穿军装的小鬼，每天晚上都会出入戏园子的大门。旧时的戏园设备简陋，舞台下面是一排排用木板钉成的条形长凳，上面密密麻麻地坐满了人。不少人看戏就是瞧个热闹，而小小的刘德荫却是来看门道的。他自幼爱钻戏园子，小时候便会哼上两句秦腔；而今，经过小学的音乐教育，加上三仙庙古乐队的训练，他的音乐素养有了很大的提高，而于秦腔更有了别样的兴趣。他看得入神，听得认真。演员的唱腔他听在耳中，又把它记在心上。戏散场了，一路上他便唱呀唱呀，就是睡觉钻进了被窝，他还在默记着戏里面的唱词和唱腔，以致梦呓里竟有秦腔的音调。

在乾县两个月，刘德荫并没有去前线，却是如同入了秦腔的"戏校"。王文鹏的唱腔他一句一句地学，以致把当时演出的《劈门卖画》《五丈原》《火烧葫芦峪》《拜土台》《孔明祭灯》等曲目的主要唱段都背下来了。

可刘德荫毕竟还是个11岁的孩子，尽管有秦腔天天陪着他，可日子一长就想家了。他思念爷爷，多想跟爷爷讲这些戏文里的故事；他思念妈妈，多想把他的津贴塞到妈妈手中，补贴家用。乾县地处黄土高原的南缘，离西安不算太远，而于小德荫而言却如在天涯了。有时他独自徘徊在漆水河（渭河支流）边，看那浑黄的浊流，便想起了甜水井清澈的井水，要是能掬上一捧该多美呀！可他现在当了兵，已是身不由己，于是他生出了开小差的念头。军队里对逃兵的处罚是很严厉的，棒打、禁闭甚至枪毙，这些在当兵之初，他便听得明白。真是孩子离不得娘啊，对亲人强烈的思念竟使他顾不得危险，决意逃跑了。

一天，刘德荫趁给副官们办事的机会悄悄地出了乾县县城。一出城便摘下军帽，拼命地跑呀跑呀，心都提到嗓子眼儿了，就怕有人追他。紧张地跑了好一阵儿，再回头看县城，县城已经看不见了，只有那黄土高原隐隐约约地绵延起伏着。路上行人渐稀，又多是陌生人，谁也没注意他，于是他才放下心来往家的方向走。

一路上，刘德荫饿了买块馍，渴了跟人家要口水，累死累活地跑了七八十里，终于走到了礼泉县。不料却被当地值勤的连长一把抓住了。刘德荫急了："你们要干什么？""你叫刘德荫吧？"原来警备三团团部来了电话。

到了礼泉县驻军的连部，刘德荫更是傻了眼。连长的脸冰冷似铁，鼻子里只哼出了一声，然后不由分说地嚷道："来人，给我打他四十军棍，看他还敢不敢逃跑！"仿佛一声炸雷，刘德荫被吓得缩成一团，泪流满面地向连长求饶："我是想爷爷呀，想得好苦啊，长官，让我回去吧，等我长大了，再来当你们的兵……"连长依旧铁青着脸，也不言语，更使刘德荫身颤胆寒。正在这时，电话铃响了，连长转身接电话。刘德荫耳朵极灵，听筒里传出的声音像是邱副官。邱副官心地善良，平时待他好，会不会是给他说情的呢？他的心似十五个吊桶打水——七上八下。连长放下了话筒，神情平和了许多。"刘德荫，你们团长又来了电话，要我们放了你！""谢谢长官宽大！"刘德荫忙不迭地站起身来给连长鞠了几躬。"不过，这四十军棍还是要打！""啊！"一声惊叫，刘德荫两腿一软瘫到了地上。在警备三团，他听说过打军棍的事，被打的士兵谁不是皮开肉绽、鲜血淋漓呀，他害怕极了。

这时一个满脸络腮胡子的大汉走到刘德荫的面前，像老鹰抓小鸡似地把他轻轻提了起来。连长走过来耳语了几句便走了。络腮胡子把他按在地上，又褪了他的裤子，举起军棍就往刘德荫的屁股上抡。大约是邱副官说了话，孩子小，不能太难为他，因此打得轻。即便是这样，刘德荫也是疼得哭爷叫娘的。四十军棍之后这孩子也就站不起来了。这样刘德荫在礼泉的驻军连部里又躺了一个星期，双腿听使唤了，连长才放他回家，临走时还给了刘德荫一些钱。

五、印书馆里当童工

"德荫回来了，德荫回来了！"家里人免不了一阵惊喜，再看他身上穿的略显肥大的军装，又都有些摸不着头脑，"你去哪儿啦？""去乾县当兵了。""你怎么也不跟家里说一声？"爸爸闷声闷气地说，像是要发作。"还去吗？"爷爷问。"爷爷，我想您，就逃回来了！在礼泉还挨了四十军棍……"在亲人面前，刘德荫倒出满腹的委屈，放声大哭起来。妈妈一把将他搂进怀里，遍身抚摸着。"还疼不？""好多了。"刘德荫摸了摸口袋，把剩下的钱全给了妈妈。妈妈拭了拭眼泪："德娃，饿了吧，妈给你做汤面去。"刘德荫四处一望，发现屋里的家什更少了，想是卖了，家里除了贫穷还是贫穷。

一天妈妈把德荫悄悄地叫出门外，把掖在衣摆下的用蓝布裹着的东西拿出来。"德娃，你把这个拿去当了。"德荫揭开蓝布一看，几乎惊叫起来，却被妈妈用手捂住了嘴，未及喊出。蓝布里是一副青铜铙，这是有一次铸字，模子没有顶好，熔化了的铅水溢了出来，直浇向刘德荫的胸口，"啊！"一声惊叫，他晕了过去。待睁眼醒来时，他已经躺在了张师傅的床上。一看胸口的衣服全焦糊了，皮肉也烧伤了，师傅已给他的伤处涂了一层酱油，又抹了一遍狼油（民间以熬制的狼油来治疗烧伤、灼伤）。他感激地望着师傅，可他疼得说不出话来，忍不住地呻吟着。继而又想到受伤就不能做工，拿不到薪水了，他"哇"的一下哭出了声。听说刘德荫"闯了祸"，老板便要解雇刘德荫。刘德荫便似丢了魂，躺在那里拼命呼喊："不要解雇我！不要解雇我！"一些工人师傅闻讯赶来，为刘德荫仗义执言。特别是张师傅愤怒不已："你实在要开除他，我也不干了！"众怒难犯，而厂子里又少不了张师傅这样的技术骨干，老板无奈地答应留下刘德荫。

在西京印书馆，刘德荫虽做工挣钱，可没有忘记他所喜爱的音乐。平时印书馆排版在晚饭前，铸字则须在上午完工，因此他便有了空余的时间，每周二、六、日晚上，他仍去三仙庙排练，去学习和演奏富振中师傅创编的古乐新声，不断地提高自己的音乐素养和演奏技巧。遇有演出任务，则向张师傅请个假，张师傅便替他顶班。

另外，印书馆的西边有个山西会馆，里面有个舞台，山西的一个蒲剧戏班就在那里演出，演出的经费全由会馆负担，看戏不要钱。除了参加古乐的排练，晚上刘德荫便去那里看戏。蒲剧，也叫"蒲州梆子"，是山西四大梆子中最古老的一种，有人说明代嘉靖以前便形成了，流行于山西南部和陕西、甘肃、河南的部分地区。清代末期，曾称"山陕梆子"，在北京享有盛名。当时，在山西会馆也多是蒲剧的名角。董银午的《翠屏山》《武松打虎》演得慷慨壮烈，唱得高亢激越，确是动人肺腑。王存才的折子戏《挂画》《六月雪》演得绝妙，特别是他那拿手绝活"踩寸子",即着木头假脚,还照样可以翻筋斗,观众无不为之倾倒。"十四红"的《韩琦杀庙》和另一演员的《三上轿》也都很精彩。在这里,刘德荫接触并爱上了蒲剧。

而后,山西会馆又来了汉剧剧团。汉剧,旧称"楚调",也叫汉调,有三百年的历史,流行于湖北及河南、陕西、湖南、广东、福建等省的部分地区,是一种很有影响力的剧种。清嘉庆、道光年间,汉调流传到北京,并加入徽班社演唱,逐渐融合演变而形成京剧。这个班社从湖北流落陕西,在这里扎下了根。汉剧的主要声腔为西皮、二黄,演出的悲剧比俗称"大肠子"的秦腔悲剧更悲壮。刘德荫看得入了迷,什么《断双钉》《火烧绵山》,强烈地震撼着他。演到悲极处,他甚至抽泣起来,旁边的观众见了惊怪:"这娃人虽不大,却是义慈心软,明理懂事。"

戏曲,这种中国传统的戏剧形式,刘德荫真是百看不厌,眉户、秦腔、蒲剧、汉剧,他是看上一个,爱上一个,迷上一个,从而也懂得了人应忠厚,孝敬父母,崇敬英雄、忠臣等许多道理,并学到了一些历史知识,还受到了音乐和戏剧的熏陶。

蒲剧大师王存才

六、抗日大潮卷涌着他

西京印书馆的机器在轰鸣着,像是回应着中国大地激烈动荡的声响;那吐着一张张报纸的印刷机"突突突"地跳动着,像是应和着时代的脉搏。刘德荫也感到了他曾热望的抗日浪潮在不断高涨。

"九一八"事变以后,日本帝国主义很快吞并东北,接着又把侵略的魔爪伸向华北,这样,原为抗日大后方的西北地区就变成了抗日的前线。

1935年10月中央红军到达陕北,为西北形成一个抗日局面奠定了基础。杨虎城与张学良达成共识,"停止内战,联合抗日",从而有了十七路军和东北军的联合。

为配合向陕北军事进攻,加强对张、杨的控制,破坏群众的抗日救亡运动,国民党的特务组织在西安大规模设立起来。

在这民族危亡的时刻,西北成了世人瞩目的地方。西安,则更是举足轻重,几种政治势力在这里交会着、争斗着,却又随抗日与否而泾渭分明。大河因为有礁石而激起了万丈浪涛,抗日救亡运动正因为有反动势力反对它、阻挠它、破坏它,而一浪又一浪地卷起了汹涌澎湃的大潮。

随着抗日救亡运动的日益高涨,广大群众发动起来了,西安城里的群众集会和游行示威多了起来。刘德荫本是个爱热闹的孩子,而今每闻那震天动地的口号声,便再也无法平静,他不顾一切地跑向街头。满街是浩浩荡荡游行的人,一个个挥着小旗呼喊着口号,在纪念"九一八"事变五周年。他不由得想起了一实小校长痛说"九一八"的情景，便情不自禁地挥动拳头，跟着游行队伍呼喊着抗日的口号。虽然喉咙几乎喊哑了，但他感到从未有过的畅快，仿佛他的拳头这样就打在日本鬼子的身上。

1936年12月9日那天，是"一二·九"运动一周年纪念日，刘德荫听以前的同学说，西安学生要举行爱国请愿运动，他便和师傅告了假，又去了革命公园（革命公园创建于1927年3月，为纪念北伐战争前夕坚守西安而死难的陕西国民军军民所建，此名沿用至今）。只见那里汇集了许多人，黑压压的一片，因为有共产党的组织领导，有张、杨部队的支持，参加的人数有一万五六千人，声势浩大。请愿游行开始了，人潮涌向了马路街头。"停止内战，一致抗日！""打倒日本帝国主义！"刘德荫跟着学生们一起挥着拳头呼着口号。"起来，不愿做奴隶的人们……"刘德荫跟学生们一起放声高唱救亡歌曲，那洪大的声响如浪如潮激荡着古城西安。群情慷慨激昂，以致路旁的军民也扼腕流涕，而队伍的秩序井然，又令街头的群众唏嘘感叹。

中央宪兵和警察妄图出面干涉，却受到张、杨部队阻止，于是憋着一股气。冲突终于发生了。

东羊市的东望小学学生们正整队出来参加游行，却受到了警察的蛮横阻拦。"砰——"一声枪响，西安的天空被划破了，人们的心肺被撕裂了。一个小学生被警察的枪弹击中，倒在地上，流着殷红的血！这点点的鲜血似一串串火苗，一下燃起了冲天烈焰，整个西安城充满着愤怒。到了下午四时，游行的群众提出，到临潼去，向蒋介石请愿。

这年，蒋介石曾两度来到西安，逼迫张、杨加紧"剿共"。这次蒋介石是12月4日抵达的，仍以华清池为他的行辕。得知学生们要去临潼，中央宪兵和警察便忙坏了，生怕惊动了蒋委员长，于是他们出面阻止。压迫便是反抗的动力。学生们一个个胸中的怒火更加炽烈旺盛地燃烧起来。"枪口对外，齐步前进，不杀老百姓，不打中国人……"他们高唱着《枪口对外》迎上去，一步步向前进逼。"冲过去，冲过去！"一声声怒吼卷起遍地怒涛，向着中央宪兵和警察漫去。刘德荫人小，个子矮，被裹在人群里几乎喘不过气来，可他还是拼命用力往前挤，他发现自己从来没有过这么大的力量。恰似一阵长风呼啸而过，他们终于冲垮了中央宪兵和警察的防线。刘德荫突然感到身子松了，猛地往前一倾，便疾速随着浪潮向前涌去。一些警察还不甘心，还在挥动着棍棒殴打学生。刘德荫见状愤怒极了，便往一个警察的屁股上狠狠揍了两拳，待那警察掉头回望时，刘德荫已隐入人流之中，怀着一股得意奔跳向前。

学生们一路呐喊着冲出了东门，又形成了队伍浩浩荡荡地向临潼进发，游行到了十里铺，只见路上横列着一队东北军士兵，有一位将军站在中间，任朔风吹动着他的斗篷。学生们惊住了，这便是他们崇敬的爱国将领张学良。张学良闻讯感到非常震惊，他知道学生去临潼向蒋介石请愿是非常危险的。不要说华清池那里有宪兵和蒋介石的侍卫严密警戒着，便是灞桥那边就有中央宪兵。于是张学良将军便急忙赶来劝阻学生，却又是被游行队伍深深感动了。他向学生发表了讲话，表示会亲自去见蒋介石，会用行动回答他们。于是学生们便信了张学良将军的允诺，返回了西安。

此后，刘德荫还一直念叨张学良去见蒋介石的事。12日清晨，震惊中外的"西安事变"发生了！从此抗日局面发生了历史性的转折。

事发突然，12日当天的报纸已无法加以报道。这样张、杨的《号外》便是关于西安事变的最早报道。西京印书馆本是印刷报纸的，这时

《号外》便从机器里"突突"地吐了出来，散发着浓浓的油墨气味。老板十分明白，整个西安城都沸腾了，《号外》是最抢手的新闻，于是刘德荫和一些工人都被分配去卖《号外》。《号外》是用大号铅字印的，刘德荫看得分明极了："张副司令杨主任暨西北各将领对蒋介石实行兵谏……"可他不明白，"兵谏"是什么意思。再听人说，就是用武力劝蒋介石停止内战，抗日救国。"蒋介石被抓起来了？"刘德荫联想到十里铺张学良将军的讲话，觉得张学良是个说话算数的人，是个大智大勇的人。想到这里，刘德荫欣喜若狂，抱着《号外》一溜烟地跑出了门。

"《号外》，《号外》，活捉蒋介石，《号外》，《号外》！"刘德荫一路跑着一路叫卖着，进了南门，却见有好多人已自发组织游行，高呼着口号："拥护张、杨八项主张！""公审蒋介石！"刘德荫又情不自禁加入游行队伍中，一路向着钟楼涌去。

西安是座四四方方的古城，钟楼位于城中央，人来人往频繁，现在那里贴满了标语和漫画。标语是支持张、杨的内容，漫画则是以被抓的蒋介石为主角。刘德荫最是好奇，听人一说更是心痒痒的，想挤进人群看一看蒋介石的丑态。可围观的人里三层外三层，他用了很大力气，却是无法钻进去。于是他在附近转来转去寻找机会。恰巧，在电线杆上发现了"东北军学兵队"的征兵广告。"当兵去！"他这魂牵梦绕的心事终于有了机会！漫画再无心去看了，便往回跑，到了西京印书馆，把卖的钱和剩的《号外》往老板面前一丢，掉头便走，他要去东北军学兵队报名了。

七、在张寒晖的"一二·一二"剧团里

刘德荫第二次当了兵,这次却是他所热望的抗日队伍,他被分在学兵队第三连。不久,人们便发现刘德荫这个活泼好动的小兵很有音乐才华,而当时抗日文艺宣传又正需要人,他便被调到了"一二·一二"剧团里。这对刘德荫来说,自然是如鱼得水。"一二·一二"是西安事变爆发的日子,剧团用它来命名,抗日色彩十分鲜明强烈,刘德荫打心眼里喜欢。而接待他的正是剧团团长张寒晖。张寒晖是河北定县人,那时才30多岁,是中共秘密党员,原在西安某中学任音乐教员。相比之下,刘德荫却是一副军人的模样,向张寒晖立正敬礼,自报了家门。张寒晖见他一脸与年龄不相称的严肃神态,便感到十分有趣,微微地向他点了点头:"你就是刘德荫?好,先唱一首歌怎么样?"刘德荫整了整衣衫,昂着头唱了起来:"起来,不愿做奴隶的人们……"刘德荫唱得很动感情,很有精神,很有力量。张寒晖听了很满意,夸奖以后,他告诉刘德荫:"如果那三连音唱得准确而饱满有力,就更好了。""什么三连音?"刘德荫不明白,"我是听人家唱学会的。""哦——"张寒晖轻轻地敲打着给他讲着,又示范地给他唱着,刘德荫这才懂得三连音。"好吧,你就留在剧团唱歌演戏吧。""是!"刘德荫又是立正行礼。正要转身离去,忽然想起了什么,便抬头问:"长官,您是——""我叫张寒晖。"刘德荫睁大眼睛上下打量着对面这个30来岁的男人,禁不住一阵惊喜:"《松花江上》这歌是您写的?"

"一二·一二"剧团的任务是宣传抗日。平时,刘德荫不是排练,就

是演出。演出有时去部队里，有时在街头广场。那时的群众歌咏活动很红火，常常是台上唱歌台下和，千百人的声音汇合在一起，那种声势，那种力量，真叫荡气回肠。刘德荫最爱唱《松花江上》《中国人不打中国人》《义勇军进行曲》《捉蒋小调》，以及冼星海的《救国军歌》，聂耳的《大路歌》《打夯歌》。每次唱歌，他总是十分认真、十分卖力、十分动情。除了歌咏，刘德荫还参加话剧的演出。一次排演《撤退赵家庄》，他扮演小勤务员，表演得活灵活现，剧团内外的人都夸他："这小小的刘德荫还真神呢！"他自己倒是糊涂起来：不就是像当年在西北警备三团那会儿一个样子么？

在"一二·一二"剧团，刘德荫宣传抗日，在救亡的第一线接受磨炼和考验，从而懂得了许多革命道理。对他来说，剧团无疑是革命的熔炉，是重要的人生驿站。而于音乐来说，他得到张寒晖的口传心授，学会不少新的东西。剧团又是他的音乐学校，是他通向未来音乐之路的重要阶梯。

张寒晖

西安事变发生不久，12月16日，以周恩来为首的中共中央代表团来到西安，向张学良、杨虎城提出了中共中央和平解决西安事变的方针，参与了对蒋介石的谈判，从而形成了"三位一体"的团结局面。为迫使蒋介石停止内战，实现西安事变的和平解决，促成抗日民族统一战线的形成而艰苦地努力着。与此同时，为了在军事上支援东北军和十七路军，并为抗击何应钦的"讨伐"做好战斗准备，红军迅即南下，到了关中地区耀县、富平、三原、泾阳、蓝田等地。自从中国工农红军成立以来，蒋介石的五次"围剿"，追堵二万五千里长征的消息，在国民党统治地区的报纸上每天都占着巨大的篇幅。但红军究竟是什么样子，在国民党统治区，不仅一般人没有见过，连当时同情共产党的人，甚至做地下工作的共产党员也没有见过。于是红军在一些人心目中充满神秘感。而这时红军到关中地区公开活动，便产生了巨大而深远的影响。

在"一二·一二"剧团里，时常有人背地里三三两两地谈论起红军来。刘德荫最爱听新鲜事儿，见着就好奇地凑过去听，红军便像一颗明亮的星星在他心中闪烁着光芒。刘德荫大哥的姥姥家在城外的李家壕，舅舅李应良（李银连）是西北地区早期的中共党员，在一次代表陕西省委去北平开会时被捕，与李大钊同时就义。刘德荫从小常去李家壕，在那里就听说过红军，便留下了印象，知道红军一来穷人的日子就好过了，现在他听说的关于红军的事也多了。渐渐地，他知道红军是老百姓的军队，不像国民党军队那样威风可怕；红军还和当地农民打成一片，帮助老百姓劳动，为他们扫院子、挑水、抱孩子；即便是对商人也买卖公平，态度和善。一桩桩故事在刘德荫的脑海里塑造出红军的形象，一种崇敬和向往便在刘德荫的心里潜滋暗长着。在这段时间里，剧团里常有学兵队的人往来，有刘德荫认识的，更多是刘德荫不认识的。这些人是来剧团串联的，动员和组织进步青年去陕北当红军。为了保密和安全，只说是"上北山"。刘德荫并不知道这些活动的背景，但觉得他们形迹有些神秘。一次他偶然碰到有人在商量"上北山"的事，听说是去当红军，刘德荫便激动地说："我也去！"大家向他投来惊异的目光。其实，刘德荫对"上北山"这件事并没有太多思想准备，就因为他认定这些人在剧团里都追求进步，红军又是人民的抗日军队，跟他们一起去当红军没错！大家觉得刘德荫为人有正义感，爱国热情高，只是人小了一点，可还是同意了。于是把联络的地点、出发的时间通通告诉了他，还叮嘱他："千万要小心保密，弄不好是要掉脑袋的！"刘德荫点了点头，那一脸的严肃与他的年龄极不相称，可给了人以可信赖的庄重。

八、一路壮歌"上北山"

阵阵号角声响回荡在北风里，显得更加清晰嘹亮。古城西安便在这号角声中醒来。西城门恰似古城的眉眼，开得最早。那推水车一串串吱扭吱扭的声音给清晨带来了热闹，随后人们缕缕行行地来到这里，响起一片吆喝声、叫卖声。虽是时局变化着，也未影响这里的喧嚣。

大清早，刘德荫出了西门，低着头往城根走去，一股寒风钻进脖子里，他不免打了个寒噤。可怀里揣着一个美好的愿望，心头可热着呢！昨夜，他很晚才睡，一直在想着当红军的事。少年人想事往往单纯热情，他心里描绘的便是一幅手握长枪"冒着敌人的炮火前进"的图画，纯是一种美滋滋的感受。当然，他毕竟是孩子，他还想到了爷爷和妈妈。爷爷最喜欢他，妈妈最疼爱他，该回去看望他们，要不，他们准会急坏的。可万一他们不准自己当红军，怎么办？耽误了自己，再坏了大伙儿的事，那就糟了！于是默想着：爷爷、妈妈，请你们原谅德娃吧，不免又落了几滴泪。那时的西安特务横行，几乎遍布每一个角落。西城根清早人多，最易掩护，所以大家选择这里作为集合地点。刘德荫人小，经过城门时并不显眼，穿过城外的人群，来到城根，便见他们剧团的一些演员影影绰绰、三三两两地分散在那里。女演员吴光伟也来了，他们相互并不打招呼，只是递下眼色而已。刘德荫衣服比较单薄，那位吴大姐争着要把自己的围巾给刘德荫围上，刘德荫说什么也不要："不冷，我不冷！"更是把腰杆挺直，显出不畏严寒的样子，吴光伟大姐见他这副架势觉得好笑，可谁也没笑出声来。

陆陆续续又来了一批人，其中有像刘德荫一般大的小不点儿，二三十个人，是被东北军、十七路军俘虏的红军儿童团团员，现在获释了，要回部队去。还有东北军卫队二营的下级军官，他们直接参加了"捉蒋"的行动，当时与蒋介石谈判的结果一般人根本无从知悉，然而和平解决西安事变的趋势已明朗了，他们便有一种危机感，蒋介石的报复手段是无情的，这更促使他们把抗日救国的希望寄托在红军身上。另外就是东北军学兵队的队员和陕西助产学校即将毕业的学生，一共五六十人，都准时来到集合地点。为了避过特务的耳目，他们采取分批出发的办法。"走吧！"刘德荫还没来得及看清是谁招呼他，便默默地尾随了上去。那时间是早晨六点稍过，尚晨光熹微中，周围景物仍较模糊，而脚下的路暗中泛着白光却是分明。走在前面的身影也依稀可见，是团里的吴大姐，刘德荫便知没错。

走了好长一段时间，分批出发的队伍重又汇聚到了一起。再回首远处，只见西安古城屹立在一片霞光之中。天上的朝霞血红血红的，光灿灿的,像燃烧的火,像舞动的旗,他们沉浸在光明灿烂的遐想之中,一个个兴奋激动地在心底说着:"再见吧,西安!"而刘德荫比别人多一重依恋,西安是他出生的地方,城里有他的父母和爷爷,还有三仙庙的富振中、王六爷师傅和印书馆的张师傅。"再见吧,故乡!再见吧,亲人!"刘德荫向着西安城挥着手,他并不知道什么时候才能重逢,但他相信打败了日本鬼子,是一定会回来的!

大家毕竟是高兴的,出得城来,便似脱笼的鸟,只觉得这里的空气分外的新鲜,呼吸也分外的自由。

一路上,大家有唱有说有笑,无拘无束,一个共同的目标把他们的心系到了一起,大家很快便熟悉了。刘德荫也认识了东北军卫队里的李伟、徐锐林、程牧、王随明、周伯新、蔡德仁、刘杰、孙强和助产学校的方敏、林明萍、刘教湛、陈颖等人。特别是当他听说徐锐林就是《中国人不打中国人》这首歌的作曲时,崇拜得很,他觉得写曲子真不简单,徐锐林是和富振中师傅一样了不起的人。《中国人不打中国人》这首歌刘德荫在剧团天天都唱,有时一天要唱好几遍,这首歌曾打动过多少士兵和百姓的心,这是全国人民"停止内战、一致抗日"的呼声,凝聚着整个中华民族团结御侮的崇高而伟大的情感,他感到与徐锐林这样的人在一起十分荣幸。刘德荫走到徐锐林身边,仰着头打量着,像寻找和发现了什么。徐锐林也是一个朴实的青年,被刘德荫瞧得莫名其妙,正想开口去问,刘德荫便一挥手唱起了《中国人不打中国人》。徐锐林笑了,轻拍着刘德荫的肩也唱了起来,大家围着他们也唱了起来。徐锐林很喜欢刘德荫这个聪明机灵的孩子,一路上悉心照顾他。刘德荫对写曲子感到神秘而好奇,便向徐锐林请教。徐锐林说了一些,可刘德荫听不懂,只是无可奈何地摇摇头。徐锐林鼓励他:"也许以后就会懂得的。"1939 年刘德荫在延安鲁艺音乐系学习时，徐锐林还送了他两本书，一本是俄罗斯里姆斯基-科萨科夫的《实用和声学》（张洪岛译），一本是德国 E. 普劳顿的《和声学理论与实用》（贺绿汀译）。

一行人走了好几十里地，越过泾河，来到了三原县。在那里，大家第一次看到，满街都是红军，他们确实惊异——原来果真如传说一样，除了头戴的一顶军帽，身背的一杆长枪，红军几乎和农民没有区别。还有少数穿得花里胡哨的，是打土豪得来的地主家的太太、丫头们的衣服。"红军怎么穿这样的衣服？"刘德荫好奇地问。"红军才打过来嘛！"有人解释道，其实自己并不完全清楚。然而就是这样的军队却打败了东北军的几次进攻，大家打心眼里更是崇敬。

看到了红军，便是看到了希望和光明。这时大伙儿已经很累了，却一下子兴奋起来，便又鼓起劲头，一口气跑了20多里，到了集中报到的地点——云阳镇，这时天色已经晚了。红军的大部队已经离开了这里，镇上也只有疏落的街灯。

红军的留守处尚在，事先有人联系好了，留守处的红军首长伍修权接待了他们一行人。刘德荫猜想这是红军的大官，但灯光里并不能细辨眉目，而一身朴素的衣着分明是个战士，这真和他在国民党军队里见到的军官不一样，特别是那平易近人的语调给人一种和蔼亲切的感觉。伍修权说话十分简短，全没有一点官腔。"欢迎你们参加红军，有些话以后慢慢再谈。你们跑累了，先洗洗脚，歇歇吃饭，从云阳到延安，要等车来，才能行。"在这番话之后，伍修权亲手给刘德荫，当然还有其他人，戴上了红军的军帽。刘德荫毕竟在军队里待过，当即笔直地立正，给伍修权首长敬了个礼。伍修权还和他握了手，刘德荫感到周身布满暖流。

这一天是 12 月 25 日，刘德荫成了一名红军小战士，这确实是他生命的新起点。15 岁，小小的年纪，便在人生的道路上颠踬。正当读书的年纪，却去了三仙庙打扫佛堂，糊口度日；为了分担家庭生活的重担，他又去西京印书馆当童工；在抗日浪潮的推动下，他两度参军，凭着一股单纯的爱国热情寻找着未来的路；后来有了对红军的向往，如今终于成了红军队伍中的一员。童年他生活在苦难中，而比别人有着更多的人生体验。然而世界没有辜负他，时代给他创造了一条光明圣洁的路，赋予他人生的重大转折。后来他正是沿着这条路曲曲折折地走下去，他的生命才像他军帽上的红星一样闪耀着光辉。

这一天晚上，刘德荫他们美美地吃上了一顿大米饭和肉，第一次品尝了革命队伍的情味。住的是学校的一间教室，好些人睡在里面，有些冷，可刘德荫还是悠然入梦了，梦想着延安和未来。

刘德荫他们在云阳住了六七天，可真有点儿憋得慌。1937 年元旦便是在这里过的，留守处还特地包了饺子，招待这些西安来的新战士。这会儿大家吃得特别香，因为车已来，明天就可以出发去延安了。留守处主任告诉他们："车子送你们到延安上红军大学！"大家听了很兴奋，尽管谁也不了解红军大学是个什么样子的学校。刘德荫似乎别有一番得意。扛枪打日本鬼子，当然这是他最大的愿望，不过上学也不错。便是在西京印书馆第一回拿月薪，他给自己买的就是本《升学指导》，他想读中学，可生活无法满足他读书的愿望。而不日就要上红军大学，做一名大学生，这将是一种什么样的情状呢？他打心底感到幸运。

车是从西安过来的。自从西安事变以后，西安有了红军的办事处，红军便可以在西安购买军用物资和生活用品，用来解决陕北物资的匮乏。那趟卡车上面装满了棉花、大米和军用品，堆叠得高高的。1 月 2

日那天，除了红军儿童团团员已先归队外，他们一个个爬上了车顶，坐在打包的物件上。天很冷，当时红军还未发棉大衣，留守处就先给他们发了。每个人用棉大衣裹着身子，坐在无遮无掩的车顶上出发了。

一路上大家互相帮助，虽是风沙漫天，可大家都觉得仿佛换了一个天地。刘德荫与林明萍他们坐在一辆车上，林明萍十分照顾他，刘德荫没有毛巾、牙刷、肥皂，林明萍便将自己的分给他用。刘德荫感到一种特别的亲情，亲热地喊林明萍大姐。其他的哥哥姐姐也是一样地护爱这个小弟弟，刘德荫鞋子破了，少衬衣，也都是大家送给他。刘德荫内心十分感激，却又过意不去，只恨无法报答哥哥姐姐们的情意。可他生性勤快，停车休息了，他便主动冒着寒风去帮助大家打饭。晚上住了下来，他还要帮人洗衣服，大哥大姐们谁肯？他就唱支歌，跳个舞，给大家解乏。大家真是喜欢这个小弟弟，刘德荫呢，也从别人的微笑中体会到一种革命大家庭的幸福。

第二天，卡车便攀爬在陕北高原上了。透过飞扬的风沙，更是一色昏黄。那苍莽无垠的黄土地，纵横着沟壑，一丘丘峁、一条条梁、一面面坡，蜿蜒起伏着，卷着涛，涌着浪。这大自然造地运动的杰作，恰恰是在演化一部合而分、分而合的民族历史，突出了"欲与天公试比高"的不屈的民族性格。目睹这雄浑壮阔的景色，谁的胸怀里不荡起了层云，谁的血管里不共着大地的脉动？

山回路转，刘德荫在回望中沉思着，刘杰用手轻推着他。"刘德荫，你这名字太啰唆，又有点封建色彩，也不好。我看你是个热情的小孩子，我给你起个名字，叫刘炽！炽，就是热烈旺盛，像火，像阳光！""好，这名字好！就叫我刘炽吧！"名字本是一个人的记号，小孩子的名字总是大人起的，寄托着上一辈的祝福和愿望，也便自然地烙上了那个时代的印记。投身革命，有的人嫌自己的名字太旧太俗，便按自己的理想新起一个有时代气息、有革命性而又响亮好听的名字，期望跟着新的名字一起获得新生，这大约也是一种革命的时髦吧！刘炽的名字虽是别人起的，却也有同样的意味。它伴随着刘德荫参加红军而诞生，可以说是他人生飞跃的又一标志。红军这燎原的烈火中便多了一团小火苗，从此，红军大学里，抗日剧社里，鲁艺里，便有了这火苗的跳动，中国乐坛便有了这火苗的光辉——刘炽，一位人民音乐家的名字！

"快到延安了！"红军大学派来接他们的同志喊了一声，大家又从长途行车的疲劳中兴奋起来。红军大学的同志热情地介绍着延安，大家感到特别亲切。心中的向往马上就要变成现实，车上洋溢着惊喜和激动。嗬，宝塔，刘炽他们从两山夹道的缝隙中看到了宝塔山，一个个便情不自禁地唱了起来。大约也只有歌声才能表达他们的感情了！便在这雄壮昂扬的歌声中，延河和那上面的木桥出现在眼前，他们唱得更起劲了，以致带着难以抑制的狂热，刘炽的嗓子都喊哑了，还是在拼命地唱。延河注入了他们的歌，流得也更欢更响。延安，这座大山千峰里的古城，向他们敞开了胸怀，张开双臂拥抱着他们这批赤子和他们的歌声。

延安：走星海老师的音乐之路

一、上"红大"

古城延安，原名肤施，是陕北的重镇。1937年1月10日，中共中央机关动身从保安迁往延安了，红军大学便是其中的一个单位。刘炽一行抵达延安，当晚被安排在"红大"招待所里住了下来。

在江西瑞金时，红军大学全名叫"中国工农红军大学"，是培养红军干部的学校。长征中，改名为"干部团"的"上干队"。到达陕北后，1936年6月在瓦窑堡改名为"中国抗日红军大学"。刘炽这一批人基本上都成了"红大"的学员，被分配在四大队。这个大队包含九、十、十一、十二4个队，都是苏区外来的青年知识分子。刘炽被编入了九队四组。

"红大"的生活是相当艰苦的，大家住的是窑洞，吃的是小米饭，一个星期才能吃到一次馒头、大米饭，穿的也很紧巴，冬天发一套棉衣要穿两年，夏天发一套单衣和衬衣，一年发一双鞋，没有袜子，平时穿草鞋。刘炽人小，发的上衣都过了膝盖，都是大姐姐们给他改了穿。可刘炽感到满足和愉快。

最愉快的事大概是演出了。"红大"的演出多由四大队承担。刘炽表演的节目则是笛子和口琴独奏。口琴是在"一二·一二"剧团学会的，当时吹奏的常是《双音齐下》《风流寡妇》《土耳其进行曲》等。刘炽那清新的琴音和嘹亮的笛音，往往赢得人们热烈的掌声。刘炽又成了"红大"里的一颗新星。后来，几乎每个大队开晚会都招呼刘炽去。

那时为了改善生活，每个队都自己养猪。杀猪了，猪一叫，就知道要会餐了。在四大队，无论哪个队会餐都喊刘炽去，叫他唱歌。这种会餐大约每周有一次，有时两个队的时间发生冲突，大姐姐们还特意给刘炽留一顿。大姐姐们待刘炽如同亲弟弟一般，有时他衣服脏了，大姐姐们便强迫他脱下，拿去给他洗了。每想到革命队伍的友谊和温暖，刘炽便感到特别舒畅，觉得每个人都是一团火。

在"红大"，刘炽还感到一种特别的幸福，他不止一次地见到了毛主席和朱总司令，毛主席给他们讲辩证唯物论，朱总司令讲游击战争。

当时"红大"上课，就在广场土台子上放张桌子当讲台，学员排好队，放块砖头或木板就地而坐，露天便是课堂。刘炽才16岁，个头又矮，总是坐在最前面。有一次，正好是毛主席上课，什么辩证呀，唯物呀，他糊里糊涂，还有黑格尔、费尔巴哈，这些人名他难以记住。而毛主席又是讲的湖南话，他更是听不懂。这样，刘炽听着听着就打瞌睡了，不一会儿，竟打起呼噜来。大队长聂鹤亭急坏了，立刻让值星排长去戳醒他。值星排长跑到前面，正举手要戳他，毛主席说了："别戳别戳，这个小孩子，昨天晚上没睡好觉，让他睡好了。"听课的学员哈哈大笑，刘炽被笑声吵醒了。再揉揉惺忪的睡眼，还没明白过来，抬头一看，毛主席正慈祥地望着他笑呢。

下课后，毛主席来到刘炽面前，用手托着他的下巴："小鬼，睡得香吧？以后晚上可不要调皮，要好好睡觉，再上课可不许打瞌睡喽。"

可回到大队部，聂大队长就不饶刘炽了："你这个小鬼，毛主席讲课，你还敢在他眼皮底下打瞌睡？睡就睡吧，你还打呼噜，你怕大家不晓得你睡觉是不是？你可把咱全大队的脸丢尽了！"刘炽挨了训，自知理亏，低垂着头，一声也不吭。聂大队长看孩子这副可怜相，不觉又生出了怜悯，手摸着刘炽的头，长叹了口气，说："哎，这么大点的小孩子，让他成天跟着大人上课，也真是太为难了，还是到剧团唱歌跳舞吧。"

就这样，在"红大"待了不到两个月，刘炽就被送到人民抗日剧社，又开始了舞蹈小演员的生涯。他自幼便爱文艺，如今让他从事他所喜爱的工作，这是何等的幸运呢？而这又成了他在革命文艺道路上迈出的新起点，甚至是关键的一步，日后他踏着聂耳、冼星海的足迹走向辉煌，便也是从这里出发！人生少不了机遇，又谁知他的呼噜竟会成全了他呢？

二、抗日剧社歌舞班的副班长

人民抗日剧社，前身为列宁剧社。该社成立于1935年，党中央到达陕北后改为工农剧社。先前中央革命根据地戏剧事业领导机构就叫工农剧社。瓦窑堡会议以后，为了适应建立抗日民族统一战线的需要，又将工农剧社改为人民抗日剧社。1937年元月，剧团随党中央一起迁往延安，并于1937年4月正式更名为人民抗日总社。这时除原有中央戏剧团及各分社外，又加入了平凡剧团、铁拳剧团、青年剧团。总社下设组织、编审、剧务、总务四个部。原剧社主任危拱之调离剧社从事外交工作，刚从上海到达延安的戏剧家黄植任剧社主任，擅长戏剧的木刻家温涛任副主任，戏剧班班长杨醉乡任剧社的支部书记。

人民抗日剧社在延安小东门，红军人民剧社是人们旧有的习惯叫法。恰也正是三月里，刮春风，延河草青青，刘炽一路跳着唱着去剧社报到。接待他的便是杨醉乡。杨醉乡脸孔黑黑的，鼻子底下横着一张扁扁的大嘴，嘴角上挂着一丝微笑，三十岁的汉子却正好做了舞台上的"活老太"。他平时爱帮小演员梳头洗衣，捉虱子，晒被子，孩子们都亲切地叫他"杨妈妈"。刘炽看着这位慈眉善目的剧社领导，再听那浓重的陕北方言，感到平易和温暖，顿消了怯生和拘束。

"你叫刘炽？这个名字很好，像一团火。你喜欢唱歌和跳舞吗？"

"喜欢，上小学时唱过跳过，还有在'一二•一二'剧团……"

"很好，很好，我们欢迎你！"杨醉乡郑重其事地握着刘炽的小手，"那你就到歌舞班吧！"

当时剧社有五六十人，人员来自四面八方，文化程度和年龄差异很大。十五岁至二十岁左右的青年多在戏剧班，七八岁至十一二岁的小孩子就在歌舞班。那时歌舞班的小演员们正在中央大礼堂排练节目，杨醉乡领着刘炽去了。大约也就是走了半条街那么远便到了。刘炽早就听到了一阵歌声，谁知他们来到排练场，歌声都停了，小演员们一起好奇地望着刘炽这陌生的孩子。杨醉乡先和负责排练的温涛说了几句，便向大家做了介绍。

"这是你们新来的伙伴，叫刘炽，是从红军大学调来当演员的……"

"欢迎，欢迎！"

歌舞班班长刘保林毕竟略大一点，他带头鼓起掌来，大家也便跟着噼里啪啦拍起了手，这倒使刘炽涨红了脸，一时不知所措了。

温涛一把拉过刘炽仔细打量，他从刘炽那忽闪闪的眼睛里看出刘炽的灵秀，便萌生了怜爱之情。温涛是一个美术家，陕甘宁边区第一幅木刻的毛主席像就是他创作的，在剧社里他还担任舞蹈编导。

"刘炽，剧社里很好玩，但生活也很苦，知道吗？你应该做一个有出息的孩子！"温涛拍拍刘炽的肩膀，刘炽便承受了一种期望和力量，"好吧，我们继续排练，你先一旁看，待会儿我会教你的。"

这天排练的是温涛所编的《叮铃舞》，刘炽看了感到特别新奇。一个个小演员脚上系着铃铛，跳起来叮叮当当地响。他又想到了上小学时跳过的《月明之夜》《葡萄仙子》，那未免幼稚了一些，都远不及这带着乡土气息的、活泼而粗犷的《叮铃舞》。有了好奇便也更加入神，一会儿，舞曲的旋律他便谙记在心。刘炽又是一个乐于表现的孩子，一旦进入艺术境界便有些忘情，他从怀中掏出口琴，吹奏了起来。有了口琴的伴奏，小演员们的舞跳得更齐整了，节奏更鲜明了，那铃铛的声音也变得更清脆了。

"好家伙，小刘炽，你还有这一手？老杨，咱们团可是又多人才了！"温涛用大手摩挲着刘炽的头，"我看你接受力不错，再给大家跳跳看，行不行？"

刘炽从小记性就好，平时便爱模仿，又有一定的舞蹈基础，看得也认真，心中有几分底，便点了点头答应了。班长刘保林随即解下自己的铃铛系在刘炽的脚上，跟着大家一边拍手一边唱着，刘炽放开手脚跳了起来。虽是不太纯熟，但那富有弹性的舞步有着鲜明的节奏感，那舞姿也活泼大方，似乎那脚上的铃铛给了他特殊的灵感。

音乐的旋律和舞蹈的动作是演员的语言，因为有共同的语言，刘炽很快与小伙伴们熟识了：焦冬青、韩维琴、延成年、王文让、阎有娃、邓翠玉、王颖、万曼琳、白凤莲、刘海声……从此，他便生活在这一张张

刘炽在剧社歌舞班表演歌舞(左一为刘炽,左立者为温涛)

稚朴而热情的笑脸之中。

剧社的生活还真丰富多彩，除了排练、演出，还有军训和文化课。

军训的教官叫方宪章，原在部队当排长。为了适应战争环境的需要，方教官每天清晨领着演员们跑步、上操，演员们一个个生龙活虎。"一、二、三、四"，口令声响震四方，有时则是雄壮的抗日歌声回荡长空。

文化教员有张子春和罗兰，负责教孩子们读书识字，帮助演员提高文化水平。有时徐特立同志还来剧团亲自教小演员拉丁文拼音，当时条件差，少纸笔，就以大地作沙盘，树枝当笔。凡是新鲜的东西，刘炽总有一种浓烈的兴趣，便用心地学。后来他们的眉户五人团写作"MH"，就是拉丁文拼音字母的缩写。

如此，对刘炽来说，剧社无疑又是学校。

温涛特别喜欢刘炽这个聪明好学的孩子，手把手地教他跳舞，亲自向他传授音乐基础知识。刘炽毕竟比农村的孩子开化早，接受力强，因此进步快，不久就成了歌舞班的主要演员，接着又担任了歌舞班的副班长，还兼歌咏队的小指挥。有时舞蹈初排温涛去忙别的事，就让刘炽负责排练辅导。

剧社里有几个民间艺人，也都成了刘炽的老师。曹洪会跳二人场子，陕北秧歌，古道情也唱得好；刘子云（后改名刘志荣）三弦弹得好，二人场子至四人场子跳得好，道情、话剧演得好。刘炽一有空就缠着他们学这学那。便是教官方宪章，原在晋西北献武卖艺，学了很多陕北、山西的民歌，如《卖菜》《扁食》《芝麻油》，也都一股脑儿地教刘炽唱，还教了他河西的秧歌。刘炽从民间文艺中汲取了丰富的营养，后来大秧歌运动中他跳"伞头"（领头），写秧歌剧，改编出《翻身道情》等传唱不

刘炽与剧社社长赵品三等在一起（刘炽去鲁艺前所照，前排中间为刘炽）

衰的歌也得益于此，可谓受益终身。民族化成了他追求的目标，也成了他音乐创作的显著特色。

中央剧团在延安待了一段时间，6月底出发去陕北巡回演出。那时的条件十分艰苦，全靠一副脚板行军。剧团的行动也是军事化的，除了年龄过小的孩子外，其他人都有一个背包，并配发一支步枪或长矛，还要携带道具，累计起来行李就不轻。这对刘炽来说是一场考验，虽然他也曾从西安步行90里到达云阳，可那时没有现在身上的重负呀。他又是一个要强的人，还不肯接受领导的照顾，和别人一样背着行李道具，手持一杆红缨枪。开始倒是雄赳赳气昂昂的，可他毕竟生得矮小瘦弱，走了一段时间，便感到吃力了。刘子云看他满头大汗，走过去要帮他背行李。刘炽再一看，他的小伙伴们一个个走得挺精神，殊不知这些红小鬼是久经锻炼的战士呀。刘炽说什么也不肯，他不愿在同伴们面前丢脸。刘子云上前来夺他的行李，刘炽急得几乎要哭了。他就这样一直咬牙坚持着，粗喘着气。

夏天行走在高原上，无遮无挡，让人闷热难受。可转眼风起云涌，又是滂沱大雨，人是凉快了，但道路泥泞难行了。刘炽便手挂着红缨枪一扭一滑地走着，任凭雨水淋湿自己。这时"杨妈妈"给大家讲起红军爬雪山、过草地的故事，刘炽又长了劲，大概是听得入神，一不小心摔倒了，成了个泥人。这时不知谁说起快板，"天上下雨地上滑，自己跌倒自己爬，不哭鼻子不叫妈，毛主席夸咱是好娃娃！"跟着，大家哈哈地笑了，刘炽也笑了，只是脸上有些微微发烫，可又从笑声中获得勇气，脚踩出了一路深深的印窝。

6月28日，中央剧团在蟠龙镇演出。舞台搭在露天的场子里，条件虽是简陋，布置却是朴素庄严。台前挂着红绸大布，上面"人民抗日剧社"几个大字赫然在目。台上还贴着几幅关于团结抗日、建设苏区、支援前线的标语,为演出渲染了浓烈的气氛。

刘炽先是担任歌咏队指挥,上台后一看台下千百双眼睛注视着,难免有些紧张,便屏了一口气,庄重地抬起双手,随着臂膀有力地挥动,"起来,不愿做奴隶的人们……"一支支抗日的歌从台上飞出。刘炽真像是一团火在燃烧着观众的感情。他那小拳头一握,戛然而止,台上的歌声停住了,台下一片如林的拳臂,抗日的口号此起彼伏。

后来,刘炽又在《叮铃舞》《音乐活报》《机器活报》中担任领舞。"活报"本是时事活动报告的文艺演出形式,亦即活的报纸,移植自苏联。有广场剧加舞蹈,有《舞蹈活报》,有《音乐活报》。《音乐活报》就是每个小演员穿上白衣服,半躬着腰,像钢琴的键盘排列着。刘炽这个小主角在台上跑来跳去,模拟着弹琴键的动作,手一按一个人就低下身子,跟着就出现了乐音。他以优美的舞姿从这里按到那里,乐曲便演奏了起来,观众莫不感到新奇。《机器活报》里,小演员扮演机器的大小齿轮,刘炽领舞饰演修机器的,他扳到哪里,哪里的齿轮就转动,最后机器修好了。小演员们用音响和舞姿,用胳膊、大腿、头部的相互作用,逼真地模拟出气缸的发动、齿轮的旋转和发动机的轰鸣,从而预示着中国工业化的远景。

演出很成功,在群众中引起了强烈的反响。有人说:"你们的舞剧真的把我们迷住了!就是不吃饭都想看!"刘炽也由此崭露头角,有人说:"那领舞的娃,活灵活现的,真神,了不起!"杨醉乡、温涛都夸奖了他,特别嘱咐他在成绩面前要谦虚,不要翘尾巴。刘炽懂事地点了点头。他在"红大"听说人是由猿变化来的,要是翘出尾巴来,岂不是人又变成了猴子?那不成!他又想到了《机器活报》,一个齿轮坏了,整个机器就转动不起来,便知团结的重要。在这温暖的集体里,他该像《音乐活报》中按琴键一样弹奏出和谐美妙的乐曲来。

就这样,中央剧团在陕北的延长、延川、安定等地巡回演出了一个多月,到一处便受到一处热烈的欢迎,常常是一处未演完,下一处就派驴子、骡子来驮道具。

剧团除了演出,还开展种种宣传活动,刘炽成了大忙人。有一次,一个中学生来到剧团驻地要找刘队长,杨醉乡蒙了,"剧团里没有刘队长呀!""嗨,就是那个打拍子领舞的!""那不是……""怎么不是,我看他挺重要的……"正说着,刘炽走来了,那中学生不由分说地喊了起来,"刘队长——"刘炽给弄得一时莫名其妙,待弄清原委,方知是误会。那个中学生一把抓住刘炽的手,"不管你是不是队长,反正我们请你去教歌!""那行!"于是两人携着手飞也似地跑走了。一个演员,有什么比受到群众的欢迎更幸福呢?

三、和海伦·斯诺在一起

"他(刘炽)的剧团步行巡回演出,六周之内,为七个县的群众演出了三十一场。"埃德加·斯诺的夫人海伦·斯诺在《七十年代西行漫记》一书中曾追述过这段往事。海伦·斯诺,婚前的名字叫海伦·福斯特。1937年5月来到延安,主要是为她丈夫的《西行漫记》补充写作材料,补拍一些照片。她身材高大,一头金发压在红军的八角帽里,穿一身红军的服装,显得英姿飒爽,一双蓝眼睛里流露着热情豪气。

一次海伦·斯诺去人民抗日剧社访问,在门口与她握手相迎的便是刘炽和王文祥这两个"男童星"。在海伦·斯诺的眼里,刘炽虽像是个九岁左右的孩子，却也落落大方，她对此感到惊讶。两人牵着海伦·斯诺的手把她引进了温涛的办公室。这下刘炽忙开了，跳来跳去接待着客人，还给海伦·斯诺调了一杯咖啡。原来不久前温涛在天主教神父的一间空屋里发现了一大袋咖啡豆，便用原始的方法把它烤干磨碎。在当时的延安，用一杯咖啡请客还是很珍贵的。海伦·斯诺一边品着这特殊情味的咖啡，一边与温涛交谈着，当然也谈到了刘炽这个活泼可爱的小孩，再经温涛介绍，刘炽的聪明机巧给她留下极深的印象。从此，他们便成了朋友——难得的忘年交。

平时无论多忙，刘炽总是同王文祥去看海伦·斯诺，每星期不少于一次。而今离开了一个多月，刘炽还真想念海伦·斯诺。巡回演出结束回到延安，刘炽便心急火燎地去看她。

海伦·斯诺住在剧社对面的外事大院里。这是一个四合院，史沫特莱、马海德、李德、柯棣华等外国友人也住在这里，海伦·斯诺的居室是正房右边的一间。刘炽和王文祥一下子又出现在海伦·斯诺的面前，她甭提多高兴了。海伦·斯诺曾称"那两个儿童演员是我夏天里的小爱人"。来延安采访，工作是艰苦而紧张的，可有了这两个小朋友便多了许多生活的乐趣，这是其他乐趣所无法替代的，当然这也包含母爱的天性，包含特殊的革命友情。

海伦·斯诺和
《七十年代西行漫记》

一次，刘炽坐在史沫特莱的腿上吃了巧克力，后来便告诉海伦·斯诺，他吃了世界上最好吃的东西，海伦·斯诺听后便也给他们准备了。她把两个孩子往腿上一抱，一人递给一块巧克力糖，两人便似在母亲的怀抱里品味这香甜。

"好吃么？"

"好吃！"两人咧嘴笑着，口水都快流出来了。

刘炽和海伦·斯诺无话不谈，海伦·斯诺所著的《中国共产党人》《七十年代西行漫记》中均有对刘炽家世和他参加革命的背景与动机的记述，这些都是听刘炽叙述的，而海伦·斯诺印象竟如此深刻，也体现了她对这位中国"男童星"的喜爱。这次自然也谈到了巡回演出的事，于刘炽他们来说，或许是再平常不过的了，而海伦·斯诺却感到新鲜好奇，听得仔细入神，以致有了以上两本书中对他们演出情况的实录。

聊完天接着便听唱片，这仿佛是他们每次必做的科目。当时延安只有一架破旧的小留声机，这是海伦·斯诺从奥特·布罗恩和马海德那儿借到的宝贝（奥特·布罗恩是共产国际的德国代表，马海德是自愿向红军提供援助的第一个西方人）。唱片就那么五六张，《多风暴的天气》《浓烟眯眼》《牧神午后前奏曲》《说说你的爱情》《波莱罗》，却是刘炽第一次接触外国音乐，这不同于他小学里接触的儿童歌舞、三仙庙里的佛曲、戏园子里的秦腔梆子，它是另一种风味，大约如同陕西的大枣之于西洋的巧克力。那新鲜的乐曲使刘炽陶醉。

刘炽是一个调皮机灵的孩子，通过听唱片，他又获得新的灵感。他想，自己在剧团里是个舞蹈演员，也应该学点外国舞来丰富自己，于是又缠着海伦·斯诺教他美国式的舞蹈。这可叫斯诺为难了，硬是搜肠刮肚才想到一种曾经当作运动而学过的踢踏舞。除此再也想不到什么合适的了，海伦·斯诺便把这踢踏舞跟她模糊记得的孩童时代的舞蹈功课拼凑起来教给刘炽、王文祥。

嘀，多新鲜，多带劲！刘炽他们跳得有兴味，便循着留声机唱片《大约八点三刻》忘我地练习起来。刘炽跳呀跳呀，像着魔一样，满头的汗水顾不上擦，沉醉在清晰多变的节奏里。跳踢踏舞有一定的难度，上身动作不多，或保持平稳不动，脚下的动作则灵活而敏捷，须有良好的反应能力和协调能力。当年海伦·斯诺为学踢踏舞，在运动课上不知练了多少次，而刘炽不久便学会了，海伦·斯诺更惊叹于刘炽的聪明了。看到刘炽、王文祥大汗淋漓，海伦·斯诺又是感动，又是爱怜，便关掉了留声机要孩子们休息，又取出毛巾递给两个孩子擦汗。刘炽轻唱着歌，望着海伦·斯诺有说不出的感激。因为这是收获，难得的艺术收获！后来刘炽给海伦·斯诺教唱了秦腔《张生戏莺莺》的唱段，大约也算是一种报答，也可以算是一次可贵的中外文化的交流！刘炽学会了踢踏舞，便又去教他们歌舞班的小伙伴。团员们也感到新鲜，学起来十分着魔，任练习的院子里飞起了尘土也不肯停下舞步。有些小演员协调性比较差，做起动作来别别扭扭，可越别扭越是练，终于大家都学会了跳踢踏舞。

刘炽的头脑很灵活，他想把踢踏舞搬上舞台，让延安人民也开开眼界，便找班长刘保林商量，又去请示温涛老师。温涛见孩子们勤奋好学，肯接受新鲜的东西，那自然高兴："你们这主意不错，行！"

演出那天，刘炽他们还特意请了海伦·斯诺前往观看。那时的条件十分艰苦，一般人平时都穿草鞋，一年才发一双布鞋。踢踏舞却需要鞋底钉铁片、铁掌，他们根本不可能有这些。加上当时延安的舞台还是土台子，这些都给演出踢踏舞带来了困难。他们便因陋就简，借来了几块门板放在台上来增强演出效果。演出时大家还挺精神，那舞步也使观众感到新奇有趣，可就是踏不出清脆的响声。刘炽十分着急，跳舞时则更加用力，谁知台面不平，门板不稳，他摔了个四仰八叉，台下的人哄堂大笑起来，海伦·斯诺都笑出眼泪来了。

这次踢踏舞的演出并不成功，刘炽、王文祥他们自然懊恼，见了海伦·斯诺很不好意思，觉得辜负了老师。"这怪不得你们，是条件差嘛！"海伦·斯诺宽慰着孩子们。温涛要孩子们不要气馁："你们做了一次有益的尝试，任何事情的成功都离不开最初的尝试！你们毕竟传播了一种文化，你们会有成功的一天，要是有了跳踢踏舞的鞋，有了好的舞台，那当是革命成功的日子了吧！"

海伦·斯诺访问剧社，和刘炽结下了亲密的友谊；学踢踏舞，又使她和刘炽结下了师生的情谊。

直到20世纪80年代，40多年过去了，海伦·斯诺还清楚地记得他们最后一次见面的场景："他（刘炽）由于唱得太多，嗓子几乎哑了，医生不许他唱歌，以便让嗓子休息。"她确实太爱刘炽这个聪颖、迷人、可爱的孩子了。她在《中国共产党人》"流动剧社"一章里两次叙写刘炽，夸赞刘炽，"他不穿规定制服，戴顶有红星的黑线便帽"，"他真是一个少年天才，戏院的一个受人欢迎的演员。他会模仿，无论做什么……他机敏的才智几乎是不可思议的，这是时常使我惊异的地方。"

1978年海伦·斯诺重访中国，刘炽后来才得知消息，遗憾未能与之一见，他便给海伦·斯诺老师写信。信中汇报了自己40年的音乐写作，并真诚地向海伦·斯诺老师表达了感谢："在舞蹈和音乐方面，这些作

人民抗日剧社时期的"红小鬼"刘炽（1937年海伦·斯诺摄于延安）

品都渗透了您的帮助和支持。亲爱的老师,我不会忘记您,常常惦念着您。"

1981年出版的海伦·斯诺《七十年代西行漫记》,其"中美友谊——四十二年之后"中有刘炽专门的章节,再现了刘炽的童年以及他们之间的友谊,书中还称誉"刘炽是陕北'现代化'的真正先驱"。

在文后的注释中,海伦·斯诺还述及了刘炽在延安的照片,"在上面提到的《中国共产党人》一书的190页,(刘炽)坐在左边,和文工团成员一起,看着照相机"。除此,海伦·斯诺在延安还给剧团和刘炽拍过一些照片。这些珍贵的照片,被黄华在联合国发现,复制了一套,现珍藏在中国革命历史博物馆(现中国国家博物馆)里。

四、"他还是会回来的"

刘炽平时爱打球、爱运动,后来不知怎么的,医生不让他打球,说他患上了肺病。刘炽不由得惶惑起来。在那个年代,肺病又称痨病,是夺人性命的疾病,他怎能不害怕?可自己明明吃得下,睡得着,还能参加体育运动,怎么会是肺病呢?

刘炽听人说鱼肝油可以治肺病,但他并不知在那时的延安,鱼肝油是稀罕的东西,当是高级补品了,就去找医生马海德。马海德当时是黎巴嫩裔的美国友人(马海德后来加入中国国籍,成为新中国成立后第一位加入中国国籍的外国人),住在外事大院里,因刘炽常去海伦·斯诺处,他们也彼此相识了。马海德告诉刘炽,他这里没有鱼肝油,刘炽不信,硬是缠着索要。马海德也拿这孩子没办法,只好哄他了:

"好吧，你把嘴张开，我给你倒一些！"刘炽果真喝了点油腻黏糊的东西，便高高兴兴地离去了。谁知回到剧社却拉起肚子来，刘炽再去找马海德。"谁叫你胡搅蛮缠？"马海德笑着告诉他，"那是蓖麻油！"刘炽这回上了当，还真是哭笑不得。

肺病始终像阴影一般笼罩在刘炽的心头，那时延安没有 X 光透视，无法确诊肺病的有无。刘炽想回西安检查，就向剧团领导请假。小孩子的感情是最直率的，消息传出来后，小伙伴们看刘炽的目光便有些异样。"人家西安城里的人，在城里过的啥日子？吃得延安这苦？"团里农民子弟的演员都说刘炽不会回来了。刘炽对此也有所察觉，当时确实也有人中途离开的，但他心里明白，误解只能是一时的，他只有用明天的行动来消除。只有团长杨醉乡了解他："不会的，刘炽是个老实的孩子，会回来的。""我是一定要回来的！"刘炽在心里默默地说。

刘炽回到了西安，那时国民党的特务横行，城里笼罩着恐怖气氛。延安鲁艺教务处的工作人员刘伍回西安被妻子出卖，结果夫妻俩一起被枪毙了。为安全起见，刘炽便住在八路军西安办事处。

刘炽自然是要回家的，想亲人都想了一年。这时他家已迁移至东关中和巷 17 号，一家五口人住在一间屋里。刘炽去延安，家里一点不知道，他父亲拖着那条折了的腿去泾阳、三原一带寻找，还特地给德娃带去了一双崭新的鞋，可又到哪里去找寻？现在，刘德荫突然出现在家人面前，妈妈真想与他抱头大哭，可谁也不敢出声，让人知道德荫当红军，全家都很危险，一家人抽泣着，刘炽更是泪如雨下：可这是难得的一见，终究又化悲为喜。家人再听刘炽介绍在延安的情况，得知孩子有了出息，父母和爷爷便也感到宽慰了。

第二天刘炽到医院检查，结果是没得肺病，一切正常，他高兴得蹦了起来。

没有肺病，刘炽便准备回延安了。他也不明白为什么，在延安便想家，而回到家里又想念延安，想念杨团长、温涛老师和他的小伙伴们。特别是跟西安一比，延安就是光明，就是希望，多少向往延安的人投入了她的怀抱。而对有志于投身革命文艺的人来说，延安更有他宣传抗日的自由，有他施展才华的天地，有他生活的充实与前途。想到这些，刘炽又去"一二·一二"剧团看望了与他相熟的熊塞声和梁彦，一个16岁的孩子以他对革命的满腔赤诚，现身说法，竟把这两人也动员去了延安。

刘炽不能在家待下去了，那里的邻居根本不知道他家还有他这个娃，暴露便是危险。而家庭的境况也使他无法待下来。一家五口只靠妈妈给人当保姆的微薄收入生活，经常断炊，那是怎样艰难！刘炽目睹这一切也很悲伤。他想给家庭减轻些负担，临走时，连哄带骗把十岁的二弟刘烽带出了家门，但是五六岁的小弟弟刘炜也跟了出来。跑出巷口见有捏糖人儿的，刘炽便给刘炜买了一把饴糖做的大刀，让他回家。爸爸妈妈问刘炜："哥哥呢？""他们走了！"原来刘炽把刘烽带到了八路军办事处，交给了熊塞声和梁彦，让他们把弟弟带到延安交给林明萍，因为办事处主任伍云甫让刘炽先留下，与上海演剧五队的人一起走。刘烽到了延安恰恰就分在刘炽所在的人民抗日剧社里学跳舞，从此，小小的人儿也走上了革命道路。

就在刘烽走后的两天，上海演剧五队的人到了西安。队长左明是个导演、剧作家，之前带领演员在郑州演出。他们路过这里，要到革命圣地延安，投身抗日的洪流之中。隔了一日，刘炽同上海演剧五队的人一道登车出发了。

刘炽这次跟车还担负着任务，八路军西安办事处的人嘱咐他向上海的同志宣传延安。刘炽本来就如一团火，上海同志一心想了解延安的热望被他点燃了，从山到水，从窑洞到小米，从抗大到剧社，从他见过的毛主席到延安的外国友人……刘炽向上海的同志展示了一幅幅鲜明生动而令人神往的延安生活的图画。一年前，他们是一路唱着歌儿到延安的，歌声给他们壮了行色，添了豪情，今日岂能无歌？刘炽便教上海的同志唱陕北民歌，一派黄土的色调、高原的韵味在"信天游"着，大家顿觉耳目一新，陶醉在质朴与粗犷的情韵之中。队长左明乐了："你们跟刘炽同志好好地学哟！"歌声使他们相熟了，刘炽便认识了艾耶、温容、张平、周巍峙……一人唱歌众人和，那满车的歌共着莽莽的高原，起伏着壮阔的波涛，向着延安奔涌着。

"刘炽回来了，刘炽回来了！"

王文祥第一个发现了刘炽，接着其他小伙伴也跑出了窑洞，呼喊着欢跳着。"嗨，刘炽回来了嘛！"杨醉乡咧着大嘴乐呵呵地笑着："咋样？没病吧？"

"没病！X光检查了，一切正常！"

"很好，我们大家也就放心了！"

杨醉乡的话自有另一层含义，刘炽自然不知，而一些小伙伴是听明白了。

五、渭南脱险

刘炽回到剧团，便似小鸟投归了宿林，又有了欢乐的歌唱和翩然的舞姿。

到了冬天，抗战剧团分成三个演出队，二队、三队在延安附近活动，一队则要去大关中一带演出。

刘炽被分在一队，带队的领导是团长杨醉乡。他们一行七十余人前往韩城、蒲城、大荔等县宣传抗日。

当时，大关中的摩擦相当厉害，情况很复杂，有的地方国民党不让他们演出，活动相当困难。而他们演出的内容完全是抗日的，深受十七路军、东北军的欢迎。"我们是听林主任（林伯渠）命令来慰问友军的！"在友军的支持下，每到一处，他们也都能冲破国民党的阻挠，照常进行演出。

1938年的元旦刘炽一行是回延安过的，到了来年春天，剧团一队又前往离咸阳、西安不远的安吴堡一带活动。

那里有个安吴堡战时青年训练班（简称"青训班"），是抗战初期中国共产党创办的培养青年干部的学校。还有一个西北青年救国联合会，调剧团去主要是配合宣传。

六月里，演出正和天气一样的火热。青训班来了电话，要剧团回去，说有任务。而地方上一再挽留不让走，再问"有啥事"，原来是叫他们进西安。

大家不免感到有些突然，而这其实早在上级领导的安排之中，这次剧团来大关中、安吴堡演出也是为进西安做思想上和业务上的准备。

刘炽上次回西安，就感到古都的沉寂与恐怖，西安事变后那高涨的抗日热潮竟消匿了。联想到爱国将领张学良、杨虎城先后被蒋介石监禁，他便朦胧地意识到，一股逆流在潜滋暗长，可他毕竟还年轻，又不完全明白就里。

正是为了抵制这股反动逆流，深入宣传抗日统一战线，动员军民坚持抗战、反对投降，党中央才做出了这样的决定。

他们的剧团是直属党中央宣传部的唯一正式的剧团，曾承担过许多重大的演出任务，深受党中央的重视，上级的决定不是轻易做出的。大家感到任务的艰巨，但又感到任务的光荣。

听了剧团领导的动员，刘炽这团火又燃烧了起来，西安是他的家乡，那里不能没有抗日的呐喊。

那时，西安的八路军办事处还在，组织上通过张寒晖联系，刘炽也去找了张寒晖，剧团得以在西安二中住下。这个学校同时还住着"平津流亡学生演出队"，两下一比，剧团的学生就比较可怜了，即使女孩子也是穿着草鞋。而在那些平津城市孩子的眼里，似乎是草鞋更富有革命色彩，他们对延安的学生羡慕不已。

西安的时局愈趋紧张。有一天，二中的校长找到杨醉乡，以种种借口要驱逐他们出校，遭到杨醉乡的严词拒绝。

其时，西安正举行救亡团体代表大会，当天晚上剧团应大会之请增演一场戏。台上一个个精彩的节目递演着，台下一阵阵掌声起落着。刘炽他们的表演带着浓烈的乡土气息，使西安城里的人耳目一新；而节目又充满时代精神，观众群情振奋，剧场里不时响起"打倒日本帝国主义"等口号。演出十分成功，一名广东记者还来后台采访，并要去了快板戏《消灭汉奸》的脚本。

第二天早上，西安二中的校长来了，还有一位主任，态度却是十分谦虚，主动和杨醉乡握手，表示道歉："你们演得真好，起初小看了你们，真对不起！你们就住在这里，愿意住多少天就住多少天。"原来二中的校长、主任、教员都去看了演出，他们被深深打动了。

剧团的演出产生了很大的影响，西安的国民党感到震惊。虽然演员们都手无寸铁，何况多数是孩子，他们却是如临大敌，很怕剧团同群众接近，便不准剧团公开演出，即便与大中学生联欢，也不允许。刘炽他们也只能在学校教歌。

后来，西安的局势更趋紧张，国民党不顾国内外舆论的强烈反对，公然解散了西安文化界抗敌协会、中华民族解放先锋队西安队部、西北青年救国联合会等13个救亡团体，逮捕了3名学生领袖，一时反动气焰甚嚣尘上。既然不让演出，剧团在西安自然就待不下去了，剧团的领导、演员和八路军办事处的同志都为此而焦灼。

"同志们，我们在西安的戏演不成了！"

西安二中的一间教室里，昏黄的灯光下，坐满了抗日剧团的演员，一个个心里像挨着重锤，却又闷声不响。刘炽本来活泼好动，但见杨醉乡嘴角失去了昔日的微笑，也变得严肃起来，屏气凝神地听着杨团长的每一句话。

"国民党顽固派千方百计地封锁抗日救亡的声音，我们坚决不答应！经过多次交涉，他们被迫同意我们到下边——临潼、渭南一线去演出。这是斗争的胜利！"

会场上的气氛一下子活跃了起来，而杨醉乡的声音却更加低沉。

"据我军西安办事处的同志说，那里国民党党部和驻军同样顽固，其中有反共老手，他们会对我们的活动进行刁难。打抗战剧团的旗号不利演出。因此党决定，留下十五六岁以下的小同志组成'流亡孩子抗战剧团'，去执行这个特殊的任务。其余的人撤回延安！"

西安"八办"保存的红小鬼演员们的照片(左二为刘炽)

刘炽正为自己担心着，他已超过了16岁。可宣布名单时，还是叫到了他的名字。领导对他做了慎重考虑，他是歌舞班的主角，演出少不了他，而他的身材矮小，一脸孩子气，可以把他排在留下的22人之中。刘炽这团火又燃烧了起来，他感到庆幸，感到光荣。

"这是樊镜秋同志，党派她担任'流亡孩子抗战剧团'团长！"在刘炽的面前，站立起一个女青年。

接着，上级又把一位十七八岁的男青年介绍给大家："这是你们的政委，叫莆允昭。"在热烈的掌声中，莆允昭端端正正地回了军礼。

同时，会上还宣布了"流亡孩子抗战剧团"的其他领导成员，刘保林任副团长；雷正泰任总务科科长；汪道海任交际科科长，刘炽任导演、指挥，负责演出。

等会一散，孩子们便连夜化装，一个个穿着破旧不整的衣衫，化身成为无家可归的流浪孩子。第二天一早，在团长和政委的率领下，孩子们打着"流亡孩子抗战剧团"的旗号，整装出发，从西安乘火车直抵临潼。

列车行驶了两个多小时便到了临潼。临潼城不大，却因西安事变而闻名。想到蒋介石骊山被捉，大家仍感到一种说不出的快意。团长、政委一路上很少说话，现在更是板起了脸孔，特殊的环境、特殊的任务，要求特殊的严肃。他们跟大伙规定了极其严格的纪律，不得单人外出，不得暴露身份，不得讲苏区的话……团旗在前面飘着，团长、政委领头在前面走着，刘炽和他的伙伴们跟在后面，也昂首挺胸向县城走去。

出乎人们意料之外，国民党县党部对"流亡孩子抗战剧团"表现得热情友好，便是讲话也口不离"友军""统一战线""抗日打鬼子"这些进步口号。在生活上也对他们很照顾，让他们吃得好、睡得好，还给小演员检查身体。只有一点，就是不让他们演出。刘炽他们很生气，我们是来宣传的，不是来享福的，为什么不让我们演出？其实，孩子们哪里知道临潼县的县长张峰伯是中共地下党员，他们并未遇到什么麻烦。大约是受到当时环境的左右，张峰伯不能暴露自己的身份，而无法给"流亡孩子抗战剧团"做出演出的安排。为了统战的需要，每周一孩子们还得去国民党县党部参加升旗仪式，读"总理遗嘱"和国民党的十条"党员守则"。刘炽他们心里很窝火，这究竟耍的是啥花招？

就在"流亡孩子抗战剧团"来到临潼之后，国民党陕西省教育厅派了十多个人的"巡回演出队"尾随而来。"流亡孩子抗战剧团"住在临潼中学，那"巡回演出队"便住在附近。一天晚上，有演员在外面纳凉时发现"巡回演出队"的家伙鬼头鬼脑地朝这里窥望，还蹲在场东边叽里咕噜的，大家听了，肺都要气炸了。莆政委和樊团长明白，这是国民党的特务。为了甩掉特务尾巴，莆政委便在第二天带着演员们去了华清池。

骊山在临潼城南，曾为秦始皇的阿房宫构筑了宏阔的背景，满山树木葱茏，与一抹黄土、粗犷的陕北高原相比，可算是灵气钟育、景色秀丽了。刘炽他们并不醉心于这大自然的美，而是争先恐后地往上攀爬，想第一个到达"捉蒋"的地方。其实，对走惯陕北高原山道的他们来说，这山不算高，也不算陡峭，不一会儿他们便呵呵哈哈地登了上去。那时还没有捉蒋亭，谁也无法肯定确切的地点，便只好根据传说估猜，找到了一块可以藏人的大石头。一个个拍手跳啊笑啊，刘炽更是心里乐开了花，他真想唱几段《捉蒋小调》幽默一下，可想到那铁的纪律，刚要开口又咽了回去。他便又揣想蒋介石当时的狼狈情状，不由得身子蛰伏

孩子剧团演出(右三为刘炽)

在巨石背后,像是演员在体验生活。这时,不知是谁抓住了他的后衣襟,"捉住了,捉住了!"刘炽呢,便像《锄奸活报》里饰演的汉奸一样,乖乖地举起了手,走了出来,却又同大家做了个鬼脸:"可惜我不是光头……"山林里便又回荡起一阵笑声。

而后,大伙儿随莆政委和樊团长来到了骊山的一道飞瀑下,围坐在石坡上。忽然,一个身着黑色衣装的年轻人出现在他们面前。刘炽依稀记得来人是西北青救会的。大家便意识到是党派人来了,他们安坐在石坡上,急切地等待党的指示。

来的人叫陈宙,他给每个人发了一块钱,打离开延安以后,孩子们几个月没领过津贴了。

"你们这次深入国民党统治区演出,任务很光荣,也很艰巨。当前,蒋介石虽然被迫抗战,但反共投降的危机还很严重。你们的处境是很困难的。临潼这里很可能把你们挤到渭南去,那里的胡宗南陆军第一师是反共老手,更危险,但宣传的意义也更大,在任何时候,你们都要团结一心,勇敢沉着!党会尽一切力量来保护你们!"

飞瀑的轰响代替了孩子们的鼓掌,大家沉思着,望着天边如血的残阳,如火的晚霞……

正如陈宙分析的一样,"流亡孩子抗战剧团"果然被挤到了渭南。城里满街是胡宗南部队的士兵,弥漫着冷森恐怖的气息。大家的心情不由得沉重起来,却又时刻准备着接受严峻的考验。

全团二十四个人被安排在东关小学里,为安全起见,他们住在楼上一间教室的地板上。中间用一排课桌相隔,莆政委带男孩子睡北边,樊团长带女孩睡南边。团长和政委给大家开了会,规定了严格的纪律,特别强调一切行动听指挥。

东关小学不知什么时候停了课，师生一个也没有，操场上满是草，路也成了荒径，显得分外空旷清寂。黄昏时分，太阳正在落山，恰似滚来了隆隆的雷声，坦克、装甲车、卡车、摩托车纷纷开进了学校，大家陡然紧张起来，注视着这发生的一切。小演员李琦从楼下跑了上来，气喘吁吁地报告政委："我们被包围了！"团长樊镜秋从后面跟了上来："不是！来的是东北军机械师修械所的人，那高个子李主任、矮个子高技师就住在楼下边的平房里。他们是来约我们聚餐、联欢的！"听樊团长这么一说，一家才放下心来。

晚上聚餐后，联欢会便开始了。好几辆汽车车灯从四方打开，把学校操场照得耀如白昼。修械所的官兵同剧团的孩子们一起席地而坐，围成一圈，便成了天然的剧场。"流亡孩子抗战剧团"的旗子就插在汽车上，在灯光下抖擞着精神。

第一个节目是小合唱，刘炽这个小指挥从容地走到合唱队的面前，双手轻轻托起，眉宇间凝着庄重的神色，目光扫视着歌咏队员的面孔，接着手臂有力地一挥，歌声爆发了出来。

"枪口对外，齐步前进，不杀老百姓，不打中国人……"

这是冼星海写的抗日救亡歌曲《枪口对外》，在今天这种场合演唱是最合适不过的了。它呼唤着每个中国士兵的良知：大敌当前，一致抗日。更何况听众是失去故土的东北军，他们个个胸怀国恨家仇，这无疑是一首震撼心魄的歌。于是官兵们情不自禁地整齐而有节律地鼓着掌，和着刘炽指挥的拍子。这反过来又是在给刘炽加油，他的双臂挥动得更加有力了，让歌声直飞入人的心灵。

"我们是铁的队伍，我们是铁的心，维护中华民族，永做自由人！"

刘炽的右手在空中画了圈，猛一握拳，歌声便戛然而止，而那拳头却依旧定格着千钧的力量！

好长时间没有演出了，刘炽今天确实特别卖力，《统一战线舞》《海陆空总动员活报》《古庙钟声》等节目里都活跃着他这个小主角。

团长樊镜秋平时文静少语，谁知她有一副清亮的歌喉，她自告奋勇地独唱了《松花江上》，歌声和着血泪，和着仇恨，如泣如诉，东北军官兵听后都跟着流下痛苦而悲愤的眼泪。这时刘炽激愤地站了起来，双手一挥，指挥着大家合唱了起来："哪年，哪月，才能够回到我那可爱的故乡？哪年，哪月，才能够见到我那亲爱的爹娘！……"

"打回老家去！""消灭日本强盗！""解放全东北！""解放全中国！"瞬间，歌声又化成了抗日救亡的怒吼，刘炽他们便又一次沉浸在演出成功的兴奋与喜悦之中了。

让"流亡孩子抗战剧团"与东北军修械所的李主任他们住在一起，大约是地下党组织的特意安排。每次剧团去给群众演出，李主任便派汽车送他们去。演出时，汽车开灯为舞台照明；演出结束，汽车又把他们送回来，真是既便捷，又安全。

一天，剧团孩子们楼下的一间教室里住进了一个人，据说是这个学校的副校长兼教务主任。事发突然，却绝非偶然，这引起莆政委和樊团长的警惕。国民党顽固派的嗅觉还是挺灵敏的，胡宗南的陆军第一师对"流亡孩子抗战剧团"的来历当然是有所了解的，而演出又愈益分明地显露出剧团的色彩，剧团和东北军的关系又是这般密切，他们是不会袖手旁观的。这人的形迹可疑，会不会是胡宗南陆军一师派来的特务？国民党顽固派都把鼻尖伸到剧团脚下了，须谨慎对付才行。

刘炽与那人顶面相遇了。"这不是当年我们第一实验小学的老师吗？"那人也在打量着他，目光似乎在说："这不是上北山（去延安）的刘德荫吗?"刘德荫是当时学校里的小童星,老师多认识他。可谁都没吭声,像是不认识的一样,心里却明白着哩!刘炽从来都尊重自己的老师,可不明白这老师怎么当了特务,便情不自禁地往地上啐了一口唾沫,"呸"!

果然胡宗南陆军一师的人来了,大约是从特务那里得到的证实。来的是政训处的一个科长,满脸堆着笑,堆着怜悯,真叫人难受。

"你们流浪太困难了。都深秋了,连毛衣也没有,又没爹没娘('流亡孩子抗战剧团'对外称,自己的家被日本人占了,父母有的死了,有的不见了),真叫人同情啊!这样吧,我看,你们就归了我们。大孩子去当兵,发军装,有薪饷。小孩子呢,给军官做孩子,去享受,过好日子,怎么样?"

孩子们都好笑,想收买我们?太小看人了,党给了我们一颗抗日的红心,是拿金子也换不走的!

"不,我们要为父母报仇!"

"我们要宣传抗日!"

……

刘炽他们你一言我一语地嚷着。

"都看到了吧?"樊镜秋不卑不亢地对这位政训处的科长说,"这些无父无母的孩子流浪到一块儿不容易,能有这样的志向更不容易。孩子们小小的年纪便在为抗日出一份力,这种感情是应该得到珍重的。贵军是主张抗日的,不是吗?我只有代表孩子们谢谢你们的好意了!"

这位政训科长碰了一鼻子灰,灰溜溜地走了。

就在这天下午,陆军一师的政训处处长派人送来了他的亲笔信,邀请"流亡孩子抗战剧团"为他们团级以上军官会议演出,并有晚饭招待。

剧团面临着一场特殊的考验。不去，则授人以柄；去，那顽固派又能安什么好心？去，当然是无疑的，哪能顾及那么多危险，一场虎口拔牙、惊心动魄的特殊战斗在等待着他们。

傍晚，陆军一师派一辆大卡车来接孩子们，而饭厅里早已摆好了丰盛的饭菜。就在孩子们就餐前，陆军一师的政训处处长走了进来。人精瘦精瘦的，鼻梁上架着副金丝眼镜，手戴白手套，腰间挂着一把短剑，一派盛气凌人的架势："本处今晚专请你们为军官演出，演戏不准拿红手帕，台上不准出现红颜色！听清楚了没有，谁也不准调皮！"

这分明是刁难、是威胁，妄想让剧团的孩子们俯首就范。谁不怒火中烧？可想到政委来之前的讲话，刘炽他们又冷静了下来，不能给国民党顽固派污蔑我们破坏统一战线的借口，斗争须讲究策略。

礼堂门口的卫兵手持枪，那明晃晃的枪刺凝着杀气；礼堂里满座的军官全副军装，铁青着面孔；舞台右边站着政训处长，冷森的目光逼视着演员；显然，剧场成了孩子们的战场。大幕一拉，"流亡孩子抗战剧团"鲜艳的团旗便放射出耀眼的光芒，未见其人，就可知孩子们英勇无畏的风貌了！

第一个节目团长特意安排了李小英，他是团里最小的演员，才八岁，长得又瘦又黑。其实这个也算不上什么节目，他是在叙说亲身经历的真实故事。他的妈妈给日本侵略军的飞机炸死了，他从死人堆里爬了出来，带着满身的血迹逃了出来，要去报仇雪恨……他的血泪控诉，使人沉浸在悲愤之中，有的军官还掏出了洁白的手帕拭着泪水。

一旁的政训处长急得团团转，而孩子们却增强了信心。

"我们是抗日的空军！""我们是抗日的陆军！""我们是抗日的海军！"《海陆空军总动员活报》上台了，刘炽抬头瞅了政训处长一眼，只见他气得直翻白眼，这时他便把"抗日"两个字喊得更高更响。顽固派曾叫他们改做"中国的空军""中国的陆军""中国的海军"，他们就是要坚持用"抗日"！政训处长直跺脚，却无法上台加以阻止，假面具他们还是要的。

最后压台的是《统一战线舞》，全团二十四个人一起上了台，热烈地扭着秧歌，高潮处，一幅特大的红绸子舞了起来，舞红了全台。台下的国民党军官怔住了，竟不知所措。幕布一落，政训处长冲了过来，狠狠抓住演员的胳膊："谁叫你拿红的来！"大家并不惊慌，红绸布一抖，便现出了那时青天白日满地红的国旗。政训处长便暗然失声，他失败了，在这群孩子的笑声中，不得不神情黯然地离去。

顽固派最大的特点便是顽固，"流亡孩子抗战剧团"竟软硬不吃，胡宗南陆军一师是不会甘心他们的失败的。政训处的那个科长再次来到东关小学剧团的驻地，这次脸上敛却笑容，两眼露出了凶狠的目光，讲话的语气也咄咄逼人，可谁又买他的这本账？"你们不要敬酒不吃吃罚酒！"发出警告后他便拂袖而去。

这便是信号，胡宗南陆军一师要对剧团的孩子们下毒手了！那边政训处有党的地下工作者，通过高技师把消息传递了过来，说是"要把大一点的孩子活埋掉"。气氛顿时紧张起来，而楼下又多了一个特务在整天监视他们，可真是插翅难飞啊！如何才能逃脱这虎口呢？前几天也知情况紧张，已悄悄派政委回西安报告。这担子便落到了团长樊镜秋的身上了。

夜，沉沉地睡了，而李主任、高技师的小平房里灯光亮着，樊镜秋度过了不眠之夜。她又召集刘保林、雷正秦、汪道海、刘炽开碰头会。刘炽见樊镜秋眼里布着血丝，不由得怜悯她，人家也只比自己大两三，便对这位姐姐更加崇敬。而樊镜秋依旧神采飞扬，严肃之中含着坚定刚毅，这对刘炽他们来说便是信心和勇气。这是场关系全团命运、关系每个人生死的斗争，大家意识到自己必须担负的重大责任。一步不慎便会造成全局的失败，必须慎之又慎，樊镜秋一再地提醒大家。

第二天黄昏时分，大家便分头传递着樊团长的命令："把背包打好枕着别睡，听候命令行动，光脚下楼，千万不能惊动楼下的两条狗！"

楼梯的出口正对着教室门口，两个特务就凭着这关隘监视着剧团孩子们的行动。不知不觉地撤离，谈何容易？万一被特务发现怎么办？当然李主任已做好最坏情况的打算。

夜，静极了，大家枕着背包望着黑黝黝的窗外。突然楼板噔噔噔地响了起来，在静夜格外分明。楼下的特务自然警觉起来，暗中窥视，原来是孩子去上厕所。谁知楼板一阵阵地响着，似专门响给特务听的，大家轮流着去小便，特务便不以为意了。这楼梯口好似"一夫当关，万夫莫开"，特务便渐渐地弛然而卧，而作起鼾声来。给敌人造成错觉，麻痹他们，轮流下楼小便就是碰头会上想出的妙计。这招真灵。最后几个下楼"小便"的孩子把这一情况说得实实在在的，樊团长果断地决定："走！"

先是几个岁数大一点的孩子把道具箱抬下了楼，接着一个个背着包和乐器，光着脚板、踮起脚尖、手扶楼梯一步步轻轻地往下摸，竟没有一点响动。特务们大约正在做着向主子邀功的酣梦，而"流亡孩子抗战剧团"的二十余人已神不知鬼不觉地越过了特务们住的那间教室，来到了操场。一辆蒙着帆布篷的八轮大卡车早已停候在那里，暗中定神见到两个熟悉的身影，是李主任和高技师！待孩子们一个个爬上车，李主任、高技师便把帆布篷拉得严严实实的。李主任更压低嗓门，操着浓重的东北口音叮嘱大家:"不要咳嗽,不要出声,发生任何情况千万不要动,一切有我!"汽车发动了起来,由李主任亲自开,高技师手持机枪警戒。"流亡孩子抗战剧团"的小演员们冲出了校门。这时刘炽才想起那特务来,也许特务们发觉,可已来不及了,大约等待他们的是主子的呵斥与耳光。

汽车飞驰在茫茫的夜色里,蒙在帆布篷里的孩子们真是乖极了,没有发出一点声响。在冥冥浓黑中,只听车呼啸若风,车轮震动着地,以致依稀听得见"砰砰"的心跳声。

由东关小学到火车站,必须穿城而过。忽地传来了一声尖利的断喝:"哪里来的?"大家便知遇着了城门口国民党哨头的盘查,更是屏着气,听着车外的一切动静。车悠悠地停了下来,李主任怕车急刹猛了,孩子们经不住惯性前冲而叫出声来。从缝隙中见哨兵手电筒的光亮朝着车篷晃来晃去,孩子们手握着手,贴得更紧了。"潼关!"是李主任在回答,声音里带着官腔的威严。"拉什么的?""军火!"李主任提高了嗓门,显得很不耐烦的样子,那时的潼关是前方作战的地方,而军火按规定是不可以检查的,几个哨兵只好开城门,放车通行。

车呼隆隆地往火车站开去,一直开进了月台。该喘口气,透透亮了吧,可李主任没让孩子们下车,这里毕竟是胡宗南陆军一师的地盘,险情并未完全解除,要防止意外情况的发生,不得不再委屈一下孩子们。

"呜——"汽笛一声长鸣,火车轰隆隆地进站了,随之人声鼎沸起来,旅客争着上车了。这时,孩子们从车篷布里一个个钻了出来,李主任、高技师还帮他们搬箱子上火车。临别依依,列车缓缓地开动了,回首处,月台的灯光下还有他们的影子。

脱离了虎口，孩子们一个个心便跟着列车飞了起来，飞回了西安，这是怎样的兴奋和激动呀！

出了西安火车站，孩子们用大马车装上了道具，直奔北门里七贤庄八路军西安办事处。见到了林伯渠主任大家又是蹦，又是跳，又是笑，"流亡孩子抗战剧团"顺利完成任务回来了。

"让伙房烧水，给孩子们洗洗澡；煮一锅红烧肉和米饭，给孩子们压压惊！"

孩子们听了林主任的话很高兴。不过林主任又嘱咐了："不要乱出门，门外钉鞋的、拉洋车的、卖洋烟的、捡破烂的，都是特务！"

刘炽他们不由得伸出了舌头。

六、"刘炽做得对！"——写标语的冲突

渭南脱险回西安不久，"流亡孩子抗战剧团"这班孩子被转移到安吴堡青训班。

很快到了初冬，剧社派曾宪之来接"流亡孩子抗战剧团"的小同志回去，还带来了大衣、毛衣。这些孩子在青训班里都是文艺宣传的骨干，青训班还真舍不得放他们走。只是剧社属边区政府教育局领导，而且下达了命令，青训班只好服从。

刘炽他们一行几经周折，终于和原来分开的大同志在小关中会合。小关中即陕甘宁边区关中分区，包括淳化、淳耀、新政、新宁、旬邑几个县。他们被安排住在地委的大院子里。习仲勋书记特地为他们备办了年饭，还从延安运来了小米和红枣。

接着，抗战剧团在关中分区一带演出，刘炽他们强烈地感受到当时的特殊气氛。在第一次反共高潮之前，国民党顽固派胡宗南在陕甘宁边区周围修筑封锁线，断绝边区和外界在交通及经济上的往来，对陕甘宁边区实行长期包围和封锁。并派武装不断侵扰边区、蚕食边区。为了自卫，抵御国民党顽固派制造的摩擦，关中分区一带实行了全民武装，大人是赤卫队，小孩子是儿童团，就是剧团也增加了军事训练，以适应形势的需要。

抗战剧团在旬邑演出的时候，旬邑事件发生了。那天晚上，枪声响了，剧团里跟着响起紧急集合的哨音。

"国民党顽固派又在制造摩擦了，我军前线急需弹药。现在决定年龄大一点的演员送手榴弹上前线……"

"我也要去！"刘炽向团长杨醉乡请求道。

"不行，小孩子一律留在家里！前方危险……"

延安抗战剧团红小鬼们
(后排中为刘炽)

"不，我不怕！"刘炽在国民党统治区演出受尽了顽固派的刁难，在渭南又遇险，早就憋了一肚子气。而今顽固派进攻边区，他怎能不义愤填膺？于是坚决要求："团长，你让我去吧，我已经是大孩子了！"

杨醉乡拗不过他，被他的热情感动，便答应了。在舞蹈班里，刘炽是唯一获准给前线送弹药的。

枪弹曳着光划破了夜色，枪声像燃着的长串挂鞭，战斗十分激烈。刘炽仿佛听到了前线士兵的呼唤，他携着手榴弹往前冲去，什么也不顾。"冒着敌人的炮火，前进，前进，前进进！"他心里有的是歌。刘炽平时很胆小，这时他却不怕危险，歌便是勇气，歌便是力量，鼓动着他奋身向前。

返身回去，后面响起了手榴弹的爆炸声。这里有他输送的手榴弹，他的心里乐开了花！他当过好几次兵，却是第一次在前线参加战斗啊！

巡回演出到了新政县，下了舞台以后，演员仍然是向群众做宣传。刘炽来到城下写标语，他用梯子爬到城墙上，挥笔大书："人民心向共产党、八路军！"字是用红土粉涂刷的，再用黑灰勾个边，比他的人还要大，十分醒目，便是一二里外也能瞧见。城墙边有几个老汉在晒太阳，抽着旱烟锅，见了十分惊叹，共产党把小孩教得能写比自己身子还大的字，写得好！

刘炽把标语从新政一直写到了洛川。

洛川，因 1937 年 8 月 22 日至 25 日中共中央政治局扩大会议在这里召开而载入史册，著名的《抗日救国十大纲领》在这里诞生。而今洛川出现了特殊的局面，政府在国民党手里，而驻军却是八路军的炮兵团，团长是朝鲜人武亭。

刘炽来到国民党县党部门前，见迎面的照壁墙很大，不由心里一乐：这是一处写标语的好地方。于是拿起刷子就写了条标语："拥护蒋委员长抗战到底！""标语选得好，有针对性！""标语写得也好！"伙伴们正在争夸刘炽呢，这时从里面走出一个穿长衫、戴礼帽的人，怒气冲冲地问："你们是哪里来的？谁让你们写标语？"

"延安来的抗战剧团，我们的团长叫我们写的！"刘炽响亮地答道。

"团长叫什么？"

"叫杨醉乡。"

"住在哪儿？"

"我们的炮兵团！"

"你们为什么要在这儿写标语？"

"这是上级布置的，每天要写20条……"

"为什么要写这条标语？"

"拥护蒋委员长抗战到底，难道不对吗？"

国民党县党部的人原先并不把这几个毛孩子放在眼里，以为咋呼几声就可以把他们赶走，谁知唇枪舌剑几番，这些孩子竟分毫不让，这人甚至反被问得张口结舌。本是理屈词穷，却又丢不下脸面和架子，那人沉吟片刻，似乎找到了借口。

"你们拥护蒋委员长是有条件的。"

"是呀，他不抗战，我们就不拥护！"

刘炽的针锋相对出乎那人的意料，那人恼羞成怒。

"混蛋！擦掉！"

"不擦，这是我们上级布置的……"

"你非擦不可！"

"我就不擦！"

刘炽在革命队伍里，对同志温暖得像团火，而今在对手面前又刚烈得像团火。这时他身边的小伙伴们嚷起来了："反动标语才要擦呢！""不擦！""就不擦！"这一帮腔更叫那人无法下台。

"你们敢不擦？"

那语气，那目光，那伸出的手指无不带着威胁，刘炽却毫不畏惧，反问道："不擦又能怎么样？"他的心里笃定得很，"你能有多大本事，我们有炮兵团！"双方僵持着，有一触即发之势。恰好炮兵团的宣传干事经过这里，便上前责问那人："你为什么要欺负小孩？"

"他们不是小孩！"

"是的，我们是小战士！"刘炽他们自豪地回答到。

事态扩大着，冲突又从国民党县党部转移到了炮兵团和剧团驻地的大院。国民党县党部派县保安团包围了这里，保安团的士兵还耀武扬威，气氛十分紧张。这时，炮兵团的一个参谋从容不迫地走了出来，对保安团的官兵说："你们别张牙舞爪！你们都不要动！老实告诉你们，我们已经把洛川城包围了！"

原来那宣传干事见事态严重，便赶快回团部，团部便用电话通知部队采取了包围洛川城的行动。保安团的官兵一听傻了眼，双方的军事力量对比悬殊，于是便不敢妄动，撤退吧，又太失脸面，竟尴尬得不知所措。国民党县党部也得知情势不妙，他们的书记便出面冒充好人。

"撤，撤下去！……不要误会嘛！"

八路军炮兵团的参谋却严肃地指出："这不是误会，是你们想挑起事端！"

冲突平息了，刘炽回到了剧团里，团长杨醉乡表扬了他："刘炽做得对！"

七、一曲《黄河》的召唤——报考鲁艺

剧团完成巡回演出的任务，便离开了小关中，告别八百里秦川，回到了延安。陕甘宁边区政府主席林伯渠和教育厅副厅长周扬，在延安机关合作社设宴招待了全团的演员。后来毛主席还亲自接见了杨醉乡，夸奖他所带领的抗战剧团是"文艺先驱"。

回到延安的主要任务是整训。1938 年，日军轰炸延安，城给毁了，街给毁了，老百姓拆了墙砖去盖房，城里已无处居住，抗战剧团就迁往西山桥儿沟。由于这次深入国民党统治区宣传演出的时间较长，原来一贯坚持的文化学习中断了，现在还要抓紧时间补课。为了提高演员的文艺素养，团里还请来了诗人萧三，音乐家郑律成、李丽连，戏剧家崔嵬和一些画家来讲课。刘炽听到了以前从未听过的东西，仿佛又打开了一扇扇窗，可向里看又不甚分明，这使他产生了更强烈的愿望：学习！学习！

西山桥儿沟离北门外鲁艺不远。就在刘炽他们到大关中演出时，1938 年 4 月 10 日，由毛泽东、周恩来倡导，在延安创办了一所专门培养艺术人才的学府——鲁迅艺术学院。刘炽听说院里设有文学、音乐、美术、戏剧四个系。而现在常可见到鲁艺的学员，刘炽由衷地羡慕他们：要是自己也是其中的一员，那该多好！像一颗种子落入了心田，这个想法渐渐在刘炽心中萌芽。

刘炽在延安(红小鬼演员照)

1939年5月11日，鲁艺举行周年纪念第一次音乐会，正式公演由光未然作词、冼星海作曲的《黄河大合唱》。

1938年冬，诗人张光年(笔名光未然)带领抗敌演剧三队去吕梁山抗日根据地，次年1月，三队到达延安，两渡黄河。张光年目睹黄河船夫们与狂风恶浪做斗争的情景，耳听那悠长高亢、深沉有力的船夫号子，便产生了创作《黄河》词作的愿望。恰巧，冼星海于这年11月3日抵达延安，在鲁艺音乐系任教。他听了张光年朗读的诗篇，异常兴奋，便在一座简陋的窑洞里，抱病连续写作6天，于1939年3月31日完成了这部大型声乐作品。《黄河大合唱》于4月13日曾由抗敌演剧三队在延安陕北公学首演，而这次则是正式公演。

合唱团有100多人，还伴有乐队。刘炽去看演出，并且坐在前排，看得特别真切。他清楚地记得，那时没有铜管、木管，没有弦乐低音乐器。仅有的几把提琴，由向隅、郑律成演奏，陶剑心拉的唯一的大提琴，也是土造的(由美孚牌四方的煤油筒子加上一木杆，杆上加轴，牛筋作弦，马尾作弓)，这也是唯一的低音乐器。另有一群二胡和三弦，吹中国笛子的叫谌亚选，李焕之拿一把勺子在瓷缸里一晃一晃的，作沙球一类的打击乐器。设备尽管简陋，这却是当时延安规模最宏大的演出了。

演出由冼星海指挥。他身着马裤呢裤子，那是在国民政府三厅当中校时发的，显得特别精神。他的双手仿佛提拉着黄河的闸门，猛然一挥，便爆出《黄河船夫曲》来，"嗨哟"一声，几乎把刘炽吓得跳了起来，他从没有听过如此撼人心魄的声响，一下子便被船夫们搏击风浪的动人描写征服了，那激荡的心便随旋律起伏着，艰难而顽强地奔赴大河的彼岸。"我站在高山之巅……"一曲《黄河颂》展示着黄河的雄姿，节奏平稳，声音和谐，刘炽全身心地沉浸在深情而壮阔的音乐里，感受着庄严、伟大与崇高。恰如黄河之水天上来，那如涛如浪的乐歌里，时而呜咽，如泣如诉；那河东父老的悲鸣，那不幸妇女的哀怨，时而怒吼，如雷如瀑；那中国人民的奋起，那最后胜利的呼唤，每一段都使刘炽感动振奋。特别是《保卫黄河》一节，他听到了"风在吼，马在叫，黄河在咆哮"，随之热血沸腾起来，他随着节拍有力地挥动拳头，仿佛在参加保卫黄河的战斗。他真想像黄河一样地怒吼，吹响胜利的号角。

演出结束，刘炽回到团里后心情久久不能平静。他搞过歌咏队，也担任过指挥，可那与今天看到的壮观的场面、壮阔的气派简直无法比拟。刘炽想了许多许多，他在斯诺夫人处听了英国歌曲，跟胡一川学法国的《马赛曲》，他还听过苏联的《祖国进行曲》《红军之歌》《共青团歌》以及苏联的舞蹈音乐。接触过这些外国的音乐，刘炽更想开阔视野，步入新的、更广阔的艺术天地。在西安二中操场，他们曾与丁玲率领的西北战地服务团同台演出。"西战团"演出了黄自的混声四部合唱《抗敌歌》，"怎么唱得这么美！"这是刘炽第一次听到合唱，而过去唱的那么多的抗日歌曲都是齐唱、轮唱。"我能唱上合唱该多好！"艺术作品的魅力也能给人以追求的动力。他曾和剧社刘子云、刘振武合作，写了以道情为基调的小歌剧《上前线》，但创作时无法挥洒自如，有时难免凑合着，感到心有余而力不足。一件件事激发着他强烈的求知欲望，那心田原已萌发的嫩芽一下子疯长起来："报考鲁艺！"以前他总以为这念头是非分之想，而今他觉得这想法为什么不能成为生活的真实？！

第二天，刘炽向团长杨醉乡提出了报考鲁艺的请求，杨醉乡愣住了。

"咱们团里离不开你,指挥、领舞、吹口琴、演戏,你走了不就垮了?"

"怎么会呢?我去西安看病,剧团不是照样演出?"

"那倒也是……可现在不行,我怎么舍得让你走呢?"

"杨团长,做童工的那会儿,我仍在想着上学,这么多年,我一直没有忘掉它。昨天听了'冼星海(当时他和许多人一样将'冼'字读作'洗')的《黄河大合唱》,受到的触动太大了,我多么渴望学习,我一定要报考鲁艺……"

刘炽坚持要去报考,杨醉乡为难了。"让小刘去吧,团里便少了个主角;不让他去,会耽误他的前途。小刘是个聪明、有希望的孩子,要不是国难,要不是战争,不正是孩子读书的好时光?自己是团长,也是个做父亲的人,长辈得多为小辈着想呵!"杨醉乡几次想启齿,可又将话咽了下去。

"团长,这样吧。学完了,我还回到团里来!上学时团里需要我,我也会回来的。"

刘炽恳求着,杨醉乡也为之动情,便答应了。

"真舍不得你走,可我还是支持你,不能耽误你的前途!去鲁艺好好地学,人家都是专家,我相信你!在那里学到些东西,就来团里教教,今后能回到团里更好!"

有了杨团长的这一句话,刘炽高兴得几乎跳了起来。"嗨哟……"他情不自禁地喊了一声黄河船夫的号子,感情便像黄河一样奔腾起来。

剧团直属陕甘宁边区政府教育厅领导,刘炽报考鲁艺的事就得报请教育厅批准。厅里不同意，刘炽急了，却是不甘心。一天，在北门外，他见到了教育厅副厅长周扬，他便迎了上去。

"周副厅长，我想去鲁艺学习，学音乐……"

"你不是抗战剧团的吗？领舞的小刘？"周扬接着应了一声，"那好嘛！"

"团里都批准了，可教育科不同意……"

"哦——好，我支持你！"周扬嘱咐刘炽，"你考考看，考上你就去；考不上也没办法，你就安心留在剧团里。"

后来，教育厅终于同意刘炽报考鲁艺了。杨醉乡团长把这一决定转告了刘炽。刘炽向杨团长感激而庄重地敬了个礼，转身就跑，跑得那样迅疾，几乎脚不落地，他要去鲁艺报名！

鲁艺在北门外，离剧团不远，刘炽一口气便跑到了。在那里一打听，先是找到了山下的艺术指导科，一个女同志坐在里面，刘炽便跟她说起报名的事情。她说："这得由音乐系主任亲自考你。"

"谁？"

"冼星海。"

按照女同志的指引，刘炽来到了冼星海的房门口。他向门内一觑，冼星海正抽着烟斗在作曲，他不敢打扰，便在门口恭敬地立着，恰如怀揣小兔一样地不安，却又是耐心地等待着。

冼星海终于发现了刘炽，便问："这个小同志，你找谁？"

"找你！"刘炽壮起了胆。

"干吗？"

"我想到鲁艺音乐系当学生！"

冼星海放下了手中的笔，打量着这个带着稚气的青年，从他稍稍

冼星海

怯生的眼神里看出了他求知的渴望和一腔热情，便对刘炽产生了好感。

"你唱个歌给我听！"

刘炽有点紧张，稍稍清了清喉咙，镇定一下情绪，便放声歌唱了。第一首是《救国军歌》，第二首是《枪口对外》。冼星海双目微闭细听着，手轻叩着桌子打着节拍，心想这个青年唱得相当准，而且节奏分明，饱满有力，对乐曲有一定的理解力，基础不错，因此对刘炽甚是喜爱。

"你再唱一个慢一点儿的。"

刘炽不再紧张，全身心地投入歌唱："我的家在东北松花江上……"他跟着感情走，唱得深沉悲怆，哀婉动人，"爹娘啊……"一声裂人心肺的呼号未及唱完，冼星海止住了他。

"行了，你考上了！"

刘炽一时激动得不知如何是好，当即并拢双脚向冼星海老师深深地鞠了一躬。

"你会指挥吗？"冼星海又问。

"在歌咏队里当过指挥……"

"你给我打个拍子。"

刘炽边唱《义勇军进行曲》边指挥着,冼星海边看边点着头,显然比较满意。

"你是到普通班(只学一个月),还是到专修部?"

"我想学长一些时间……"

这正是冼星海所期望的,他觉得刘炽是一棵不错的苗子,可望造就,须有时间。

"好!"冼星海拍拍刘炽的肩膀告诉他:"那就安排你到专修部!现在你就去找刘采石去报到!"

到音乐系窑洞报到时,时乐濛、庄映、陈紫、张恒、薄平、莎莱正在一起谈笑。

"你找谁?"

"找刘采石。"

"干吗?"

"系主任冼同志叫我来报到。"

刘采石把刘炽分在三班的窑洞住下。窑洞布置简单,一张桌子,一铺床,一些书和纸张笔墨之类,倒也朴素整洁。墙上挂些木刻和从报章上剪下来的图照。同室的有关鹤童、白苇、石林、乔东君。

这就是刘炽的新"家"。从此,他就成了鲁迅艺术学院音乐系第三届的学员。

当时,系主任除了冼星海,还有吕骥,他们分别兼教作曲、指挥和"新音乐运动史"。教师方面,向隅教"和声学",杜矢甲教声乐,还有唐荣枚、李焕之、郑律成、李丽莲、潘奇为助教,张恒、张鲁为助理员,指导员是苏灵扬。

学员近60人,有王莘、卢肃、任桂林、汪鹏、时乐濛、陈紫、陈强、黄准、谌亚选、钱韵玲等,关鹤童任班长,张恒任女班长。

这一届有别于前两届。第一、二届学习期限只有三个月,课堂教学较少,偏重于实践和普及,这也是形势的急需。第三届学习期限为一年半,学习与实践并进,普及与提高相连。这样,既定基础,又满足客观需要,正符合鲁艺建立新的艺术教育体系的要求。

鲁艺三期师生合影(中间行左数第四位上为刘炽)

八、星海老师的教诲和鼓励

延安本是个歌咏城，而鲁艺更是从早到晚，歌声不断。

可刘炽生活得并不轻松。音乐系第三届早在1月份就开学，这时乐理基础知识课已上完。声乐课"孔空"100首练习曲他还可应付，而和声学课已讲至三和弦，待讲转调，刘炽学习便感到困难。当时的一些同学都有很好的基础，如时乐濛上过艺术师范，陈紫在北京上过师范大学，汪鹏在清华大学原是小提琴手、白苇、乔东君、谌亚选他们也都相当不错。刘炽发觉自己与大家有相当大的差距，他焦灼而不叹息，吃力而不气馁。他奋起直追，困难动摇不了他学习的决心！

虽然那时延安的物质生活比较匮乏，而精神生活却是丰富的。鲁艺的学员大多数是青年人，正是寻觅爱情的年纪。有些男女同学在共同的学习生活中，从友谊发展到相爱相恋，也不乏革命加浪漫的情味。青年人活泼好动，夏日炎热，跳入延河游泳，别有一番人生情趣。

但在这人群里，却找不到刘炽，他也正青春年少，而他一门心思扑在补课上，他要争夺这分分秒秒！张恒是个好大姐，她体贴关心这个新来的小弟弟，主动帮刘炽补乐理基础课。加上刘炽聪颖和勤奋，他逐渐把空缺的乐理基础课补了起来。

不久，冼星海开设作曲和指挥课，刘炽学得特别专注。冼星海老师把他带入了一个崭新的、奇妙的艺术境地。刘炽把新学来的作曲知识与原先民间音乐的积累融会贯通，有时候一经碰撞，竟爆发出艺术火花来。

《陕北情歌》是刘炽的处女作。

河里水哗啦啦，请你给他捎个话，哎呀不说这（来）不说哪呀哈，就说你英勇抗战莫想她。

此曲带有眉户调和秦腔的韵味，又具陕北民歌的风格，星海老师觉得新鲜，便在作业上批了个"好"！这对刘炽来说自然是极大的鼓舞。而刘炽硬是抑制自己心头的喜悦，认真地揣摩星海老师的改笔。冼星海批阅学员的作业改动不多，尽量保持学员习作的原有风貌，却又能给人以启发。

第二首习作是儿童歌曲《响叮当》，上面的批语是"很好"。发作业时，星海老师还唱了歌曲开头的乐句：

叮叮当叮叮当，打把刀儿亮光光，……

并对学员说："刘炽的歌写得很有特色，大家可以交流。"

第三首习作是混声二部合唱《打场歌》，星海老师在作业上热情洋溢地写上了："非常好！希望它传遍全国。"

自然，初期的习作免不了稚拙，冼星海对刘炽意在鼓励。正是恩师的一再鼓励，使刘炽有了信心，从而让他坚定了志向——干一辈子作曲。未来的路便从这儿铺开。

刘炽从星海老师那里获益甚多，他和大家一样有种强烈的感觉，即从星海老师的指挥、创作、排练实践以及和他的聊天中学习到的东西很多，甚至超过了课堂。

为了粉碎日寇和国民党顽固派的封锁，陕甘宁边区开展了大生产运动，鲁艺师生便去北沟开荒种地。当时的任务是用陕北那种宽嘴镐头，把荒山坡一块一块地翻过来，然后撒上谷种，再用镐头将土块打碎，谷种就掩埋了起来，等雨过苗出。艰难时期，镐头时常不够，两三个人合用一把，因此分班轮流挖，有的是休息时间。休息时，大家便听冼星海老师讲故事。那时，冼星海给大家讲起自己的身世和经历。

冼星海出身于贫苦船工家庭。妈妈让爷爷给他起个名字，当时抬头是星星，低头是大海，于是就取名叫星海。冼星海父亲早逝，母子俩相依为命，以劳动为生，家境贫寒。但为了让星海听音乐会，母亲把结婚时的裙子和首饰都卖了。

1929年，为了祖国的振兴和民族音乐的发展，冼星海决心去法国学习音乐。送行时，妈妈流泪了，与富家子弟相比，他除了一把旧提琴外几乎一无所有。他对妈妈说："你应该笑，我比他们富有。我有的是力气，有的是精神！"冼星海在海轮上打工擦地板，就是为了挣些生活费。

到了法国，冼星海为了生计，不得不去理发馆当学徒，去饭馆跑堂、拉提琴。是笛卡斯教授在饭馆里发现了他，破格录取了他。一次他获了奖，笛卡斯教授问该奖励他些什么，他回答说："要饭票！"

这一幕幕印在刘炽的脑海里。刘炽回想起自己苦难的童年，便产生了强烈的共鸣，而从中又领悟到人生最大的财富是志气，是精神。"搞音乐是苦差事。"星海老师的话听似寻常，却蕴含着生活的哲理。刘炽当时并不完全明白其中丰富的内涵，却懂得星海老师是在勉励他们要执着于音乐事业。

排练《黄河大合唱》，刘炽参加了。由于王莘上前线去了，《河边对口曲》便由他和关鹤童演唱。开始的《黄河船夫曲》，大家起劲地唱，星海老师让他们停下来要求大家："你们是船夫，是在对着黄河呐喊，在向着敌人战斗，不是在唱《黄河大合唱》。"这一"喊"一"唱"，便启发着刘炽，使他对整个《黄河大合唱》有了新的理解。他又联想到了作曲课上星海老师的教诲："音乐与感情应融化为一体，作品是有感情的音乐，也是有音乐的感情。"从此，他对音乐的理解有了理性的飞跃，在艺术创作的整个过程中，都应该全力调动感情因素，充分发挥感情的巨大力量。

冼星海教指挥也是一样，他向学员也讲述一些指挥的基本线条，讲述手势的作用，同时特别强调，指挥作为歌咏活动的组织者、核心和灵魂，更需要感情的投入。一次上指挥课，星海老师便让大家围成一个圆

刘炽(照片正中)初进延安鲁艺时与师生的合影

圈，练习指挥《黄河大合唱》中的《黄河船夫曲》。刘炽努力地回忆星海老师指挥《黄河大合唱》的情景，便尽力地模仿星海老师的动作。一曲过后，刘炽和大家一样等待老师的评点，可星海老师说："指挥者首先要善于用自己的感情去指挥手势，再用手势去指挥歌唱，你们是这样吗？"刘炽有很大的触动，这不正是自己所不足的吗？他进一步体会，便豁然开朗，星海老师的指挥传递给合唱队员的是生活，是感情，是精神，是力量。再次练习时，他把自己的感情完全融入指挥之中，于是手下便像挥出一泻千里的浪涛，扬起惊天动地的呐喊。终了，他看见星海老师含笑地点头。

延安的生活十分艰苦，鲁艺人员的待遇甚低。每月津贴学员1元5角，教员3至6元，冼星海则是12元，算是特殊照顾的了。再加上他在"女大"代课3元，每月一共15元，在当时便算是"高薪"了。有时弄点好吃的，比如炖红枣、炖肉，他便让夫人悄悄地叫几个学生去分享，刘炽亦常在其中。冼星海写作《九一八大合唱》时，部队领导给他送来点肉和鸡，又是红枣炖鸡，又是炖肘子，时乐濛、陈紫、李鹰航、蒋玉衡、莎莱和刘炽就又被悄悄地叫了去。于刘炽他们来说，美美地吃一顿自然是生活的大改善，然而大家回味更多的是饭后星海老师讲析《九一八大合唱》这部作品。星海老师讲得很随意，行云流水一般。这些都帮助刘炽他们了解了音乐创作的要义。后来，刘炽他们常带着自己的饭菜去星海老师那里，他们觉得跟冼星海这样的老师在一起便多有收获。

一次，音乐系学员练习合唱，唱黄自的《旗正飘飘》《抗敌歌》和李惟宁的《玉门出塞》。正好星海老师来了，兴许是有所感触，或者是久有蕴蓄，老师兴致勃勃地对大家说："你们好好学，等你们毕业时，我给你们写一首标准的混声合唱，比这气派大，比这要好！"

鲁艺三期师生排练合唱，指挥为冼星海，他头顶上方即为初入鲁艺的刘炽

后来，冼星海真的写了《满洲囚徒进行曲》，歌页是用紫红色的墨油印的，刘炽捧在手中只觉墨油的浓香。他仔细读着，轻叩着节拍，轻唱着旋律。"镣铐锁得紧，刺刀逼准我们的心。为争取民族生存，我们在死亡线上前进……战士的血迹在前方，它指示着自由的道路，指示着中华民族的解放！"真是摇人心旌，荡气回肠。刘炽一下子想到了星海老师和塞克合作的同一题材另一首合唱作品《流民三千万》，便把它找来，一遍一遍地比较着读，他感到《满洲囚徒进行曲》更磅礴、更深刻、更感人。星海老师的自我超越也是实现对黄自等人的历史超越。阅读、比较便是提高，刘炽常是这样从星海老师的作品中汲取营养，丰富自己。

《满洲囚徒进行曲》是冼星海在延安的最后一部作品，是留给鲁艺音乐系第三届学员的纪念，刘炽一直把它珍藏着。为了这部作品不被人们忘却，让青年一代有所了解，刘炽后来给《满洲囚徒进行曲》改了调号，提高了小三度，重新写作了管弦乐，并加上了铁锁链的声响。1977年在我国第一届合唱节上，工人合唱团演唱了这部作品。后来刘炽也指挥老干部合唱团演唱过它，算是对星海老师的纪念，对历史的纪念。

就在刘炽师从冼星海，其作曲和指挥技能日渐成熟的时候，在他们毕业前夕，1940年4月底，刘炽得到了消息，组织上决定派冼星海去苏联，为延安电影团的大型纪录片《八路与延安》做配乐工作。他怅然若失，真有点儿魂不守舍。"离开了星海老师，今后将会怎样呢？"尽管他已决心走星海老师所指引的路，但未免有些茫然。依恋无限，一桩桩往事涌上心头，却又不得不面对即将天各一方的现实；师恩难报，他觉得应该送些什么给星海老师，算作临别的纪念。他知道星海老师喜欢陕北一带民歌，却因忙于教学和创作而无暇搜集，不如抄几首陕北民歌送给星海老师，让星海老师永记着陕北高原，永记着延安桥儿沟他所教过的学生。

刘炽一共抄了四首眉户调和六首陕北民歌，星海老师欣然接受了。星海老师对其中的眉户调很感兴趣，后来在苏联写作时还运用了这些素材。

九、留在了鲁艺音工团

冼星海对青年人有火一样的热情，而对鲁艺音乐系第三届的一些学生情尤深笃。在《鲁艺与中国新兴音乐——为鲁艺一周年纪念而写》一文中论及建立中国新兴音乐时，冼星海提出三个"必须"，其中第三项便是"要组织和培养更多的音乐干部"，指出这是新兴音乐最实际的一件事。

他对这些青年特别喜爱，就是从事业发展的战略来考虑，认为他们将来是中国音乐界的骨干。离开延安前，冼星海找周扬院长谈："我们的这一批学生，将来可能对中国的新兴音乐做出较大贡献。不要把他们分出去搞行政工作，把他们留下来继续搞音乐，成立音乐工作团。"他还特别提到了刘炽，"他是音乐系里最小的男孩，他在创作上可能取得成就，望组织上重视培养"。后来周扬采纳了冼星海的建议，成立了音乐工作团，刘炽毕业后便被留了下来。

音乐工作团（以下简称"音工团"）成立于1940年7月，是继鲁艺实验（话）剧团、平剧团以后又一个艺术专业团体。因冼星海去苏联，主任由吕骥代理，研究科科长瞿维，演奏科科长任虹，音乐科科长刘采石、麦新，秘书刘采石、庄映、关鹤童，党支部书记麦新。成员有钱韵玲、李丽莲、寄明、莎莱、郑律成、安波、马可、时乐濛、白韦、陈紫及刘炽等21人。

把音乐作为事业与追求，是刘炽在鲁艺音乐系三期学习时立下的志向，而今留在音工团，更是他深造的极好机会。星海老师临别题词，要他继续努力学习，他怎能辜负老师的厚望？音乐系三期学习毕竟仅一年多时间，他深感自己的不足，便抓紧时间进修和声、对位等音乐专业知识。他还深信这样一句名言："学问好比金字塔，只有博大才能高。"凡是有机会、有条件，其他的知识他都去学，借以丰富自己。

星海老师曾说过："中国的打击乐器很丰富，尤其是京剧打击乐节奏强、变化多、效果好，你们可以学习。"于是，刘炽便去平剧团跟陈冲学习京剧打击乐。陈冲不仅讲锣鼓点、打击技巧，还讲它们的具体应用。刘炽虚心地学着，把嘟鼓、大小水镲等打击乐器全学会了。

刘炽常去平剧团，耳濡目染，对京剧又产生了兴趣。他平时跟阿甲、罗合如、王一达、任均学习京剧唱腔、武把子起霸，居然可以登台演出。他曾在一出反映抗日内容的时装京剧里串过配角，更是在王一达所教的《刘唐下书》一戏里扮演刘唐，不料道白时他忘词了，虽然后来接上了茬，但一时的窘急惹得大家哈哈大笑。

戏剧系演出《日出》，刘炽参加了幕后劳动号子的伴唱，他便利用这次机会向话剧演员学习戏剧结构的知识。对学习，他就是这样的有心。

作曲离不开语言，在学习京剧唱腔时，刘炽得知罗合如语言学造诣很深，又拜罗合如为师，学习作曲语言学。当时罗合如根据赵元任的语言学进行口传，刘炽学得很用心。罗合如以京剧人物窦尔墩的一句唱腔为例，"将酒宴排在分金亭上"，因为行腔的缘故，结果将"分"字唱成了"粉"，后来将词改为"聚义亭上"，则克服了唱腔与语言的矛盾。刘炽便知旋律的音乐性必须力求和语言统一起来，有机地结合起来。

刘炽由此想起一首写空军的歌，其中两句歌词"铁鹰排成队，鸟飞在高空"就是这样谱曲的：

5.6 | 35 ii | i - | i0 3.3 | 6 2 | 2 ……

旋律和语言几乎吻合，可听起来却不优美，他向罗合如老师请教。罗合如告诉他："这是为语言做俘虏，以语言代替旋律，那是误入歧途！"刘炽从中认识到旋律是第一性的。

罗合如还分析了赵元任的《卖布谣》《教我如何不想她》，其中有意识地破坏语言性，如将"天""飘""地""吹"都处理成上声，指出这是为了加强旋律的深刻性。

过后，当时能搜集到的赵元任的歌刘炽都搜集了，共得了七八首，他逐一做了分析，觉得罗合如老师讲得好。刘炽逐渐从中也摸索出一些具体的表现技巧。如阴平的字放在歌较高的地方，不让往下拖；阳平在高处滑一点；上声从下往上挑；去声从上往下滑。阳平与阴平接上声字，就向上大跳；阳平与阴平接去声字，就向下大跳。后来他写作的《我的祖国》，其中语言就做了这样的处理，从而取得了很好的效果。

刘炽学有成效，不仅在于勤学好问，还在于他肯用心去领悟，以致有了认识的升华。语言性要求不破坏语言的准确性，旋律性则是音乐造型最重要的东西。当二者冲突时，语言性要服从旋律性；二者的统一要求旋律性建立在语言准确性的基础上，达到上口好唱。这也是刘炽日后写作歌曲所把握的原则，一些歌曲写得清隽优美，风格独具而传唱不衰，成功的一个重要原因当在于此。

当时恰逢文学家茅盾从新疆来延安，就住在桥儿沟鲁艺东山窑洞里。每周他给文学系开一次课，讲授市民文化概论，刘炽也喜滋滋地去听了，了解了中国奴隶社会到封建社会市民文学的发生、发展与变化。沙汀、何其芳讲课，他也去听；戏剧系张庚讲斯坦尼斯拉夫斯基的表演理论，他也去听；还参加工艺美术研究组，学写美术字、学习图案。在学习上，他真是"贪多务得，细大不捐"。

为了弥补过去民间、民族、宗教音乐的不足，刘炽还到脚夫中去、到民间艺人中去，跟他们学唱、记谱。一次，刘炽从城里回桥儿沟。半路上，见一个寡妇在哭丈夫，他便掏出本子来记谱。谁知闯了祸，寡妇的公公拉着刘炽进了周扬的窑洞，愤愤地说："你们这个青年不规矩！"周扬问清了缘由便告诉老汉："你误会了，他叫刘炽，是我们鲁艺音工团的。他爱民间音乐，即便婚丧的音乐，对他今后搞音乐都有用。"老汉仍不相信，只好又找桥儿沟农民作证，恰巧他们相互认识。桥儿沟的农民反复解释刘炽有记谱的习惯，包括和尚念经，有时跟着脚夫记谱就跳

刘炽在延安演出话剧《粮食》(前中左臂前指者为刘炽)

在驴背上记……至此寡妇的公公才相信。周扬还请老汉吃了顿晚饭，才算了事。后来闹秧歌，路过寡妇家所在的那个村，那老汉认出了刘炽，才知道真是误会了。

文艺是相通的，可以说任何艺术门类都非孤立存在，大凡有成就的艺术家，总是从各种艺术中去汲取营养。刘炽如此广泛地学习，恰是在叠垒着自己的根基，他日后的成就和辉煌正是在这扎实的基础上建立起来的。

十、参加蒙古文艺考察团

1940年9月，刘炽又走向生活的大课堂，参加了"蒙古文艺考察团"，这既是工作，也是学习。先前，在2月28日，边区文化协会在文化俱乐部召开蒙古文化促进会首次筹备会。3月22日，《新中华报》发表的《蒙古文化促进会缘起》表明蒙古文化已引起边区文化协会的高度重视。对蒙古文艺进行考察，也是具体的实施步骤之一。

"蒙古文艺考察团"是根据边区政府指示组建的，由延安鲁艺、西北文工团、青委联合组成。团长由王铎担任，翻译是许光禄。美术组有朱丹、焦心河、陈叔亮；文学、戏剧、社会调查组有杨思仲、王亚凡、马寅；音乐组有刘炽、李庆森。

考察团一行十人于1940年12月从延安北上，路经安塞、清涧、绥德、米脂各县，从定边出长城。定边以北沙化程度更厉害，脚踏在沙子上，又松又软，往往是进一步退半步，走起来极其费力。而一刮大风，天昏地暗，路人连眼都睁不开。在这样的环境中行进，尽管已入凉秋，人人都累得满头冒汗，气喘吁吁，只感到口干舌燥，嘴唇干裂。经过艰难的跋涉，刘炽他们才在一户汉族人家住了下来。

其时，那里的政治环境相当复杂，除八路军、游击队与国民党的骑兵师，日满特务也在这一带活动，刘炽他们不得不保持高度的警惕。

活动了不长时间，他们搬到了村头居住。一天夜里，有人敲窗户，"你们准备一下，提高警惕，国民党骑兵队要路过这里！"大约是地下党给他们来报信，他们赶忙烧文件，刚把文件烧光，便听到了马蹄声。幸好未曾遭遇，自是一场虚惊。

接着，考察团向伊克昭盟即鄂尔多斯深入。那里所保存的蒙古族历史、文化、宗教、艺术以及风俗，最古老、最完整、最典型、最值得记述、分析和研究。随后，他们到达了西乌审旗。

这里是沙漠的边沿，蒙古族的民居不是蒙古包，而是普通的瓦房。刘炽住在王月丰家。王月丰于新中国成立后曾担任内蒙古自治区政协副主席，当时投身革命去了，并不在家。家中住着他的妻子、女儿和儿媳。王大婶是方圆百里最好的歌手，音乐便是缘分，那时刘炽认了她做干妈。王大婶的女儿 14 岁，叫阿姐花，儿媳妇叫银花。

初入蒙古族人之中，自然有许多新异的东西引起刘炽的好奇，如他们的头饰。少妇、主妇们的头饰用的是珊瑚，已是彩色明丽，有的还加上翡翠、白玉、玛瑙连缀起来，一直垂到耳边，再与两边若干小辫儿上的饰物相连，璀璨夺目。有些贵妇人还加一层头饰，以显其华贵。戴上全部头饰，再穿上宽松而鲜艳的蒙古袍子，系上腰带，足蹬绣花布长靴，真是美丽端庄，走起路来更是婀娜多姿。蒙古族人爱美、爱生活便可见一斑。这是刘炽前所未见的。

一些 50 岁以上的妇女剃了头，人称"姑子"。在一些节日里，她们便同一些虔诚的老太太集合在某个蒙古包或平房的热炕上，用蒙文念《玛尼经》，为人畜祈求平安。一人主念，群声复颂副歌，非常好听，可一般人不让进。刘炽身穿蒙古衣靴、头缠着布，装扮成蒙古族小伙子跟着干妈去了。干妈对人说，这是她的儿子，不会念，很爱听。于是他也坐上了炕头，一边听，一边记着谱，那副歌有十几种变化，他都记上了。

干妈家里几乎每天晚上都要开一场音乐会。干妈的弟弟虽身有残疾，却弹得一手好三弦，阿姐花四胡拉得好，扬琴也打得好，还会演奏一种"大正琴"，这种琴类似凤凰琴，指法却是往外顶。天一黑，吃罢晚饭，周围的几个歌手就来了，大家围坐在炕头。四胡拉起来了，三弦弹起来了，笛子吹起来了，歌儿唱起来了。刘炽坐在他们中间听着、学着，渐渐地跟着唱了起来。"上河里推下来一只船，坐娘家容易回家难（娘家有情人）。上房瞭一瞭（谷子晾在上面）王艾昭（情人在这庙里），二妹妹捎个话喇嘛哥哥叫！"这一首汉族姑娘和蒙古族喇嘛恋爱的情歌，和一般蒙古歌曲一样是多段词，因此等到这首曲子唱完，刘炽也记完了

曲谱:

```
  6  5  | 6  ⁶⁷3 | i͡  6͡5  | 3͡2  1 | 6  5  |
  上 河里  推  下   来  哎       呀    一 只
  上 房 瞭一  瞭          呀   王  艾儿

  6͡5 3͡3 | i  i | i  - | 5·  i | 6  5͡6 |
  只儿(6 3) 船,        坐   啦 娘 家
  哎 海   昭,         二   啦 妹 妹

  1·  2 | 3͡0ᵛ 5 | 3  i | 3·5  3͡2 | 3͡1·  1 - ‖
  容    易 哎  回 家  哎   哟    难。
  捎    个 话 哎  喇 嘛   哥    哥儿 叫。
```

一天，二十多里外的一户人家办喜事，请刘炽的干妈去唱歌，刘炽又穿上蒙古族衣服，带着翻译许光禄去了。除了考察蒙古族婚俗，还要民歌采风。

这家的院子里有三间正房，两间厢房，门口烧两大堆火，婚事办得也是十分红火。屋子里满是宾客，白天里喝着茶，吃着点心。刘炽不甚明白，这样招待不显得太单薄？谁知那一夜要吃 14 顿饭。每顿除大米饭和菜肴，还有油炸果、奶皮、奶渣、炒米（是用大粒黄米炒的），刘炽吃了两三顿饭就吃不动了。而他最足饱的还是听歌。那天，他的干妈大显身手。本已百里闻名，现在歌喉一展，那么嘹亮，那么动人。别的屋里的人也都涌进来了，屋内屋外挤满了人。干妈的歌声像百灵鸟飞进了人们的心窝，一曲终了，人们还沉浸在绕梁的余韵里。不知是歌声引爆了掌声，还是掌声引发了歌声，刘炽干妈的歌竟似抽不尽的丝絮，淌不尽的溪流，一曲连着一曲，刘炽也记下了近十首！

这样，人们唱一夜、吃一夜、喝一夜、爱一夜，而刘炽则听一夜歌，记一夜歌，同是难忘的一夜！

常言道载歌载舞，而这里蒙古族的俗家没有跳舞的，要说舞蹈只有喇嘛的跳鬼。

西乌审旗附近有座格里图庙，庙里有七十余个喇嘛。在冬天特定的节日里跳鬼，刘炽和他的干妈骑着马去看了。

有三个人戴着假面坐着，和观众一起看跳舞，其中两个是小孩，还坐在正位。刘炽不明白，干妈告诉他，这是天上的神仙，是最高贵的客人。

跳鬼的喇嘛要戴着马、羊、骆驼等多种动物的假面和各种神仙的假面，假面具类似于戏剧的脸谱，千姿百态，具有很高的美学价值。随着深厚、瑰玮的音乐声起，舞蹈开始了。有单人的狂舞，有三五个人的组合，有大规模的集体舞。那不断变幻的队形，那雄健奔放的舞姿，简直叫人目不暇接。最后出场的是牛魔王，跳得最为强烈，奔驱、冲陷、决胜，气势宏大，比西班牙斗牛士舞当有过之而无不及。这样一直跳到天黑，大家才吃晚饭。

在西乌审旗一些蒙古族人的眼里，刘炽是一个不可思议的人，穿的是蒙古族服，唱的是蒙古族歌，却不会说蒙古族的语言，这小伙子怎么忘掉了老祖宗？而有些人则十分喜欢他的聪明灵气，还给他编了歌，"三月里刮春风，南边来了个小神童"。而最喜欢他的莫过于他的干妈，干妈想把她的女儿阿妲花许给刘炽，刘炽不禁涨红了脸，干妈很高兴，以为小伙子因心动而羞怯。平日口齿伶俐的刘炽现在变得钝拙，一时不知如何回答，终是吃吃地说："我们是组织上派来工作的，婚姻的事必须经过组织批准，由不得自己。"干妈不免有些怅然，经刘炽反复地解释，她相信这小伙子是诚实的。"阿妲花是我的干妹，不也一样的好么？"干妈觉得在情入理，心里得到了宽慰，便更喜欢刘炽这干儿子了。

1945年，她曾特地骑着马，带着刘炽爱吃的奶皮、炒米去延安找他，遗憾的是刘炽随工作团去了东北未能一见。新中国成立后，刘炽还特地去内蒙古找过干妈。

那最后的一别是在一天夜里，有人敲窗户，说是有情况。刘炽急忙起身，与考察团的同伴一起到村西头集合。原来那里已准备好三匹马，刘炽便知他们的活动一直有地下组织保护着，他们不是孤立的。他们让马驮东西，实在走不动的人也骑马，其余的只有步行，情况紧急，全顾不上沙窝深陷的艰难了。他们走了很远很远，已是凌晨四点了，东方现出了鱼肚白，一望无际，刘炽第一次看到了这大自然的奇观，激动不已。他多么想歌唱啊，"我们的祖国多么辽阔广大！"可毕竟没有唱，尽管他们已大体脱离了险境，但仍要以防万一。

后来，他们到了乌审昭，那里有一座大庙。为了做蒙古族上层的统战工作，刘炽他们又换上了便装去拜访喇嘛庙的活佛，其时活佛才四岁多。庙里有三四千喇嘛，一起念起经来，场面十分壮观，声音可以传到四五里远，刘炽体会到一种摄人神魂的力量。他不由得想起了星海老师的教诲："宗教是人创造的，宗教的音乐也是人创造的，宗教的音乐也是人的音乐。"由此他想，宗教音乐为什么富有感染力，而给人以美的享受，以致净化着人的灵魂。于是又拿起笔来为喇嘛诵经记谱。

不久，八路军骑兵营把考察团接往木胡儿梢。

木胡儿梢是骑兵营的驻地。营政委杨一木对考察团的同志十分热情。刘炽到了这里便似回到了家，感受着同志的亲情与温暖。想不到在这里，他又派上了特殊的用场。那时桃利明驻有国民党骑兵师，其政治部副主任叫克里文（新中国成立后曾任内蒙古自治区党委统战部部长），与共产党方面有联系。杨一木去桃利明找克里文，刘炽便装成了杨一木的表弟，杨与克做秘密谈判，刘炽给他们做了巧妙的掩护，于是也便有了特殊的战斗经历。

经过三四个月的跋涉和考察，考察团完成了预期的任务奉命回归，十个人带着各自的收获踏上了返回延安的路。

十一、延安的第三部歌剧——《塞北黄昏》

考察团回到延安已是1941年2月了。放下行李，稍事休息，考察团便考虑汇报演出的事，恰恰边区政府和民委会通知他们，要为纪念民族英雄成吉思汗的晚会出一个较有分量的节目。团长王铎和朱丹、王亚凡便一起来找刘炽商量。

他们想到了这次搜集到的蒙汉骑兵队的素材。当时正是抗日战争中期，日本侵略者已占领了包头，进一步推行诱降政策。鼓吹所谓"满蒙是一家""大日本皇军是蒙古人民的朋友""日本、满族、蒙人携起手来，建立东亚共荣圈""成吉思汗的子孙起来，斗争，摆脱汉人的压迫"，不少蒙古族青年受骗参加了他们的骑兵团，大家觉得这个题材很有现实意义，一致同意写一部反映蒙汉骑兵队回归草原、回归祖国怀抱的歌剧。

纪念成吉思汗的晚会定在3月，无法向后拖延，那时离晚会只有二十八天，也就是说，从编写剧本、作曲、排练到演出必须在这短短的二十八天内完成，这是一项多么艰巨的工程啊！

紧张几乎绷断了生活的弦。王亚凡四天半没睡，写完了剧本。给刘炽作曲规定的时间只有三天，因此必须同样夜以继日地突击。

于是，一孔窑洞便成了一个特殊的"车间"。西北文工团和民委会特地派几个同志帮助工作。刘炽的右边是刻蜡版的，再右边是油印和装订的，左边是给他们做饭的，刘炽则是不停地创作，就这样一条人工流水线运转起来。

简直是没日没夜地写，刘炽几乎忘记了一切，他仿佛又回到几个月前考察的伊克昭盟的沙漠和草原上，蒙古族民歌和宗教音乐源源不断地给他输送原料："龙门达赖""班禅达赖""森吉德玛""黑马走四方""英雄陶陶呼"，喇嘛念经的音调、俗家老太念《玛尼经》的音调………他信手拈来，同时加以发展、升华，谱写出一曲曲歌调来。考察生活给了他丰厚的馈赠，而他也没有辜负这难忘的生活。

可人毕竟不是机器，别的人还可以略停一停，打个盹，刘炽却被时间逼得不能停留片刻。实在太累了，就用纸卷着旱烟丝抽，他本不会抽烟，只觉得苦、辣、呛人，却能帮他提神。头昏沉沉的只觉重，直往下垂，他便用毛巾蘸着凉水敷在脑门上。那时的伙食算是优待的了，小米饭用油炸葱花炒一炒，或是下点面条，吃饭便是他的休息时间。可碗筷一丢，他又继续作他的曲！两眼熬出了血丝，眼球若刺、若灼般地痛，他与剧中的人物共着呼吸，共着命运，共着欢乐，又从他们心灵的歌声中汲取了不倦的力量。

第四天清晨，鸡啼了三遍，刘炽没有听到；东方现出了鱼肚白，他也没有察觉；西北文工团的起床号吹响了，山顶升起红日，歌剧《塞北黄昏》也诞生了！他们这个突击集体按时完成了任务。《塞北黄昏》的油印本按时摆在西北文工团团长苏一萍窑洞的桌子上，而刘炽"睡着"了，睡到了中央医院内科病房里。

刘炽在最后一曲的乐谱画完了双纵线后，笔往桌上一摆，便昏倒了，被人抬进了医院。他在医院里昏迷了两天，直到第三天才渐渐醒来。他又记挂着排练，要在剩下的二十天里排出一部中型歌剧真不容易。但他躺在床上仍不能行动，急又有什么用呢？别的同志告诉他，排练由潘奇担任声乐指导，马可负责乐队，一切都在紧张地进行之中，刘炽便稍稍地宽了心，可他多么渴望前往排练场！十天之后，他才能稍稍走动，他急着要求出院，可医生坚持不让，因为他也只能挪动几步而已。直到西北文工团彩排前两天，刘炽才获准出院。待他赶到排练场，全剧的架子已搭了起来，西北文工团的全体同志居然在很短的时间里丢下了带歌谱的剧本联排，他们也是在夜以继日地奋战。

纪念成吉思汗的音乐舞蹈晚会如期拉开了帷幕，整个音乐会从头到尾贯穿着蒙古族的文化。布景、服饰、假面是蒙古族的美术；舞蹈是蒙古族的跳鬼；独唱、合唱以至乐器的伴奏是蒙古族的音乐，而这些都是他们从伊克昭盟带回来的。20世纪40年代初，在陕甘宁边区的延安，从来没有出现过蒙古民族的文化，尤其是他们的音乐，而且是这样的集中、这样的逼真、这样的辽阔、这样的壮美，当时的听众感到特别新鲜，对大家的演唱、演奏每每报以热烈的掌声。

歌剧《塞北黄昏》也呈现在舞台上，观众们被那不断出现的各种蒙古族民歌和唱段迷住了，他们被音乐带入了戏剧情境，为猎人和阿他花的爱情而担心，为女主角和她丈夫的团圆而焦虑，向那凶狠毒辣的催税官投去仇恨的目光，直到受骗上当的蒙古族青年们与蒙汉骑兵队唱着歌儿回到草原、回到家乡、回到祖国怀抱，台下才有了掌声，像暴风雨掠过，又是久久不息。

《塞北黄昏》的演出获得了成功，毛主席和周副主席也观看了演出，对刘炽他们深入生活、写出了反映人民斗争的一部新颖独特的作品表示赞许，刘炽备受鼓舞。不久，刘炽去文化沟，沿途在延河边上听到有些年轻人情不自禁地吟唱着《塞北黄昏》中的某些民歌和唱段，由此感到欣慰，可见这部歌剧上演所产生的轰动效应，刘炽三天三夜的心血和两天两夜的昏迷没有白费，也无愧于三个多月的考察生活！

《塞北黄昏》是继《农村曲》《军民进行曲》以后的延安第三部歌剧，虽然是在很短的时间急就成章，却风格独具，展露出刘炽的音乐才华，可以说，这是他在星海老师的指引和鼓舞下迈出的可贵一步。然而，历史没有来得及记载它，它却在战争中遗失了。

1945年，日寇投降后，刘炽随干部团挺进东北。离开延安前刘炽将1939年至1945年间的作品底稿交给弟弟刘烽保存，《塞北黄昏》的手稿和油印本也在其中，希望将来全国解放后再交还给他。谁知后来胡宗南部队侵占延安，掘地三尺，由弟弟刘烽所掩埋的那些手稿，包括《塞北黄昏》也遭了殃。

四十年后，两位当时的演员——《塞北黄昏》中阿他花的扮演者阮艾芹、牧童的扮演者李凝——把这部歌剧默背了出来。她们凭着四十年前的印象，回忆演唱，先录磁带，然后记谱，用了一周时间，形成了歌剧《塞北黄昏》的文字和曲谱。于是刘炽接到了请他前去校对的电话。

第二天上午刘炽去了阮艾芹的家，一进门便从李凝手中索过本子，匆匆地看了一遍记谱。好像找到了失散四十年的亲儿子，刘炽真是爱不释手啊！他两眼发直，手止不住地抖，他太激动了，她们默背得那样准确，那些细枝末节的过门、间奏，还有不太重要的段落，连他这个当年的曲作者也记不清了，而她们竟回忆得如此清晰无误。这等于从战争和烈火中把他年仅二十岁时，拼着一场大病写出来的作品抢救了出来，也是抢救了当年延安第三部歌剧的历史啊！他太感激阮艾芹、李凝二位了:"你们做了一件善事,也创造了一个奇迹。故去的亚凡(《塞北黄昏》词作者),活着的我,还有千千万万的内蒙古人民和当年蒙汉骑兵队的同志,都由衷地感谢你们!"

经过刘炽的校订后,《塞北黄昏》被编入延安文艺丛书的歌剧卷内,并于1983年正式出版发行,这部湮没几十年的作品又复活了!这是音乐史上罕见的奇迹,人们在叹服阮艾芹、李凝二人惊人记忆力的同时,也不免这样想:为什么歌剧《塞北黄昏》会给她们留下如此深久难忘的印象?

剧中用作音乐素材的蒙古族民歌平易上口,它的旋律结构单纯、丰富、形象,而在音乐创作的过程中刘炽又下了功夫,旋律行进得流畅、抒情,上口易唱;曲式结构严谨、干净;努力表现剧中人物的性格和风格,因此使人难以忘怀,这也是一个重要的因素。而于音乐创作来说,这些何尝不是宝贵的经验呢?

十二、"眉户五人团"

心血和汗水酿造了成功,刘炽感受着幸福和喜悦,但刘炽没有感到满足,恰恰由成功而增强了自信,给了他前进的力量,增加了他求知的欲望。

那时的学习条件依然十分艰苦。延安没有管乐(指无铜管、木管组乐器),低音弦乐也没有,但又少不了交响乐。可以说刘炽对一些乐器的音色是熟悉的,而面孔则是生疏的。听说印度的柯棣华大夫带来了一批唱片,刘炽他们几个年轻人竟然异想天开,跑了二十几里,到三十里铺想请求柯棣华大夫把唱片捐献给他们。他们一看，唱片还真多：柴可夫斯基的第五、第六交响曲，弦乐四重奏，贝多芬的第三、第五、第六交响曲及《庄严弥撒》，莫扎特、巴赫、舒伯特、古诺的作品，歌剧《茶花女》选曲，德沃夏克的《第九交响曲》，鲁宾斯坦的《波斯恋歌》《伏尔加船夫曲》《跳蚤之歌》……刘炽他们好眼馋，尽管难于启齿，又不得不鼓起勇气向柯棣华大夫请求："鲁艺要培养一批音乐人才，可他们缺少营养。您有这么多的好唱片，求您捐献出来，给他们一点营养吧！"这自然使柯棣华大夫为难，带来这批唱片本是为了欣赏消遣的。刘炽他们硬是请求以至连求带赖了。柯棣华大夫的同事几乎是用商量的口气在说："我们留下两张怎么样？"柯棣华大夫却十分理解刘炽他们的苦衷，说："算了吧，牺牲一点吧，全给他们，给延安山沟里的音乐系学生一点营养吧！"

唱片全部捐献了，唱机还留着有什么用？柯棣华便将唱机一起给了刘炽他们。刘炽他们便用木杠抬着唱机和唱片，一路笑着、唱着，来回几十里也不觉得累。于是音乐欣赏课有了唯一的工具。而唱针还是让武工队从山西买回来的。

学习和声自然离不开钢琴，可延安没有。随着桥儿沟刮起了春风，喜讯飞来：将要从重庆运来一架钢琴！原来在鲁艺从北门外搬到桥儿沟天主教堂以后，周恩来同志曾前来看望鲁艺师生，得知鲁艺确需一架钢琴，便把这事放在心上。恰巧，一位爱国人士送他一架钢琴，他便立即决定把钢琴运回延安。1941年7月4日，钢琴翻山越岭运到了延安，刘炽第一次看到了乐器中的庞然大物。这是一架古老的德国琴，琴键已很松散，而琴板却映亮了一双双惊喜的眼。无奈"僧多粥少"，音乐系的领导同志经过慎重考虑，决定分配给少数过去学习过钢琴的人使用，以便让这架钢琴在教学、演出和创作中更好地发挥作用。钢琴放在教堂门口左侧的一间小房子里，寄明、瞿维、周楠便成了幸运者，刘炽他们只好"望琴兴叹"。每次演出总是由音乐系的男生把钢琴从琴房抬上舞台，也就是离桥儿沟近二十华里的边区政府礼堂，搬运钢琴十分艰难，大家免不了有些怨气："我们只有抬的份，没有弹的份！"有人还用上海方言编了段对话："鲁艺有没有钢琴？""有！""你们弹不弹？""弹（抬）！"

刘炽确实叹过气，可他没有泄气。他与安波就以弹风琴来熟悉键盘乐器，练习钢琴和声。拿来了钢琴练习曲，便自己打格子，画出五线谱纸去抄曲谱，然后在风琴上练习。音响效果自然比不上钢琴，可刘炽一样地熟悉和声，感受和声的魅力。

这一年，他写作了八部混声合唱《贺龙进行曲》（安波词），那大气磅礴的音乐交响，含蕴着风琴键盘上奏鸣的和声，展示着他刻苦攻读的进步。

音乐设备缺乏，延安的革命文艺工作者自然想到自力更生，用自己的双手去制造。1940年冬，张贞黻带着工具和一本英文版的乐器制作书来到了延安，要在延安制造中国自己的小提琴。在桥儿沟附近的山沟里，"乐器试制室"成立了。张贞黻用核桃木做琴的背板，用红松木做琴的面板。恰巧，当时延安驻有美军观察团，他们运东西的箱子是红松木。于是张贞黻前去购买，而美军爽快相送了，一个箱子可以做三四把小提琴的面板。就这样张贞黻做成了边区的第一把小提琴。

刘炽和刘采石、李季达则办起了笛子工厂。笛子的原料是竹子，可延安没有。刘炽便用木头做，剖开圆木，开两个槽做笛管，再用胶黏合打孔，便成了笛。可木笛制作太复杂，后来便用芦苇制作，这自然要容易得多。芦笛的管壁不如竹子厚，发音不如竹笛响亮，但芦管质地细，音色却是清纯如水。工厂生产的12个调都有。刘炽还做了一支10个孔的芦笛，十二平均律中有了11个音，另一个半音自己用手指调，这可解决中国六孔笛转调难的问题，也丰富了演奏技巧。别小看这芦笛，其时刘炽兼音乐系助教，教笛子和打击乐，这样学员每人便有了练习的笛子。后来，给成吉思汗送灵，多盛大的场面，在乐队里，刘炽吹奏的也是自己亲手制作的芦笛。

除了继续攻读和教学，刘炽还经常下工厂、部队、农村给群众音乐活动做辅导。他确实很忙，1941年4月20日，延安杂技团召开成立大会，他也应邀参加了；10月戏剧节，鲁艺实验（话）剧团公演《带枪的人》，他也参加了演出，扮演一个孟什维克代表。而其间对他音乐创作道路影响最大的还是中国民间音乐研究会的成立。

搜集、整理、研究中国民歌，发展民族音乐，这大抵是延安音乐工作者的共识。许多人都在默默地从事这项工作，如郝天风、吕骥、李丽莲便在研究绥远民歌。1940年初，毛泽东同志发表的《新民主主义论》提出"民族的科学的大众的文化，就是人民大众反帝反封建的文化，就是新民主主义的文化，就是中华民族的新文化"。在这文化纲领的鼓舞和指引下，陕甘宁边区的音乐工作者都在努力探索着如何继承和发展民族音乐这一新课题。于是，中国民间音乐研究会便应时代之运而生。

中国民间音乐研究会附设在鲁艺音乐研究室内。会长由音乐系主任吕骥担任，向隅、李焕之、李丽莲、刘恒之、张棣昌、李刚等都是会员，而集中力量工作的则是安波、马可、刘炽、关鹤童、张鲁。这五个年轻人都在音乐研究室工作，有意于中国民歌的搜集、整理、研究由来已久，可谓志同道合。当时他们正在分析研究俄罗斯强力集团五位作曲家的作品及其音乐创作道路，从而自动形成民歌五人小组。那时，五个人对眉户戏都产生了浓厚的兴趣，恰巧民间音乐研究会的拼音字母缩写为MH。安、马、刘、关、张为相互鼓励，便被人称作"眉户五人团"。

陕甘宁边区处在日、伪、顽的重重包围之中，对全国民歌进行研究尚不可能，根据现实的条件，"眉户五人团"先着手于陕北民歌和陕西地方戏曲音乐的记谱和研究，如绥远二人台、陕西秦腔、眉户、陕北古道情、河南"曲子"……

陕北有个说唱盲艺人韩启祥，他原是横山人，爹娘死得早，便学艺说书，人聪明，嗓门又好，加之生活磨砺，他的说唱声播远近，还常被鲁艺请去说书。刘炽他们便向韩启祥采风。韩启祥说的书目很多，其中一本《刘巧儿》，后来被改编成评剧上演，在全国反响很大。

但是，刘炽他们所生活的延安附近民歌并不太丰富，却是山道道上过来的一队队绥德、米脂的脚夫，他们放声高唱出的一曲曲民歌，叫人耳目一新，令人神往不已。刘炽有时尾随着脚夫的驮队后面听着学着。脚夫何处休息了，抽上袋旱烟又唱开了，刘炽则往驴背上一骑，拿起纸笔记谱，真是一幅极富浪漫情调的图画。

十三、河防将士访问团

1941年，国民党制造了震惊中外的皖南事变，掀起第二次反共高潮，同时也不断地进攻和封锁陕甘宁边区，而日本侵略军1942年已打到了黄河东岸。在山西和陕西两省交界的黄河西岸，驻扎着绥德分区英勇保卫河防的三五九旅和独一旅，担负着保卫党中央、保卫陕甘宁边区的光荣任务。

为了慰问保卫河防的将士，同时深入到工农兵中去收集民间音乐，鲁迅艺术学院派出访问团到河防驻地的连队和绥德、米脂、佳县、吴堡等地的农村去。访问团团长是马达，副团长安波。美术组成员有马达、庄言、焦心河，文学组成员有邢立斌、张潮。音乐组的安波、刘炽、张鲁、关鹤童，都是眉户五人团的成员。

1942年2月初，访问团一行人从延安出发。由马驮着行李，步行了四天才到达绥德。

绥德是陕北一带文化水平较高的地方，历史名将蒙恬、韩世忠都出生于此，有着丰厚的文化积淀。而在当时，绥德则是陕甘宁边区最大、最繁荣的城市，有五六万人。这里的"南关烧鸡""油旋儿""碗饦"很有名，很好吃。

八路军三五九旅司令部便驻在绥德城里，河防将士访问团也就住在司令部里，司令员王震对他们非常照顾，生活安排得很周到。

刘炽几乎天天可以看到王震，既瞻望着将军的风采，又窥见了他常人的一面。王震与通讯员打扑克，偷了大小王，通讯员发现了，追得他在院子里团团转，他乐得哈哈大笑。

即是慰问河防将士，就必须演出，他们总共才九个人。除了马达同志年纪大一些外，包括平常不大演唱的人也都上了台。这种小型演出因陋就简，没有幕布，也没有专门的舞台灯光，可节目却相当丰富，独唱、对唱、齐唱，还有器乐独奏：刘炽的笛子、张鲁的三弦、庄言的二胡。尤其是刘炽与庄言的钢锯二重奏，观众莫不惊奇赞叹。他们还就地取材，根据三五九旅当时的训练情况创作了《一支枪三个手榴弹》《光荣的贺龙投弹手》《河防将士访问团之歌》,这些歌一经演出,便很快地在部队中传开。

有一次在绥德演出,台上点的是煤油灯。刘炽独唱的下一个节目是张鲁的独唱,张鲁觉得口干了,便着急慌忙地去后台喝水,咕噜咕噜,直到第三口才发现喝的是煤油。这样,只好让人抬他回去,节目由关鹤童顶上了。待演出后刘炽他们回到住地,只见张鲁真的吓昏了,仿佛是要和大家告别,还和大家讲了些"临终嘱咐"。刘炽他们让张鲁喝水吐,吐了再喝水,喝了再吐,这样反复再三,张鲁便好了。后来一谈起那次"演出花絮",张鲁也笑得合不拢嘴。

由于大部分节目是民族风格的,又贴近生活,因此"河防将士访问团"这小小演出队的每次演出都相当受欢迎。

除了演出,美术组的同志为战士画像、写生,文学组的同志深入连队采写,音乐组的则为战士创作歌曲,下连队、剧团、学校教歌。刘炽他们此行还努力搜集民间音乐,也取得了丰硕的成果。

在绥德,刘炽记谱整理了一部分秦腔唱腔和眉户戏曲调。

到了米脂县城,刘炽、张鲁、关鹤童访问了名艺人常茆儿。常茆儿出身于唢呐世家。传说清朝时他的爷爷曾随绥德知府去迎接朝廷大员,四十里路唢呐一直不断音,令人惊叹不已。巡抚上奏朝廷,于是皇帝特准常吹鼓手的子孙可以入科场,人死了可以入祖坟。旧社会里,"王八戏子吹鼓手"地位低下,受到各种歧视和不公正的待遇。常茆儿当时三十多岁,大高个儿,身上有着陕北农民那种健壮开朗。他的吹奏技巧很高,音色好,音连接得流畅,曲曲令人心神飞驰。常茆儿为人很热情,他教给刘炽他们《柳生芽》《凤凤铃》等曲牌,刘炽都记了谱。其中《凤凤铃》一曲悲壮激越、动人肺腑,后来刘炽他们改编了此曲,用以迎接刘志丹灵和成吉思汗灵，从而有了中国最早的"哀乐"，尽管还仅是雏形。后来写作电影《上甘岭》那段哀乐，刘炽则用管弦乐把这悲壮的旋律加以定型。

后来，他们又从佳县来到了吴堡。吴堡有个宋家川，对面便是山西省的西里峪。这一带在黄河西岸，山崖壁立，高十余仞，与东岸形成明显的落差，波浪很高，两岸之间常有船只往来。刘炽唱过《黄河大合唱》，听星海老师说，《黄河船夫曲》就是以黄河风陵渡的船夫为原型塑造的。因而刘炽对船夫很感兴趣，于是便和关鹤童一起去岸边渡口跟船夫采风。船上有两个艄公，一个40多岁，一个60多岁。刘炽、关鹤童登上了船便觑得真切。那60多岁的老汉显得十分苍老，满脸皱纹的深沟里刻着岁月的印记和黄河的风浪。船在风浪中颠簸着，摇晃着刘炽的身躯，他还真有点紧张。可艄公一放声歌唱，他便如身在摇篮，心神任其荡漾了。老汉的嗓子好极了，清亮而洪阔，直泻着黄河的一腔豪迈："你晓得天下黄河几十几道弯？几十几只船？几十几根杆？几十几个艄公来把船儿扳？……"刘炽醉了，被歌声摄去了神魂，仿佛歌声溢满了黄河，便忘情地记着谱。老艄公越唱兴致越高，他取出了酒。这时，也只有酒，才更能添他的豪情，壮歌的声色，他一边喝着一边唱着，任风撩动着他的衣襟。"天下黄河九十九道弯，九十九只船……"刘炽恰似踏着黄河的浪涛，览着黄河的风情，采下了这首《黄河水手歌》。

"六月里来天气热，家家来把麦子割，有了吃喝。我家的婆婆年迈的人，瘫在床上不能动，骨头头疼……"这首山西民歌《捡麦根》，是刘炽在佳县记下的。后来歌剧《白毛女》用上了它，杨白劳的一曲《十里风雪》，悲愤苍凉，便是从《捡麦根》中得到了神魂。

"我们是艺术工作者，代表着人民来到黄河前线……"刘炽随河防将士访问团一路演出，一路采风。他与安波、关鹤童、张鲁搜集、记谱、整理了将近500首陕北民歌和民间乐曲，还有部分戏曲音乐，带着绥德地区人民丰厚的馈赠于5月份回到了延安。

十四、《七月里在边区》

而后，刘炽他们举行了新民歌音乐会，向鲁艺全院做了汇报演出。那一曲曲带着泥土芳香的民歌，恰似春风拂面，给人以清新的气息。刘炽根据西安和陕北的打夯号子写作了《打夯歌》，演出也令人耳目一新。

恰巧，那时马可探亲归来，他在延长也记录了不少民歌。于是"眉户五人团"便会合在一起交流采风的记录，交流心得经验。大家深切地感到，我们的民族音乐（声乐和器乐曲）竟是如此丰富，但在音乐创作中如何发挥民族音乐的特点，使我们的音乐更能感动人、更富有人民性，这成了他们共同思考、共同探索的课题。

安波很有文学才华，是"眉户五人团"里的诗人。5月底，他捧出了新作——联唱歌词《七月里在边区》。马可、刘炽、关鹤童、张鲁在一起读着安波的词作，大家对词的题材、体裁、形式、意趣，尤其是风格感到十分满意，他们一致认为："这是一组好诗、好歌。题材新颖，写的是陕甘宁边区人民的生活；形式活泼，采用了民歌体的结构方法；运用了人民，尤其是陕北农民喜闻乐见的语言。正好可以用来'突破一点，推动全面'，实现'眉户五人团'梦寐以求的、在音乐创作上的探索。"大家热情很高，五个人采取自认自选的方式，每人一首，分头作曲，然后集体修改。于是有了以下的分工。(1)《七月里》：刘炽；(2)《纪念碑》：马可；(3)《割麦子》：关鹤童；(4)《自卫军》：张鲁；(5)《开会来》：安波；(6)最后一首《在边区》，大家公推刘炽担任这首民族风格合唱的作曲。

这次的创作组合自然天成，有了志同道合，也有了心心相印。《纪念碑》运用了眉户音乐中的《慢西京》曲调，《开会来》运用了眉户音乐中"岗调""一串铃"的处理方法，其他几首则分别用了眉户音乐的调式和旋法，于是联唱在整体上形成了和谐鲜明的风格。而每首歌从各个不同侧面表现陕甘宁边区人民的生活及其内心世界，形式不同，表现手法不同，又各具个性。《纪念碑》悼念抗日烈士，悲哀、深沉、博大；《割麦子》这首劳动赞歌，明朗、轻快；《自卫军》反映民兵生活，欢快、乐观、纯朴、雄壮；《开会来》运用对唱的形式，描写边区人民的民主生活，充满诙谐的喜剧效果，亲切、清新。如此异彩纷呈而不繁复，也充分表现出每个曲作者的风格和特点。刘炽写作的第一首歌《七月里》，在形式上采用了领唱、合唱的方法，在调式上采用了眉户音乐的 5-2 调式①，虽没有直接引用眉户音乐的具体乐句，却从大量的眉户音乐中抽出它们的音调及旋律的连接规律、曲式结构逻辑，再结合陕北人民的现实生活，重新创作出崭新的歌。

1=D 4/4

愉快地

| i 6.3 5 - | 5 1 6 5 4 5 2 1 1 5 | 1 5 1 2 5 · 1 | 1 3 5 3 2 1 - | ……
七 月 里　　石榴 花开红似 火，　火 样的 红　　火 样的 明，

① 凡是本书中的 5-2 以及 5-2，它们的调式相同，只是旋律音区的高低不同。

《七月里》具有典型的陕北民歌风格，刘炽又赋予它乐观、开朗的崭新意趣，听起来亲切、明快，唱起来又很容易上口。因此，演出后一下子流行开来。

最后一首《在边区》，由刘炽写作这首民歌合唱，而且是混声合唱，这便颇为棘手了。这涉及一些难题，比如眉户调式和西欧传统和声如何统一？民歌式的旋律和曲式结构，和声配置、复调如何运用？这些问题，音乐创作界至今还在探讨和争论，而几十年前的刘炽还只是他所自称的一个"21岁的作曲学徒"，却又是"初生之犊不怕虎"。错了没关系，再改嘛，于是刘炽根据自己当时仅有的作曲知识，勇敢地，又是虚心地拿起了笔。

《在边区》的歌词明快而生动，描写的是抗日圣地延安。所以，刘炽要用博大的感情来写这首终曲——民歌合唱，既要采用民歌的旋法，又要写出边区人民的气魄来。他的乐思中逐渐涌动出旋律来。

5 = A
中速 欢快而明朗地

（简谱略）

刘炽采用了眉户调式中特有的"♭7"，这种调式不是欧洲的大调以"1"为主音，也不是欧洲的小调以"6"为主音，而是以"5"为主音，它的属音为"2"，当时称为"5-2"调式。这种调式在秦腔音乐中占主导地位

(其"欢音"体系为"12356";"苦音"体系为"1245♭7","苦音"亦称"哭音"[①]），以致影响到陕西关中地区的各种戏曲和民歌，诸如眉户、碗碗腔、同州梆子、阿宫腔、弦板腔、长安道情等，从而呈现出鲜明的民族风格。而在处理旋律结构时，除了欢音和苦音外，又掺入了陕北民歌，如《信天游》《张生戏莺莺》《打连成》的旋法。在处理和声、复调时，则采取了一些色彩性调式和声的方法，使其能烘托民歌风的旋律。在曲式方面采用了回旋曲式 A-B-A-C-A-B-C（变化发展了 C）。在合唱方面，采用了多声部的结构法。又加上丰富的打击乐器，造成生动、热情、此起彼伏的红火场面。《在边区》这首民歌合唱，明朗欢快而气势宏大地展示了边区的风貌，表现了边区人民乐观向上的心境。每次演出至这首合唱曲终歇拍时，台下便爆出热烈的掌声。

联唱《七月里在边区》的创作是成功的，在音乐创作的民族风格（地方特色）方面进行了有意义的探索。《七月里在边区》受到群众的喜爱而广为传唱，作曲家们更加肯定了这条创作道路。陕甘宁边区的文代会上，边区政府主席林伯渠还给了他们表扬和奖励。

欢欣，是感情的自然；思索，则是理智的冷静。刘炽和他的"眉户五人团"从中受到了深刻的教育，"要当群众的先生，先当群众的学生"，没有艰苦的绥德、米脂、佳县、吴堡之行，没有延长之行，就不会有《七月里在边区》这部作品的诞生。"音乐是人民创造的，音乐家们只不过把它加以改编而已……"这更坚定了刘炽走这条"向人民的艺术学习，改造自己创作意趣"的道路的决心。

---

① 在旋律进行中，主音 5 之后，其上方出现使用小三度音♭7，其下方出现使用大二度的 4，一般为苦音腔。而在旋律行进中，不强调使用♭7 和 4，却强调使用 6 和 3，一般就是欢音腔。

此后，刘炽这些"眉户"们，便更加勤奋、更加刻苦、更加深入地学习民间音乐。他们分头去各地拜民间艺人为师，记录、分析、研究各地民歌和地方戏曲，如陕北道情、河南曲子、河南梆子、眉户、陇东道情、秦腔、山西梆子等，为后来延安兴起的秧歌运动，从《兄妹开荒》到《减租会》《血泪仇》，以至歌剧《白毛女》的应运而生，在音乐创作方面准备了较好的条件。可以说，民歌联唱《七月里在边区》是它们的先声。确实，如吕骥所评价的那样："这部作品事实上是星海同志的《黄河大合唱》之后，第一部别开生面的作品，其生动地反映了边区人民民主生活的几个侧面。音乐语言非常亲切动人，群众风格、民族风格十分鲜明。……这不仅是从创作技巧上来看，更重要的从创作思想上和创作道路上讲，都是有联结点的意义。"（《论安波同志的歌曲创作》）

十五、鲁艺家秧歌队的"伞头"

随着《在延安文艺座谈会上的讲话》和一系列整风文献的发表，延安的文艺工作者开展了深入而广泛的文艺整风。整风本是一场马克思列宁主义教育运动，其宗旨是：从团结的愿望出发，经过批评和斗争，达到在新的基础上团结的目的。但"延安整风"后期发生了一场"抓特务"的抢救运动，这一运动虽然时间不算长，却在之后被文化艺术界长期谈论，甚至是争论着。其时，刘炽才22岁，他也很快成为特务嫌疑者并受到了隔离审查！

"抢救运动"中，鲁艺音乐系的马可、张鲁、瞿维、时乐濛等也是被打成了"特务"的。当然，最后毛主席出了面，在延安边区政府礼堂里做了讲话。会后不久，全院在篮球场上开大会，院领导表态："我们主观主义，把刘炽同志整成了特务，我们向他赔礼道歉……"刘炽在第一批中第一个被甄别清白了。

其间，刘炽虽然背着"特务"的沉重包袱，可在当年的大秧歌运动中，他依旧热情如火，无论是创作，还是演出，都全身心地投入。

秧歌是汉族的一种民间艺术形式，具有很强的综合性，是舞蹈、音乐、美术、文学、戏剧各种艺术的综合，主要流行于中国北方地区。陕西秧歌就是其中的一种。一般是舞者扮演成各种人物，手持手帕、扇子、彩绸等道具歌舞。在表演形式上，开始和结束为大场，中间穿插小场。大场为变换队形的集体舞，小场是两三人表演的带有简单情节的舞蹈或歌舞小戏。

以往，每逢年节，好多人总爱闹秧歌，红红火火地热闹一番。为什么1943年秧歌竟成了轰轰烈烈的运动，而一下子闹遍了延安，闹遍了陕甘宁边区？这和毛主席在延安文艺座谈会上的讲话及其在鲁艺所做的报告密切关联。这当从"鲁艺家"的秧歌谈起。

在延安北门外时，鲁迅艺术文学院比较注意文艺为战斗和生产服务。那时演出过《农村曲》（歌剧）、《军民进行曲》（歌剧）、《生产大合唱》、《黄河大合唱》、《大丹河》和《流寇队长》（话剧），这些节目同当时的抗日战争及边区的生产紧密地联系着。为了适应文艺的普及，人才的急需，鲁艺还办了三个月一期的普通班，给前方和边区输送了大批文艺干部。

1939年8月3日，鲁艺校址由北门外迁往东郊桥儿沟天主教堂，周扬任院长，取消了普通班，变更了专业班的学制，延长学习时间，对学员进行较为正规的艺术教育，更注重提高其知识水平。应该说，当时抗日战争已进入了相持阶段，作为解放区的文学艺术的最高学府，鲁艺把重点转移到培养专门人才上，这并没有什么错。问题在于当时实行的是一条"关门提高"的艺术教育路线，演的是大戏，唱的是洋歌，严重脱离了现实斗争，脱离工农大众，以致搬到桥儿沟三四年了，周围群众都不知道这群学员是干什么的。鲁艺便受到了一些负责人和社会舆论的批评。党需要文艺为无产阶级政治服务。在文艺整风中，鲁艺的"关门提高"也成了必须解决的问题。

随着延安文艺座谈会的召开，鲁艺的师生聆听了毛主席来学院所做的报告，从前听人批评还觉得莫名其妙，而今时茅塞顿开。大家心里有了明确的方向，也有了自觉的思考：如何冲出"小鲁艺"，走向"大鲁艺"，为工农兵服务？大秧歌运动就在这样的历史背景下应运而生了。

1943年春节，延安鲁艺秧歌队在边区政府门前表演《歌唱南泥湾》中由刘炽编舞的《挑花篮》

"1943年，1943年，秧歌旱船闹呀闹得欢!"那年元旦便有了气象更新。

1942年12月，鲁艺的领导同志决定成立一支宣传队，一面宣传中共中央新颁布的抗日救国十大纲领，一面与工农兵群众同庆新年，这样的宣传队也是一支表演队。为此，院领导还要求宣传队创作出一些反映边区人民生活并为他们喜闻乐见的艺术作品来。大家自然地想到了"跑旱船""推小车""赶毛驴""打连响"这些民间艺术形式，自然地想到陕北人民所喜爱的红红火火的秧歌，鲁艺由此成立了秧歌队。

鲁艺秧歌队的大队长是田方，副大队长是江风。下设各种专业组：剧作组有安波、贺敬之、丁毅、王岚等；作曲组有马可、刘炽、张鲁等；乐队组有时乐濛、王方元、彭瑛、马可、刘炽、张鲁、李刚等；导演组除刘炽负责大秧歌编导外，还有王大化、张水华、王家乙等；美术组有华君武、古元等，总务后勤组由大队长兼任。

秧歌队以音乐系、戏剧系、音乐研究室、实验剧团为主力军，还有美术系、文学系、美术研究室、文学研究室，几乎全院都被动员起来，在学院领导周扬、宋侃夫直接指挥下热火朝天地进行创作、演出。

这下，刘炽成了大忙人。当时鲁艺没有舞蹈系，而刘炽曾在抗战剧团舞蹈班担任过《叮铃舞》《音乐活报》《机器活报》《抗日统一战线活报》等节目的领舞，又曾向团里的老艺人刘子云、曹洪、刘振武、方宪章学习过大秧歌和小场子，因此成了鲁艺秧歌队所有大秧歌的设计、编导、排练、带头跳的"伞头""龙头"，即后来观众所说的"鲁艺家秧歌的伞头"。

那时搞宣传，往往时间很紧迫，大秧歌的排练也很紧张。但刘炽忙得精神，忙得有劲。即便忙得如此了得，王大化、李波排演《拥军花鼓》

时，请刘炽教锣鼓点，刘炽还是耐心地琢磨、耐心地教。偏他又是爱多管"闲事"，刘炽又帮他们设计二人歌舞的动作、部位和跳法。《拥军花鼓》是安波采用陕北民歌《打黄羊》调填的词。其中第一段第三乐句为：

| 1 1 2 | 1 6 5 | 5. 3 5 6 | 1. 7 |
| 猪哇， 羊 啊， 送 到 哪里 去，

演员唱时总觉得别扭，不够口语化，也无法表演。刘炽便启发演员按自己的想法唱，果然旋律冲破了原民歌的框架，完全像生活中的对话音调，效果很好。三人又去找安波商量，安波也觉得这样结合语言好，于是将第一段第三句做了改变，将 | 1 1 2 | 1 6 5 | 改成了
                                                          猪哇，   羊 啊，

| 5 ♭7 | 5 ♭7 |，确实又自然又好听。
  猪哇， 羊 啊，

当时后面的三段依旧用原来民歌的旋律，新中国成立后，一般人不详其中的缘由，唱起这首歌，也不管哪一段，不管什么词，第三乐句悉用改变后的旋律，而将原来民歌的旋律抛弃了，这实在是讹传和误会，令人遗憾。

也不过两三天后，一支以"鲁艺秧歌队"门旗为前导的秧歌队在锣鼓声中走出了桥儿沟教堂的大门。

鲁艺的秧歌队在延安、在陕甘宁边区的各路秧歌队中，规模最大、最为壮观。两个壮小伙子用两根四米长的杆子横扯起两丈长的"鲁艺秧歌队"的门旗，高举着，走在最前面。后面的乐队也很有气魄，除了大锣、大鼓、大钱、小锣、小鼓、小钱、唢呐，还有小提琴、手风琴、低胡，演奏起来，声势雄壮，颇为吸引人。再后面是牌子阵，牌子高近一米，宽约八十厘米，上面写着标语，或画着漫画、宣传画，少则十几

幅，最多达二十几幅。这宣传牌子队是地方秧歌队所没有的。

表演开始了，乐队吹拉敲打起来。刘炽这个秧歌头儿跳在最前面，用各种暗示，与副头一起领着秧歌队做各种图案的队形变换，然后由龙尾王家乙做大型图案的收口。

起初，刘炽他们也想过，甚至曾反复自问：我们这些节目能博得工农兵的喜欢吗？谁知观众反响热烈。他们最初脸上露出莞然的笑容，接着争先踮高脚尖，继而向前拥挤。他们眼睛睁得大大的，爆发出一阵又一阵的笑声。当王大化和李波表演《拥军花鼓》时，引发出阵阵热烈的喝彩！于是到了结尾大场子的时候，刘炽他们跳得更欢了。

就这样，出了桥儿沟，走过飞机场，穿过延河，刘炽他们演了一场又一场，而观众人数也一场比一场多。秧歌队行进时，观众前呼后拥，左奔右跑，后面尾随的人流竟有一二里长。

演出到了第三天，观众竟然和演员们一同歌唱起来：

"1943年，1943年，秧歌旱船闹呀闹得欢！"

"猪啊、羊啊，送到哪里去，送给那英勇的八路军！"

这欢乐的歌声震荡着清凉山的金峰，震荡着延河的白冰，震荡着最普通也是最伟大的劳动人民的心弦，刘炽和秧歌队队员真是高兴极了！入夜，他们一起围在炭火通红的火炉旁，各用报纸卷上一支烟吸着，谈着那说不尽的兴奋和愉快。当然也有对存在问题的思索和讨论。

鲁艺秧歌队的演出受到了延安各界的肯定和赞赏，同时也受到了一些批评。如刘炽和严正这两个"伞头"的打扮，就受到了批评，他们头上用红头绳扎起好几个高高的小辫子，上面插上各色纸花；面部化妆是仿戏曲丑角的扮相，眼上涂了两个大白粉圈，红鼻头，面颊抹上两块红圆饼，两耳挂着红辣椒或红枣串串，身上叠穿多件五颜六色的衣服，手持

鲁艺早期表演陕北秧歌时的刘炽(左一)，可看到鲁艺艺术家们表演民间秧歌的情景

大团扇和绿手帕，全是旧秧歌中傻柱的形象。再如《拥军花鼓》李波的化装，正正板板是个陕北大姑娘的形象，而王大化的化装也和大秧歌的领头一样，头扎朝天辫，脸画白眼窝。观众看了心里不舒坦，认为新秧歌演的是边区老百姓的事，不应该再出现这种丑化劳动人民的形象。

于是，刘炽他们便去请教桥儿沟老乡。群众说："现在各边区是咱群众当家做主呢，政治上大翻身了，可不该像旧社会把咱老百姓不当人看。"秧歌老把式还悄悄告诉他们："旧社火是闹红火，扭的是骚情秧歌，有的人家都不让年轻女子出来看呢！"从这些简短朴实的话语中，刘炽他们明白了"时代不同了"这一现实及其意义。要让文艺为工农兵服务，文艺工作者须在深入群众的过程中改造自己。在艺术上，也涉及旧形式的运用及其改造的问题。周副主席看了演出，对王大化说："向民间艺术学习的道路是完全正确的，但是有些旧形式还需要改造，内容变了，形式也要变一变。"

由于创作意识和审美观念的改变，鲁艺秧歌队在扮相上由丑变美了，全部改为"俊扮"。头扎英雄结，身穿绣花红兜肚，外套天蓝色的上衣，腰系彩绸缎带，看上去人人精神焕发，个个英姿飒爽，纯是一派新时代劳动人民当家做主的气魄！刘炽和严正这两个"伞头"也装扮得漂亮英俊。原来手持的大团扇、绿手帕一类旧道具也抛弃了，改用镰刀斧头。

1943年2月9日，农历正月初五，鲁艺秧歌队以百余人的庞大阵容，第一次高举镰刀、斧头，以工农代表形象领衔，到杨家岭向党中央、毛主席做汇报演出。那天天气阴冷，天上不时地飘落散碎的雪花。可秧歌队一口气跑了十几里，一路激情满怀，热气腾腾。

演出的场地是杨家岭北山崖畔下的一个广场。广场上摆了一些白木条凳作为观众的座席。秧歌队刚到，毛主席和其他中央首长就走出办公室来到广场上。他们向秧歌队亲切地招手致意，在白木条凳上坐下等开演。而杨家岭和附近村庄的老乡也闻讯赶来，围在毛主席和中央首长周围观看。一阵紧锣密鼓，秧歌开演了。刘炽和严正这两个"伞头"手持镰刀、斧头精神抖擞地跳起了大场子，整个秧歌队便生龙活虎地动了起来，他们不断变换着队形与舞姿，展现了边区那蓬勃生机和工农兵崭新的时代风貌。

演出结束后，毛主席和其他中央领导接见了秧歌队的领队，热情地肯定了新秧歌的演出。毛主席明确地指出：这样做"方向对了"。

随后，鲁艺秧歌队相继去了联防司令部、边区政府、西北局、文化沟等处演出，又每天到延安农村演出五六场。由于鲁艺秧歌队的面貌全变了，群众颇为喜爱，每到一处，群众皆奔走相告："鲁艺家的来了！"多么亲昵的称呼！刘炽则被观众称为"鲁艺家的'伞头'"。

十六、中国的作风和气派——《胜利鼓舞》

在秧歌的锣鼓震荡着陕北的山山岭岭时，春雷响起了，喜讯传来了：苏联红军向德国法西斯大举反攻，收复了基辅、明斯克两座大城市，又继续挺进。这一胜利影响着世界反法西斯战争的进程，也关系到中国抗日战争的前途。中国人民把这胜利看作是自己的胜利，在延安，陕甘宁边区举行了大规模的庆祝活动。

鲁艺秧歌队接到了庆祝苏联红军大反攻胜利的演出任务。学院的领导周扬和宋侃夫召集秧歌队的负责人田方以及搞创作的王大化、张水华、贺敬之、丁一、关鹤童、张鲁、马可和刘炽等人一起进行研究，安排他们要以最快的速度、最好的质量创作排练出一组庆祝红军反攻胜利的热烈雄壮的广场歌舞、秧歌剧。

胜利的喜悦，火样的热情，一下子调动了刘炽的创作热情。

春节期间，延安秧歌运动形成了高潮。各行各业、各学校机关、各团体、各工厂、各连队都组织了秧歌队，相互拜年，也可以说是一种观摩和交流。延安县秧歌队来鲁艺拜年演出，在秧歌队伍中，四个身穿箭衣、挎着腰鼓的演员突然跳进场子的中心表演起来，虽只有一两个动作和特殊鼓点，却是雄壮质朴、威风凛凛。一种中国气魄、一种男性的健壮美，给了刘炽极其深刻的印象。

刘炽以前去绥德地区演出，还专程去米脂县向当地老艺人学了灵水寺的文腰鼓。此时他产生了创作的灵感。无论是延安县的腰鼓，还是米脂灵水寺的腰鼓，它们都只是在大秧歌表演中穿插几个动作，几个特殊的鼓点而已，从未形成有完整构思的单独表演节目。刘炽便想编创大型的、集体的、有男性壮美气魄的腰鼓舞，来表现苏联红军大反攻的雄姿和庆祝反攻胜利的主题。于是他便征求一些同志的意见，又和秧歌队的负责人田方商量："太好了！就这么干！"就在周扬院长召集创作动员会的第二天晚上八点多钟，贺敬之拿来了一首歌词，《庆祝苏联红军胜利大反攻》，刘炽一口气读了两遍，他为这首歌词而激动："太好啦，正好是我编创大型腰鼓集体舞的需要！只是名字太长，不好记，可否改成《红军大反攻》？"而后来在排练中则改为《胜利鼓舞》。此名语含双关：一是胜利鼓的舞蹈，二是胜利在鼓舞着人们前进。

贺敬之一走，刘炽急不可待地拨亮了他的小豆油灯，很快进入了创作情境。他的脑子里像灯火在跳动，闪现着一个强烈的愿望："写一首有中国民族气魄的、雄壮有力的进行曲！"

从 20 世纪 30 年代起,他听到的是两种不同的音乐作品。一种是雄壮有力的群众歌曲、进行曲,但在作曲方法上几乎无一例外地采用了西欧或苏联的进行曲手法。强调它的功能性,所用的不是大调就是小调。确实它们都给人以鼓舞,催人奋进向上,但是和我们民族的感情有点距离,缺少亲切感。另一种确有民族风格,但几乎都比较柔美缠绵,是民歌风的,缺乏雄壮有力的气势。

为什么不能写出具有自己民族风格的、中国气魄的歌曲(包括合唱)和进行曲呢?刘炽想试试,想在《胜利鼓舞》的作曲中做一些探索,力求解决民族化与雄伟健壮的这对矛盾。正因为这样,他没有用欧洲的大调或小调,而采用了陕北民歌中常见的 5-2 调式。长期的音乐积累,随着感情的涌动,让刘炽的笔下挥洒出新鲜生动而又雄健奔放的旋律来。

按照一般的作曲法,在旋律上禁止七、九度大跳,在和声方面也反对连续四度同方向跳进。而这首歌里,从"5"七度下行跳跃到"6",运用了欢呼的乐句,新颖而又极为大胆,顺畅而毫不生涩。其奥妙在于作曲者把"2"当轴,上下推进四度,而围绕主音产生了 5- | 6- | 的进行,强烈而不失平稳,自然而富有逻辑性。

调式和音阶只能给一首音乐作品带来色彩性的效果,而决定一首歌或者乐曲感人,并且能流传下去的关键,还在于它必须具备的灵魂——感情的深刻性、形象的准确性。在《胜利鼓舞》这首歌曲的写作过程中,刘炽始终燃烧着那种对特大胜利的狂热激情,任情感的骏马纵横驰骋,从而自觉与不自觉地打破陈规。

恰似一气呵成,刘炽写完了,洗把脸,准备睡觉,熄灯号响起了。那时大家都没表,估计不到一个小时。而正是这一个小时热情如火的艺术劳动,做出了有益的探索,实现了一次艺术的突破。这首歌演出后,立即广为流传。实践也证明刘炽作品达到了预期的创作效果。

接着,腰鼓舞的排练紧锣密鼓地开始了。腰鼓需自己做,在突击做腰鼓的同时,还要从秧歌队里挑选演员,十六个壮实的小伙子一下子齐刷刷地被挑了出来:仇平、李百万、吴坚、叶央、叶枫、关鹤童、张鲁、王家乙、丁毅等,当然也包括领头的刘炽。

刘炽要求演员先把三件准备工作做好:一、敲熟腰鼓的各种节奏的鼓点;二、学会各种舞姿、舞步,即动作的组合;三、熟唱《胜利鼓舞》的歌。接着,按照构思的全部舞蹈的结构、造型、画面、队形以及分段的布局进行正式排练。经过三天紧张的排练,第四天《胜利鼓舞》在鲁艺的篮球场首次演出。

十六个陕北农民打扮的健美小伙子分成两队,从乐队两侧(广场演出没有后台)旋风似地进入了秧歌场子的中心。在大镲的领奏之下,十六面腰鼓齐鸣,爆发出惊天动地的声响,观众惊讶不已,情不自禁地随着腰鼓整齐雄壮的节奏鼓起掌来。接着健壮优美的舞蹈开始了,演员们用各种舞姿、舞步、队形敲击着腰鼓,从而构成了别具一格的、大型的民间集体腰鼓舞。舞蹈精彩纷呈,尤其弹跳起来在腿下击鼓,蹲下用双锤前后左右击鼓和前弓后箭地上下击敲，总是掌声四起。"三月里，刮春风"，十六个小伙子一面击鼓，一面舞蹈，一面唱着《胜利鼓舞》的歌，全场也跟着帮唱，唢呐和打击乐队伴奏得红火热闹，歌声、鼓声、掌声响成了一片。临收尾，演员们列成方阵，以渐快渐强的密集鼓点，以进行的速度和挺进的步伐，象征红军乘胜追击德国法西斯军队的排山倒海气势，在观众和着步伐节奏的掌声中走出了秧歌场子。

整个演出气氛热烈，高潮迭起，令人耳目一新，振奋不已。后来《胜利鼓舞》在延安南门外新市场正式演出，更是盛况空前，振奋人心，观众争夸"鲁艺家秧歌队的大型腰鼓舞又美气、又带劲儿"。

由此，腰鼓这一民间的艺术形式，经过了刘炽等人的加工、改造和提高，而成了别具一格的、大型的、集体的腰鼓舞，并以它特有的中国风格和气派为人们所喜闻乐见，与《胜利鼓舞》这首歌一起很快地传遍了全边区及其他根据地。解放战争时期，随着大军南下，这首歌又流传全国，而成为进军的鼓点与凯歌。1949年10月1日，伴随着新中国的诞生，天安门广场上又响起那雄壮整齐的鼓点和高昂激越的乐曲（当时几百人的腰鼓队由华北大学三部的同学和中学生组成，由原鲁艺秧歌队的吴坚、叶央教练）。半个多世纪过去了，直至今天，在节日的街头仍可见腰鼓舞动人心魄的演出。如此经久不衰，其中必有给人民以激励和鼓舞的艺术。

在陕甘宁边区轰轰烈烈的秧歌运动中，在成千上万的浩浩荡荡的秧歌队伍中，鲁艺的秧歌以大、新、红火最闻名，最受群众欢迎。主要原因就是他们在继承民间艺术传统的基础上加以发展，增加了新的内容、新的形式和新的表现手法，不断适应了群众的需求。《胜利鼓舞》这大型的、集体的腰鼓舞也是在秧歌运动发展的背景下取得成功的。

华北大学三部学员在天安门前排练《胜利鼓舞》，参加新中国成立庆祝活动

就舞蹈而言，除《胜利鼓舞》之外还有《赶毛驴》《挑花篮》也很受群众欢迎。《赶毛驴》活泼生动，幽默风趣，刘炽是编演者；《挑花篮》是刘炽为著名的《南泥湾》编的舞。

与马可的《南泥湾》一样，刘炽的《运盐去》（小秧歌表演唱插曲）也是新秧歌运动中最有光彩的作品和当时陕甘宁边区音乐创作的重大收获。

当时，因国民党的封锁，陕甘宁边区群众食盐困难。在轰轰烈烈的大生产运动中，延安南区合作社社长刘建章（新中国成立后任铁道部部长）组织运盐队去子洲县北十里盐池运盐，又把生活日用品捎去定边、靖边等三边地区，这样一举两得方便了两地的群众。于是运盐队成了陕北的新事物，刘建章成了劳动模范。

为了歌颂运盐队，刘炽他们从延安出发步行四天，专门到盐池深入生活。盐池产的是井盐，盐工生产很辛苦，可为了让延安干部群众吃上盐，他们干得特别带劲。而运盐队的脚夫，翻山越岭，风吹日晒，常是日夜兼程，可他们乐观、豪放，一路行走一路歌。刘炽从他们那里学习了很多民歌。生活给了刘炽创作的激情，刘炽又从生活中酿造出旋律来。他用群众喜闻乐见的秧歌、小喜剧的形式，谱写了《运盐去》（又名《走三边》）来歌颂运盐队。

《运盐去》用了"信天游"的素材，是典型的陕北民歌风，却又是崭新的，乐观自豪，富有幽默感。而在表演中，加上毛驴上山爬岭的一些俏皮动作，连歌带舞，更加生动风趣。去枣林演出，连毛主席、周副主席、朱老总也被逗得哈哈大笑。

于是，一曲《运盐去》很快流传开来，成为当时新秧歌运动中最受欢迎的节目之一。这首歌与民歌联唱《七月里在边区》中的那首《七月里》，事实上成了刘炽作为革命作曲家的奠基作品。

十七、古调新声——《翻身道情》

秧歌运动在发展着。随着安波创作的优秀秧歌剧《兄妹开荒》的出现，一系列小秧歌剧诞生了，这标志着秧歌运动的深化和提高。刘炽独立完成了秧歌剧《赵富贵自新》，又写成了戏剧性较强的秧歌剧《减租会》，其中一曲《翻身道情》传唱至今。

1943年11月21日，中共中央西北局宣传部召集各剧团负责人开会，动员和组织剧团下乡。一方面到实际工作中学习，一方面帮助各分区开展文艺运动，以认真贯彻延安文艺座谈会精神。鲁艺工作团于12月2日出发赴绥德分区。团长张庚，副团长田方，团员42人，刘炽也在其中。

这次去绥德的人较多，鲁艺工作团除了秧歌舞和广场小剧之外，还带来了大型秧歌剧《血泪仇》。

鲁艺的大秧歌队（即工作团）演出很受群众欢迎。一次，下着鹅毛大雪，刘炽他们在高高低低的山沟里走了一天，又冷又累。忽然看到了一支群众的队伍，敲着锣、打着鼓，到岔路口来欢迎他们，每个人手里还拿着一把扫帚。刘炽他们好生奇怪，一问才知道，原来群众怕大雪天坡上路滑不好走，为鲁艺秧歌队扫路来了。从岔道口踏着这清扫过的道路，足足有十里路！这便是群众秧歌队所唱的："鹅毛大雪乱纷纷，十里路上迎亲人。"刘炽他们激动万分，有的人甚至流下了热泪。到了村子里，群众给他们烧热了炕，做好了姜茶，拿出自己舍不得吃的东西来招待他们。刘炽感受着别样的温暖，心也融化了，融化在别样的亲情之中。

在群众的眼里，演艺工作团是毛主席派来的人，是来帮助他们翻身的。原来，绥德这一带没有搞过土地改革，正是这时，绥德地委发出了"大力开展减租减息的群众运动"的指示，并要求"一切文化、艺术团体，都应立即配合这一政治运动"。鲁艺工作团副团长田方从地委开会回来，便召集刘炽、关鹤童、林农、王岚、韩冰等人开会，向他们传达了地委书记习仲勋、警备区司令员王震的指示，要鲁艺秧歌队为即将召开的减租减息大会做一次大型演出。田方提出，如果我们能尽快编写一个和减租减息大会有关的节目，那就更理想、更精彩了。这时距离开会只有5天时间，大家决定高度突击，写个减租减息的戏。这样，编曲的任务就责无旁贷地落到了刘炽的身上。刘炽提出建议："我已经把道情音乐的材料系统整理出来了，这个戏可否就用道情的音乐加以改编和发展？"刘炽的意见是有道理的，加上他又熟悉眉户调和陕北民歌，写起来驾轻就熟，大家兴奋地说："太好了，就这样办！"

其实在这次来绥德之前，刘炽就是刚从绥德分区子洲县的驼耳巷回延安的。

为了使秧歌运动走向深化，让师生熟悉、掌握、运用和发展民族民间音乐，准备创作和表演的后备力量，鲁艺采取了"请进来教课，走出去拜师"的方法，组织和引导师生向民间艺人学习。这年秋天，为了继续发掘和整理道情音乐，刘炽从延安步行300余里来到了驼耳巷，据说那个村子里有个享有盛名的道情班子。

刘炽小时候接触过道情音乐。在小学演过道情，在三仙庙时听过被人们称为"碰碰碰"的长安道情。在人民抗日剧社里向刘子云、刘振武、曹洪学习过陕北的古道情。近期又听过前往陇东分区采风的舒非、徐徐介绍的陇东道情，所有这些都给他留下了深刻的印象。

到了驼耳巷以后，刘炽发现这里唱的是黄河以东的新道情，即山西的东路道情。道情班子的师傅叫杜兴旺，是特地从晋西北请来的。刘炽便立刻去找杜兴旺师傅登门拜师，杜师傅是个爽直的人，他欣然收下了这个徒弟。

杜师傅自有他一套独特的教学方法。他先让刘炽看戏，知道刘炽笛子吹得好，又让刘炽拿着根笛子跟乐队溜。刘炽学得极为用心，极为入神。一次道情班子的主角病了，连杜师傅也有些手足无措了。救戏如救火，刘炽自告奋勇要上台顶戏，那时，他才学了半个多月，叫人半信半疑，因为一般须学三个月才能上场。但事出紧急也只好由他顶了，结果刘炽把角色演活了。杜师傅又惊又喜，群众中传出了佳话："延安鲁艺来了个能人……"笛子一溜两个多月，刘炽便成了驼耳巷道情班子里出色的乐队队员了。此后杜师傅才给刘炽讲道情的腔调、板式以及道情的表演方法，并用各大戏中的实例进行具体讲析。与此同时，刘炽也开始了记录、整理，并研究它的音阶、调性、调式、声乐器乐的有机结构以及音乐学方面的问题，民间戏曲音乐的结构逻辑、表现手法、民间戏曲音乐的演变发展以及与当地民歌的血缘关系，等等。学习了四个月，刘炽整理出一本道情音乐的系统曲谱材料，写出了初步分析研究的论文。这次为秧歌剧《减租会》配曲、编曲，正是学以致用的极好机会，也是对他学习道情音乐成果的一次检验。

《减租会》的剧本两天半完成，编曲、作曲只给刘炽一天半的时间，因为还要给演员留下背台词、背谱、合乐、排练的时间。于是在这一天半里，刘炽根本没有睡觉。

《减租会》写的是穷困而胆小的农民甲夫妇俩，以及准备单枪匹马和地主拼的农民乙，他们在减租减息运动积极分子农民丙的说服帮助下，团结起来参加减租减息斗争的故事。刘炽考虑到陇东道情和长安道情的音乐与陕北道情相距太远，不是一个语言体系、调式、音阶、曲体、旋律以及表现出来的气氛截然不同，不能混用。而陕北的古道情跟山西的新道情却是一个语言（即方言和语音）区域，可以说是一个母体所生的两个孩子，模样上有些相似，只是性格不同而已。用古、新这两种道情的音乐素材，可以恰到好处地表现不同环境、不同人物和不同的心态。刘炽便选用了古道情的十字调。

该曲调哀怨低沉,凄恻动人,恰当地把人物愁苦的心境表达出来。

农民丙,这个减租减息的积极分子一出现,便给人们带来了欢乐与希望。为了塑造剧中这个主要人物的形象,刘炽采用了新道情的平调大起板。在驼耳巷,他第一次听到这平调大起板,感到特别的新鲜、生动,充满朝气和活力,兴奋得不能自已。现在正需要这个大起板来渲染此时此刻的热烈气氛。原来的大起板较长,多重复,略嫌烦琐,于是刘炽把它加以改编,处理得干净利落。

这便是后来名为《翻身道情》的前奏(或引子)。在这部作品中,刘炽把古道情和新道情结合起来使用,曲子经他重新编写,前者的空旷古朴、苍凉幽怨,后者的昂扬跳跃、热烈兴奋,各得其宜,各尽其妙,两者有机结合,竟如同浑然天成。

一开头,"太阳……一出(噢)来……"唱腔中连用了八个"哎嗨",营造一种热烈奔放的情绪和氛围,表现了农民在党的领导下闹翻身的乐观、豪迈而又自信的情感。改编过的新道情的平调大起板转入忆苦的段落,便混用了古道情的十字调和平调,以深沉忧伤的旋律勾画出旧社会农民苦难的生活图景,与开头形成鲜明对比。在欢乐地歌唱"平分土地"的幸福生活以后,改编过的新道情的大起板第三次出现,"大家要团结同翻身",那昂扬的旋律展现了减租减息运动必然胜利的光明前景。

这首歌在曲式方面采用了类似回旋曲式的 A-B-A-C-D-D-B-A-B，但从总的结构——内容和感情的变化发展上，则可分为三大段落。即 A-B-A-C 为第一段，D-D 为第二段，B-A-B 为第三段。

在旋律、节奏方面，使用了大跳跃，营造坚强、明朗、信心百倍的氛围。在前奏里，使用了不规则的重音记号，也造成了动乱的、铿锵的效果。

这首独唱曲，除了第二大段慢速度，音的连接比较柔和，使它形成悲苦、哀怨的回忆镜头和气氛，第一大段和第三大段基本上采用了中国戏曲中梆子系统的紧打慢唱法，用短促音和长音的交替，造成明快而雄健的效果。

在曲体结构上，这首歌不是采用欧洲古典音乐作品普遍使用的矛盾冲突或对比并置的方法，也不是主题变奏或动机展开的方法，而是采用戏曲音乐和曲艺音乐的常用手法，即唱段延伸和矛盾推进的方法。这种方法又是合乎主题变奏和动机展开的结构逻辑，更适合大多数中国人的欣赏习惯和心态，这也是《翻身道情》受人欢迎的原因之一。

时间在刘炽的笔下流过，一天半目不交睫，刘炽完成了秧歌剧《减租会》的音乐写作任务，这出戏也如期在绥德龙湾减租减息动员大会上演出。此外，刘炽还出演了剧中的减租减息积极分子农民丙，一曲《翻身道情》放声高唱，赢得了满场的喝彩。

演出以后，《翻身道情》很快传遍了陕甘宁边区、晋绥边区和其他抗日根据地。后来，在延安，在周恩来副主席招待外宾或边区外（国统区和游击区）来宾的音乐晚会上，总是有刘炽独唱的《翻身道情》。

新中国成立后，《翻身道情》这首歌曲由李波灌制了唱片，遂成了女

延安鲁艺秧歌剧《赵富贵自新》演出，自右至左为刘炽、王大化、李波

声独唱曲。郭兰英唱它，王昆唱它，以致由国内唱到国外，在世界青年联欢节得了奖，成为新中国在国际上最早的获奖曲目之一。

其实这首歌本是表现男性美的、雄健的男声独唱，由于长期众多女歌唱家的"把持"，很多男高音歌唱家都不敢问津。如果有勇者，还其历史的本来面目，男高音唱起来该是更生动、更饱满、更有气魄、更感人的。

"1943年，秧歌旱船闹得欢"，这是秧歌运动蓬勃兴起、如火如荼的一年，也是刘炽创作成果极为丰硕的一年。一年之中，他接连写出了《胜利鼓舞》《运盐去》《翻身道情》这些闪烁着时代光彩的作品，而且流传影响久远，可以说，是中国新音乐运动史不可缺失的部分，其成绩斐然，确实令人瞩目。当然，这是时代造就了他，是人民哺育了他，但也是刘炽勇于探索、艰苦努力的结果。试想，一个身背着"特务"沉重包袱的人，如果没有艺术家的良心和使命感，能燃烧起旺盛的创作热情吗？能写出代表一个时代的作品吗？刘炽没有辜负恩师冼星海的教导和希望，他在星海老师所引导的中国新音乐的道路上迈出了坚实的脚步，这也是他成为革命作曲家的一个重要的里程碑。

十八、在歌剧《白毛女》的创作集体中

1944年秋天，晋察冀边区河北西北部某地"白毛仙姑"的故事传到了延安。当时鲁艺的领导同志觉得这个故事很好，能够进行阶级教育，又有浪漫主义的气氛，建议把它写成歌剧。

对鲁艺秧歌队来说，这是一个崭新的课题，他们勇敢地把任务接了下来。他们还采取以前闹秧歌那样的办法，进行集体讨论、集体创作。刘炽也在这创作集体中。

创作新剧自然需要艺术探索。《白毛女》在作曲构想阶段就产生了分歧。有的主张以秦腔音乐为基调，有的主张以眉户音乐做基调，有的则主张以陕北民歌为基调。结果，经过讨论，这三种设想都被否定了。

这些曲作者大都在走向"大鲁艺"过程中，汲取了丰富的民族民间音乐的营养，他们从一些人物形象和民间音乐中得到启发，很自然地想起那些多种多样的民间音乐风格，想起劳动人民怎样用这些音乐的语言表现他们多方面的思想感情，从而采取了"拿来主义"，决心"为我所用"，并达成一致，只要是适合于表现人物性格、矛盾冲突、戏剧纠葛、烘托气氛的，不管是民歌、戏曲，不管是山西、河北、陕西，就拿来改编

它，使它适合于剧情的需要。于是，他们用山西民歌改编成人物性格化的唱段（指杨白劳和喜儿在前两场所用的"捡麦穗"），用河北"杨柳青"的民歌写出了喜儿出场的抒情段落，用秦腔表现杨白劳死亡前的愤怒，用河北民歌《小白菜》表现喜儿在黄家受折磨的形象，用天津的太平歌调描写穆仁智的嘴脸，用五台山佛曲表现黄母的伪善，用河北梆子表现喜儿逃出黄家的复仇心理……这确实有些五方杂音，但也算是各得其宜，加强了歌剧的音乐性。

当时，歌剧《白毛女》编剧由贺敬之、丁毅执笔，音乐创作则由马可、张鲁担纲，创作集体只有一个目标，就是把作曲任务完成好，彼此协力同心，表现出一种艺术的无私。杨白劳"十里风雪"和喜儿"扎头绳"两段音乐都采用了刘炽所采集的山西民歌《捡麦穗》曲调，喜儿哭爹的一段曲子，用了刘炽在黄河岸边所记录的一个妇女哭亡子的声腔；刻画穆仁智所用的天津的太平歌调也是刘炽在人民抗日剧社里向赵至英学习的……刘炽为创作集体奉献着自己的积累。

1945年6月10日，大型歌剧《白毛女》在党的第七次全国代表大会期间为中央领导和"七大"代表做正式演出，演出获得了很大的成功。当戏演到高潮，喜儿被救出山洞，后台唱出"旧社会把人变成鬼，新社会把鬼变成了人"的歌声时，毛主席和其他中央领导同志一同起立鼓掌。

大型歌剧《白毛女》的成功，首先在于主题的积极意义，非常合时宜；其次是艺术上的成功，即戏剧故事的催人泪下及音乐的悦耳动听。

刘炽对此曾做过比较深入的思考，他认为，大型歌剧《白毛女》的出现以及演出成功是秧歌运动发展的必然。秧歌艺术多年来自觉与不自觉

《白毛女》剧照

地由单一的民歌发展到叙事性民歌,其中加了舞蹈表演的民歌,逐渐又增加了有戏剧情节的民歌。

一首民歌不够用,便采用多种民歌连缀。从《拥军花鼓》到《兄妹开荒》《张丕漠除奸》《赵富贵自新》《减租会》《周子山》《血泪仇》,鲁艺秧歌大体上走了这条路子。只是因人物性格的多面,矛盾冲突的激化,增加民歌也无济于事,故而不得不对民歌进行创作加工,这也是鲁艺新秧歌"新"的一个方面。由于观众的需要,秧歌剧不断发展,可以说是在步步深化、步步提高、步步创新,民族新歌剧《白毛女》也便应运而生。秧歌运动又磨炼和提高了一批剧作家、作曲家、导演和演员的创作、表演水平,从而形成了民族新歌剧的核心和堡垒,为大型歌剧《白毛女》的诞生准备了条件。没有秧歌运动,就不可能有歌剧《白毛女》!

《白毛女》为中国民族新歌剧创造了奠基石,然而毕竟还是雏形。那时延安鲁艺的歌剧创作人员绝大部分是青年，年龄大都二十出头，他们在戏剧、文学、音乐方面的创作还比较稚嫩，创作经验比较欠缺，对欧洲歌剧和中国戏曲、戏剧仅仅是一知半解，还处在中国民族新歌剧的初创和探索时期，因此不可避免地存在这样和那样的不足。就音乐方面而言，由于选用了各地多种民歌作素材，很自然地导致了音乐语言、音乐色彩、音乐主题的杂乱，同时又产生了音乐性和戏剧性的矛盾，即音乐性加强，则戏剧性停滞；戏剧性加强，则音乐性稀薄。而人物大都在旁白的情况下吟唱，一唱一大段，缺少朗诵调，形成短兵相接、面对面冲突的音乐形象。

十九、周副主席批准了他的请求

中国共产党第七次全国代表大会是在世界反法西斯战争胜利前召开的。恰如刘炽《胜利鼓舞》所描写和瞩望的，苏联红军大反攻胜利，1945年5月2日攻克柏林，8日德国无条件投降。8月8日，苏联对日宣战，并出兵东北。接着，各解放区抗日部队向日军发动了全面大反攻。8月15日，日本宣布无条件投降。

消息很快传到了延安。当晚，鲁迅艺术学院院长周扬从电话中得到了党中央传来的这一特大喜讯，激动极了。平时他总是文质彬彬的，说起话来也斯斯文文的，这时却站在东山上放声高喊："日本投降了！"连喊了几声，后来几个大嗓门的同志也跟着高喊："日本投降了！日本投降了！……"这样全院师生一下子都听到了，鲁艺沸腾了！

音乐系的教员张贞黻，平时严肃认真，不苟言笑，还常剋学生：

"荒唐，荒唐!""从头来，再练!"学员还真有点畏惧他。这时他把自己的棉被拆了，把棉花扒出来，让人们扎火把，高喊着："谁要棉花!"总务处拿出了油桶，他点燃了火把，一个人在篮球场上举着火把游行了好几圈!

秧歌队欢呼雀跃着，准备上街游行。其时，刘炽正患着疟疾，又冷又抖，用几床被子捂着，可一听到日本投降的消息立即振奋起来。他想，自己是秧歌队的头儿，跳秧歌游行不能没有他，于是被子一掀冲出去，举着火把便扭了起来，跳了起来。

鲁艺秧歌队上街游行了，全院师生也一起从桥儿沟出发，一路火把燃烧着人们沸腾的情绪。那一路口号，一路鼓乐，一路欢歌，一路狂舞，真是欢声雷动，撼着群山，撼着延河，撼着人们的肺腑。沿途凡愿意的，就加入游行队伍一道行进；火把熄了，就有人嚷着招呼你："这儿有油，蘸吧!"十四年的抗日烽火，十四年艰苦卓绝的斗争，人们付出了巨大的痛苦和牺牲，才换来了这一天，这可告慰天地祖宗和英烈的日子! 从未谋面的人，有的手握着手，有的热烈拥抱着，有的抱头大哭，在这激动人心的时刻，胜利的喜悦联结着人们的心。

从桥儿沟到城里有七八里路，刘炽一路见群山被照亮了，延河的水波里也跳动着火，他越跳越带劲。这时，更见远处条条火龙蜿蜒着，南门外新市场、北门外总政、王家坪、杨家岭、枣园各路的游行队伍都向着延安城拥来，天地间有着人间少有的红火和壮观。延安城里的每个店号都挂起了汽灯，通明透亮，与来城里汇聚的游行队伍的火把相辉映，照出了一张张红扑扑的笑脸。以往，鲁艺家的秧歌是最受群众欢迎的，每到一处便是人山人海。今天，刘炽他们跳得特别欢，而人们却只顾自己游行，只顾自己兴奋地奔走、热烈地呼喊。鲁艺秧歌队也只能依次地走街串巷。大街小巷都是人，都是火把。有的人鞋被挤掉了，有的人头发被烧焦，也还是一个劲地游行。人流、火把像是火龙盘绕着延安城，延安城仿佛身披霞光，被锣鼓声、口号声、歌声簇拥着。人们沉浸在狂欢之中，从那不眠的夜狂欢到那宝塔顶上的曙色。刘炽整整地跳了一夜，竟神奇地把疟疾也赶走了。

抗战胜利了，而蒋介石却要独吞胜利果实，"命令"解放区人民军队"原地驻防待命"。形势便变得复杂、严重了，人们在狂欢后自然有着对现实的清醒认识。共产党对蒋介石的寸权必夺采取了针锋相对、寸土必争的方针。于是东北、华北就成了国共双方必争之地。

不久，党中央决定派遣东北工作团赴东北开展工作，并由鲁艺组建其中的一个工作大队。鲁艺各系的师生踊跃报名应征。当时，每个热血的青年都视去艰苦的环境工作为光荣，刘炽也要求上前线。在"一二·一二"剧团时，刘炽曾跟张寒晖学唱《松花江上》，那时他就有了对东北大地的神往，自然更热切地希望去那里，他想亲眼看看那森林煤矿，那大豆高粱……然而宣布的名单里却没有他，戏音系的主任吕骥、张庚要留他在延安工作，刘炽急了！

怎么办？个人服从组织安排是党员必须遵守的纪律，去吕骥、张庚那儿请求，恐怕不会有用。刘炽便想到了周恩来副主席——这位宽厚仁慈的长者，给周副主席写信，请求周副主席批准！

刘炽敢想也敢做。怀里揣着写好的信便离开了桥儿沟，由王家坪经杨家岭再往北去枣园。8月，延河正发大水，刘炽又不会游泳，过不去，便在河边徘徊。恰巧陈赓将军骑着马从这里经过，便问："小刘，等谁？""不是。我写了封信，要给周副主席，水大，我过不去。""哦，好办，我正好去开会，帮你带去吧！"刘炽十分感激地把信交到了陈赓将军的手中。

8月24日，延安文化界百余人在交际处举行欢送会，欢送即将赴东北、华北前线的两个文艺工作团。刘炽也去了，不过他的任务是听报告。欢送会上，周恩来、彭真、林伯渠都讲了话。刘炽有些心神不定，脑子里还在为去东北的请求打着转。周副主席收到他的信会批准他的请求吗？刘炽的心似十五个吊桶打水——七上八下。

休息时，刘炽再也按捺不住了，窜到前面去问周副主席，信收到了没有？"收到了，收到了！"对于担负中央重要领导工作的周恩来说，刘炽写信的请求自是极为细小的事，然而周恩来没有忘却，说着便身子转向周扬："周扬同志，小刘这个青年人要挺进东北是好事嘛，要让他去闯闯！"

1945年，延安鲁艺教师、研究生分赴解放区前，在延安交际处石阶上的合影（中间排右二为刘炽）

周副主席支持他的请求了，刘炽高兴得几乎要跳起来，只是在领导的面前未敢肆意。后来，周扬便给政治部下命令，让刘炽参加东北工作团。刘炽终于获得批准了，可接踵而来的却是警告处分，吕骥、麦新说他越级写信，无组织、无纪律、自由主义！可这时刘炽全不管这些，心里还满是激动，想到要走了，要去东北了，刘炽一高兴连洗脸的瓦盆子也给摔了。

而人的情感又是复杂的，马上就要离开这里，离开他生活八年多的延安，离开他学习和工作七年的鲁迅艺术学院，刘炽心里又油然而生一种留恋。在"红大"听毛主席讲课时打瞌睡，打呼噜；在人民剧社结识海伦·斯诺，渭南脱险；报考鲁艺，遇逢恩师冼星海；留音乐研究室后的勤奋学习，眉户五人团的共同探索；"抢救运动"的潮起潮落；秧歌运动的如火如荼……这便是他延安时期的人生步履，也是他的革命生涯，无不牵动他的情思。这些年，特别是在鲁艺的几年，是刘炽创作大为丰收的几年。他整理着自己的手稿：《塞北黄昏》《贺龙进行曲》《七月里在边区》《翻身道情》《胜利鼓舞》《运盐去》《货郎担》……还有一本本搜集的民歌、民间音乐手稿，像那枝头满缀的果实。这给了刘炽以绚丽的生活色彩，又给了刘炽以沉甸甸的思索。

在延安，他奠定了以作曲为职业的志向。他深深地意识到音乐是很神圣的、很丰富的，为了实现自己的志向，必须刻苦学习，必须付出艰辛的劳动。他作品的多产，英才的勃发，正是他广泛深入地从民间音乐中汲取营养，从聂耳、冼星海等前辈音乐家的作品中获取教益的结果。他没有辜负恩师冼星海的教诲，他决心沿着聂耳、冼星海开创的中国新音乐的道路坚定地走下去，像聂耳、冼星海一样，为中国、为被压迫者呐喊，召唤人民前进，呼叫黎明的早日到来，并确定了以祖国、中华民族、人民为创作的永恒主题。明天就是从今天这里起步，回顾在延安的生活历程，刘炽感到充实，更获得了信心，在他眼前，一条大路正向着东北大地、向着未来、向着光明延伸……

挺进东北：在转战中挥着手和笔

一、奔向东北的"万里长征"

"再见吧，延河！再见吧，宝塔山！"

1945年9月2日，挺进东北的队伍告别延安，出发了！

这是一支浩浩荡荡的队伍。总共有三个团。其中有两个战斗团，一个从陕甘宁抽来，一个从冀西北抽来，每个团都是四四编制，还有通讯、特务、炮兵的特种连，有3000多人。还有一个干部团，有党、政、团、文艺、经济各方面的干部和人才共1000多人。干部团团长李寿轩，政委张秀山。刘炽、沙蒙、黄准、于蓝、公木等人编在第八中队。八队队长舒群，副队长田方。两个战斗团一前一后地保护着干部团一起向东北挺进。

这支文武大军急速地行进着，谁能想到他们迈出的步伐竟关系着中国的命运和前途。

抗日战争胜利后，东北的战略地位愈显重要。如果控制了东北，革命根据地便可与苏联、蒙古、朝鲜相接，从而使解放区摆脱被国民党军队四面包围的局面。东北土地辽阔，物产丰富，粮食充足，可以使部队获得足够粮草，从而成为坚强的战略后方。恰如刘少奇同志所指出的：

"只要我们能控制东北和热、察两省,并有全国各解放区及全国人民配合斗争,即能保障中国人民的胜利。"

党中央十分重视东北根据地的建立。就在刘炽他们挺进东北的同时,中央还分别从山东军区罗荣桓部和新四军黄克诚部调集十万余人进军东北。国民党反动派也在迅速行动着,在美国的支持下,他们用飞机、军舰向东北运送大批兵卒,企图迅速消灭人民革命力量以达到独占东北的目的。

于是抢时间、赶速度就成了紧张激烈的斗争。

刘炽跟着队伍急速地行进在陕北高原上,眼前所展现的这起伏纵横的山峁沟壑是他所熟悉的。他曾踏着这条路去慰问河防将士,去为群众演出,去民间采风。陕北的大地、陕北的人民曾滋养和养育过他的旋律,他对此怀有无限深情。一幕幕情景从他眼前闪过,他却无暇深念,因为在他的心中展开了一幅新图景,一幅东北的地图。苏联红军进入东北攻打日本关东军时,他曾在一张东北地图上用小红旗标记红军胜利进军的路线,以迎接抗日战争的最后胜利。而今却要去脚踏东北的大地,去迎接一场新的斗争。肩负着国家、民族的前途和命运,他怀有一种崇高的使命感,以致并不感到肩头背包的沉重。行军疲劳时,他便想起中央领导的讲话,"敌人有飞机,有军舰,我们只有两条腿。腿是宝贝,我们要发挥飞毛腿的作用,谁先到沈阳(接收),谁就是老大;谁后到沈阳,谁就是老二",于是又从中得到激励,劲头陡增。

一路上可真紧张,常常连饭也顾不上烧。打前站的同志张罗着,遇有面点铺、烧饼摊,他们就全包了,一路上吃光买光,风风火火。行军、吃饭、行军……几乎成了他们全部的生活内容,而途中又常洋溢着欢声笑语。有时唱几首歌,平添一腔豪情;有时讲一段故事,说两则笑话，便多了几分轻松。刘炽不仅会讲故事，还会编故事，常说得大家前仰后合，而他从笑声中又体味着行军的欢乐。

从陕甘宁边区到晋绥边区要过黄河。伫立岸边，目睹黄河的惊涛骇浪，刘炽再一次地感受到这民族之魂的伟力，他真想喊几声《黄河船夫曲》，那是星海老师为民族解放呐喊的歌。而今中国面临着两种前途和命运的决战，他仿佛听到黄河的怒吼就是人民的心声，仿佛看到黄河的奔腾就是通往新中国的路。黄河的洪波卷涌着他的心潮，他多想把它化作乐思，歌唱我们的祖国和民族。紧张的行军途中他无暇挥笔，但他把这灵感珍藏起来，直到十余年后，写作《祖国颂》，那一拍"哪怕它黄河之水天上来"，再一次奔跳出当年黄河乐思的浪花。

从晋绥边区到晋察冀边区要通过同蒲路，这曾经是日本兵的封锁线。当时日本虽然宣布无条件投降了，但日本兵还没有缴械，缩在一群群碉堡里。为了提防日本兵可能进行的袭击，队伍尽管在军事上做了严密戒备，还是要悄悄地通过同蒲路。谁知一声枪响，队伍以为是日本兵开了火，人一下子乱了。那时刘炽、沙蒙、张平三个人有一匹驮行李的马，人走累了，也可以骑一会儿。恰巧那天让张平的爱人杜粹远骑了。马受了惊动，直往河里冲，杜粹远一时不知如何控驭，与马一起卧倒在河里。张平找来了，急嚷着将杜粹远从马身上托出来。慌乱中没时间救起河中的马，马被冲走了，杜粹远有惊无险。结果是虚惊一场，原来是后面有人的枪不慎走了火。待大家安定了下来，重整好队伍，继续前进，刘炽他们的行李就这样丢失了。如果只是些生活用品也不打紧，关键其中还有刘炽1939年至1945年保存的一些重要作品的手稿（另一部分交给了在延安的弟弟刘烽）。它们是刘炽在延安窑洞的油灯下苦熬的心血，却这样永远地丢失了！这损失无法挽回，也无法弥补，刘炽感到痛心和懊恼。

紧张的行军又使刘炽不得不把它逐渐淡忘，有时简直是日夜兼程。最艰难的要数过古北口，一天一夜只吃了两顿，双脚还要不停地急速行走。夜行军时一片漆黑，只可看到前面人背包上的白毛巾，跟着往前走便是。有时人一边走着，一边还做着梦。便是这昼夜间，他们翻过了五座大山，行军240里。在与时间的竞赛中他们抢在了前面。

从古北口出了长城，又一派北国风光。关外的原野那么辽阔，那么苍茫，有矿山，有铁路，有工厂。刘炽惊喜而激动地体会到一种难言的博大，情不自禁地唱了起来："我们的祖国多么辽阔广大……"再回望蜿蜒在群山中的长城，多像一条巨龙，只是踞伏着，它何时方能摆脱历史的沉重腾空而飞，那将是一曲至善至美的祖国颂歌。刘炽遐想着，应该有一首属于自己祖国的歌。

希望是一种鼓舞，刘炽的飞毛腿似有了不倦的力量。走过内蒙古，便踏上了东北的大地，他曾歌唱过的东北大地，他魂牵梦萦的东北大地，他一腔热望变成现实的东北大地！他在兴奋和激动中奔走着，10月底终于到达了沈阳。历时近两个月，刘炽有了"万里长征"的经历，艰苦的磨炼又一次丰富了他的生活体验，这是另一种人生的旋律。

二、在沈阳第一次推出了《东方红》

当时，沈阳在苏联红军控制之下，他们的整个军团就在附近。城内则有两个团的驻军，国民党的、共产党的军队都不能入城。八路军的曾克林部队，曾从铁路西区第一个打进沈阳，也撤了出来。于是挺进东北的两个战斗团只好驻在城外，而干部团则得以进城。

一到沈阳，刘炽先向当时南满的辽宁省委书记陶铸报到。其时，建立东北根据地的任务很艰巨，需要大量干部，李寿轩、张秀山带来的干部团1000多人，还不够分配。最初计划是要分配刘炽去当地委书记，刘炽急了，忙说："我不是这个料子，我干不了。我就爱'哆来咪'，还是让我做文艺工作吧！"

"要服从组织分配，哪有像你这样讲价钱的？"陶铸说。

"不过我还是做艺术工作适宜些。"

"讨价还价的就是你！"

经过刘炽一再恳求，陶铸还是答应了，刘炽被留在东北文艺工作团，任音乐部主任，兼首席作曲和指挥。

人生的道路常有某种机遇或转折，若是刘炽就此从政，于人民音乐就会少了一大批经久传唱的作品。而刘炽牢记着星海老师的教导，执着于他所热爱的事业，坚定地跋涉在中国新音乐的道路上，从而走向日后的辉煌。应该说刘炽是幸运的，幸运于这无怨无悔的抉择。

沈阳城里乱哄哄的。一些汉奸、特务、把头乔装打扮，摇身一变成为卖报的、卖糖的、钉鞋的、拉洋车的，混杂在百姓之中。苏联红军不知他们底细，无法识别他们，还以为他们是好人。干部团就是以维持秩序的警察面貌进入沈阳城的。刘炽穿的是伪满警佐（中校）服，肩章上有两道杠、两颗星。当然，后来经过清理日军、日侨、汉奸，枪毙了一些把头、特务、汉奸，压住了邪气，城市才安宁了一些。

人们的思想也很混乱。一般人都以为国民党是正规军，共产党、八路军是游击队，就连苏联红军也有这种思想。于是宣传共产党、八路军就成了一项重要的任务。陶铸把这一宣传任务交给了刘炽他们这批文艺工作者，搞创作、搞演出，用宣传工作来安定人心。

　　文工团很快投入了演出，刘炽他们乘着汽车来到了街头，来到了广场。因为没有乐队，所以没能演出《黄河大合唱》，但还是第一次把抗战的歌声带到了沈阳，宣传共产党、八路军英勇抗战的功绩，既新人耳目，又醒人思想。除此之外，他们还演唱苏联的革命歌曲，演出揭露日伪合流的活报剧。由于节目新鲜活泼、短小精悍，观众的反响相当热烈。那时情况复杂，街头广场演出须有警察保护。他们从这个广场到那个街头，从这个街头到那个广场，吸引了许多群众，给沈阳城注入了清新的空气，带来了新的气象。

　　有时他们也在剧场演出。当时沈阳有家胜利电影院，可以容纳上千人。11月中旬，他们在那里第一次推出了《东方红》。

　　《东方红》最早的旋律来自民歌《芝麻油》："芝麻油，白菜心，要吃豆角抽筋筋。三天不见哥哥的面，呼儿嗨哟，哎呀我的亲哥哥。"还是在卢沟桥事变前，刘炽在红军人民剧社时，剧团里的方宪章曾经将这首民歌教给了他。后来为了配合抗日宣传，用这首民歌的曲调另填了词更名为《骑白马》："骑白马，挎洋枪，三哥哥吃了八路军的粮。有心回家看妹妹，呼儿嗨哟，打日本我顾不上。"此后才有延安传唱的"东方红，太阳升……"，而新歌词是陕北榆林佳县的一位小学教师李锦旗首填的，原有四段词，一个宣传部门说有些重复，便去掉了一段。当时，为了宣传移民下南路，刘炽他们还曾在它后面加上好几段词，如"山川秀，日月明，毛主席主张来移民……"而很长时间以来，公众一直以为这首歌的作者是李有源。沈阳演出时，公木将原歌颂毛主席的一句，"他为人民谋生存"改作"他为人民谋幸福"，另写了歌颂共产党、八路军、抗日民主联军各一段。后来抗日民主联军番号取消了，就改唱三段。

当时，东北文工团全体人员参加了《东方红》的演唱，由刘炽担任指挥。从此，原来的一首由多位民间艺人和艺术家填词的陕北民歌，以《东方红》为歌名在沈阳正式演出了。

演出之余，刘炽又挥起了他的笔。他住在一家大四合院里，这处院落是没收的敌伪财产，在灯光下，他铺开了纸。生活给了他创作的灵感，为了粉碎汉奸、特务的破坏，为了捍卫抗战的胜利果实，要把工人武装起来，把人民武装起来，他的耳畔仿佛响起了号角声，旋律又随之热血奔流着。"从工厂到矿山，我们的弟兄千千万。快快拿起枪，快快拿起枪，保卫我们的城市和工厂……"刘炽其时创作的《人民武装起来》是一首雄壮的歌，一首合时宜的歌，这首歌很快在沈阳、在东北流传开来，像是工人农民手中的一杆杆枪。

文工团也参加一些接收工作。作为东北文工团音乐部主任，刘炽还曾去接收敌伪的一个铜管乐队。这个乐队的乐器还真不少，他雇了辆黄包车坐了上去，车上放的、怀里抱的，都是乐器。车行街头，被一名苏联红军士兵看见了。那红军战士把刘炽拦下车来，训斥道："怎么还人剥削人？"也不管三七二十一，硬是让刘炽掏钱。刘炽无奈，掏出了那时使用的红军的票子，那红军战士一把抓了过去，把钱塞给黄包车夫让他走。此时的刘炽望着地上一大堆乐器哭笑不得。任凭他夹着、抱着、背着，怎么也拿不走。刚巧遇上了文工团的同志，他们帮着刘炽一起才把乐器拿回团里。回去刘炽把事情一讲，大家都笑了，苏联红军战士把无产阶级当成了资产阶级。

而苏联红军与国民党的部队、共产党的部队之间的政治关系又是复杂微妙的。苏联支持中国革命，但又承认国民党政府，并签有友好条约。他们不希望看到中国发生内战，于是把前来占领沈阳的国民党军队和共产党军队一律拒于城门之外。然而刘炽他们这一行干部团进了城,还是在宣传共产党、八路军,国民党方面岂能不知?于是质问苏联红军:为什么让共产党部队进城?苏联红军说:"没有!"国民党方面说:"那些警察都是八路军,我们也要进!"

苏联红军在了解情况后,其司令部通知陶铸,要求挺进东北的干部团在48小时内撤出沈阳。共产党历来不在乎一城一池的得失,而是要贯彻建立东北根据地的战略方针,他们让了,亦即后来越发明确的"让开大路,占领两厢",干部团的人在24小时内撤出了沈阳。当然,这也是为了顾全大局。中共东北局宣传部撤到本溪煤矿,东北文工团也随之到了本溪。其时为1945年11月30日,至此,刘炽结束了在沈阳一个月的特殊警察生活。

三、在本溪和大连

在11月初至中旬期间,刘炽和战友们知道了冼星海在莫斯科逝世的消息①,星海老师说是写好电影音乐就回来的,中国正需要他,他怎么会离世而去呢?冼星海去了苏联,后来苏德战争爆发了,他便被转移到中亚地区。在战争的环境里,冼星海失去了应有的关照,过着近乎流浪的生活。战争带来的生活磨难和疾病竟夺去了他的生命。躺在床上,刘炽回忆着与星海老师相处时那亲切动人的一幕幕情景,回想着星海老师语重心长的一句句教诲。他痛心极了,但又有理性的思索。他已经不

---

① 冼星海于1945年10月30日逝世,延安鲁艺于1945年11月14日举行了追悼大会。

是当年的毛头小伙子了，战斗的生活使他不断成熟。他对自己说："星海老师留下的担子很重，你都是24岁的人了，你该好好地努力，要靠我们后辈的努力把星海老师的道路坚持走下去！"

在本溪，刘炽他们创办了本溪艺术学校，校址在本溪湖，日本人强占东北，曾将它改名"宫原明"，这时万顷湖水已经洗净昔日的民族耻辱，碧波里又荡漾起中国人的歌。学校里，刘炽教音乐，王大化讲戏剧，教员还有于蓝、李百万、黄准、王家乙和林农。学员来自东北军区、16个军分区范围内的文艺队、宣传队。虽是短训性质，但确实培养了一批部队音乐、戏剧的文艺骨干。如尹一清、黄玲等后来成长起来，还取得了一定的成就。

为了配合镇压汉奸、特务、反革命、把头的运动，刘炽创作了歌曲《血债要用血来还》《枪毙大把头》，还去各单位教唱。在宣判大会上，刘炽还指挥东北文工团团员和部分中学生演唱了这两首歌。

为适应当时的形势和工作需要，东北文工团扩展并成立分团。鲁艺文工团一团在佳木斯成立，二团在牡丹江成立，三团在哈尔滨成立，在大连成立四团则是后来的事。另根据党中央决定，延大各学院迁离延安，1946年春，鲁艺的队伍由吕骥、张庚带领进发东北，在东北局的领导下又重建于佳木斯。另外，还有鲁艺音工团，再加上军大文工团，均属中共中央东北局宣传部领导。

1946年2月底，刘炽所在的鲁艺文工团一团奉命调驻大连。

3月初，春风初度，刘炽在大连第一次看到了大海。那目尽天涯、无边无际的大海碧波，把蓝天也洗得空明澄澈，一阵阵海涛撞击着礁屿岩石，发出撼人心魄的巨响，一朵朵浪花映着灿烂的阳光，一切是那么的开阔，那么的明净，那么的妩媚。刘炽激动不已，他贪婪地阅读着大

20 世纪 40 年代后期哈尔滨的鲁艺三团合影

海一浪一浪的乐章，神思犹如那白鸥随着大海雄浑的壮歌展翅飞翔，胸怀里涌动着大海的力量。

与蔚蓝清亮的大海形成鲜明对比的是大连的文化，日本殖民主义文化糟粕仍在侵蚀着人们的思想，满街都是日满时期的黄色音乐或反动音乐。旅大地委书记韩光因此特地请求东北局宣传部派人来占领文艺阵地。当时东北局的宣传部部长凯丰答应了，于是就有了刘炽他们的应命而来。

他们面临着一场严峻的文化斗争。当时刘炽是团里的音乐部主任，王大化是戏剧部主任，张平负责生活，团长是沙蒙。他们一起研究如何在大连开展革命文化活动，大家一致认为，最有效的方法是搞好演出。用演出去唤醒民众，感化民众，争取民众；用演出来扩大革命文艺的影响，以涤荡殖民文化的污垢残渣。研究的结果是决定举办四台戏剧及音乐晚会：一台音乐会，一台《日出》，一台《把眼光放远一点》等三个小戏，一台面貌一新的大型秧歌剧《血泪仇》。

那时大连的政治格局非常特殊，整个城市由苏联红军控制着，而国民党却任命曾做过日本特务的"知名人士"迟子祥做大连市市长，另一方面又有中共旅大地委在开展活动。两种力量的斗争便又在演出中表现出来。

大连本地有个国民党领导的职业剧团，听说共产党领导的文工团要排《日出》，他们就花高价从沈阳请来了颇有名气的演员黄玲，准备排《原野》，与《日出》的演出抗衡。

当时《日出》由沙蒙导演，于蓝演陈白露，王大化演胡四，林农演潘经理，何文今演黑三，颜一烟演顾八奶奶，杜粹远演小东西，阵容很齐整、很强。而排练更是一丝不苟，因为大家明白演出的关系重大，这也是一种特殊的斗争。

国民党剧团的人来看排练，说的是来学习、交流，实际上是来刺探。黄玲也来了，她曾在本溪艺术学校听过课，对东北文工团有些了解，再一看《日出》的排练，更知二者水平悬殊了。回去后对国民党的人说："咱们比起人家来，那是闹着玩的，比不过，散伙吧！"后来黄玲也参加了东北文工团。

《日出》的演出果然产生了轰动。一开幕，观众就被布景吸引了。舞台设计是何文今，他是个老话剧演员，舞台经验丰富，他利用大连的优势，把舞台布置得更接近生活，布局也更有特色。演出让当地人一饱眼福。

而最初震动大连的还是第一台音乐会的演出。这台节目丰富多彩，有抗战歌曲，有陕北民歌、东北民歌、大连渔歌，有苏联卫国战争的歌曲，有苏联民歌，也有少量的男女声独唱。节目最后是由刘炽指挥的

《黄河大合唱》。伴奏的乐队是原大连送放局(广播电台)招聘的日本山下久管弦乐队。日本人乐队的指挥年龄都比较大，而刘炽只是一个20来岁的青年；有些日本人怀有民族的偏见和狂傲，一看刘炽穿的是大棉袄，一身土气，根本瞧不起他，开始排练时还有人对他不理不睬的。

刘炽看在眼里，却不露声色。因为他知道民族的自尊要用自己的行动去维护，他有充分的自信，星海老师的口授心传和十四年的抗战生活给了他深刻的感悟。他显得从容镇定，先让首席小提琴定音，接着让小号、双簧管、木管、铜管——定音。发现单簧管音高不对，他便用英语术语让乐手校正，乐队队员的目光里满是惊奇。又通过翻译对每一首歌的表现手法、要达到的目的、作品的要求、指挥的要求，都一一做了准确而简明的表达，乐队队员便对这个一身土气的年轻指挥刮目相看了。

第一首《黄河船夫曲》演奏下来，翻译告诉他："他们说你这位年轻的指挥真了不起！"整个作品指挥下来，刘炽已是一身汗了。而小提琴手们高兴地用琴弓敲响着琴背(相当于鼓掌)，原乐队负责人兼指挥山下久走上前来向刘炽握手祝贺："作品气势很大，你把握得很准！"刘炽告诉山下久："我是星海老师的学生，所得的是星海老师的真传，星海老师是法国巴黎音乐学院的留学生！""呵！"山下久发出了由衷的赞叹。

刘炽身着的燕尾服也引人注目，而看上去最满意的是台下的刘亚楼。先前一次巧遇，刘亚楼发现了他，"那不是小刘炽吗？"原来刘亚楼就是当时苏联红军在大连的最高领导，化名王松少校。另一名李少校叫李信斯基，也是中国人。他们住在中心广场的六国饭店里，刘亚楼便让秘书把刘炽接去。

"小刘，你们在干什么？"

"忙演出。"

"演什么？"

"在排练《黄河大合唱》，我担任指挥。"

"哦，指挥有燕尾服吗？"

"没有。"

"那怎么行？"

刘亚楼是军事指挥家，曾在苏联学习军事，见过苏联的正规演出，觉得指挥非穿燕尾服不行，于是在大连一家服装店做了一件给刘炽送去。第一场演出，刘亚楼便特地来观看。

其实穿燕尾服登台表演，刘炽感到挺别扭，并不舒服。后来第二场就未再穿。刘亚楼竟也知道了，对此感到十分不解。

"给你做了燕尾服，为什么不穿？"

"穿上不舒服，动作不方便，要是把音乐忘了怎么办？"

"你这个土包子！"

不过刘亚楼并不强迫他，后来刘炽也就一直没有穿燕尾服登台。

《黄河大合唱》合唱队队员由东北文工团演员和前来学习培训的营口军区宣传队队员共同组成。《黄河颂》由王大化演唱，《河边对口曲》由张平、张守维演唱，《黄河怨》由黄准演唱。

随着刘炽手臂有力地一挥，剧场里爆发出轰然巨响，惯听海浪的大连人仿佛第一次听到了黄河的咆哮。从那大气磅礴、奔腾不息的音乐的汇流中，人们感受到了时代精神的搏动，感受到了中国人民惊天地、泣鬼神的抗日救国的英勇斗争。祖国的伟大、人民的勤劳勇敢一起摇撼人们的心魄，他们的心中勾勒出中华民族巨人般的形象。便是那鲜明的民族风格，也让每一个中国人增添自豪。

刘炽在东北鲁艺排练合唱（指挥者为刘炽）

　　一曲《黄河大合唱》震动了大连，大连人第一次知道中国还有这么雄浑博大的壮歌，一时间大街小巷都在传着音乐会演出的事，大家沉浸在《黄河大合唱》营造的民族情感之中。

　　后来更是营造场场演出，场场轰动。而台上走马换将的主要也就是那么几个人，大连人便十分好奇，把东北文工团都传神了：这些人在舞台上千变万化，又是戏剧家，又是音乐家。比如刘炽吧，他在《把眼光放远一点》的一出戏中演二傻。人们见这干指挥的竟把二傻演得那么自私、那么傻气、那么神，对他都很佩服。

　　几台演出，使得大连的海风也带上了延安泥土的气息，人们的呼吸中也便多了健康、清新的空气。东北文工团在舞台演出的一些歌开始在大连流行起来，但并不能一下子荡清日满时期的歌曲。刘炽深知，文化改造绝非一朝一夕之事。如何把革命歌曲做更广泛、更深入的传播?他思索着。每每群众请他们去教歌,或来索取歌篇(歌谱),他们因人手少,往往又应付不过来。群众的需要给了他启发,刘炽便去找大连电台台长康敏庄协商,让文工团的人来电台轮流教歌。康台长觉得这个主意很好,便答应了。刘炽去电台教过几次,黄准、杜粹远、李百万也去教过,效果相当好。如此,他们首创了广播教唱这一普及群众歌曲的好形式。二十世纪五六十年代,电台还延续这种形式向听众教唱歌曲。

同时,他们还创办了大连音乐学校,学员是中小学教师和音乐爱好者,有好几百人,刘炽兼任了校长。另外,刘炽还继续发扬冼星海在武汉搞歌咏运动的传统,在大连成立了"星海合唱团"。在教学和排练中,革命歌曲得到了进一步的普及和推广。在潜移默化的影响下,音乐学校的学员和合唱团团员逐渐懂得中国音乐的丰富性,并有了不断的觉醒,从而从殖民文化走到民族文化中来。培养了一批骨干后,革命文艺以崭新的面貌和不可阻碍的气势占领并扩大着文艺阵地。

刘炽在大连的生活比较安定。他住在青泥洼桥的中苏友协大楼,在那里又创作了《东北青年进行曲》(陈陇词)、《儿童进行曲》(王大化词)、《东北好地方》(词作者未知)等,这些歌在群众中传唱着,产生了不小的影响。

四、调往佳木斯和齐齐哈尔

然而时局不断变化着。伴着宣传队歌声的,除了大海的涛声,还有远方的枪炮声。国民党政府在美帝国主义支持下,撕毁停战协定,在东

1947年年初，鲁艺文工团一团在东北农村演出秧歌剧《李二小参军》

歌。也有带简单情节的小段，而带故事性的较少。舞蹈有大鼓秧歌、小鼓秧歌、地秧歌三大类。前两者属高跷，后者则由表演者扮成克力吐（一种手执长鞭的社火角色）、傻公子、渔夫、樵夫、田夫、秀才、唐僧、孙悟空等表演花场、小场、唱喜歌、对歌等。伴奏乐器有唢呐、锣鼓和二胡、笛子、竹板等。其风格比较统一：泼辣、风趣、热情爽朗，节奏鲜明，富有棱角，具有浓郁的地方色彩。

刘炽他们则把东北秧歌和风格健壮有力、节奏自由奔放、富有高原音调特色的陕北秧歌结合起来。除了融入陕北秧歌的舞姿、动作和腰鼓外，中间还穿插广场戏小秧歌剧，刘炽由此创作的《哑巴劳军》，使东北的观众耳目一新。最后大场面唱《人民胜利大翻身》，好一派热烈欢腾的气氛。

《人民胜利大翻身》是一首很有气派的进行曲，曲子用了齐齐哈尔的民间音乐《八出戏》的最后一句作为主要音调，是徵调式，具有鲜明的东北风格。

$$\underline{2\ 1\ 2\ 3\ 6} \mid \underline{5\ 3\ 2}\ \underline{1\ 2\ 6} \mid 5\ -\ \mid$$

当时同行评价这首歌比《胜利鼓舞》更进一步、更深刻。歌曲是情感的艺术，《胜利鼓舞》是对当时苏联红军反法西斯战争的胜利所表达的欢欣鼓舞，而《人民胜利大翻身》是表现中国人民自己翻身做主的胜利喜悦，因此更亲切、更强烈。

五、哈尔滨参加土改与歌剧《火》

依据东北局指示，东北文工团一团全部加入东北电影制片厂，即后来的长春电影制片厂。沙蒙、王家乙、林农、欧阳如秋、于蓝都步入电影界。而在这之前，即 1947 年春，松江鲁艺文工团（鲁艺三团）团长向隅要刘炽去，又把他调往哈尔滨。该团的主要成员有胡灵、陈紫、古元、张望、干学伟、吴晓邦、塞克。刘炽担任了团里的艺术指导、作曲与指挥，住在南岗红军街 1 号。

刘炽十分重视艺术建设，他为松江鲁艺文工团建立了一支非常优秀的合唱队。全体演职员都是合唱队队员，有三四十人，最多时有五十多人。他一直担任这支合唱队的指挥。刘炽对合唱队进行了严格的训练，使之具备较高的演唱水平。每次演出开始都是合唱，演唱抗日歌曲、苏联革命歌曲，还有解放战争歌曲，如《人民胜利大翻身》、《解放军打胜仗》（此曲为后来所创作）等。还有一曲《解放区的天》是从山东解放区传来的，刘炽为它写了四部轮唱，每次演出气氛极其热烈，受到各地欢迎。一曲唱罢，群众总是鼓着掌呼喊着："再来一次！再来一次！"合唱队员兴奋激动地望着刘炽，刘炽又挥起了手，歌声又响了起来。

与黑龙江省西部毗连的是内蒙古。1947年4月23日，王爷庙（今乌兰浩特）举行了内蒙古人民代表会议，会议决定，内蒙古自治政府将于5月1日正式宣告成立。这是我国少数民族第一个区域自治的民主政府，是值得庆祝的大喜事。成立庆典上将举办大型的文艺演出，乌兰夫便想到了刘炽。在延安他看过刘炽的歌剧《塞北黄昏》，知道刘炽曾去内蒙古做过文艺考察，为成立大会创作节目是最合适不过的人选了。于是由组织转请刘炽，刘炽自然是欣然应命了。

刘炽选择合唱的形式，因为它最宜于表达庄严、崇高、颂赞和博大的感情。由一个三十多岁的蒙古族青年乌兰巴干作词，定名为《内蒙人民三部曲》。第一部分写内蒙古的美丽富饶；第二部分反映日本人统治时期内蒙古人民所遭受的灾难；第三部分写苏联红军解放内蒙古，成吉思汗的子孙又一道团结起来，向着民主繁荣的社会前进。这是一部关于蒙古民族和内蒙古人民的赞歌。

当年内蒙古之行的西部伊克昭盟的民间音乐从刘炽的记忆里源源不断地涌出，东北蒙古族的音乐材料又被他采集过来。在他的笔下，两者混融为一，形成了极其鲜明的民族风格，表现草原的宽广和蒙古族人民的粗犷豪迈最适合不过。在描绘内蒙古人民摆脱苦难时，刘炽则用了内蒙古的长调《龙门达赖》《班禅达赖》以及那时蒙古人民共和国流行的一首《红旗颂》，乐曲洋溢着内蒙古人民的欢快幸福之情，同时又结合欧洲合唱的表现形式，显示出一种磅礴的气势和雄浑的力量。

这部作品由东北文工团在内蒙古自治政府成立大会上演出，刘炽指挥了这台七八十人的合唱。演出时，台下掌声四起，呼应着歌曲感情的起伏，段落间掌声常是经久不息。结束时，乌兰夫主席从主席台上站了起来，上前和合唱指挥刘炽握手，感谢刘炽与合唱团的创作和演出，祝贺他们的演出成功。

当时内蒙古文工团刚刚成立，刘炽出席了他们的一次欢迎会。会上，乌兰夫对内蒙古文工团团员发表讲话时介绍刘炽道："要谈蒙古文艺，刘炽是最早的文艺工作者，对内蒙古人民有着很深厚的感情。他有会唱歌的蒙古族干妈，1941年他写过歌颂蒙古族人民斗争的《塞北黄昏》，你们以后要向他学习！"乌兰夫的一番表扬，倒使刘炽有些不安了，他觉得自己为蒙古族人民所做的毕竟有限。内蒙古文工团要留刘炽讲学，当然他是很愿意和内蒙古的同行交流的，只是手头还另有创作任务，他还是回东北了。

后来，《内蒙人民三部曲》由东北人民出版社出版，这也算是刘炽对曾经给他以艺术滋养的内蒙古人民的一种回报吧！艺术家的感应神经总是和时代的脉搏紧密联系着。便是1947年五六月间，东北人民解放军转入了战略进攻，发动了第一次大规模的夏季攻势，歼敌8万余人，收复城市42座。刘炽在这一背景下写作了歌曲《解放军打胜仗》(贾克词)，该曲以热烈明快的旋律欢呼人民战争的胜利，以高昂的格调激励人们奋勇向前。士兵唱着它，百姓唱着它，又迎来了秋季攻势的新胜利。

哈尔滨以南有个双城县。刘炽听说那里有黑龙江特有的皮影戏音乐，便带着许述惠、王成祥(后为中央歌剧院乐团团员)去采风。东北双城的皮影戏音乐比河北滦县丰富得多。皮影戏中有中国式的朗诵调，而且非常丰富。曲牌《三顶七》，一字、二字、三字各一句，四字、五字、六字、七字各两句，歌词结构非常特别。《还魂曲》中有大七度的跳跃，其开场音乐的旋律进行也比较特别，尤其是女人哭诉的唱腔特别动人，这些都是音乐课本上学不到的东西。

到了那里，刘炽一行人虚心地向人民群众、向民间音乐学习。先是交朋友，熟悉生活、熟悉"老师"，然后向民间艺人学唱，把握曲调的神魂，再记谱。两三个月后，刘炽三人一共搜集了四十多首不同板眼、不同曲牌、不同唱腔的东北皮影戏音乐。刘炽又一次从民间音乐中汲取了营养。后来他把这些皮影戏音乐的记录整理了出来，在音工团、鲁艺音乐系的教学中，他选出一些作为音乐欣赏的材料，在歌剧《火》的音乐创作中他便用了其中的许多素材。20世纪60年代创作歌剧《阿诗玛》，刘炽运用的节奏变化的朗诵调，也是出自东北皮影戏中的音乐。民间音乐的积累，于音乐家来说，是一笔丰厚的财富。可惜这些记录整理的手稿在"文化大革命"期间被造反派付之一炬，刘炽欲哭无泪，心底流血。

双城县采风结束，刘炽又去了哈尔滨北部呼兰县的鲍堡屯。那是一个令人振奋的金秋季节，人民解放军在全国战场转入了战略反攻。为适应迅速发展的战争需要，加快土改工作的步伐，彻底解决农民的土地问题，《中国土地法大纲》于1947年10月10日正式颁布实施，东北解放区土地改革运动走向高潮。刘炽和王卓便随吕骥去鲍堡屯参加土改工作。

鲍堡屯有几百户人家，是区政府的所在地。大体可以从住房上区分出阶级阵线来，住草房的是农民，住瓦房的是地主。十几户住瓦房的却占有屯里的大部分土地，而且还强占田产、强奸妇女、逼死人命，这便是现实生活中的黄世仁。在发动群众的过程中，群众的控诉，字字血、声声泪，激起了刘炽满腔仇恨。而当农民分得了土地和财产时，刘炽又感到无比欣喜。

在鲍堡屯的秋冬几个月，为刘炽写作歌剧《火》提供了生活基础。

《火》是与周立波的《暴风骤雨》同一时期反映土改斗争的作品。编剧胡灵也参加了当时的土改工作，对生活比较熟悉，用了20多天写成了剧本。胡灵原是鲁艺戏剧系搞布景工作的，对歌剧的艺术形式不太熟悉。刘炽就帮他一段段地修改，之后又用一个星期完成了音乐创作。

在音乐创作构思中，刘炽想到了歌剧《白毛女》，并分析了它的得失。《白毛女》用了好多地方的民歌和戏曲音乐，缺少统一和谐的风格，而后面半部缺少音乐和歌唱，几乎是话剧。刘炽力图克服这些缺点，便充分运用歌剧的手法，使《火》更有歌剧味。在音乐素材上，他选用东北的民间音乐，例如农民女主角的音乐形象就是将《月牙五更》加以发展塑造的，相当鲜明突出。狗腿子偷东西则用皮影戏音乐、二人转和抒情调相结合，形成一种漫画的效果。短小对话用朗诵调，形成在语言、音乐上的交锋。再加上合唱、伴唱的运用，乐队的运用，《火》确实歌剧化了，其音乐创作比较准确地表现了生活，与当地民间音乐结合得"风

周立波《暴风骤雨》封面　　　　　　　歌剧《火》首次出版封面

调雨顺"，一派东北韵味。

歌剧《火》由松江鲁艺文工团演出，干学伟任导演，苏扬任指挥。主要演员有王素华、杨琴、向群等人。排练中十分重视歌剧的特点，在演唱方法上，对演员的要求很严格。全剧演出需两个半小时。

中型歌剧《火》是契合时宜的作品。它反映了土地改革火热的斗争生活，表达了农民要求在政治上、经济上彻底翻身解放的强烈愿望，加之音乐效果是东北人民所喜闻乐见的，演员的表演效果栩栩如生，因此演出效果也很"火"。演出扩大了松江鲁艺文工团的影响，也扩大了《火》的影响。哈尔滨三十六棚铁道工厂排了《火》；好几个县也排了《火》；鲁艺四团也排了《火》，而且在大连也演红了。

东北三省文代会上，《火》还获得了剧本奖和音乐奖。东北人民出版社又出版了歌剧《火》，著名的木刻家古元还为书设计了封面。

但是因为《火》无法对现实生活做历史的反映，掺杂了一些自然主义的东西，诸如不恰当地出现了吊打地主场面的"左"的错误，这与党的政策是相违背的。出于这样的原因，歌剧《火》在一段时间后没有得以长时期的演出。

六、东北解放战争期间的音乐力作——《工人大合唱》

1948年，为筹建鲁艺音工团，刘炽从松江鲁艺文工团调出，迁往河沟街居住。建团之初，该团叫松江鲁艺音工团，后改为东北鲁艺音工团。吕骥任团长；瞿维任副团长，兼创作室主任；刘炽任创作室副主任，兼作曲和指挥。创作室另有潘奇、王卓、王竞；词作组有胥树人、侯唯动、井岩盾、晓星；管理新生的有天蓝（王名衡）、蒋玉衡、史介绵。

筹建时，音工团在哈尔滨招了一批人。而后，刘炽又去齐齐哈尔招生。共招了三四十个十六七岁的中学生，从而建立了一个完整的混声合唱队。刘炽把主要精力放在这支合唱队的训练培养上。

但他没有忘记音乐创作，不久又接受了一项十分光荣、十分严肃的创作任务。为了动员全国职工支援解放战争，迅速打倒国民党的反动统治，同时全国第六次劳动大会将于 8 月在哈尔滨召开，他要创作一部《工人大合唱》在大会上献演。

工人、工人阶级，令他多么崇敬的字眼。他虽然会想起许多张面孔，可并不熟悉他们。到群众中去，到生活中去，那里是唯一的创作源泉。为此，他先后到哈尔滨纺织厂、机床厂、三十六棚铁道工厂、本溪煤窑、造船厂去采访。生活给了他一幅幅生动的图画：纺织女工"札札弄机杼"的奔忙，幽暗的坑道里煤块在采煤工人的风镐下崩落，一双双粗大的手组装出一台台灵巧的机床；生活给了他无边的想象：那一艘艘

1949 年，鲁艺音工团在东北农村演出大合唱。指挥为王卓

船正在启航,那一节节铁轨正铺向远方;生活给了他崇高的情感:工人们在为支援战争流汗水,在为建设祖国日夜忙。他被感染了,他激动着,他要为工人们放声歌唱。

使命是庄严神圣的。词作者胥树人、晓星、井岩盾写作歌词用了20多天,来回反复地修改。根据作曲的需要,刘炽征得词作者同意,对歌词又做了修改。

有了生活的积累,有了生活的激情,刘炽的创作速度是很快的,他只用了一个星期的时间,便完成了《工人大合唱》这部作品的音乐创作。

《工人大合唱》包括七首歌:(一)《一切为了胜利》;(二)《铁路工人歌》;(三)《煤矿工人歌》;(四)《纺织女工歌》;(五)《工厂日夜忙》;(六)《工人进行曲》;(七)《建设祖国》。第一首写治理战争创伤,恢复工业生产,支援解放战争,争取全国胜利,是作品主题的总揭示;第二首至第五首分别具体写铁路工人、煤矿工人、纺织女工和一般工人一切为了胜利而不分白天黑夜劳动的情景和壮怀;第六首是对工人阶级的赞歌;第七首呼应开头,写战争胜利的归宿、建设祖国,表现人民对未来的期望,结尾是作品主题的升华。

刘炽把自己关在宿舍里,心无旁骛,完全沉浸在创作的情境之中。第一天混声四部合唱《一切为了胜利》和齐唱、二部合唱《铁路工人歌》完成了。第二天,上手写就了男声三部合唱《煤矿工人歌》,下午又谱出了女声合唱、领唱、二部轮唱《纺织女工歌》。第三天又一气呵成了领唱、二部合唱、四部轮唱《工厂日夜忙》和独唱、混声二部合唱《工人进行曲》。可第四天把终曲《建设祖国》的歌词铺展开来,他却写不下去了,以至第五天也没写出一个乐句。他痛苦地思索着,歌颂自己的祖国是他强烈的愿望,难道就写不出一点东西来吗?不,是他对自己的要求很高，他要表达对祖国一种圣洁崇高的感情，而一时还没有找到形象、没有找到灵魂。他不愿挤牙膏似地写作，真正的作品应该是从艺术家心底如长江大河喷然而出的感情的外化。写不出不硬写，他干脆停了下来。

第六天下午刘炽雇了一辆马车沿着松花江到处游玩。长堤绿树，碧波蓝天，轻舟逐浪，帆影入云，大自然的诗意陶冶着他，他于心旷神怡之中，一种朦胧的意识不知不觉中暗生着。晚上，他又去铁道工人俱乐部看芭蕾舞，舞蹈和音乐本是醉人的，他本想放松一下神经，却又不自觉地把自己融入舞蹈艺术情境之中。一直到了凌晨两点，这才回家睡觉。刘炽担心别人打扰，还特意写了个字条贴在门上："吃早点不要叫我！"

他一觉睡到了11点，紧张疲劳消失了，乐思郁塞的苦恼消失了。他只觉神清气爽，身上的音乐细胞也开始活跃起来，创作冲动便如芭蕾舞步飞旋着，又像松江波涛奔涌着。别人吃过饭午睡，刘炽这时拿起了笔，把滚涌的乐思化作了音符，化作了旋律，化作了音的交响。他只用了两个多小时便完成了混声五部合唱《建设祖国》。此曲完全是用复调的手法，五个声部，象征着到处回响着祖国的赞歌，气壮山河，却又优美抒情，韵味绵长。如果把整个《工人大合唱》比作献给全国第六次劳动大会的一捧鲜花，那么，《建设祖国》就是他最后采撷的牡丹花，最为富丽明媚，最为光辉夺目了。

《工人大合唱》在全国第六次劳动大会上演出了，刘炽担任指挥，那像火车飞驰一般热烈奔放的旋律，那像机器隆隆一般雄壮浑厚的交响，那像炉中烈火般熊熊燃烧的激情，强烈地震撼着工人代表的心魄，而使他们鼓荡起一腔豪情。合唱结束，全场工人代表起立，长时间地鼓掌，反响极为热烈。

东北鲁艺文工团在沈阳排练（背对镜头指挥者为刘炽）

20世纪90年代曾任全国总工会副主席的于洪恩，原是鸡西煤矿坑道运输工，他跟师傅一道出席了当时的劳动大会。他的师傅流着泪上台和刘炽握手，激动地说："想不到我们这些过去被人瞧不起的'煤花子''煤黑子'，现在你们把我们当作主人公来歌颂，我们太感谢你们了！你们有歌片吗？让我们带回去给工人唱！"

刘炽被这滚烫的话语，一腔真情深深地打动了。想不到刚刚为工人写一点东西，他们就这样由衷地感激你、尊敬你。这既是鼓励，也是鞭策。"为人民歌唱"，他的心灵里又一次注入了信念和动力。

刘炽把歌片送给了于洪恩的师傅，大连的代表也将歌片带了回去排练。从此，《工人大合唱》便回响在东北的大地上。

《工人大合唱》是东北解放战争期间最好的一部大合唱，当时音乐界人士给了它高度的评价。吕骥撰写了长篇评论发表在当时的音乐杂志上。他特别赞美了《建设祖国》一曲，说是以诗人的气质，诗一般的感情，诗一般的音乐语言抒写了对祖国美好未来的向往。肯定了《工人大合唱》是刘炽音乐创作日臻成熟的标志。

七、《钢铁部队进行曲》——《三十八军军歌》

为将敌人全部歼灭在东北境内，迅速解放全东北，1948 年 9 月 12 日，东北人民解放军开始辽沈战役的历史大决战。在集中兵力围攻锦州，阻击援锦之敌的同时，仍以一个纵队和七个独立师继续围困长春之敌。

战争召唤着文艺工作者，文艺工作者需要战场的锻炼和考验。吕骥、刘炽、干学伟、冯白鲁、晓星、于蓝此时一起下到了驻在梨树县的四野一纵。后又随一纵宣传部的同志从梨树出发，行军到长春外围，直接深入连队。

刘炽很快了解到，这个营参加了攻打四平的战斗，在血光火海中四进四出四平城，威震敌胆，立下了赫赫战功。几百人的队伍最后只剩下了 20 多个人，做出了巨大的牺牲，昭示着不可战胜的革命英雄主义精神。总部命名他们是"钢铁部队"。与他们生活在一起，刘炽感到生活在英雄之中。

在营部里消息来得快，这个营攻占了长春机场，断了敌人空中的归路。第二天刘炽随营长、指导员骑马去了机场。机场的路上、楼上，到处横陈着敌尸。刘炽便可想象战斗的激烈程度了。这个营的战士硬是用钢铁的意志、钢铁的力量，消灭了顽抗之敌。刘炽再回望营长、指导员，他们虽并非浓眉大眼、虎背熊腰，却生得一副英雄模样。看看守卫

东北人民解放军进入四平

机场的战士,一个个如农民一般的憨厚朴实。然而在刘炽的心中,他们又是一块块闪光的钢,闪光的铁,一种创作的灵感在崇敬和赞美之情中升腾着——他要为英雄写赞歌。

当时,部队正整训,一方面根据地图了解长春外围的各种火力点,一方面学习入城规则。刘炽他们也和战士们一起学习。创作冲动再也无法遏止了,晚间休息时,刘炽便在这个营的营部里写下了《钢铁部队进行曲》(晓星词)。

歌写好了,刘炽又满怀激情地去战士中教唱。那是在紧张的战争气氛中,国民党的飞机常在头顶上盘旋着扔炸弹,这时刘炽就和战士分散卧倒。敌机一走,他和战士一样掸去身上的尘土,歌声又响起了。在钢铁战士中间,刘炽也有他自己的"钢性"。

刘炽教歌用的是星海老师的方法,先说明歌的内容、感情、几拍子,然后两句两句地教,教几句再连片,再将片与片相连,这样进度快，收效好。但即便这样教，也来不及推广全军。于是刘炽就教一个排，然后让他们再分散地去教。经过这种滚雪球般地教唱，《钢铁部队进行曲》很快在部队中流行了。一纵战士高唱着这首歌，解放了长春，解放了沈阳。

在这里，刘炽还和吕骥合作，创作了歌曲《攻大城》，这首歌发表在当时部队的油印报纸上。

后来刘炽他们又回到哈尔滨，不久又见《钢铁部队进行曲》发表了，印在一杂志的封底。

《钢铁部队进行曲》和四野一纵这支部队血肉相连着，连着传统、连着胜利、连着未来，1987年中央军委正式命名这首歌为《三十八军军歌》（三十八军即当年的四野一纵）。

八、再进沈阳

1948年11月2日——这刻在历史丰碑上的日子，沈阳解放了，东北全境解放了，历时50余天的辽沈战役取得了伟大胜利。

年底，刘炽随音工团再度进入了沈阳。团长是向隅，李尼任演出科副科长。刘炽任创作室副主任、首席指挥、演出科科长，住在马路湾。

二进沈阳，街还是当年的街，路还是当年的路，可刘炽却是全新的感受。初进沈阳，行动上受着苏联红军的限制，没有当家做主的自由，特别是被迫从沈阳撤退至本溪时，心里头真不是滋味。而今，天是中国人民的天，地是中国人民的地，呼吸着的空气也新鲜自由，他也有着胜利的自豪。城市里不再是第一次所见到的混乱局面，到处洋溢着欢庆解放的喜气，刘炽感到特别舒畅，特别兴奋。

一次在红星电影院文艺演出，刘炽接连指挥了《工人大合唱》和《黄河大合唱》。真是累极了，他几乎要晕倒。幕一闭，刘炽就瘫倒在了台上。别人忙将他抬了起来，送往医院打了针。回到宿舍，大家都劝他好好休息，明天不要上台了。他担心这两部大作品别人拿不动，万一影响了演出怎么办。第二天，病意未消，他又挺直身子走上了台。

指挥家的手能像将军一样调动着千军万马，刘炽便经历过那波澜壮阔的宏大场面。1949 年 5 月 1 日劳动节那天，在沈阳市政府广场上，组织了 20 万人合唱《国际歌》和《五一节歌》，刘炽担任指挥。随着他的手有力地一挥，"起来，饥寒交迫的奴隶"，若山呼海啸、声震云霄，沈阳城立刻变成了歌的海洋。如浪如潮的歌声合着他双手的节拍起伏着，他的心魄共着歌声充溢在天地之间。20 万人在注视着他，他的脉搏连接着 20 万人的心跳。从未见过这样壮阔的场景，这样磅礴的气势，这样雄壮的声威，刘炽激动着、挥舞着，双手感触着音乐的伟力。作为指挥家，他第一次指挥这样规模巨大的合唱，他感到幸运，他感到骄傲。

自从在延安鲁艺师从冼星海学习指挥，刘炽经过了十年的指挥实践，也逐渐形成了自己的指挥特色。他注重对作品的分析，从时代背景到内容、形式、结构原则，都一一透彻说明；指挥语言明确，掌握节奏、力度与速度变换的一致；指挥要比别人先到，在一两个小节前给以预示；练习与演出的处理一致，他的脑子极为清楚。他说："指挥的不是要让别人说指挥得好，而是让别人说唱得好。否则本末倒置，吸引观众的注意力，那就是合唱队、乐队加指挥的舞蹈。静若处子，动若脱兔，才是指挥。"这是他多年心得的结晶，也是他一直奉行的原则，是他指挥取得成功的根本原因。

团里的史介绵跟刘炽学习指挥，刘炽热情而坦诚，指出史介绵指挥语言不明确，特别是转折处。史介绵十分正视这一缺点，并不断地改正，不断地向刘炽请教，后来她的指挥水平得到了很大的提高。当时音工团与苏联专家联欢，由史介绵指挥《农夫曲》《喀秋莎》《穿过海洋，穿过波浪》，苏联专家十分赞赏这位女指挥，问她从哪儿学的。她一指身后的刘炽，说："我的老师就在这里！"1990年，史介绵去广州指挥《黄河大合唱》很成功，而她向别人介绍称，许多处理方法都是从刘炽那儿学来的。

九、青春作伴好还乡

1949年5月20日西安解放了，这是刘炽久已关注的事，也是他意料中的事，但喜讯乍闻，他还是激动无比。离开家乡都十一二年了，他思念着故园，思念着亲人，但被山河阻隔着，被战争阻隔着，被国民党的反动统治阻隔着。而今解放了，便似当年向往东北大地一样，他的神魂又飞向八百里秦川，飞向古城西安了。

不久，他请假探亲。乘着火车，一路风驰电掣，正是"青春作伴好还乡"。下了火车，踏上了故土，刘炽感到特别亲切，便兴高采烈地往东门走去，却被守卫城门的士兵阻拦了。当时刘炽穿着便衣，还带着手枪（在东北时团级以上的干部都有枪），士兵见他不像西安人，就盘问他。

"我是东北来的，回来看看父母。"

"有护照吗？"

"有!"

那士兵验了护照和手枪,还说不行。因为西安初解放,情况复杂,怕特务捣乱,所以他有着高度的警惕性。

"你认识什么人吗?"

"我离家多年了,只认识两个人,一个是西北局的习仲勋……"

"你说小一点儿的?"

"一个叫贾拓夫。"

那士兵也不知道贾拓夫是谁,便说:"那不行,你得到城头去见我们的连长!"

刘炽只好跟着那士兵登上了城头,连长一下子认出了他。

"这不是延安鲁艺的刘炽同志吗?"

这位连长曾是守卫八路军礼堂的副班长,而刘炽常去那儿演出,因此认识刘炽。

"你怎么来了?"

"你们的同志让我来的!"

连长告诉那个战士:"这是我们的老同志!"并不住地打招呼表示道歉。

刘炽十分理解他们,"没关系,你们这是执行公务。"

最后,这位连长还派了两个战士护送刘炽回家。

刘炽的家在东关面王巷。刚到门口,妈妈便惊喜地叫了起来:"德娃!""妈!"刘炽亲热地叫着。邻居却感到惊讶,他家还有这么个儿子?以前儿子当共产党是很危险的,所以家里一直对邻居保密,也不提德娃的事。爸爸见了刘炽,高兴得哭了起来:"娃呀,娃呀,你才回来!""西安解放了,不解放我还回不来哩!"再问爷爷。妈妈告诉刘炽:爷爷去世了，临终前，爷爷还呼唤着德娃的名字。谁知人间的爱有时却是痛苦呢？刘炽默默地取出几支东北人参，本来是给爷爷捎带的，现在只能用来孝敬双亲了。

刘炽回到了家庭的温馨之中，又念及故旧了，踏着往日熟悉的街巷去寻觅。去找富振中师傅，富师傅去世了，刘炽怅惘不已。又去找王六爷，遇上了。老人见自己的徒弟大有出息了，十分高兴，两人叙着话，往日的情深又涌上心头。刘炽给王六爷留了一些钱，后来王六爷特意做了一对笛子送给自己的爱徒。三仙庙也去了，刘仙洲、邢老道和管事务的都去世了。听说师兄程天相还在西安，后来找到了。原来读书的第一实验小学似乎没有多大变化，只是改名为报恩寺街小学了。西京印书馆的厂子已不在了，那里的大门也变了样，张师傅他们自然也无处寻觅。在甜水井，见到了一些老邻居，却是一片乡情未了。

听说刘炽回来了，一些战友来家中看望他。过后，四舅好奇地问他："你当官了吗？""没有哇。""那怎么来看你的都是坐小车来的？"刘炽笑了，"四舅，你弄错了，我是搞音乐的，干吗要做官呢？"

刘炽在家里只住了四天。临走给习仲勋打了电话，习仲勋要留他在西安待几天，他说明必须赶回去而婉谢了。这样，刘炽还是如期地走了，带着父母依依惜别的深情，离开了故乡的热土。

十、"作曲家、指挥家是个什么官？"

1949年6月底，刘炽来到北京，这解放了的古都到处呈现出一派新气象，人们忙碌着，在为新中国的诞生忙碌着。为团结和动员全国文学艺术工作者努力创作和学习，积极为革命事业服务，7月2日至7月19日，北京召开了中华全国文学艺术工作者代表大会（即首届全国"文联"代表大会），也就是人们通常所说的第一次文代会，刘炽作为东北代表团的成员光荣地出席了这次文艺盛会。

这次文代会上演出了《工人大合唱》，刘炽备受鼓舞。他深深地感到文化事业、音乐事业将会有一个更广阔的天地。《工人大合唱》中有首《建设祖国》，他想继续练笔，写祖国美好的明天！《黄河大合唱》写的是祖国、人民、中华民族昨天的苦难，他要为即将诞生的新中国而纵情歌唱。

这次大会由周恩来主持，并做长篇报告。

休会时，刘炽和东北代表在外面的席棚子里正说说笑笑，突然头上被人轻轻地拍了一下。抬头一看，他高兴得蹦了起来。

"周副主席，您好！"

"小刘炽，你也来啦。几年不见，你可真长大了嘛！"

接着，周恩来问起他现在在哪里，做什么工作。

从1945年挺进东北，四五年了，刘炽第一次与周恩来重逢，真是激动高兴呀，一时间有好多好多的话涌向喉头，可那场合和时间不允许他倾诉，只是做了简短的汇报："我到东北后，一直各处宣传鼓动群众，搞作曲和指挥，这次会上演出的《工人大合唱》就是我为在哈尔滨召开的全国第六次工代会写的……"

会议继续进行，周恩来接着做报告。其中着重讲到了文艺工作者、搞文艺的专家，不应计较什么待遇，去当个什么官，做个什么长。"艺术家当官不就能做个文工团团长、剧院院长吗，到头了吧？艺术家应当把精力用在艺术创作上，艺术工作时间越长、年头越久，越能深入到人民的心中,人民会记住他。"说到这里,周恩来突然把话锋一转,"今天到会的有个小刘炽,他在东北工作,成了作曲家、指挥家了。他是我们延安长大的孩子,现在都长成青年了。你们说,作曲家、指挥家是个什么官?"

这时大家的眼光一下子都集中到刘炽身上,他有些不知所措了。

"艺术家应当把精力用在艺术工作上"。刘炽记住了周恩来的话,并把它刻在心上,用它鼓舞自己为祖国、人民和中华民族埋头创作。

十一、电影音乐的尝试——《人民的新旅大》

1949年,北京电影制片厂导演王家乙,即当年在延安与刘炽一起跳大秧歌时那个收龙尾的同伴,请刘炽为影片《人民的新旅大》创作音乐,刘炽再一次去了大连。

大连是个海滨城市,反映它的电影音乐不能没有海的韵味,刘炽又一次去了海湾。大约是换了人间,他感到海似乎更博大了,那无边无际的蔚蓝大海也更加宽广。他仔细地观察着大海,那碧波、浪花,那渔舟、白鸥,那云絮、阳光,还有一浪浪的涛声给了他激情。于是明媚的画图,雄浑的声响,化作了他的音乐。

然而这次却又是艰难转换的过程。这是他第一次创作电影音乐,第一次写作管弦乐,由于对种种乐器的性能还摸不透,对变调的乐器不太熟悉,如圆号是F调,黑管是$^\flat$B调,其余是C调,他一转就容易糊涂,因此开始时一天只写四个小节。但他没有因此灰心退却,大海给了他启示。海边的礁石为什么那么光滑,有的还有一孔孔圆圆的穴洞?那是海

刘炽 20 世纪 50 年代后期在旅大地区前所农场与青年们在一起

浪一口口吞吐着,多少岁月,多少年轮?对待困难需要这种锲而不舍的韧劲。他就像不息的海浪一样,一口一口地啃食着那些"顽劣"的礁石。摸索以致碰壁,又常能激发人的智慧。刘炽发明了圆盘式的变调乐器使用表,直观而明了,较好地解决了乐器变换的困难,效率一下子提高了五倍以上。

这部电影音乐在大连写了大部分,是在北京收的尾。当时刘炽在北京住在电影艺术处,即西单舍饭寺的花园饭店里。

西单茶社里有个说唱团,每天晚上都有曲艺表演。为了了解北京曲艺,刘炽常与翟强、武兆堤去那里听曲艺。曹宝禄的单弦、关学增的琴书、魏喜奎的河西大鼓……他迷上了。前门鲜鱼口有个迎春茶社,他去那里听高凤山的快板、高德亮的相声,又迷上了。

刘炽看曲艺不是为了余闲的消遣，而是来向他们学习的。当然，刘炽不是向他们学习某个乐句，而是学习他们发展旋律的方法。这和后来他迷上梅兰芳、荀慧生、尚小云、程砚秋和裘盛戎的戏一样，刘炽在努力扩大自己的视野，丰富自己的积累。这对于他后来的创作有着潜移默化的影响。电影《英雄儿女》中的插曲《英雄的炊事员》，用了鼓词说唱的手法，便是显著一例。

电影《人民的新旅大》的音乐写作终于完成了，导演王家乙接受了它。音乐确实展现了旅大新的面貌和风情，有着大海般的清新气息。而其中一曲女声独唱《柔和的阳光》，如阳光一般温暖明媚。

曲调如海浪轻摇，气韵流畅，清新隽永，撩人心弦，初步显露了刘炽那种特有的优美自然的抒情风格。这首歌很快流传开来。特别是大连人最爱唱它，仿佛走在海滨的沙滩上，沐着阳光，而获得一种美的享受。

《人民的新旅大》的电影音乐创作是刘炽在东北时期的最后一部作品。从抗日战争胜利后挺进东北已五个年头，其间刘炽主要经历了东北的解放战争。那时文艺就是为建立巩固东北根据地和人民解放战争服务。用文艺的形式，特别是通过文艺演出去宣传群众、发动群众是他们的主要任务，就指挥而言，他也不知演出多少场次了。为了适应战争的变化和工作的需要，他多次变换工作地点和工作单位，有时还深入工厂、农村和部队的基层，这也是一种南北转战，他经受了艰苦的磨炼，扩大了创作的视野，丰富了人生的体验。尽管生活在动荡之中，但作为作曲家，他没有放下笔，而是为祖国、为人民谱写乐歌，并写出了多部有影响的作品：《东北青年进行曲》《解放军打胜仗》《人民胜利大翻身》《内蒙古人民三部曲》《钢铁部队进行曲》；歌剧《火》应该说是一部重头戏，是他在歌剧艺术道路上前进的足迹，只是因为剧本内容上政策性的偏差而无法久传，有着某种历史的遗憾；而代表这一时期最高创作成就的当是《工人大合唱》，这部作品标志他的合唱创作水平日臻成熟。全国第一次文代会上也演出它，对刘炽来说本身就是一种肯定。新中国成立初，华侨学校的一些东南亚学生从他们的校长刘采石（刘炽在延安鲁艺音乐系三期的同学）那儿得到刘炽的住处，便去北海后门附近的东煤厂找他。见了面，这些学生说："您的《建设祖国》非常抒情，非常优美。我们唱着您的歌，想着祖国才回来的！"真是感人肺腑，这种效果是他始料未及的。再回首诞生这部大合唱的历史岁月，回首东北时期走过的路，刘炽感到欣慰，他感到充实，他在踏着星海老师的足迹前进着，为新中国未来谱写一曲曲辉煌壮丽的歌。

北京： 和平环境给了他创作的丰收和辉煌

一、调入中央戏剧学院歌剧团

1950年，中央戏剧学院在北京成立。欧阳予倩任院长，曹禺、张庚任副院长。

刘炽在完成了《人民的新旅大》的电影音乐创作之后，随即调入了中央戏剧学院任院艺委会委员，兼歌剧团艺术指导、作曲。歌剧团的团长

1950年1月1日刘炽与柳春于沈阳结婚照

是贾克,副团长是牧虹、赵启扬。

刘炽到北京先住在铁狮子胡同(张自忠路3号),后迁往北海后门什刹海东煤厂。

进北京的第一件事便是改写《白毛女》。

《白毛女》是在秧歌剧基础上发展起来的中国第一部歌剧。其音乐在民歌和戏曲基础上加以创造发展,与戏剧内容紧密结合,具有鲜明的时代特点和民族风格。1945年该剧创作演出后,在政治上发挥了很大的宣传作用,在艺术上为中国的民族歌剧起到了很好的探索和奠基作用。但由于历史的原因以及对歌剧艺术特点认识的不足,《白毛女》还有明显的缺陷。特别是原剧的后部分简直是话剧,缺少唱段,缺少歌剧的味道。因为此剧要出国参赛,于是刘炽下决心动大手术,做大的修改。

在延安,歌剧《白毛女》的音乐由马可、张鲁执笔,刘炽只是把自己搜集的相关民歌提供给他们作为音乐素材。进京后,人事发生了变化,张鲁任中央歌舞团副团长,瞿维在北京电影制片厂,向隅在中央人民广播电台,李焕之在民族乐团,都未能参加。于是大改写的任务就落在了马可、陈紫和刘炽的肩上了。

刘炽等三人对原作品重新做了审视,确定了修改的方案:原剧前三分之一部分重新配器,后三分之二部分重新编写;并对作曲、配器进行了分工:前半部主要由马可配器(其中刘炽也配了几段),后半部由刘炽、陈紫配器,另分头增写新唱段。

刘炽除了配器,还写了大段的抒情唱段。如喜儿被强奸后逃出黄家的门,对着大山悲天呼地:"想要逼死我,瞎了你的眼窝!/我是舀不干的水,扑不灭的火!/我不死,我要活!/我要报仇,我要活!"在喜儿悲愤欲绝的歌唱中加合唱，似大山在呼应着，涧水在呼应着，苍天在呼应着，大地在呼应着，二婶在呼应着，大叔在呼应着，不仅淋漓尽致地抒发了喜儿强烈的感情，而且营造出一种宏大悲壮的艺术情境，丰富了唱段的思想内涵。再如大春以为是黄家捣乱进了山洞，而喜儿以为是黄家的人又来迫害他。"你是谁？""我是人！"在其后刘炽又写了一大段唱词，也是"银瓶乍破水浆迸"，慷慨激烈，一泻千里，感人至深。可惜导演舒强是搞话剧的，排练时去掉了这一唱段。不过歌剧《白毛女》出版时，欧阳予倩说："刘炽的这一段一定要排上，这是歌剧的高潮！"还有雷暴雨的合唱，最后的一个八部大合唱，在刘炽的笔下都写得浑茫壮阔，气势不凡。他又与马可合作把最后一段控诉配了合唱和管弦乐，给这唱段强化了色彩，增加了厚度。刘炽为此前后花了三个多月的时间。

虽然通过这次修改，作品的气势阔大了，感情深厚了，有一定的交响性，比较像歌剧了。但仍存在着一些比较严重的问题：第一，阴盛阳衰；第二，背躬太多，缺少短兵相接，歌剧艺术特有的朗诵调未解决；第三，戏剧化、交响性未解决，缺少现代歌剧的大气势。因此，最后《白毛女》虽然得了斯大林文学奖，而作为歌剧的音乐却没获奖。

粉碎"四人帮"后，刘炽、瞿维和丁毅对《白毛女》又进行了修改，力图解决以上问题，特别是阴盛阳衰的缺点。大春没有行动，人物树不起来，一个血肉不丰满的人，喜儿为什么要那么强烈地爱着他呢？丁毅修改剧本，前后改动很大，给了大春足够的戏份，加强大春的舞台行动。定稿后，刘炽和瞿维作了曲。可惜后来未能演出，世人也无法见到这面目一新的歌剧《白毛女》。

20世纪50年代，刘炽与妻子、儿女、岳母在北京西堂子胡同一号院内

　　5月1日临近了，这是新中国成立后第一个劳动节，天安门前即将举行检阅仪式。根据安排，体育文艺大军的前面是一个大型的民族乐队。而这个乐队演奏的乐曲的创作任务又交给了刘炽。

　　刘炽很自然地想到西安古乐里的一个支系——"打呱社"来。童年朝山进香的时候，三仙庙古乐队就在他们的后面，朝庙拜佛要等，那就听他们的演奏，而平时打呱社的训练刘炽也去看过。若打呱社的乐队一起相遇，就赛了起来，争着一个要比一个好。有时奏铙的把铙抛到天上，接回来再奏，真是精彩技绝！"打呱社"打击乐的曲牌不少，如《十样锦》《龙灯子》《大头和尚》《西翠柳》等，其结构严谨，有自己的一套模式。刘炽以陕北民间乐曲《将军令》为基础，创作了民族器乐曲《万众欢腾》，其中打击乐全部用了西安打呱社的方法，热烈奔放，壮观气派。后来国庆节刘炽又创作了民族器乐曲《普天同庆》（有的文章称《狂欢的节日》）。这两首民族器乐曲每年五一、国庆分别用于节日的游行检阅，一直到

1957年。

歌剧《新条件》由张篷、李悦之编剧，刘炽与陈紫合作作曲。这是一部反对包办婚姻、主张恋爱自由的大型歌剧，由中央戏剧学院歌剧团在北京上演了近百场。

大约是《人民的新旅大》的电影音乐产生了一定的影响，电影《陕北牧歌》的导演凌子风又来请刘炽为该影片作曲。他们俩是延安鲁艺的同学，刘炽很爽快地把创作任务接下来。

刘炽有的是反映陕北生活的音乐素材，他又得到一次写电影音乐的实践，这回写起来也就顺手了一些，他在音乐中大胆地运用了钢琴以丰富表现力。其中两首插曲流行全国。一首是《刘志丹颂》，由原来的革命民歌改编成合唱并配上了管弦乐；一首是《崖畔上开花》，将陕北一首民歌加以改编，改动不大。保持了原来的面貌，写了前奏，旋律略加调整，用管弦乐伴奏。其中长笛独奏，加了变奏发展，色彩更明丽，更优美动人。这两首插曲和背景音乐《战斗红旗》后来都灌制了唱片。1994年，陕西电视台拍摄电视片《刘炽故乡行》，在西安扶风碳素厂，刘炽还和西安的歌唱家贠恩凤一起为工人演唱了《崖畔上开花》这首歌，可见刘炽对这一曲乡音的钟爱和深情了。

恰似此拍刚歇，那曲又兴，又有人来请刘炽了。解放军首届全军文艺会演，总后勤部准备写一部大合唱《钢铁运输线》，反映英雄杨连弟极为感人的事迹。刘炽被请进了总后勤部去作曲。

歌词是总后政治部副主任、宣传部部长写的。在提供歌词的同时，还给刘炽提供了杨连弟的事迹材料。杨连弟在朝鲜战场曾多次出色地完成修桥任务，有力地支援了前线。其中一节十分感人：他们巧妙架起一座距水面不到一尺的水下桥，敌机侦察因此看不到桥的痕迹，从而保证了粮食、医药、弹药等军事物资的运输，筑起了炸不烂、打不断的钢铁运输线。刘炽被打动了，油然而生崇敬之情，一曲崇高庄严的英雄颂歌便随着感情注入了笔端。合唱分六段，多侧面地反映杨连弟的英雄事迹。其中男声独唱加伴唱《杨连弟之歌》一章就是歌颂英雄杨连弟的，音乐雄健瑰玮。

这个大合唱连写带排不到 20 天。演员是总后的业余合唱团和总后所属的各处宣传队队员。排练在东安市场附近帅府园的一个礼堂，排练、指挥都由刘炽负责。

会演时演唱了 18 分钟，当时台上台下都很激动，刘炽又一次以他的英雄乐章和出色指挥感染了听众。总后的同志十分高兴，也由衷感谢刘炽辛勤的艺术劳动。

二、周总理指示的特别节目——《荷花舞》

1950 年冬天，周总理的一个批示层层下达到中央戏剧学院舞蹈团，批示要求为印度国家代表团首次访华创作一个特别节目。印度是世界上最早承认中华人民共和国的国家之一，是友好的邻邦。先前中国代表团访问印度，印度作曲家还特地写了欢迎的歌曲，因此我们也理应创作一个节目，一是外交上的对等，一是友好的表示。舞蹈团的团长是陈锦清、戴爱莲，陈锦清来找刘炽商量创作一事。

刘炽的思维敏捷，从印度想到了佛教，由佛教想到了释迦牟尼的莲花座，于是联想进一步展开了：小时候，他曾在关中见过过年的放荷灯，在西安挂过莲花灯；在延安，看过民间社火《抱红灯》的荷灯；进北京，北海有冰上荷花灯……于是他想编一个荷花舞，荷花清香端丽，出淤泥而不染，这既有印度佛教文化的内涵，又象征新中国的光明圣洁。听了刘炽的创意，陈锦清觉得立意高，构思也新颖优美，很是赞赏。

舞蹈离不开音乐，刘炽便去找舞蹈团的指导员程若，请他写歌唱荷花的词。歌词定了稿，剧务黄山去给刘炽送词稿，正赶上刘炽在来劲地打乒乓球。

"刘炽，快拿稿子啊，等你的音乐排练呢！"

"没事，别急！"他正在兴头上，不停地挥着球拍。

当天晚上9点多，黄山又来了，见刘炽还在打球，就着急地催他道："刘炽，这可是迎外宾的任务，你不能误事啊！"

"放心，明早准给你曲子！"

一直打到晚上10点钟，刘炽才尽兴停拍，然后很快沉静下来回家伏案作曲了。

原来刘炽早已胸有成竹，几天来一直在琢磨着舞蹈音乐，终于从关中民歌《扬燕麦》中找到了灵感，用它改编第一首舞曲，不到一小时就完成了。

```
1 1  7 6 5 6  1 2  5  | 5.    i  6. 5  4 5 |
万 里 无 云  好晴 天   噢，
荷 花 朵 朵  放光 彩   噢，

i. i  1 5  6 5  4 3 2 | 1  5  1 2 3 5 2.  5 | ……
看 那 荷花 在  水    面（那），
薄 雾 轻纱 头  上    戴（那），
```

曲中流露出的关中情韵叠加上水乡的色彩，清俊飘逸，天然生动地描绘了莲花出水的优美形象。

第二首舞曲是《荷花颂》，也是对祖国的颂歌，这不是容量有限的民歌所能负载的，刘炽便自己作曲，以更加舒展、宽广的旋律表达更加博大、更加深刻的感情，同时又和第一首曲子保持和谐统一的风格。

直到午夜1点，刘炽才将曲谱全部誊清。次日晨交付排练，黄山自然是又惊又喜。

舞蹈和服装最初也是刘炽设计的，舞蹈由胡沙、吴坚做助手协同他排练。起初尚未尽脱民间秧歌的痕迹，大体完成后，戴爱莲团长帮助整理了一番，于是，舞蹈语言更丰富优美，整个舞蹈风格变得更清丽典雅了。

该剧第一次演出在怀仁堂。在婉转悠扬的音乐声中，一个个荷花仙女翩翩起舞，千姿百态，飘逸灵秀。随着《荷花颂》的伴唱，"祖国啊灿烂辉煌，像那荷花正开放"，舞台上的荷花在蓝天绿水间盛开着，画面明媚而清雅，意境悠远而高洁。

在欢迎印度友好代表团的晚会上，这个特别节目演出了。印度代表团团员们陶醉在荷花仙女那美妙清秀的舞姿和婉转悠扬的舞曲声中，当然他们有着他们的联想，那是佛家灵魂的净化，那是中印友谊的象征，演毕他们一个个久久地双手合十。

1953年，《荷花舞》在第四届世界青年与学生和平友谊联欢节上获得银奖。

和平与安定的环境，让刘炽有了良好的创作环境和充裕的创作时间。而刚刚诞生的新中国如旭日初升，又给了他蓬勃向上的朝气，燃烧着他无比旺盛的创作热情，使他取得了丰硕的创作成果。然而，他没有忘记自我鞭策：学习，更广泛地学习。也就是这一年，中国人民大学举办一年制的"俄文速成班"，并且就在歌剧院创作室隔壁，只报名，不考试，也不交学费，刘炽便进了这个速成班。

20世纪50年代刘炽及二女儿刘云云与外国友人白然(音译)合影

刘炽想借此机会研读俄罗斯作曲家的原著,从而扩大音乐视野。学习一年还是颇有成效的,他借助字典能翻译苏共十九次代表大会的报告,也能原文朗诵高尔基的《海燕》。虽时长日久,但那些音乐的俄文术语,他终生未忘。

俄文速成班与对外贸易系的外国留学生同在一个院子里,于是刘炽又结识了一些外国朋友。这些留学生多数来自东欧,比较穷,他们想听听音乐,就到刘炽那儿去。扩大了接触面,刘炽也从中有所获益,了解了他们国家的民族音乐和作曲大师:捷克的斯美塔那、匈牙利的李斯特、波兰的肖邦、罗马尼亚的埃涅斯库,这些外国留学生还给刘炽带来了他们各自国家的民族音乐资料。当时单位上对此还有闲言碎语,不过刘炽根本不理他们这一套。他觉得封闭自我的人是没有出息的,何况他们的社交是公开的,纯是同学的友谊,相互尊重,感情也是深厚的。中国粉碎"四人帮"后,他们中的一些人又来华工作,仍和刘炽保持着一定的联系,一位匈牙利朋友还出席了1989年举行的刘炽创作五十周年音乐会。

艺术的劳动是艰辛的，写完了《陕北牧歌》的电影音乐，刘炽准备休息一下，做身心的调整。那时他还在北京电影制片厂招待所居住，延安时期的好友庄映带着蓝马、吴天一起来找他。电影《走向新中国》，原由马可、瞿希贤作曲，但被电影局否定了，所以他们特地来请刘炽作曲。刘炽并未答应，来人急了："你不能见死不救！"刘炽告诉他们，1月13日他的妻子生了第一个孩子，正住在医院里。吴天说："那不要紧，医院里你的爱人和孩子由我们派人管！"于是不由分说，便把刘炽从北影招待所接走，在吴天家的胡同里找了一间房子，把他"扣"了起来。其实，刘炽的心里是矛盾的，马可、瞿希贤是他的同行和朋友，把他们被否定的活接过来，容易伤害彼此的情感："就你刘炽比我们高明？"而于道德来说，也不太妥当。于是，他又有了自己的打算。

刘炽先让他们把被否定的音乐放了一遍，然后对吴天说："能用的尽量用，须调整的就调动调动位置。"刘炽这种为人处世的态度首先感动了吴天，他们还有什么说的呢？这样保留了三分之一，并做了适当调动，其余三分之二，即七、八段背景音乐，由刘炽另外作曲。这部影片没有主题歌，背景音乐为管弦乐，刘炽四天没动窝，完成了创作任务，并获得了通过。刘炽十分尊重原作曲者的艺术劳动，让蓝马、吴天在影片作曲署名时仍加上原作者的名字，即成为刘炽、马可、瞿希贤。刘炽把这称为一种不见面的合作。

程云也是刘炽在延安的老朋友。程云在武汉歌剧院工作，为准备参加世界青年联欢节的演出，被临时抽调至北京演出艺委会。当时分配程云写《鄂伦春舞》的音乐，他一时写不出，而时间又紧迫，便来找刘炽，他知道刘炽是快手。

朋友见面，也不寒暄。程云开门见山地向刘炽"布置"任务，并对刘炽的夫人说："柳春，今天晚上我在刘炽床上睡觉，你睡大娘处。他干活，你12点给他开夜饭。明天一早他写完再睡觉，我去交稿！"

刘炽无奈，只好开夜车作曲了。他用了1940年在内蒙古搜集的一首民歌加以发展变化，并作和声配器，连夜写出了《鄂伦春舞曲》。一早他去唤醒程云，程云还是那句话："现在轮到你睡觉了，我这就去交稿！"

三、新疆之行与《新疆好》

1951年夏日的一天，戏剧学院院长欧阳予倩把刘炽和戴爱莲找去，告诉他们："新疆给我们学院正式来函，他们准备举办民间歌舞会演，希望派几位舞蹈、音乐方面的专家去那里指导、讲学。院里决定派你们二位去一下，时间20天之内。请你们考虑一下，去不去？何时出发？这样我们学院好给他们正式回电。"当时一般人的组织观念都很强，组织上分配的任务绝少说个"不"字的。何况是去新疆，对刘炽来说挺新鲜，可以扩大生活面，可以为少数民族服务。他们立即回答："去！买到车票就动身！"两天后，刘炽和戴爱莲出发了。先是乘火车抵西安。因飞机票难买，他们住进了西京宾馆，正好刘炽又做了一次故乡行。刘炽的小弟弟刘炜还回忆过，他当时正在"五一"学习，刘炽还驱车去看望了他。这样便在西安停留了三天。

第四天，刘炽和戴爱莲乘飞机去迪化市（后于1953年改为乌鲁木齐市）。从飞机上俯瞰新疆大地，那天山的积雪、戈壁的绿洲，真美啊！刘炽想起了1939年在延安鲁艺唱过的李维宁的《玉门出塞》："左公柳拂玉门晓,塞上春光好。天山雨雪灌田畴,沙漠飞石旋罗帐。沙丘水中堆,好似仙人岛。过瓜田,碧玉葱葱,望马群,白浪滔滔。"在20世纪30年代,民族化的合唱这是第一首,而刘炽他们在新疆看到的比歌曲描绘的要美得多。比如传说的西王母的瑶池——天池,这是个山顶的湖,湖水碧蓝而又有深绿处,湖岸绿树成荫。哈萨克人在那里放牧,维吾尔人铺着地毯,在那里烤羊肉、喝酒、唱歌、跳舞,完全是异域情调,仿佛是另一个世界,这些给刘炽留下了非常美好的印象。

到了迪化,新疆军区文化部的同志在机场迎接了刘炽和戴爱莲,把他们接到了新建的宾馆。军区司令员王震、政委曾涤、宣传部部长邓力群、文化部部长马寒冰接见了刘炽和戴爱莲。一见面,王震高兴地喊了起来:"刘炽来了!"刘炽向老首长介绍了戴爱莲。这时他们才知道计划变了,原定的民间歌舞会演延后了。

"那么,我们怎么办?"

马寒冰同志说:"既来之,则安之吧!先请戴爱莲同志给我们开个舞蹈晚会、舞蹈座谈会,再给我们的舞蹈演员和编导讲讲课、辅导辅导。你们看这样可以吗?"

客随主便,刘炽和戴爱莲同意了。

谁知在欢迎宴会上,王震司令员发话了:"这次中央戏剧学院派来两位专家,是对我们新疆很大的支持和帮助,我们非常感谢。戴爱莲同志,在给我们做表演、座谈、讲课、辅导之后,要返回北京,因为那里还有许多工作等着她。刘炽同志嘛,我们是老相识、老同志了。1942年我在绥德警备司令区,他随河防将士访问团,到黄河边的阵地上慰问过我们三五九旅。1943年,又随延安鲁艺的秧歌队到南泥湾来慰问演出过,我们是老朋友了。我们准备请他在这里多待一段时间,帮我们新疆军区和省政府办一个音乐学校，短期的，三五个月吧。刘炽同志，帮帮忙吧，我们衷心地希望你能留下来。"

这是刘炽始料未及的。王司令员是老首长了，初见面时还说起了旧事："嗨嗨，这回得还我账了！"当年在绥德王震对刘炽说过："你给三五九旅写个歌！"1943年在南泥湾，王震又对刘炽说："该还账了！"而今王司令员提出这点要求，刘炽还能说些什么，无法拒绝，只是补充说明了一下："这得要和我们院的领导通通气，取得他们的批准……"

"这你别管，我和中央文化部联系。"

就这样，送走了戴爱莲，刘炽留了下来。

以前刘烽去过新疆，从弟弟那里刘炽知道了新疆的音乐瑰宝《十二木卡姆》，对它产生了浓烈的兴趣。反正音乐学校在筹办之中尚未开学，刘炽便准备记录和整理《十二木卡姆》。《十二木卡姆》的内容分别是：1.《拉克》；2.《且比亚特》；3.《木夏吾莱克》；4.《恰尔尕》；5.《潘吉尕》；6.《乌兹哈勒》；7.《艾且》；8.《乌夏克》；9.《巴雅提》；10.《纳瓦》；11.《斯尕》；12.《依拉克》。关注民族民间音乐，并从中汲取营养，是刘炽的一贯主张和做法。

《十二木卡姆》是维吾尔族传统的大型套曲。"木卡姆"一词流行于西域和阿拉伯地区，原意是"最高的位置"，转义为"大型套曲"。它在维吾尔族民间音乐中占有重要地位，广泛地流传于天山南北各地，有多种类型，演唱风格各具特点。军区文化部请来了北疆的柔兹坦博尔和他的助手，又请来了南疆的土尔地阿訇和助手、他的儿子阿肖尔阿訇，他们都是演唱《十二木卡姆》的歌手、鼓手和琴手。

当时刘炽和中央音乐学院的万桐书一起负责这项工作。他们先请北疆和南疆的歌手分别把他们的《十二木卡姆》演唱一遍，继而进行了比较。北疆的在风格上明快而通俗，人们容易演唱，因此比较流行。南疆的在风格上比较典雅而古朴，学问也比较深，音乐也较难掌握，但是非常丰富，篇幅也比北疆的大，结构也比北疆的复杂。于是刘炽决定两种都录音、都记谱。

为了确保有安静的工作环境，便于集中精力工作，刘炽他们在乌鲁木齐南梁找了几间房子住了下来。当时的录音设备只有钢丝带录音机，而那里却没有电。刘炽去找王震，王震说这事军区管不着，得找省政府。刘炽又去找省主席包尔汉，边宣传边提出要求。"苏联才有五六个《木卡姆》，我们有《十二木卡姆》，这是民族的宝贝，必须把它记录下来。可是我们没有电，无法录音……""我马上通知接电！"包尔汉回答得斩钉截铁。果然第二天下午就拉好电，他们便着手录音了。

录音、记谱工作便从第一个木卡姆着手。每套乐曲均由"大拉克曼""达斯坦""麦西唻甫"三个部分组成，包括序歌、叙诵歌曲、叙事组歌、舞蹈组歌、间奏曲等。而每个部分又有四个主要旋律和若干变奏曲，成为有机的组成部分，同时又是很有和声特色的独立乐曲。

通过翻译的介绍，刘炽对木卡姆又有了进一步的了解。套曲中有宗教的赞歌，有史诗性的记载，有爱情的传说，有民歌、民间乐曲和舞蹈音乐的插入。刘炽惊叹了：木卡姆简直是一部皇皇巨著，不仅是维吾尔民族艺术的宝库，也是中华民族古老文化的宝库之一。据说在过去，演唱木卡姆的歌手被人们尊称为先生、学问家，每次演唱前还要焚香沐浴。

在记谱的过程中，刘炽越记越觉得复杂、丰富，那节奏的变化，调式的变化，音阶音列的变化，是汉族音乐无法比拟的，新鲜极了、美极了。第一次接触到 $\frac{7}{8}$ 的节奏，刘炽真是爱得不得了。可惜只记了一半多，刘炽就被迫脱离了记录整理《十二木卡姆》的工作。

新疆军区组织了赴伊犁的减租反霸工作队，队长曾涤、副队长马寒冰，他们将要办的音乐学校设在伊犁，王震让刘炽去当校长。刘炽真舍不得放下《十二木卡姆》的记谱工作，但又不得不去伊犁。失去了这千载难逢的学习机会，刘炽遗憾极了。所幸万桐书和于山江、阿布力克依等同志把这项工作坚持到底，为我们祖国的民族文化、民族音乐，做出了不朽的贡献。

伊犁与苏联毗邻，主要居住着哈萨克族、维吾尔族、俄罗斯族、乌孜别克族，地处伊犁河谷，有山有水，是个十分美丽的地方。伊犁音乐学校的学员以新疆军区文工团的音乐、舞蹈干部为主，还有各军、各师的宣传队队员和地方上的文工团团员，共有十五六个文工团、队派人来参加学习。刘炽任校长，还讲作曲、指挥和民族音乐研究。同时有来新疆并留下来的中央音乐学院的同志给刘炽当助手，教乐理、视唱练耳和声乐。

伊犁河里的鱼肥极了。有人跳进河用网捕鱼，其他人则拍着手、吆喝着赶鱼。网上来的鱼则现烧，再烤上羊肉串，大家便坐在岸边的草地上喝酒，完全陶醉在大自然里。

肥鱼、美酒固然好，而对刘炽来说，比这更美的还是新疆各民族的音乐。他虽给学员们教现代音乐知识，但同时又从他们那里学习更多的东西。如民歌《走黑马》，7 开始，7 结束，这是他从未见过的调式：

$$7.\dot{1}\dot{2}\dot{2}\ \dot{1}77\ |\ \dot{2}.\dot{1}\dot{1}7\ 7\underline{0}\ |$$

很多年后，刘炽重游新疆，南疆阿克苏市市长高烈卿请刘炽给市第六小学写校歌，他就是用在伊犁办音乐学校时向民间艺人学习的民间歌调来创作的。

从记录《十二木卡姆》开始接触新疆音乐，到迷恋上新疆音乐，再到向伊犁音乐学校学员中的民间艺人学习各族的音乐，刘炽自觉地用新疆各民族的音乐滋养自己、丰富自己、启迪自己。这为创作《边疆战士大合唱》，尤其是为《新疆好》积累了丰富素材，做了充分的准备。

《边疆战士大合唱》是描写王震将军率领西北野战军一兵团，挺进新疆、保卫边疆、建设新疆的战斗颂歌。"该还我的账了！"他没忘老首长王震见面时恳切的话语，确实是在偿还拖了十年的心债。《边疆战士大合唱》词作者是军区文化部部长马寒冰。创作的任务急，时间紧，而马寒冰白天还要领导开展伊犁地区的减租反霸运动，只能用晚上的时间写作，折腾得够苦的了。

一天早晨，刘炽发现马寒冰的背心胸前烧了一个四寸见方的大窟窿，便问是怎么回事。马寒冰笑着说："都是你把我逼的！昨晚开夜车写词，抽着纸烟，实在有点困了，就躺着继续构思，不知不觉地迷糊了过去。烟卷在胸前烧着了，直到把我烧得疼醒过来，我才把背心上的火熄灭，接着又去写词。嗨，差点把我烧死在房子里。"

马寒冰

"是啊，刘炽这家伙真残忍，怎么能逼得我们马部长差点儿把小命儿也搭进去呢？我真该死！"刘炽一面笑着，一面抱歉地说。

"唉！这怎么能赖你呢？"马寒冰也笑着说，"责任还在我，这是我们文化部特约你为西北野战军写歌，是我们逼你，不是你逼我！"

在词的写作过程中，全部推翻的就有两次。第一次马寒冰写完了词，拿来给刘炽看。看完后，刘炽直截了当地说了："你这是政委或部长的政治总结，不能作曲，作了人家也不爱唱，唱了人家也不爱听，如此而已。请你重打锣鼓另开张——重写！"因为他们是老朋友了，相互说话就简洁而直爽；又因为是艺术创作，来不得半点将就，不容有丝毫的虚伪。马寒冰碰了一鼻子灰，却是非常愉快地接受了刘炽的意见："好，我再写！"

隔了三天，他拿出了第二稿来。一看，刘炽又笑了。

"你笑什么？"马寒冰不解地问。

"这一回不是政治总结，而是你的旧病复发了……"马寒冰越发糊涂了，刘炽告诉他："唉，伙计，你这记者的病又发作了。大合唱的歌词，首先应当是诗，不是新闻报道，这可叫人怎么唱？这不是记者的老毛病犯了吗？报道可以写得很详尽，但缺少形象，没有优美抒情的诗句，是无法作曲的。你想想，我怎么能把报纸上的社论和消息，还有长篇的报告文学都作出曲来给人家唱，那不唱死人了！这个词，还不行，劳您大驾，再写一稿吧！"

"好，我再写！"马寒冰还是这一句话。

又隔了几天，第三稿又拿出来了。这稿确实相当感人，刘炽读得爱不释手。马寒冰在一边看着刘炽读词时聚精会神的神态，心里似乎有些谱，又怕没把握："看来上两次的路子是没找对，所以碰了两次钉子。

你以为这次如何?"

"这次很好,相当精彩!"刘炽急忙说,"当然,还有些小小的不顺和不妥处,这个我在作曲之前会进行调整的。你的任务完成了,今晚我就开始作曲。谢谢你的热心和耐心,你的智慧和才华!"

《边疆战士大合唱》分别从七种不同角度来表现人民战士的丰功伟绩。①千里进军(混声合唱,写一兵团挺进),②消灭乌斯满(朗诵,合唱,写扫清政治土匪),③穿过塔里木(合唱,写艰苦行军),④新疆好(女声独唱,写看见了绿洲和人民),⑤戈壁滩上盖花园(男声合唱,写建设边疆),⑥帕米尔夜歌(男声独唱,伴唱,写边防哨卡的星空),⑦祖国要繁荣(混声合唱,写对未来的祝福)。

这部大合唱在伊犁首次演出,由刘炽指挥。又先后在乌鲁木齐、喀什、西安等地演出,反响都十分热烈,这是一部反映边疆战斗生活的好作品。特别是一曲《新疆好》很快便流行全国。

《新疆好》是大合唱中的第四首歌,在作品的中部,是经过刘炽精心改编的。人民解放军千里进军,为追剿乌斯满匪帮,他们在荒无人烟的戈壁滩上急行军了几十天,经过艰苦作战,消灭了哈萨克的败类,而把被裹挟的三四千哈萨克族同胞夺了回来。而后终于发现了绿洲,看到了各民族的兄弟姐妹。他们欢天喜地,载歌载舞地迎接解放军,欢庆他们的解放。这么美丽的地方,这么丰饶的瓜果,这么善良可爱的人民,从此大地苏醒,万物沐浴在灿烂的阳光之中,应当用最抒情、最优美的歌来歌颂她。这便是作者的创作意趣,也就是《新疆好》要达到的艺术效果。

刘炽想,这首歌一定要具有很浓郁的新疆古歌的风格和情趣。于是从好几首伊犁民歌里反复筛选,最后选出了两首。一是《伊犁河》,一是

《花儿的歌》(维吾尔族语的汉语音译为"闺里莫霍朴")。

1. 伊犁河

[曲谱：中慢 古朴而深情地 4/4]

2. 花儿的歌

[曲谱：中慢 优美而热情地 4/4]

第一首《伊犁河》是典型的伊犁民歌，古朴而深情，只是带着淡淡的忧愁；第二首《花儿的歌》是维吾尔族的古歌，教唱这首歌的老艺人告诉刘炽："这个歌，不但咱们在唱，苏联的维吾尔族人民也在唱着。"后来，刘炽回到北京，在王府井国际书店买到了"闺里莫霍朴"的唱片，果然唱得一模一样。这首歌优美而热情，只是重复太多，而且小间奏把整个曲子割得一截一截的，有点散漫断续。就在这举棋不定的时候，音乐学院的王延祯同志明确地投了《花儿的歌》一票。她说："还是《花儿的歌》更优美，更热情。重复和断断续续的问题，我看好解决，若没有缺陷，还要你这个作曲家来干什么呢？"她的这句话带有刺激性，有分量，但提醒了刘炽。对啊，是这么个理，就这么干。刘炽最终以《花儿的歌》为基础，同时加以改编、调整，写作《新疆好》。

在整个大合唱里，《新疆好》只是个浓郁的维吾尔族民歌改编的插部，在动笔之前，刘炽给自己定了戒律，并以此努力地提醒自己，切记：改编不要伤了原曲最精彩、最感人的旋律。于是他从以下几点着手改编。第一，先去掉不必要的反复，在曲式方面，使它成为一首干净利落的歌谣体。第二，删掉所有的小过门（间奏），使它的旋律连接更抒情、优美，而且开朗、豪爽。第三，把第五、六两个乐句变成一个乐句，拿掉歌词，用新疆人表达开心时的哼鸣旋律"奈"和"勒"替代，使它变成感情激动的过渡句，为后面出现的副歌作桥梁，很自然地引出"我们美丽的田园，我们可爱的家乡"。第四，加写前奏。第五，为它配置伴唱、混声合唱。第六，在合唱中增加衬唱，使它显得新鲜、活泼。第七，结尾，把结束的乐句放慢、加强，提高八度，再现副歌的末句，终止在高潮。

刘炽的改编是成功的，达到了预期的效果。《新疆好》在音乐界无疑是一首新鲜的歌，既优美抒情，又有异域情调。以前虽介绍过《青春舞曲》，但新疆民歌还没有作为音乐作品完整地出现过。因此《新疆好》不仅为广大群众所喜欢，也为行家所看重，并在1952年解放军第一届全军文艺会演中获奖。

后来，一次刘炽在新疆农垦兵团某师的政委家做客，饭后聊天时，政委忽然想到什么，就对刘炽说："老刘，我们师的上海青年们可把你骂苦了。"

"他们又不认识我，也未打过交道，平白无故地骂我干什么？"刘炽感到很奇怪。"那些青年唱了你的《新疆好》，新疆在他们的印象里非常美。于是很多小伙子、小姑娘报名到新疆来，而来了一看，相当艰苦。他们说：'咱们上了刘炽的当！他把新疆写得太好啦，哄得我们到这里来吃苦、受罪。他怎么不来？他若来了，非狠狠地揍他一顿不可！简直是个骗子，准不是个好东西！'"

刘炽听罢哈哈大笑，艺术家应该是理想主义者。他反映生活，既是现实的，也包含着人们的理想。生活的辩证法就是如此，艺术家和人们都在创造着美，生活总是犹如美的旋律在行进、在发展。1995年，新疆维吾尔自治区成立40周年，刘炽又为新疆人民献上了一曲新歌《祝福你，新疆》，所用的音乐素材就是《伊犁河》。经过刘炽的改编，这首民歌保留古朴而深情的特点，并一扫淡淡的忧愁，于抒情优美的旋律中昂扬着热烈兴奋的情绪，歌唱着新疆人民的新生活，祝福着她更加美好的明天。那珍藏了几十年的音乐种子，终于又绽开奇葩新花。新疆人民又多了一首属于他们的歌！

陶思梦女声原唱《新疆好》

伊犁音乐学校办了三个月即结业了，其时已是秋天。"北风卷地白草折，胡天八月即飞雪"，这旖旎的塞外风光同时又有刘炽经受不了的寒冷，于是他返回北京，尽管他始终在怀念新疆，思念着《十二木卡姆》。

四、《节正国》的夭折与《果园姐妹》的上演

1952年，中央戏剧学院歌剧团与北京人民艺术剧院歌剧团合并，成立了中央实验歌剧院。刘炽也就成了歌剧院创作室作曲。作曲组组长是陈紫，他们又一次合作了。

贺敬之写作了歌剧剧本《节正国》（即后来各剧团上演的《节振国》），起初由刘炽、马可、陈紫三人作曲，马可半途退出，于是就成刘、陈二人的合作了。而他们合作的形式又很特殊，即各写各的，谁写的那一部分好，就用谁的，合作中又包含着竞争。这对提高艺术水平无疑有着很好的促进作用，也符合艺术创作的规律。最终曲子大部分用了刘炽的，特别是其中刻画叛徒夏老六的一段曲子，用了点说唱音乐，以讽刺的笔调来表现叛徒的卑鄙，写得十分精彩幽默，妙趣横生。贺敬之他们听了都拍手叫绝，陈紫不由感叹地说："刘炽的头脑怎么这样聪明！"

歌剧《节正国》的声乐谱完成了，管弦乐也写作到第六幕。此剧由张庚导演，牧虹饰政委，准备让中央看联排。于是先给周扬审查，周扬是文化部的领导，又是文艺理论家，他的要求很高，为了万无一失，又请来资历比他老的李伯钊（女，老红军，早年曾在苏联学习文艺）来把关，当然也难免受当时"左"的思潮影响，则要求剧组修改他们认为"节正国"中存在的江湖义气内容。可果是如此，那就不是节正国了！审查意

见要求大改。贺敬之、刘炽他们熟悉周扬，所谓大改就是否定。歌剧《节正国》的创作就这样停下来了。

而事实是，后来河北梆子、京剧、评剧都上演了《节振国》，还获了奖。

拂去这莫名的烦恼吧！刘炽除了写作，还要学俄文，还要给燕京大学(北京大学前身)、北京师范大学教课。每周他分别给这两个学校的音乐系做一次民族音乐讲座。没有学院派的引经据典，却取材于他往日采风的故事。他把采风所得的新理论加以阐述，做到理论和实际的结合，加之他善于模仿，语言风趣，因此很受师生的欢迎，连音乐系的主任、教授也坐在下面听课。刘炽确实是在用自己的亲身体验提醒人们应该重视民族音乐，中华民族的音乐是极其丰富博大的，应该确立民族的自尊和自信，走民族化的道路，走中国新音乐的道路。

讲学要写讲义，需付出巨大的劳动，刘炽忙不过来，只教了一年，以后就由耿连生任教了。他们基本上沿着刘炽这条思路去搜集民族民间音乐，并取得了可喜的成绩。

刘炽与乔羽合作，根据"大灰狼"的故事写作儿童歌剧《果园姐妹》。在《节正国》被否定之后，乔羽曾把《杏林记》的歌剧剧本交给刘炽，可惜本子没通过。不过，这次《果园姐妹》的合作还是成功了。

《果园姐妹》剧情很简单，是老爷爷给孩子讲"大灰狼"的故事。而在音乐创作上，刘炽赋予作品以鲜明的特色。在民族化的基础上，更注意描摹孩子的心理状态、感情、语言，这些都很贴切、很真挚。

由于当时北京正在上演张天翼的童话剧《大灰狼》，所以歌剧《果园姐妹》在武汉、西安、兰州上演了，受到了孩子们的欢迎。后来，此剧由中国青年出版社出版，手稿存入了中央档案局。

1954 年中国青年出版社出版的《果园姐妹》封面

此外，刘炽还为《扇舞》创作了舞蹈音乐。这与 1951 年写的《水袖舞》音乐大抵上是姐妹篇。不管是什么园地，只要是需要音乐的花朵，刘炽都愿意去耕耘、去浇灌。

1951 年 4 月，中国戏曲研究院成立，毛泽东题词"百花齐放，推陈出新"以祝贺。10 月 6 日，第一届戏曲观摩演出大会在北京举行，并召开了全国戏剧会议。刘炽参加了这次会议，这又激发了他对戏曲的思考。在戏曲改革的座谈会上，各家意见纷呈，刘炽直陈了自己的主张。有人不赞成戏曲改革，以致偏执地认为对某剧种简直一个字、一个动作都不能动，谁动谁就是不肖子孙。刘炽旗帜鲜明地反对这种故步自封的观点。生活在前进，艺术在前进，任何艺术只有从其他方面吸取精华，才能丰富自己，才能获得发展。但戏曲改革又不能简单粗暴，要了解戏曲的源流，尊重戏曲的内在规律，不能乱改。不要把艺人改成了外行，不要使戏曲改革者成为"内行"，而应该如梅兰芳先生所说的，"移步不变形"。

刘炽想到了自幼给他以音乐熏陶的秦腔。秦腔也应该加以改造，搞得更好些，以适应时代发展的需要。然而这项任务很艰巨，非一般戏曲工作者所能为，而要由懂陕西语言和秦腔的音乐家来完成。于是他萌生出这种想法来。

一次舞会上，刘炽遇到了陕西省一位老领导。老领导知道刘炽是西安人，并且父母都在西安，就问："你回来吗？"刘炽动了乡情，说是回去可以搞搞秦腔的改革，还可以整理西安的古乐。当时这位领导让秘书记下了这件事。后来习仲勋又为此给陕西省文化局局长罗明写了一封信。罗明高兴得不得了，认为刘炽是个宝贝，便准备安排他到戏曲学校。此时刘炽也确实希望换一个环境，以便更好地从事音乐工作。但这样陷在戏校里面，写作就不自由了。鱼和熊掌不能兼得，他便选择了后者。他把自己的想法又告诉了习仲勋，习仲勋认为他的权衡是有道理，并不去勉强他，于是就未将刘炽调往陕西省戏曲学校。

当然，这并不影响他对戏曲的一往情深。1960年，刘炽在西安写作歌剧《阿诗玛》的管弦乐，几乎每天晚上都去看秦腔的演出，有时还和演员、戏曲工作者一块交换秦腔改革的意见，满腔热忱地倾注着对家乡戏曲的热爱之情。

刘炽的最大愿望是写作，然而在歌剧院里，他获得的写作机会并不多。他不满足、不满意，却是埋在心里。凡是有了创作任务，他都视为艺术实践的良机，从而认真地对待它。

刘炽与贾克合作歌剧《牧羊姑娘》，这是一部反映八路军与内蒙古人民关系的歌剧。在音乐创作上，刘炽用了当年内蒙古采风的一些音乐素材，具有浓郁的民族风格。对歌剧的咏叹调和宣叙调结合的问题，他也做了有益的试探，并取得了一些成功的经验。《牧羊姑娘》在西安上演，并由戏剧出版社出版。

1953年3月，刘炽随歌剧团、杂技团赴朝鲜慰问。人已到了丹东，正要过江,来了电报,一直追到江边,要刘炽回去给任萍的歌剧《草原之歌》作曲。

他所希望的写作机会不是来了吗?却又不尽然。原来《草原之歌》已请了西安的关鹤岩、总政歌舞团的罗宗贤,要刘炽与他们合作。刘炽有些纳闷:剧院如果信任我,我写!为什么不通过我又请了两个人?合作要有情感和艺术上的默契。勉强的事不能干。于是他去找院长卢肃谈,把这事给辞了。

关、罗二人原来有着他们的打算,写了旋律,让刘炽修改并配器。可刘炽不干,事情弄僵了,关鹤岩便悄悄地走了,罗宗贤只好承担下去。罗宗贤写好一段,写好一场,都拿去给刘炽改。刘炽毕竟是个重情义的人,还是帮助他们改曲子,但声明坚决不挂名。此后,便说另有任务,由卓明理给他们配器。

《草原之歌》演出了,效果还不错。其实幕后人功不可没,有塞克对此剧本的支持,刘炽在作曲上的支持。直到如今,歌剧院都不知道刘炽曾对歌剧《草原之歌》音乐创作做过帮助。

这一时期,他还创作了无伴奏合唱《对面沟里的流河水》;写了一系列儿童歌曲《滑冰歌》《雪花歌》;为钟灵的歌词《为了和平与友谊》作曲,并刊载于《中国青年》杂志和《中国青年报》,还被介绍到国外。

五、《寒冷的大地》和为《沙恭达罗》配乐

1954年,中央戏剧学院将上演欧阳予倩的话剧《桃花扇》,该剧由苏联专家列斯里执导。列斯里对剧中每一环节的处理都做了仔细推敲,

而且要求也是十分严苛。其中有这样一节，李香君被吊打，侠义肝胆的民间艺人苏昆生就在隔壁，他担心香君顶不住严刑，便横吹竹笛，以声传情，鼓舞李香君坚持斗争。此处需要一段笛子独奏。先前曾找了两位音乐家作了曲。前一个写的不是中国的东西，列斯里不满意；后一个写的又不是古代的东西，列斯里还是不满意。离彩排只剩五六天，事情紧急，助理导演吴坚背着钢丝录音机来找刘炽。吴坚与刘炽在延安时就相识，还一起合作排练过《荷花舞》，对刘炽十分熟悉。在延安刘炽是笛子吹得最好的，又是一位作曲家，吴坚便向列斯里推荐，征得导演的同意，便兴冲冲地来了。"请帮忙，千万得完成这段笛子独奏曲！"朋友的焦灼、同志的信任，使刘炽爽快地答应了。刘炽认真地研阅了剧本，仔细地揣摩着剧中的规定情境，渐渐地从心泉中涌动出乐思来。此曲需要的时间长度为四分半。刘炽对吴坚说："我做即兴演奏。到 4 分钟时，你举一下手；到还有 10 秒时，你再举一下手，这样我好结束。"于是一曲苍凉激越的笛音响起了，贯注着对李香君、苏昆生的崇敬，对侯方域的蔑视，对阮大铖的憎恨，而于幽怨、悲愤中又含蕴着刚毅不屈、慷慨激昂，准确而婉转地表达了苏昆生的心曲。

吴坚兴高采烈地将录音送给了列斯里。列斯里连听了三遍，一遍比一遍兴奋："比我想象得还要好，还要富有激情，真正的中国气派！我一定要见见这位中国作曲家！"

原来录音后，刘炽对吴坚说："你们有了录音，演出时我就不去了。不过我得提个条件，节目单上不要写我的名字！"结果演出时的节目单上还是赫然地印着"笛子独奏：刘炽即兴创作并演奏"。这是导演列斯里坚持要写上的，"要尊重一个作曲家不寻常的艺术劳动！"这首笛子独奏曲命名为《寒冷的大地》。导演列斯里很喜欢这支曲子，回国时将录音带走了。

后来，中国青年艺术剧院排演印度古典诗剧《沙恭达罗》，由白姗、梅熹主演。导演吴雪又来找刘炽为诗剧配乐。《沙恭达罗》是印度古代最伟大的诗人、戏剧家迦梨陀娑的作品。诗剧描写了国王豆扇陀与沙恭达罗爱情的悲欢离合。刘炽感到十分为难。当时是20世纪50年代，他对印度的音乐了解得太少，何况这又是一部一千几百年前的诗剧。吴雪还是缠着不放："急人之急，胜过圣贤。你就为我们写这部诗剧的音乐吧！"

缺少资料怎么办，吴雪便通过印度使馆寻到了三张一套的慢转唱片。刘炽听了一遍，唱片恰恰是印度的古典音乐，与迦梨陀娑的时代也接近，可以用。

这样，刘炽把自己关在家里，一面读剧本，一面听唱片，还跟着唱。家里的老保姆跟邻居说："我们家刘炽疯了，听着唱片就念起经来。"印度是信奉佛教的国家，音乐也有经文的韵味，难怪老保姆以为刘炽念经呢，她又怎么知道他是在仔细体味着这印度音乐的特色和情韵，在一段段地攻克《沙恭达罗》的音乐。终于，刘炽和青年艺术剧院的录音师计永康合作，把这些唱片上的音乐一段段地配在剧里，共二十七八段音乐。

《沙恭达罗》正式演出时，周恩来、印度使馆官员和夫人都去观看。印度官员特别称道该剧的音乐配得好。

不久，印度使馆在当时的和平宾馆宴会厅宴请《沙恭达罗》剧组，周恩来也参加了。印度使馆给吴雪、白姗、梅熹分别赠送了礼品。最后给刘炽赠送了一尊舞蹈女神，一盒印度全套的袖珍古典乐器模型。印度使馆的官员对刘炽说："这个剧的配乐，时间划分这么清楚，人物感情表现这么恰当，就是我们印度的音乐家也未必能做到。"

周恩来一直微笑地望着刘炽，听着印度官员的谈话。

印度官员又问："你到过我们印度吗？你大概对印度非常了解吧？"

"我没有去过印度，但我很喜欢印度音乐，很喜欢东方音乐。"刘炽回答道。

周恩来看刘炽拿着礼品走下来，拉着他的手说："小刘炽，干得不错嘛！"又回头对印度官员说："他是我们延安长大的孩子！"

六、补上音乐的那条"瘸腿"

1954年，苏联音乐家阿拉波夫来中国中央音乐学院讲课，刘炽获准去音乐学院干部班进修。他早就希望能补上自己音乐上的那条"瘸腿"了。先前，焕之、李群已在干部进修班，曹火星、王莘、晨耕也都在那里进修，他羡慕不已，而今他十分庆幸自己也有了这样的机会。

还是在挺进东北的路上，刘炽便对自己在延安的音乐生活道路做了反思，虽然在创作上也取得了一定成绩，但在和声等方面毕竟还"瘸着一条腿"。延安鲁艺音乐教育或许是因为主要负责人原来是搞声乐的，不太熟悉乐器，因此不太重视和声配器。后来冼星海担任了音乐系主任，和声配器的教学才得到相应的重视。那时学的是德国E. 普劳顿的《和声学理论与实用》（贺绿汀译）、俄罗斯里姆斯基-科萨科夫的《实用和声学》（张洪岛译）。当时学习时间短，学习条件也差。还是周恩来好不容易弄来了一架钢琴，但当时会弹钢琴的只有寄明、瞿维极少数几个人，其他人根本练不上。于是刘炽就和安波一起用风琴练和声，自然效果不够理想。练习条件不足，也影响了刘炽对和声的理解和掌握。何况当时延安又没有管弦乐队，更缺少和声配器的感性知识。于是在挺进东北以后，刘炽便一直在努力学习和声、复调、曲式等方面的知识，想尽量弥补那个特殊年代留下的知识欠缺。

新中国成立后，刘炽对中国音乐界失衡的两种状况有了更深入的思考。一种是解放区成长起来的音乐家，他们一直投身人民的火热斗争，对人民的斗争生活，对民族、民间音乐比较熟悉，有着旋律的深厚基础。而对于和声、配器等作曲技巧则掌握得相当不够。刘炽的作曲速度快，就是旋律出得快、出得广、出得深，他力求用旋律来弥补和声的不足。而写作《人民的新旅大》电影音乐时，他的体会尤深。开始管弦乐一天才写4个小节，他愈发感到和声配器的那条"瘸腿"所造成的行走艰难。另一种是解放区以外的，尤其是学院里培养起来的音乐家，他们长于和声、配器等作曲技巧，而对人民斗争的生活不够熟悉，对民族、民间音乐缺少扎实深厚的基础，出旋律则不够。单纯的和声，只是音响的变化，和心灵没有多大联系。没有起码的、广义的旋律，只有精制的配器与和声。这是另一条"瘸腿"。刘炽想，这两种作曲家，谁能补上自己那条"瘸腿"，谁就能为祖国的音乐事业做出更大的贡献。这也是刘炽去中央音乐学院学习的动机。

恰如有了好的配器与和声，能把旋律更完美地呈现出来，刘炽向往着这一更高的艺术境界的实现。那时中央音乐学院还在天津（1958年迁往北京），刘炽便与时乐濛一同去了天津。

阿拉波夫当时已是年过半百的人，他是阿萨菲耶夫的学生，由他讲作品分析，每周三四节课。阿萨菲耶夫是苏联音乐学的奠基人，也是作曲家，1948年被选为苏联作曲家协会主席。他提出"音调"理论，对苏联的音乐学产生很大影响。阿拉波夫就是直接接受并运用阿萨菲耶夫的"音调"理论进行作品分析的。即力求在广泛的社会文化背景上，从人类精神生活的相互联系和相互影响上观察音乐现象，而把音调作为音乐中"思想表现"的特殊形式，是现代生活与社会意识在音乐中的反映，音乐也就是音调的运动和发展的完全过程。用这样的理论和方法，阿拉波夫对欧洲的各大音乐家的作品，如古典主义的、浪漫主义的、印象派的，进行解释分析，给人以全新的感觉。

阿拉波夫用俄语讲课，有三个人给他做翻译。有时他边弹钢琴边作讲解，确实有血有肉，生动丰富。不过，他却说了这样的话："坐在钢琴边作曲是最没出息的。第一是懒惰，第二是傻子。离开它，你才能产生完整的音乐形象和构思。"刘炽从这富有哲理意味的话语中获得了启发，把它作为日后写作的座右铭。与此同时，刘炽还请音乐学院的刘烈武补和声，请杨儒怀补习钢琴。

像是在翻山越岭，刘炽在努力地攀登着。站在高处，他所看到的音乐世界更加阔大了，且呈现出万千气象。在艰难的行进中，他惊喜地发现，那条音乐的"瘸腿"渐渐地被治愈了，前面的路在等待着他。

一年的刻苦进修，是刘炽创作的蓄势。吸收的目的在于释放。刘炽将《荷花舞》的女声独唱《荷花颂》改写成无伴奏的混声合唱；又将《边疆战士大合唱》中的女声独唱《新疆好》改写成混声四部合唱，他在努力地把学到的知识转化为自己的创作技能，后来写作《上甘岭》的电影音乐时，他把从阿拉波夫课上学到的技巧都用了上去，从而实现了进修后的一次巨大的艺术飞跃。

七、第一次出国——捷克行

1955年从中央音乐学院进修结业后,刘炽和国家体委进行了一次合作。其时,捷克斯洛伐克举办斯巴达克运动会,我国运动员应邀表演大型团体操。国家体委请刘炽为团体操作曲,他便将《将军令》加以改编。《将军令》是他在米脂县搜集的一支陕北的唢呐曲,有气派,又是中国的曲风,适宜于大型团体操。作曲后,因别的事情忙,他就请北京师范大学音乐系副主任张肖虎为之配器。

为了节省人力和开支,国家体委决定不带乐队,而请捷克军队交响乐团演奏乐曲。国家体委主任贺龙点名让刘炽带总谱去捷克,这便是刘炽第一次真正的出国。刘炽特别珍视这次开阔眼界的极好机会。

他们乘飞机抵达布拉格,刘炽即与捷克军乐团的政委接触,对团体操的乐曲做了解说,并由这位政委转达给乐团的指挥。

乐队开始了排练,就在团体操表演前,还进行了联奏。刘炽去了排练场,觉得效果很好。乐团的指挥也竖起大拇指:"真好!"表演那天,那种友好的合作就更加充分和谐了。

团体操表演在斯巴达克运动场,当时的设施相当现代化,相隔一两米就是一个喇叭,乐曲从地上传出来,这样体操的动作就同步一致。乐团的演奏在运动场的音乐厅楼上。刘炽注视着运动场体操运动员的动作,乐团指挥则不时看着刘炽的手,由刘炽帮助他们掌握速度,从而实现了一次友好而成功的合作。

演出后很轰动,大家觉得这个团体操的管弦乐曲很新鲜。就在检阅台的贵宾席上，布拉格电视台、电台的记者都来采访刘炽："你这个乐曲很有气派！作为一位中国的作曲家，你对捷克有什么印象？"刘炽回答得从容而得体："我听过德沃夏克的《新世界交响曲》，现在来到了他的故乡。捷克是一个美丽的国家！这里的人们很热情，姑娘很美，小伙子也很好……"

给刘炽担任翻译的就是当年中国人民大学的留学生、刘炽的朋友伊达赫，这给刘炽在捷克的工作和生活带来了极大的方便，而最主要的是便于接近捷克人民。

团体操表演结束后，中国体育代表团便游览名胜古迹。刘炽还参观了作曲家斯美塔那纪念馆。斯美塔那是近代捷克民族乐派的创始者，他的音乐创作和社会活动对捷克民族音乐的发展起了巨大作用。刘炽在斯美塔那闪光的足迹中寻觅着、思索着。作曲家离不开自己的民族，民族是他的根、他的魂，世界上有多少优秀的作曲家像斯美塔那一样在为自己的民族歌唱，也正因为如此，他们才受到了人们的尊敬和赞扬。

斯美塔那

刘炽又去剧院观看歌剧《被出卖的新嫁娘》，这是斯美塔那1866年所写作的歌剧。它讲述了这样一个故事：一个被继母赶出家门的贫困青年，机智地冲破媒人和继母的阻挠，与自己的情人终成眷属，这是一出表现捷克人民固有习俗和乐观精神的喜剧。除了感受到作者对男女主人公的真挚深情以及对继母、媒人的温和讽刺，刘炽获得强烈而深刻的印象还在于全剧贯穿着民间舞蹈，管弦乐渲染了农村的气氛，旋律具有浓厚的民间音调，富有民族色彩。为什么《被出卖的新嫁娘》能成为斯美塔那最受欢迎的歌剧？刘炽在想，不就是因为它扎根在民族的土壤里，而显露着鲜明而浓郁的风格！对音乐来说，民族化太重要了。

刘炽又去音乐厅听了交响诗《我的祖国》。这是斯美塔那在交响乐创作方面的代表作，是1874—1879年间创作的大型交响诗套曲。

从套曲的序奏，第一首《维舍拉德》开始，刘炽即被乐曲带入了艺术情境，那是古代民间歌手柳米对故都维舍拉德光荣历史的凭吊，他谛听着这历史的音响，心里回荡着一个民族的崇高与尊严。第二首是《沃尔塔瓦河》，刘炽又一次被带入了那如画的诗境之中，又泛舟在宽阔、澄碧的河面，而那两岸风光都化作了优美的旋律；在那音的流波里，他仿佛又听到伊达赫在叙述关于沃尔塔瓦河的民间传说；这次却怎么也找不到河的源头了，他被陶醉了，陶醉在无边无际的诗的交响之中。而与之相呼应的是第四首《波希米亚的原野和森林》，中国有句古话，"仁者乐山，智者乐水"，刘炽的心弦上便共鸣着斯美塔那对祖国大地的颂歌。而第三曲《莎尔卡》是关于捷克女英雄莎尔卡的故事，第五曲表现胡斯派运动中农民起义的史诗《塔博尔》，都使刘炽激动不已。第六曲《布兰尼克》叙述战士宿营布兰尼克，这是一首总结性的乐曲，结尾再现维舍拉德的主题，刘炽又一次地感受着庄严与崇高。

在情感的激荡以后，便是审美的理性思索。套曲中的每一首交响诗都能独立成章，联结起来又有形象和主题的联系，成为展示捷克民族历史和风土人情的画面。刘炽由衷地赞美大型套曲的新体裁，使这种新形式同丰富的标题内容完美地统一在一起。而感受最深的，还是斯美塔那从李斯特那里学习了交响诗的原则和优点，但又没受它的束缚，有着自己的、民族的东西，而且处理得很准确。刘炽想，这当是《我的祖国》在艺术上取得很高成就的重要原因。善于学习、善于创造，这也是刘炽从斯美塔那那里获得的最宝贵的启示。

刘炽在捷克期间，恰逢他的朋友伊达赫被授予博士学位，仪式在一个教堂里举行，刘炽以特邀贵宾的身份参加了。教堂里音乐响起，刘炽便感到庄严、神圣，灵魂也得到了净化。宗教音乐是有魅力的，因为它也是人创造的，很多欧洲的音乐大师都写过宗教音乐。特别是听了管风琴，他觉得非常壮美，而我国竟没有这种乐器。后来，刘炽曾想通过朋友鲁赛克为我国从捷克引进管风琴。

从捷克返回，刘炽乘坐火车途经苏联，这是他第一次到苏联，但因为他熟悉苏联音乐，便对苏联有着深刻的印象。格林卡、柴可夫斯基、肖斯塔科维奇，还有"五人团"，都是他所热爱和崇拜的音乐家。民间的《小白桦》，俄罗斯民歌、民间歌舞《莫依塞耶夫》，那生动活泼的表演也是他所喜欢和熟悉的；还有亚历山大洛夫合唱团，继承沙皇时代哥萨克合唱的传统，全部是男声，女声声部也是男性歌者用假嗓子唱，非常有特色……

刘炽很想去拜访红旗歌舞团的创始人、苏联新国歌的作者亚历山大洛夫，却因时间短，而未能同他们进行交流，因而感到非常遗憾。

这次捷克之行，刘炽的感触很深。他认为我们的音乐家应该经常到外面看一看、学一学，不要画地为牢，做井底之蛙。参观其他国家人民生活中的音乐、宗教音乐、民间音乐，各种演出，哪怕是公园里的演出、街头上艺人的演奏，这些都可以开阔我们的眼界，并从中获得启示和收益。

八、《让我们荡起双桨》

1955年，长春电影制片厂拍摄了新中国第一部儿童彩色故事片《祖国的花朵》，导演严恭来请刘炽为影片作曲，他欣然答应了，因为他乐于为孩子们写歌。

7月初的一天，颐和园昆明湖碧波荡漾，绿树红墙显得格外鲜活。严恭和苏里两位导演，带领《祖国的花朵》摄制组的全体成员，还有一大群十二三岁的孩子（电影中的小演员和群众）一起来到万寿山体验生活。孩子们在颐和园中嬉戏，到昆明湖上划船，熟悉将要拍摄的环境，掌握划船的技巧，寻找在水上的感觉。刘炽也跟着一起来了。刘炽有的是不泯的童心。在颐和园里，他跟孩子们一起做游戏，疯闹玩耍，有一种说不出的快意。

后来，制片、剧务领着孩子们上了小船，刘炽在昆明湖边犯难了。他儿时有两怕，一怕鬼，那是因为小时候在西安三仙庙里听了许多鬼怪的故事；二怕水，他不会游泳。而后来又添了一怕，即怕电。上船吧，怕水啊，他心里直犯嘀咕；不上船吧，又怎么能熟悉水上的环境、感觉，怎么感受孩子们在水上划船的情趣呢？没有身临其境，又如何下笔作曲呢？在这犹豫之中，孩子们热情地喊着："刘炽叔叔，赶快上来呀！"刘炽只能硬着头皮登上了小船。

与刘炽同船的有三个孩子，他一直记得其中两人的名字，一个叫吕大渝，一个叫李锡祥。上了船，刘炽双手紧抓着船舷，一动也不敢动。而孩子们荡起双桨，一个个划呀、嚷呀，平静的湖面便荡漾着欢声笑语。刘炽望着吕大渝、李锡祥，还有其他船上的孩子，他们那活泼可爱的神态，真像是一群小天使！渐渐地，刘炽被孩子们的情绪感染了、着迷了，同时也不害怕了，他同孩子们比赛划船、打水仗，还干脆脱了鞋，将双脚伸向水里，随流飘荡。就这样，一会儿石舫，一会儿土地堂，一会儿又是玉带桥。这碧波、轻舟、欢声，把刘炽这个34岁的中年人又荡回到童年中去。他便以孩子的心境、孩子的视角来观察湖水、小船、风浪，在寻找幸福少年的内心世界和节奏。当船快要划到"犀牛望月"的那座铜牛附近时，刘炽突然有了具体的乐句，这乐句在他脑海里显现着，在他心里蹦跳着，他便立刻向划船的孩子喊道："快把船靠岸，快靠岸！"三个孩子瞪大着眼望着他："刘炽叔叔怎么啦？""这首歌的旋律出来了，我得马上记下来！"李锡祥这孩子挺机灵，一下子明白过来，插嘴说："刘炽叔叔来神了，就是来灵感了，快靠岸边吧，他要写啊，不然神儿就跑了！"

刘炽上了岸，对孩子们说："你们划你们的，继续去玩。我现在就写，歌儿写出来第一个唱给你们听，你们喜欢，就用它；你们不喜欢，我再写！"就在那"犀牛望月"小小的半岛上，刘炽坐在一块大石头上，以腿为桌开始了他的写作，湖水轻拍岛石他全不知晓，只有心舟在旋律中荡漾了。二十分钟不知不觉地过去了，《让我们荡起双桨》的独唱部分和童声二部合唱部分完成了！这时，刘炽点上一支烟，一面抽着烟，一面悠然地望着万寿山、玉带桥，渐渐地从激动的情绪中冷静下来。过后，

20世纪50年代刘炽和《祖国的花朵》小演员们合影

他便把视线集中到昆明湖中那一串串小船上,看着那些幸福的小天使,刘炽哼起了刚写完的歌曲,一遍,两遍……他仔细地品味着、检查着,有几处不大好,便立即进行修改,又用了十几分钟。过后,刘炽又用孩子的口气和心理,在心中默唱着、揣摩着。歌曲确实有着孩子们的心情和趣味,有着孩子们的欢乐和幸福,刘炽这才感到满意了。

待歌曲写完改好后,孩子们也玩够了,上岸了。刘炽让严恭和苏里把孩子们集中起来,掏出了刚写好的《让我们荡起双桨》,唱给大家听。

```
 0 6  1 2 | 3.    5 | 3 1  2 | 6  -  |
 让 我  们 荡    起 双      桨,

 0 2  3  | 5     5 | 6  2  | 3  -  3 |……
 小 船  儿 推    开 波  浪,
```

一曲唱完，孩子们乐了，拍着手说："真好！真像我们刚才在船上玩的时候的心情！"接着，严恭、苏里，还有扮演老师的张圆，扮演志愿军的郭永泰，也都纷纷表示，这是一首切合影片需要的很优秀的儿童歌曲。得到大家的首肯，刘炽非常高兴，准备一回到新街口太平胡同的住地，就马上着手完成管弦乐的总谱。

在回太平胡同的路上，孩子们的辅导员柳兰提了一个建议："刘炽老师，您刚才写的那首'划船'歌确实好，但是，我在想，要是改成三拍子可能会更好听些，您说呢？""也许你说的有道理，我们不妨试试吧。"刘炽谦和地说。

$6=C$ $\frac{3}{4}$ 稍快 优美、热情

（乐谱）

回到太平胡同，吃完晚饭，刘炽即按柳兰的设想，把歌改写成 $\frac{3}{4}$ 拍。第二天，刘炽将两首歌交给了柳兰，让她把这两首对照着唱，比较比较，让孩子们谈谈哪种更好。过后，孩子们一致认为还是原先的那首 $\frac{2}{4}$ 拍的好听，也更适合划船的节拍和感觉。这样，《让我们荡起双桨》最终定稿。

随着电影《祖国的花朵》的放映,《让我们荡起双桨》这首影片插曲很快在全国流传开来。孩子们乐呵呵地唱着,感受着幸福;大人们也轻轻地哼着,回味着童年;以致外国的孩子和大人也爱上了这首优美的歌。《让我们荡起双桨》确实可算是儿童歌曲的经典之作,它被选入了中小学音乐教材,传唱了两三代人,并将延续下去,那双桨也将继续轻荡在历史的长河中。

电影《祖国的花朵》里还有另外两首儿童歌曲,一是《我们在大地上栽种鲜花》,当时在全国也很流行。另一首是童声合唱《联欢》,篇幅比较长,虽不及前两首流播广远,但它用在中山公园孩子们与志愿军联欢的场面中,效果很好。

《联欢》是根据导演严恭的要求创作的声乐作品。后来严恭感到剪辑有困难,又想改换为器乐曲。刘炽说:"如果剪辑有困难,我们可以共同想办法,但这音乐不好换!"刘炽考虑的是这首歌有艺术效果,而严恭仍然要求改换,刘炽则有些火了:"你做导演,一会儿要作曲的那样,一会儿要作曲的这样,作曲的受得了吗?用声乐当初可是你的主意,你再用这种办法对付我不成,我不是那种人!"刘炽一番理直气壮的言辞使严恭一时无言以答了。后来,严恭去电影局送审影片,又提出要改器乐,刘炽还是坚决不同意。结果,这首歌没有修改。"艺术是不可以随便的",刘炽在坚持着他的原则。

九、上甘岭阵地的英雄儿女——《我的祖国》和《英雄颂》

刘炽是歌剧院的人,他也钟情于歌剧,但有重要题材的歌剧又轮不到他去写，于是他在电影音乐这块园地上耕耘着，而且也在收获着，并越来越为人们所注目。

著名导演沙蒙拍摄电影《上甘岭》时又来约请刘炽作曲。上甘岭战役是抗美援朝战争中中国人民志愿军在战略防御阶段而进行的重要战役。美军为了配合其停战谈判，从1952年10月14日开始，向金化以北的上甘岭地区的597.9高地和537.7高地北山两个阵地，发动了猛烈的"金化攻势"，先后动用了3个多师共6万余人的兵力，集中300余门大炮，170余辆坦克和大量飞机，在3.7平方公里的阵地上倾泻了190余万发炮弹，把两个阵地削低了2米。而坚守在这两个阵地上的志愿军的两个加强连，依托坑道，进行积极的防御作战。在运输、给养困难乃至断水的情况下，他们进行了艰苦卓绝的斗争，打退了敌人的多次进攻，付出了巨大牺牲，坚守着阵地。而整个战役，志愿军先后投入4万余人的兵力，与敌人进行反复争夺，经过43天的激战，至11月25日，美军的"金化攻势"被彻底粉碎。整个战役歼敌2.5万余人，创造了依托坚固阵地进行防御战的光辉范例，这迫使美帝国主义不得不重新回到谈判桌上来。影片《上甘岭》再现了抗美援朝战争的情境，以那可歌可泣的动人事迹，成功地塑造了志愿军英雄人物的银幕形象。

沙蒙是个十分严肃、严谨的导演。在环境、气氛以至服装、道具等细节的处理上，他一丝不苟地追求真实自然，符合实际生活的规定情景。而对刘炽的作曲，他的要求也是很高的。

电影中有这样一段情节：坚守在阵地上的七连，经过多日顽强艰苦的战斗，一百多人只剩下指导员、护士小王、一排长和两个战士了。没有药物、没有给养，指导员的伤病日益严重而迫近死亡边缘。牺牲在上甘岭的坑道里，他并不遗憾。此时，他深深眷恋的是"我的祖国"，多想再看她一眼啊，那一条大河，那两岸稻花，那船上的白帆……他于是请求护士小王："请你给我唱唱《我的祖国》那首歌儿吧！"小王含着热泪唱着，指导员也不由自主地跟着唱着，战士们滚着泪珠合唱着，指导员便在这深情而优美的歌声中合上了眼，永远地合上了……

沙蒙向刘炽提出："我希望这首歌随着电影的放映传遍全国，而且家喻户晓，妇孺皆知。过了若干年，这部电影不放了，只要人们唱起这首歌，就会联想到影片中那些动人的场面，从而怀念那些可歌可泣的、坚守上甘岭阵地的英雄们。他们是我们中华民族的灵魂，是我们中国的脊梁骨！"

沙蒙是个懂得音乐的老导演，那种殷切的希望和细语叮咛，刘炽是心领神会的。刘炽的回答则是委婉而机敏："沙蒙同志，世界上的神枪手有两种：一是指哪儿打哪儿，一是打哪儿指哪儿。我的作曲是属于这后一种的。"然而，这个重托已压在他的肩头，压在他的心上。他暗下决心，要严肃对待，决不能辜负沙蒙同志的热切希望。

刘炽阅读着剧本，阅读着我们的战士——我们最可爱的人，从而渐渐地读到了他们心灵的深处：纯洁、深情、火热、优美，他仿佛触摸到歌声血脉的搏动。对，就以这四个词作为这首歌的蓝图，而在旋律的结构、和声的配置、合唱的升华、乐队的烘托上，再着力追求民族的风格和时代的感情。

怎样才能让全国人民爱唱这首歌呢？刘炽首先想到：人民是否喜爱你的歌，那就取决于你是否热爱人民所喜欢的歌。这里没有什么运气好碰，没有捷径可走，更不能靠什么灵感的爆发，只能从调查研究着手。用调查研究得来的人民喜爱的歌熏陶自己、营养自己，并加以改造，使自己在音乐的审美观上尽可能地接近人民。

经过调查，刘炽了解到 1949 年到 1955 年这段时间里，人们最喜欢唱的歌有二十几首，他即从中选出了十首。有抒情歌曲《二月里来》《江南兰月》《纺棉花》《草原情歌》，有民歌《五哥放羊》《康定情歌》《小河淌水》《对面山上的姑娘》《在那遥远的地方》《小放牛》，及根据《小放牛》改编的《芦沟问答》。

刘炽把自己关在房子里整整一个星期。他一遍遍地唱着这十首歌，唱累了就用笛子吹，吹累了再唱。就这样反复不断地从中揣摩、体会这些歌曲的奥秘，分析它们的旋律情趣、节奏特点、语言性和旋律性的矛盾统一，曲式的结构逻辑和调性调式的规律。邻里们都奇怪："这家伙疯了，魔了？一天到晚唱啊，吹啊，翻来覆去，老唱老吹这几首歌。"在这七八天里，刘炽确实"走火入魔"了。便在这着迷之中，他不知不觉地好像抓到了什么，又似乎抓不准。最后，从《芦沟问答》中的第一句中，他找到《我的祖国》这首歌的灵感。

《芦沟问答》是 1938 年初张曙根据《小放牛》改写的，是曾流行一时的抒情歌曲。

《小放牛》的旋律是：

```
6 5 | 6 5 | 3. 5 6 1 | 5 3 2 | 5 3 5. 3 | 2 5 3 2 |
天  上   娑 萝  什 么 人 儿   栽，     地 下 的    黄 河

1. 2 1 6 | 5.  6 | 1 6 1 | 0 6 5 | 6. 5 6 1 | 4 3 2 |
什 么 人 儿 开，    什 么 人   把 守   三   关 口，

5 3 5. 3 | 2 5 3 2 | 1. 2 3 5 | 2. 1 6 1 | 5 - | （略）
什 么 人 儿  回 家     没 有 回   来 吧 咿 呀  咳。
```

《芦沟问答》的旋律是：

芦　沟　桥　　为　什　么　叫　芦　　沟，

芦沟桥　又　是　　什么时候儿　修，（略）

除了掌握此歌全曲的旋律情趣之外，刘炽采用了它的第一句的前半句(即前二小节)并加以改造，根据歌词的四声，把原曲做了修改：

永　定　河　　　改为　　一　条　大　河

用这两小节做全曲的种子(动机)变成 $\frac{4}{4}$ 拍的一个小节。

其实，在这一个星期里，刘炽所揣摩和分析的又何止这十首歌。他幼年学习隋唐燕乐，受到了陕西的秦腔、眉户、关中民歌的熏陶；去延安后，学习并研究陕北民歌、道情、蒙古民歌、京戏、山西梆子、绥远二人台；解放战争期间，他又接触并记录了东北的二人转、民歌、皮影戏。新中国成立后，对各种民族音乐(包括宗教音乐、各兄弟民族音乐)的研究更加广泛。所有这些，都在潜移默化地对他产生影响——他丰富了自己音乐上的审美观念，音乐也使得他与人民的心灵更接近了。这十首歌给了他明确的启示：人民喜爱的歌是朴实情深的，而不是炫耀技巧的；是流畅顺口的，而不是发涩的；是曲式单纯严谨的，而不是复杂零散的。总之，不是那种堆砌技巧、耍嘴皮子唱的歌，而是用真情来写的心灵的歌！

这便是刘炽在形式方面的考虑，而在内容方面他则注重感情的投入。在即将牺牲离去的时刻，志愿军指导员犹是以拳拳之心眷怀着祖国母亲，那种高尚纯洁的感情使刘炽顺利地把那宝贵的种子培育成了幼苗，乃至根深叶茂的参天大树。

而写这首歌的独唱部分时，那种涌动的感情在激发着他的想象：七连指导员躺在军用床上呼吸短促，面临死亡，而脑子里闪现的是他的一生。他生长在长江边上的一个渔民之家，"听惯了艄公的号子，看惯了船上的白帆……"他此刻多么想再看看他儿时明媚如画的山水。他眼前仿佛是迎风翻腾的稻浪，那是他和爸爸、妈妈、弟弟、妹妹一起薅草、施肥而长出的喜人的庄稼；此刻，他又是多么想回到美丽富饶的家乡，蒸蒸日上的祖国啊！听着小王唱起爱恋祖国的歌，他好像已紧紧贴在祖国母亲的怀抱。为保卫祖国贡献了年轻的生命，他是含笑而去的，他就是我们千千万万战士的缩影。随着这崇高如山、清纯如水的情感，刘炽进入了创作情境，而把动人的乐思化作优美的乐曲。

在写作副歌时，刘炽同样在驰骋想象。他仿佛就在坑道里，就和战士站在一起，在一同唱着"这是美丽的祖国，是我生长的地方，在这片辽阔的土地上，到处都有明媚的风光"，在一同抒发着对祖国的深情：为了保卫她，顽强地在这里坚守阵地，毫无怨言地忍受饥渴，并随时准备献出自己的生命。而唱这首歌时，刘炽又和战士获得同一的感觉，祖国就在我们身边，就在我们的心灵深处，是祖国给了我们无穷的力量。于是，祖国人民好像也站在这上甘岭的坑道里，也在和他们同声歌唱。正是因为胸中蕴蓄着如此丰富博大的感情，刘炽才把这激情熔铸成了壮美的旋律。

刘炽反对炫耀技巧、堆砌技巧，但并不排斥技巧，因为恰当运用技巧，可以使从感情流淌出来的旋律更美、更丰富、更深刻。为了让这首歌家喻户晓、传唱不衰，他又是苦思冥想，把从阿拉波夫那儿学来的技巧能用的都用上了。归结起来，主要有以下几个方面。

1. 对歌词的理解和要求。歌词原是林杉、曹辛、沙蒙所作，是一种自由式的长短句的新体诗：

> 祖国啊！我的母亲，
> 你的儿女，
> 离开了你温暖的怀抱，
> 战斗在朝鲜战场上。
> 在我们的身上，
> 有强大的祖国，
> 有英雄的中国人民。
> ……

刘炽读了好几遍，如何创作旋律，却怎么也找不到。他觉得，若是按词谱曲，纵然费了九牛二虎之力，充其量也只能写成欧洲式的抒情歌曲，在广大人民中不可能流传，因为它缺少中国诗的韵律，不符合群众爱唱的那种有韵律的、对称的、旋律便于上口，便于记忆的要求。他把自己的看法坦诚地告诉了沙蒙，沙蒙接受刘炽的建议，请乔羽重新写了一首《我的祖国》。词写得诗情画意，也蕴含着音乐形象，导演和刘炽都满意这种写法。这样歌词算是确定了下来，刘炽也便开始从中捕捉旋律。

2. 贯穿全歌曲的旋法，应当是接近民歌体的音乐，让人们唱起来、听起来都感到亲切深情。既然选择了很好的种子，这动机又怎样展开呢？要让它沿着民族音乐的脉络延伸下去。否则，就会像头上戴着中国瓜皮帽，而穿的是西装革履，曲子的精神面貌就会呈现出一副滑稽相。因此必须用民族音乐的旋法去发展动机。

主歌的歌词是五句一段：

一条大河波浪宽，
风吹稻花香两岸。
我家就在岸上住，
听惯了艄公的号子，
看惯了船上的白帆。
……

音乐这门艺术比起其他姐妹艺术，更需对称的手法。如何使得这五句一段的歌词取得相对对称的效果呢？刘炽把第四句不作舒展的乐句处理，而作为插入的过渡句，把结束效果较强的（包括节奏的、旋律的）乐句，放在第五句歌词上。让第四句插入部分为短促的节奏型，F大调主和弦的主属序进（1 2 3 5 i 6 5）给第五句的舒展及调式上的突然转换（造成色彩性的转折）做了充分准备。当旋律出现 5 6 1 2 4. 6 这个特殊进行时，造成了非常新奇的效果，紧接着回到的又是典型的F大调的五级和弦、三级和弦，再到完全终止的主和弦即 5 6 3 2 1 -（其中"6"作为装饰音，"2"作为经过音）。

在旋律的结构上，他也运用了犹如中国古典诗歌起、承、转、合的规律。

旋律上的"起"：1 2 6 5 5.　6 | 3 5 i 6 5　- |
　　　　　　　一条大　河　　波浪　宽，

旋律上的"承"：5 65 32 3 | 5 3 6 1 2 - |
　　　　　　　风 吹 稻 花　香 两 岸，

旋律上的"转"，调式色彩也起了变化：2 5 3 1 6　5 6 |
　　　　　　　　　　　　　　　　　　我 家 就　在

2 6 5 6 3. 2 | 1 2 2 3 5 5 1 6 5 | 5 6 1 2 4. |
岸　上 住，　听惯了艄公的号　子，　看 惯了船

旋律上的"合"：6 6 | 5 6 3 2 1 - |
　　　　　　　上 的 白　　帆。

凡是唱过此歌的人，对这种起、承、转、合总有着鲜明的印象。有些同行和刘炽谈及此种现象，也十分欣赏。

3. 副歌（叠句）的旋律结构。首先要求把前面"一条大河"的抒情画面，一跃而变成勇敢的、英雄群像式的、色彩浓烈的大幅油画，也就是说要求把前面战士对祖国的眷恋深情升华为一种荣誉和骄傲。祖国是博大的，她的高山、峡谷、长江、黄河、森林、牧场、田野，那么辽阔，那么美；祖国有着五千年悠久的历史，有着光辉灿烂的文化。作为一个中国人是光荣的，为祖国流血牺牲是英勇豪迈的。这样富有诗意的内容，要求副歌的音乐更壮美。

在旋律方面，刘炽采用舒畅开阔的长音，在节奏方面采用了从弱拍起的方法，使下一小节出现的长音、强音更有气势。在调式的运用方面，他采用了把前面出现过的特殊乐句：5 6 1 2 4. 6 变为F大调的 5 6 1 2 3 -，又在副歌结束时把它转入属调上的完全终止，运用了中国调式转换方法达到调性变化的效果，把 5 6 1 2 3 - 移位，变成 2 3 5 6 7 2 6 7 | 5 - - 0 |，这样反复回到第二段（第二段反复到

第三段）的开始，很新鲜，而不至于产生重复单调的感觉。而第三段结束时的结束句则在 F 大调五级、三级到主和弦结束全曲，$\underline{2}\ 7\ 6\ \underline{5}\ \underline{3}\ \underline{5}\ \underline{5}\ \underline{6}\ \dot{2}\ |\ \overset{\frown}{\dot{1}}\ -\ -\ -\ \|$。这样，副歌确实写得大气磅礴，而于遒劲之中又糅合着婉媚，不仅与前面的主歌形成了鲜明的对比，而且把优美与壮美混融，把歌曲升华到了一个很高的境界。

4. 引子（或前奏）和间奏。引子，在一首歌里也起着重要作用。大体上有以下三种：1. 引入；2. 烘托；3. 和声的、节奏的、描写性的。在《我的祖国》这首歌曲里，刘炽用了引入法，用歌曲的首句、末句，也可以是歌中最突出、最精彩、最有特色的乐句加以变奏（或不变奏），预示着下面将要出现的歌声。刘炽没有用歌声中的乐句，而用歌内的情趣（歌中音的连接规律、调式、音阶）写出引子，为歌声的出现营造自然流畅的环境。

《我的祖国》的引子只在第三小节的第三、四拍上隐约地出现了一下歌中的特殊音型 2 3 5 6，这是 5 6 1 2 | 4 - 前两拍的移位，在第一段、第二段的结尾才光明正大地出现，而且放在歌曲的高音区，夸张了节奏，作为属调上的完全终止式的结束。把 F 大调的完全终止留给第三段的最后，放慢了速度，加强了力度，在高音区上做了使人信服的稳定性结束，但没有用 2 7 6 5 3 5 7 2 而用了 2 7 6 5 3 5 6 2 | 1 - - - ‖，不造成中国歌曲中生硬地使用三级七和弦的分解跳进，便于形成中国式的静止，旋律上也比较亲切。

间奏，这是承上启下的、不可缺少的有机组成部分(类似于中国戏曲曲艺、某些民歌中的过门)，也是为完成一个完美的构思而服务的。大体上有以下几种：承上启下的，反复加强的，感情转折的，插入描写的。《我的祖国》的间奏则用了第二种。用副歌最后两句加以反复，乐队齐奏，使其达到更加雄壮、威武、饱满的效果。

3　3̲5̲ 6　6̲1̲ | 2̲ 3̲2̲1̲2̲ 3̲1̲2̲. 　1̲ | 2̲3̲5̲6̲7̲ 2̲6̲7̲ | 5̲2̲ 6̲7̲5̲ - ‖

5. 语言美和旋律美的矛盾问题。任何一首民歌(包括中国的戏曲唱段，说唱音乐)、歌剧选曲、抒情歌曲，都应当通过各种作曲手段妥善地解决这两个问题。一是旋律动人，吸引人们爱唱、爱听，而形象鲜明，富有感染力和深刻性，这就是旋律美。二是本国、本民族语言的准确性，并使语言更标准，也就是语言美。而在作曲的过程中，两者之间又存在着矛盾，往往顾此失彼。无论是有了旋律美而失掉语言美，还是有了语言美而失掉旋律美，这都是有缺陷的，必然不能使更多的人，在更广的地域，更长的时间里爱唱、爱听。而要使歌曲获得经久不衰的生命力，必须正确处理旋律美与语言美的矛盾，并使两者达到和谐的统一。

在写《我的祖国》声乐部分之初，刘炽先是仔细地、感情十分投入地、一遍遍地朗诵这首歌词，从朗诵的声调、音韵、节奏、语势中去揣摩这首歌词的感觉和情趣，同时也在朗诵中把语言性、旋律性的矛盾逐渐地统一起来，这就为旋律的酝酿形成一种水到渠成的趋势。

一旦伏案写作时，则又是一气呵成的，让旋律展开的气韵贯彻到副歌之前的一个大的段落。然后，再另起一行写副歌(合唱叠句)部分。一切作曲的工序完成之后，刘炽便急着做了这两件事。

首先，用正确的、美的语言去检查旋律，看它在表现语言方面合不合民族语言的四声、节奏，逐句地读一遍谱，跟着唱那句歌，听它是否颠倒了歌词的四声、语气，是否冲乱了语言的规律，其中包括语言的节奏。

$$1\ 2\ \widehat{6\ 5}\ 5.\ 6\ |\ 3\ 5\ \widehat{1\ \widetilde{6}\ 5}\ -\ |\ 5\ \ \widehat{6\ 5}\ \widehat{3\ 2}\ 3\ |\ 5\ \widehat{3\ 6}\ 1\ 2\ -\ |$$
一条大　河　　波浪宽，　　风吹稻花　香两岸，

这两句没有破坏语言的四声和节奏，再往下：

$$2\ 5\ \widehat{3\ 1}\ \widehat{6}\ \ \widehat{5\ 6}\ |\ 2\ 6\ \widehat{5\ 6}\ 3.\ 2\ |$$
我家就　在　　岸上　住，

"岸"字略差，它是去声，现在是上声的处理，还不伤大雅，勉强可通。再接下去，"听惯了艄公的号子"中"听"字是阴平，可这里按上声字处理了，就"字正腔圆"的原则说，这就倒字了。但这里在旋律的展开、全曲的布局方面，急需要有个从低音区到高音区的向上推进的旋律，造成一种上行的潮，否则下面一句就无法转换调式色彩。这样，只好牺牲语言美（破坏语言的规律）来成全旋律美的需要。因为旋律美是第一性的，是形象感情的所在。下面紧接着 $5\ 6\ 1\ 2\ \overset{*}{4}.\ 6\ |$ 的 ＊ 处换了调式，效果比较新鲜、突出，但下一小节又赶快回到了原来调式。至此，主歌告一段落。副歌则没有违背语言美的地方。

至于多段词，一段曲的分节歌，只能以第一段词为准，其后的二段、三段，只能顺便照顾一下，不能照顾的也只好让它去了。

这样检查的结果是，绝大部分的旋律是和语言规律一致的，只有个别字，语言性给旋律性让路，但这加强了旋律的形象性和感人力量，是

值得的。而且唱起来并不别扭，很上口，很优美，很亲切，也很深情。至此完成了检查的第一道工序。

其次，把歌词拿掉，专门检查旋律的美，旋律的形象、感情的准确性，也就是单纯地从音乐方面去审视，揣摩它的感人成分，包括在旋律构成过程中调性、调式、音域、节奏、情趣是否对头，以及旋律的特点、风格和它的完整性。经过第二道工序检查之后，再把歌词填进去，完整地唱几遍，于是他便完成了检查的全部工作。

6. 关于七度跳跃。七度跳跃，是这首歌在结构上的特点之一。在歌中出现了三次。

① 5̂6 1 2 4. ｜ 6 6 ｜
　　看　惯了船　　　上的

② 5 3 1̇ 6. 6 ｜ 5̂6 1 2 3 － ｜
　　是 我 生 长 的 地　　方

③ 2̂3 5 6 7 2̇2̇ 6̂7 ｜ 5 － － － ｜
　　到处都有明媚的阳　　光

这三个七度跳跃，"看""地"都是去声字，往下七度跳跃是合乎语言规律的。而第三个七度跳跃中"到处"正好"到"字需要下滑，而"处"字也是去声，在此处它只能让给第一个去声"到"，把"处"字处理成较低的音，基本上是可以通融的。

刘炽这样的处理方式，不但解决了语言性和旋律性的矛盾，而且无论在正歌还是副歌里，这种七度跳跃都起着一种奇特的作用。

刘炽完成了《我的祖国》这首歌的写作，是非常喜悦、非常激动的，但他没有立即拿出去给导演看、给歌唱演员看，而是把它放在抽屉里加以"冷却"，他把这称作"冷处理"。恰如酿酒师傅一样，总是把酿好的酒先窖存一段时间再给人品尝，那味道就更醇美了。因为作曲家一旦进入创作情境，提笔写曲子时，他是充满激情和想象力的，这促使他把旋律（和声、复调、曲式，甚至还有配器）一气呵成，唯恐丢掉了灵感，在创作过程中这是恰当的、必要的、最有效的。但在火热的情感发挥主导作用时，往往缺少冷静和理智。所以全曲完成，把它放一放，让自己也冷静一下，过几天回过头来再看看，像是别人看自己的作品，也像自己看别人的作品，这时就会发现作品中的各种漏洞和不足，然后进行修改，有时甚至是割爱，从而使之更臻完善。

《我的祖国》曲谱冷却了三天，刘炽把它从抽屉里拿出来改了两次，才正式拿给导演、歌队和独唱者。"冷处理"不仅是创作的最后一道工序，也是作者获得成功的经验之一。

就这样，《我的祖国》的"一条大河"从刘炽的笔端流了出来，从刘炽的心泉里流了出来，它汇合着长江、黄河，汇合着祖国的每一条小溪，流向了千家万户，流向了男女老少的心田，成为人们最喜爱唱的歌。

1989年，这首歌分别获得第一届金唱片奖和金曲奖，1993年又获得"20世纪华人音乐经典作品"的殊荣。在历史的检验与打磨中，《我的祖国》成了永恒的旋律。

《我的祖国》这"一条大河"又随着长江、黄河流向五洲四海。普天之下，凡是有龙的传人的地方，就有《我的祖国》的歌声，《我的祖国》也便成了世界华人的歌！

旅美作家胡迪菁，每年在洛杉矶组织一次大型的《黄河颂》音乐会，1993年4月9日《新民晚报》曾载文《从小提琴手到作家》介绍她。其中有这样一节文字：胡女士激动地对我说："当台上演'一条大河'时，全

《上甘岭》片花，女演员在演唱插曲《我的祖国》

场两千多听众边鼓掌边齐声高唱。当时我流泪了，在场的许多听众流泪了。"

一位马来西亚的老华侨写信告诉刘炽："我们每每思念祖国和故乡时，就会情不自禁地唱起'一条大河波浪宽，风吹稻花香两岸……'"

《我的祖国》为什么有如此动人心魄的艺术魅力？人们为什么喜欢唱"一条大河"？刘炽也反问过自己，他的答案是极其简单而朴素的："就是因为'一条大河'谱写了爱国情、民族音。"但这答案中又浓缩着精辟深刻的艺术真谛："世界上凡是有成就的作曲家，无一不是在民族音乐的沃土里汲取营养。"贝多芬的《田园》，德沃夏克的《自新大陆》，冼星海的《黄河大合唱》中的"河边对口曲"，也都是从民歌中汲取音乐素材。离开民族音乐的沃土，艺术之树绝不会常青。刘炽深情地感谢祖国，感谢人民："因为是这片土地和这片土地上的人民所创造的民族音乐给了我营养，没有他们，就没有我刘炽，没有他们，就没有人们百唱不厌的'一条大河'"。

刘炽没有辜负电影导演沙蒙，《我的祖国》也没有辜负刘炽呕心沥血的艺术劳动。《上甘岭》在北京大学试映后，大学生们把刘炽抬起来一次次地抛向空中，刘炽感受着"爱国情、民族音"所产生的巨大共鸣；当英国著名的钢琴家克莱斯曼把《我的祖国》改编成钢琴曲，让"一条大河"从琴键上流向世界各国人民心灵的时候，刘炽便感受着一种民族的自豪，中国音乐家也有着丰富世界音乐宝库的义务啊！

《我的祖国》在影片《上甘岭》里只是一首插曲，偏重于描写志愿军心灵深处的纯净柔美，明媚豁达，是首具有女性美的对祖国、家乡、人民的赞歌。其实《英雄颂》才是电影《上甘岭》的主题歌。迎着总攻击令的冲锋号声，英雄的战士们从坑道里冲出，发起猛攻，直到影片结束，这长达十多分钟的混声大合唱，是一首壮烈雄健的男性美的合唱！它表现了志愿军威武不屈、英勇顽强、惊天动地、气贯长虹的风貌和气概。

影片上映以后不久，一位艺术界的前辈对刘炽说："我可听出来了，你在上甘岭的阵地上找到了一个优美深情的女儿，又找到了一个英勇顽强的儿子！"

面对"知音"，他便吐露了自己的心曲："是的，您很理解。我是把《我的祖国》当成柔美明媚的女儿，把《英雄颂》作为威武不屈的儿子。他们各有风貌、性格，而其共同点则是中华民族的，绝不是俄罗斯的、法兰西的或德意志的，他们是新生的人民共和国的儿女。"

在谱写七连指导员牺牲场面的音乐时，刘炽想到了当年在延安迎接成吉思汗灵、安葬刘志丹所用的，从唢呐艺人常峁儿那里搜集的《凤凰铃》，他把这悲壮的旋律进行再加工，完成了完整的《哀乐》。其所表达的思想情感更加深沉悲壮了。

录音的时候到了。编剧、导演、全体演员和摄制组工作人员，听了《哀乐》第一遍试奏后，长时间的沉默，录音棚里鸦雀无声。正式开录时，人们在看着银幕上打出的七连指导员牺牲的画面听着《哀乐》，个个涕泪横流。录音结束后很久，录音棚里还有低泣的声音。导演沙蒙走到刘炽身边，紧紧握住他的手："伙计，简直太好了！我代表摄制组全体同志感谢你！"

先前，长影的工农兵片头一直用贺绿汀的《胜利进行曲》。刘炽向长春电影制片厂建议，去掉这曲音乐，因为这首曲子是法国凯旋门式的曲调，与《上甘岭》格格不入。厂方很慎重地开会讨论，结果不同意，理由是贺绿汀是名家，何况这首曲子用了这么长的时间，已形成了制度。"难道制度不能改？"刘炽问得很尖锐，双方争执得很厉害。没法，只好请示文化部电影艺术局。局长袁牧之说："也许刘炽想得是对的，你们可以试试嘛！"后来，片头用《英雄颂》一试，先声夺人，效果很好，大家也都赞成这么改了。从此以后，长影不再用贺绿汀的《胜利进行曲》做固定的片头音乐了。为此，刘炽又感到对不起贺绿汀，多想得到贺绿汀的理解，他这是为了艺术！

十、赣南采风与"不平常的春天"

1957年2月15日至3月8日，中国剧协和音协召开新歌剧讨论会，就新歌剧的基础和方向以及如何继承我们古代戏曲传统和向外国优秀歌剧学习的问题展开了热烈的讨论，会上形成了"百家争鸣"的局面。一种观点偏重于"民族化"，主张在中国戏曲的基础上发展新歌剧，这以马可为代表；一种观点偏重于歌剧本源，主张向西洋歌剧学习，这以黄源洛为代表；刘炽则主张对外应当借鉴不移植，对内应当要精华，摒弃糟粕。

马可发言后，刘炽接着发了言，他们的争论引起了周扬的浓厚兴趣。上午休会了，刘炽意犹未尽，周扬以极大的耐心让他在下午继续发言，刘炽旗帜鲜明地畅抒己见。

欧洲歌剧(泛指国外的歌剧)的确是世界舞台上的精品、珍宝。几百年来，上千部作品活跃在舞台上，扎根在人们的心中，给人以高级的艺术享受。它调动了一切音乐的表现方法和演唱、演奏形式，吸引着全世界的著名歌唱家为歌剧而献身，创造了声乐艺术的辉煌。而全世界的大指挥家几乎没有不指挥歌剧的；至于作曲家，也很少有不写歌剧的。他们都为丰富世界歌剧艺术宝库做出了巨大贡献。我们这一代中国歌剧艺术工作者除了欣赏享受之外，还应用我们的微薄贡献去充实世界歌剧宝库中所缺少的中国歌剧的空白，而这种空白，只能用自己的民族新歌剧去填补，而绝不是用蹩脚的欧洲歌剧的复制品去搪塞充数。中国歌剧事业开拓者的使命是光荣而艰巨的，我们只能借鉴，不能简单地移植。

中国戏曲历史悠久，从关汉卿、王实甫到孔尚任、洪昇，许多剧作家为我们留下了丰富的遗产。剧种众多，数以百计，为他国之罕见，每个剧种的戏曲音乐也非常丰富感人。它们在行腔、吐字、传情等方面都积累了很多绝妙的板眼以及感人肺腑的腔调和曲牌，这些都是民族新歌剧应该继承和发展的珍品，也就是前面所说的对内应当汲取精华的问题。但是戏曲的类型性人物的唱腔、旧曲沿用的填词之风，是新歌剧所不必采取的，因为它在音乐的表现力方面会给新歌剧的创作和表现带来莫大的羁缚和限制，而应加以扬弃。一讲歌剧的民族化，就倒在戏曲的怀抱，那只会用戏曲音乐的绳索捆绑自己。若再创造出一个新的剧种，那也是与发展民族新歌剧的道路相悖的。

与会的贺敬之、王昆、陈紫、海啸、乔羽，还有西北歌剧院、东北歌剧院的同志都十分赞同刘炽的观点。这种观点是对前两种观点的否定，不是前两种观点的折中。刘炽在延安经历了大秧歌运动，从秧歌到秧歌剧，再到《白毛女》，中国民族新歌剧的形成和发展，他有着亲身的体验与透彻的了解；中国戏曲史他也做过一定的研究；在歌剧院，毕竟有着一定歌剧写作的实践。因此，把自己的经验与研究历史结合起来进行深入思考，他所得出的结论，比较符合中国民族新歌剧的发展趋势，由此在会上引起热烈的反响。正确的理论往往是行动的先导，后来刘炽的歌剧力作《阿诗玛》获得很大成功，与他对中国民族新歌剧发展方向的认识与把握是分不开的。

由林杉编剧的电影《党的女儿》，长春电影制片厂准备投入拍摄，导演沙蒙（后因沙蒙被错打成右派，该影片由林农完成执导）自然想到了老搭档，又请刘炽为该影片作曲。为此，刘炽特地去江西采风。

电影《党的女儿》剧照

那已是五月天了，刘炽路过上海时还感到热，可一到赣南的大余，庾岭大山便给了他清凉。大余县委和宣传部热情地接待了刘炽，还特地找了一个妇女给他做饭。

刘炽在此主要是搜集大余采茶戏的音乐。采茶戏是戏曲的一种类别，流行于江西、湖北、湖南、安徽、福建、广东、广西等省份，是由民间歌舞发展而成的，又以江西最为流行，大余采茶戏是其中的一个支派。刘炽有时去剧团记录老演员的演唱，有时则把演员请到他的住地进行记谱。当然，与以往采风一样，刘炽总是学着唱，努力掌握民间音乐的灵魂。他发现大余采茶戏很有特色，比起湘鄂两广的采茶戏，它更偏重于当地的民歌。大约就是因为具有民歌那种鲜明的地方特色和令人耳目一新的风格，大余采茶戏曾进入南昌，红了好几年。刘炽一曲曲地采撷着、收获着。

后来，他来到了赣州。赣州是赣南名城，在赣江上游，为章、贡二水汇合处，于此，刘炽看到一种奇异的景象，两股水一黄一绿交汇后，各自仍继续流着，流到很远的弯处才混在一起，他便领悟出什么叫融合了，而于轻拍的浪涛声中他又似乎听到了赣州民歌的韵调。他在这里搜集了很多赣州民歌。

后来他又去了兴国县，那时兴国县还相当贫困落后。兴国县委、县政府都在半山坡上。刘炽在此搜集兴国当地的歌曲，大部分是去老红军家里。当时他们仍是普通人家，过着农民的日子，住得很简陋，生活很清贫，刘炽目睹这一切，感慨很多，可他能说些什么呢？那些老爷爷、老奶奶送红军时是难分难舍，因此看到刘炽一行便问长问短，刘炽便把能讲的一切都告诉了他们。老人们对外部世界的情况很少了解，一下子激动得不得了。演唱山歌时，老人们回忆着往事，怀念着走了的同志亲人，很动情，高兴时手舞足蹈，伤心处则潸然泪下。刘炽被他们的一腔真情深深地打动了。

民歌是固定的框架，可以随意填词。兴国山歌本是劳动时唱的，后来送红军时填上了新编的词，这些歌便又叫兴国革命民歌。兴国山歌和别处的不一样，是客家话，语言难懂，在搜集、记录的过程刘炽确实很费力。因为语言的障碍，后来张棣昌在《党的女儿》插曲中只用兴国民歌中的"哎唷来"一曲，并用移位的方法加以处理。

刘炽在赣南大山之中近两个月，如入世外桃源，整天除了忙于采风，竟有一些不知山外事。而此时，全国范围内正开展着轰轰烈烈的反右派斗争。

一回到北京，歌剧院里已贴了不少反击右派的大字报，气氛很紧张。刘炽真有些"洞中方七日，世上已千年"的感觉。陈紫、海啸出于关心，怕他不知缘由贸然行事，便对刘炽讲了当时的形势。

"我不是右派，也没言论，我怕什么？"刘炽坦然地说。

"还是小心为好！"

其时，刘炽自己还蒙在鼓里，他也被列入右派名单上报给文化部了。但是文化部部长周扬和副部长刘芝明还是了解这个喝延河水长大的作曲家，便把刘炽从上报的右派分子名单中划去了。

十一、歌不缠人死不休——《祖国颂》

中国步入了社会主义的新时代，1957年国庆节将要隆重庆祝一番，7月间便在筹划《一九五七年国庆节》大型彩色宽银幕文献纪录片。在制作程序上是先期音乐录音，后去拍摄镜头，这样音乐创作就得安排在前了。影片的总摄影师、总编辑张召滨同志便代表中国新闻电影制片厂登门约请刘炽为该片作曲，刘炽欣然地接受了音乐创作的任务。于是影片的主题歌《祖国颂》(乔羽词)的创作开始了！

写一首气势磅礴的、分量较重的、歌唱我们伟大祖国的大型合唱作品，是刘炽的夙愿。在动手写大型歌唱祖国的作品之前，他已从小型作品开始练笔，以便为重型作品打好基础。

第一次重要的试笔是1951年写作《荷花颂》。他说："荷花是最美、最纯、最圣洁的，它出污浊而不染，多像咱们的中华人民共和国！"有了这高远的立意，《荷花颂》也便成了一曲新生的祖国的颂歌。

第二次试笔是1951年在《边疆战士大合唱》中写的混声合唱《祖国要繁荣》，作为终曲合唱处理，气势很大，雄伟壮阔，是一首祝福祖国未来的赞歌。

第三次试笔是为电影《上甘岭》写的插曲《我的祖国》和主题曲《英雄颂》，前者是优美明媚的女性美，后者是威武刚毅的男性美，两首歌名连在一起，便是影片主题的所在。

如果追溯得更远些，新中国成立前1948年在《工人大合唱》中的《建设祖国》，也是歌唱祖国的一次有益的试笔。

几次创作，几多求索。在不同角度、不同形式、不同表现手法方面，刘炽积累着宝贵的经验。这些经验的积累，为《祖国颂》的写作，无论是内容上，还是形式上、表现手法和风格特点上，都做了比较充分的准备。

除了夙愿已久，刘炽还有现实的动因。新中国成立后，我们的祖国一日千里地前进着，呈现出一派欣欣向荣的景象，亿万人民建设祖国的壮志豪情、神州大地的山河巨变，都在激励着刘炽，应该用心灵深处所发出的优美而壮阔的歌声，来歌唱我们的祖国。

创作《祖国颂》，其艺术(音乐)形式、表现手法、结构逻辑以及它要达到的艺术效果应当是个什么样子，什么情趣，这些都得在创作之前进行严密的构思，也就是事先应明确要解决什么问题(矛盾)，达到什么目的(效果)。为此，他给自己订下了三条法则。

进入创作状态，心灵活动是最主要的，决不能让那些音乐技巧，已经形成的、有的已写进教科书的条条框框束缚自己的情感，不能用削足适履的方法把生动活泼的情趣硬塞进百年以前、万里以外的别人用俗了的所谓曲式里去。尽管他多年来一直在虚心学习那些理论知识，也并不排外，但一旦进入创作状态，他又总是把它们推出心灵脑海之外，这就是他的第一条法则。

第二条法则就是遵循周恩来关于"革命化、民族化、大众化"的教导。多年来的创作实践，使他深切体会到，这"三化"对一切艺术创作都是至关重要的，尤其是音乐创作。因为音乐作品，特别是声乐作品，你要人家爱唱、爱听，而不照周恩来指示的"三化"去做，那怎么行？势必要碰壁的。

对于这"三化"，刘炽有着自己的理解。

革命化，就是我们生活着的这个时代的"时代精神"。它体现在你的歌里，别人唱了你的歌，听了你的歌，能陶冶情操，受到鼓励，获得一种奋勇进取的力量。

一个民族有一个民族的艺术(音乐)传统、欣赏习惯、内心情趣，我们应该刻苦地学习它、消化它、掌握它，并在创作中去运用它、发展它。这绝不是依赖现成的书本能解决的。艺术创作好比种树，只有根深才能叶茂，才能果实累累。这个根就是我们祖国人民的生活、思想、感情，就是千百年来表现中国人民内心世界、心灵情趣的民族民间艺术（音乐），而它只能扎根在民族的肥沃的土壤里。一个艺术家要为国增光，就要用蕴含自己民族特色的作品去丰富世界艺术的宝库。否则，老是跟在人家后面，热别人的残羹剩饭，怎么行？当然还得借鉴外国优秀艺术家的高度技巧以及我国古代流传下来的高度技巧，再用上近代、现代的艺术手法、逻辑，努力写出表现我们民族精神的作品来，这才是真正的民族化。民族化不是固定不变的东西，它是需要向前推进的，每一个有志气的艺术家，都应当按照我们的需要，用我们的逻辑去发展它。

大众化，就音乐而言，也就是让人听得懂，进而爱唱、爱听，以至得到精神的熏陶和美的享受，也就是达到周恩来所说的"寓教育于娱乐"的目的。阳春白雪，和者概寡，就是因为它高雅得使大家听不懂，而下里巴人，国中属而和者众，其原因也就在于它的大众化。

唐代诗人杜甫有言，"为人性僻耽佳句，语不惊人死不休"。刘炽受此启发，在延安鲁艺音乐系学习时，就曾暗下决心，并以此鞭策自己："歌不缠人死不休。"只要人们爱唱他的歌，男女老少皆唱，天南地北皆唱，而且是经久不衰地唱，人们从他的歌中受到感染和鼓舞，那将是比斯大林奖、诺贝尔奖还要高贵的奖赏，那将是对他最大的安慰，也是他对培养他的祖国和人民的报答。"歌不缠人死不休"，也便成了他写作《祖国颂》的第三条法则。

三条法则中刘炽考虑最多的还是民族化的问题。因为合唱这种形式是从欧洲传来的，运用这种形式表现中国的生活，首先就应当着眼于民族化，使它在我们民族的土壤扎根、成长、壮大。让人们听起来既有气魄，又很亲切，成为我们中国人的大合唱。

在曲式结构方面，刘炽采用了大三段体，即 A、B、A(变化发展了的 A)结构，形成一种大块上的对比。

A 段：雄伟、辽阔的混声合唱，柔美深情的无言歌，以此起彼伏的复调手法表达人民对新生祖国的热爱和赞叹。在无言歌的陪衬和烘托之下，洒脱庄严的男中音领诵，对祖国的深情浓缩为简练的诗句："鸟在高飞，花在盛开，江山壮丽，人民豪迈，我们伟大的祖国，进入了社会主义时代！"形成明朗、热情、辉煌壮丽的气氛和情调。紧接着是乐队和合唱欢乐而热烈地交错进行。引出了表现亿万人民以坚强的步伐，前进在祖国大地上的进行曲。

B 段：通过间奏，以速度减慢，力度减弱，配器变柔，竖琴流水般的琴音，为下面颂歌的出现营造出顺理成章的意境。男女高音热情而明媚的领唱、混声合唱，把人们带到了江南塞北，看到了棉粮如山、牛羊盖地，看到了铁水汹涌、石油滚滚，从而在心灵深处发出了对祖国的赞颂。

再现的 A 段：不是简单的重复，而是在创作手法上进行了大胆的再展开，用复拍子 $\frac{12}{8}$、$\frac{6}{8}$ 的节律，以更欢快、更热烈的气氛，把开头的四句领唱变成了混声合唱，尽管歌词与前面的 A 段相同，但音乐给人以壮美、雄健的感觉，呈现出辉煌而博大的终曲效果。

另外，在追求民族化的过程中，刘炽努力形成《祖国颂》音乐的特点和风格。

旋律是音乐的灵魂，是音乐形象最初和最终的主宰，它直接影响着作品的特点和风格，又决定着作品流传的广度和时间的长度。对于和声、复调、配器等而言，旋律是第一性的，是作品的根。刘炽对《祖国颂》的旋律做了这样的考虑：首先它应当能表现中华民族的气概和中国人民建设祖国、保卫祖国的内在气质和外在的美，应当是让人们爱唱、爱听，而又使人们陶醉的既优美抒情又气贯长虹的颂歌。而这种旋律只能用民族音乐的材料，用民族欣赏习惯、民族心理状态、民族音乐的展开方法完成。

要产生民族的旋律，势必在声乐作品中要把我们民族的语言美、语言规律呈现出来。在写作《祖国颂》的声乐部分时，刘炽就确立了这样的原则：一定要在语言美的基础上建立旋律美，只是在非常必要的情况下，才可以暂时牺牲一下语言美。事实也正是这样，尤其是 B 段的抒情领唱部分，旋律性和词的语言性结合得很紧密，人们唱起来、听起来，容易上口，容易记忆，并且特别亲切。

在调性的转换方面，刘炽采用了转入关系小调的办法。调性的布局为：A 段 F 大调；B 段 d 小调；再现 A 段转回 F 大调。这样处理，是为了便于业余合唱团的演唱。事实证明全国许多业余合唱团都演唱过《祖国颂》，并不太费劲，这就是合唱的群众化。

在复调的运用上，即 A 段的无言歌所用的此起彼伏的复调手法，形象地、又具某种象征意义地表现了天南地北、亿万人民内心深处在此起彼伏地歌唱着祖国，这既扩大了作品的容量，增加了作品的深度，也成了作品的一个鲜明的特点。

在作曲的旋法上，刘炽采用了陕西秦腔的某些素材，还采用了民族音乐的调式转变。秦腔的素材如：

$$\mid \dot{1} \; - \; \dot{1}\,6 \; \underline{561}\dot{2} \mid 4 \; - \; \underline{43}\,\underline{25} \mid 6. \; \underline{5}\,\underline{41}\,\underline{43} \mid 2 \; - \; - \; - \mid$$

这种进行在秦腔的板胡伴奏中经常出现，很有特色，也很迷人。调式转换如：

①$\frac{2}{4}$ | 5. $\underline{65}$ $\underline{42}$ $\underline{45}$ | 6 - - $\underline{6\dot{1}}$ | $\dot{2}$. $\underline{\dot{3}}$ $\underline{\dot{1}6}$ $\underline{5^\flat 7}$ | 6 - -

②$\underline{6\dot{1}}$ | $\dot{2}$. $\underline{45}$ $\underline{45}$ | 6. $\underline{\dot{1}}$ $\underline{\dot{2}}$ $\underline{\dot{3}\dot{2}}$ | $\dot{1}$ $\underline{76}$ $\underline{25}$ $\underline{37}$ | $\underline{63}$ $\underline{12}$ $\dot{6}$ - |

（①转入 f 小调，②转入 d 小调，这也称作离调进行。）

B 段领唱的第四、五两句，"密麻麻，牛羊盖地天山外"，其一：

$\dot{1}\dot{2}\overset{>}{\underline{\dot{2}}}\dot{3}$ $\dot{3}$. $\dot{2}$ | $\dot{1}$ $\underline{76}$ $\underline{35}$ $\underline{56}$ $\underline{\dot{1}\dot{3}}$ | $\dot{2}$ - - - |

密麻 麻　　牛羊盖地天　山　外

（vi —— I —— V ——）

转入 F 大调，其二：

$\dot{1}\dot{2}\overset{2}{\underline{\dot{3}}}\dot{3}$. $\dot{1}$ | $\dot{2}\dot{3}$ $\dot{1}\underline{76}$ $\underline{25}$ $\underline{37}$ | 6 - - - |

密麻 麻　　牛羊盖地 天山　　外

（vi - i — V —— i）

随后又回到了 d 小调。

这种方法在中国民歌、中国戏曲音乐以及唐宋燕乐中屡见不鲜，而且效果也较好，于是刘炽就大胆地使用了。

秦腔素材的运用、中国民族音乐的调式转变的运用，形成了丰富多彩的旋律变化，而使这首歌，特别是使 A 段的无言歌和 B 段的颂歌更丰满、更多情、更富于民族化的色彩。

一部《祖国颂》就这样诞生了，诞生在刘炽笔下。但是谁又会想到这部气势恢宏、宽广深沉的大合唱竟是出自反右高潮时，被原单位定为右派分子之手呢？刘炽没有半点悲叹和哀怨，有的只是一腔的激情与豪壮，那昂扬的格调在催人奋发向上，这又是为什么呢？刘炽说："我不能因个人的恩怨，个人的屈辱和劫难，就在对祖国的感情上打折扣。"

"我把对祖国、对人民的爱,全部都倾注到歌曲中去了。"

刘炽的夙愿终于实现了!《祖国颂》成了中国人民爱唱、爱听的歌,成了炎黄子孙抒发爱国之情的歌。指挥了《祖国颂》几十年的著名指挥家秋里说:"1959年到1966年'文化大革命'前,我国欢迎外国元首时,周恩来总理亲自选定《祖国颂》为必唱的欢迎曲之一。我们的总理不但喜欢《祖国颂》,还能全部背下来,还会指挥《祖国颂》。"几十年来,在国家各种大型庆典及大型演出中,常有《祖国颂》的演唱,它显示了一种特殊的艺术生命力。

十二、千里运河水流长——下放宝应

1957年年底搞干部下放劳动,刘炽也被派到农村"锻炼"去了。

中央实验歌剧院人员下放的地点是江苏省宝应县。1958年元旦后没几天,他们便登上了火车。在火车上,刘炽看到一车厢一车厢的都是文化部的下放干部。他们都是去江苏扬州专区的,有的单位分在六合县,有的分在高邮县,有的分在兴化县。去宝应县的有歌剧院的、青年艺术剧院的、人民文学出版社的、故宫博物院的、自然博物院的……

车上坐的毕竟都是文化人,大多怀有浪漫的气息,往往对未来生活有着一种美好的憧憬,而这种感情又最容易产生创作冲动。途中,刘炽乘坐的这一车厢里创作活动开始了。青年艺术剧院的杜士俊、王春元和刘炽几个人,头碰头地一起研究着,歌词《新农民才来到》写了出来;一个小时后,刘炽的曲谱竟然出来了;很快车上就唱起来了。就这样,列车载着他们的歌声飞驰南下。一个音乐家的生活不能没有歌声,歌声在

1958年刘炽在江苏宝应劳动时的情景

抚慰着他心头的寂寞，在扫却他胸中的愤怨，歌声又成了他心灵飞翔的翅膀……

　　1958年1月10日，刘炽他们从南京转乘汽车来到了宝应。宝应县是江苏中部里下河地区的一个县。本也是鱼米之乡，虽也经过了农业合作化运动，但仍较贫穷落后。

　　当晚，在县城的大众电影院，举行了欢迎中央政府文化部下放干部大会。会上宝应的业余文艺爱好者和下放干部分别演出了文娱节目，其中最令人惊异不已的便是那曲《新农民才来到》，怎么人一到歌就到？接着，这热情洋溢、明快流畅的旋律一下子就在全城流行开来了。后来这首歌发表在3月22日的《人民日报》上，人们才知道原来是作曲家刘炽的手笔，怪不得那么好听。

　　歌剧院的人下放在宝应县城南边的沿河乡，刘炽则被分配在老鸦庄（当地人称鸬鹚为老鸦，当地村民多养鸬鹚以助捕鱼）。这是一个傍近大运河的村庄，白天可以看到运河里的白帆，夜晚可以听到运河里的涛声。刘炽就住在农业社社长王肇堂的家里，与他同住一室的是歌剧院的两名职工。

刘炽初到老鸦庄，乡下人也并不知道他是作曲家，看他身穿一件对襟的黑色棉袄，没有什么显眼的地方，是个道地的新农民。那时他们与农民实行"三同"，即同吃、同住、同劳动，整天和农民处在一块。最先喜欢上刘炽的是村里的年轻人，劳动之余，刘炽给他们教唱一曲曲好听的歌。不久，中老年人也喜欢上了他，刘炽讲个故事、说则笑话，还真逗人乐。乡亲们觉得这个人热情、随和，都乐于同他相处。刘炽也渐渐发现这里的农民质朴、善良。那时农村的生活很苦，王家大娘、戴家二婶省下鸡蛋，煮熟了几只，背地里塞给他。刘炽把鸡蛋揣在怀里，一时还真舍不得吃，他要细细品味这人间的真情。田头休息时，他便从袖笼里抽出一支短笛来，即兴吹奏。那清亮悠扬的笛音一下子把人们带到了大运河边，像是临水濯足，洗涤着疲劳。

刘炽的笛音又慢慢在县城里回荡起来。那是春节过后，县委召开三级干部大会，会上由中央歌剧院的李稻川、宋兆鹏等人演出《白毛女》，对干部进行阶级教育，刘炽吹笛担任伴奏。

之前，他们进行认真的排练，常常吸引许多人。刘炽那清纯优美的笛音打动了几个爱好音乐的青年学生的心。陆展、梁兆麒、赵征溶先后拜他为师，跟他学习作曲、学习笛子吹奏。大抵如当年报考鲁艺时冼星海考他的一样简单，他让青年各自唱一两首歌，或吹一曲笛，他觉得有些基础，便"好，我就收你做徒弟"！学生也就是深深的几鞠躬，完成了拜师的仪式。其实又不那么简单，刘炽是有自己的考虑的，他下放在这里，应该在这里播下几粒文化的种子。为此，他还请示了他们下放干部的大队长、文化部部长助理黄洛峰，并得到黄洛峰的批准。

恰巧全县教师开展反右斗争，学生停了课，刘炽因痔疮严重发作，住县人民医院开刀，因此师生在一段时间得以朝夕相处。教学也大体和冼星海时一样，刘炽要求学生每周写一首歌，另外让学生先自学《音乐基础理论》，然后是斯波索宾的《和声学》，并布置作业。刚动完手术，他便坐在病床上为学生批阅作业、修改歌曲，连病房里的护士都十分敬佩和感动。身体稍稍康复，他便坐在医院小花园的芳草地上，给学生讲欧洲的音乐发展史，介绍一代代的音乐大师。

刘炽病愈返回老鸦庄，学生便在每个周末下了最后一节课后跑五六里路，去乡下听刘炽老师讲课或面批作业。有时遇上他正在劳动，学生们也便加入其中，肩背喷雾器，一同为三麦治虫。休息了，刘炽即在田埂上为他们上课。

刘炽觉得他们纯真、诚实、好学，还真是喜欢这几个学生。他有一支短笛，学生们借去了，过了一周，却捎来了一支芦笛，是比画着竹笛用芦苇制作的。芦笛音虽不洪亮，但音色极为清纯，很有印度芦笛的风味，你能不喜欢学生的创造精神？周末下午，刘炽正在田间劳动着，那芦笛声由远而近，知道是学生们又来上课了，你能不喜欢这样独特的情趣么？那时给学生上课完全是无偿的劳动，但刘炽乐于这种付出。看到学生们的长进，他自己也便感到生活的充实。而身在异乡，有了一份师生的友谊，也就多了一份亲情，特别遇有寂寞苦恼时，也便有了一份安慰。何况与这些年轻人相处，自己也会感受到蓬勃的朝气，一个艺术家正需要这种旺盛的生命力！

就在刘炽下放老鸦庄期间，中国大地上一股"大跃进"的热潮正在兴起。刘炽也渐渐感到这股气息。在农村，农民们大搞农田水利建设，大

1989年，刘炽在北京与下放宝应期间的学生合影（从左至右依次为：本书作者之一赵征溶、刘炽、梁兆麒）

搞积肥运动，热切地希望改变贫穷落后的面貌，那种干劲、那种精神确实令人感动。黄洛峰写了一首歌词《跃进跃进再跃进》，刘炽为它谱了曲，又热情地在县广播站组织县中的学生合唱队教唱这首歌，这首给人鼓劲的歌很快传遍城乡。后于6月19日发表于《人民日报》。

其实，刘炽远离北京，也和一般人一样，并不知道"大跃进"运动产生的真正背景。应该说，第一个五年计划的超额完成，为我国国民经济的大发展提供了一定的物质基础和经验，也激发了全国人民的积极性，但也助长了急于求成的"左"的思想。从1957年秋至1958年初，"鼓足干劲，力争上游，多快好省地建设社会主义"的总路线，要求各条战线，各个单位"插红旗、拔白旗"，实现"全面'大跃进'"，"七年赶上英国、再加八年或十年赶上美国"。随后，中国人民似乎一下子进入了"一天等于二十年"的伟大时代，"大跃进"运动逐渐形成狂热的浪潮。

刘炽进城开会，觉得气氛变了，人们说话的调子也高了，便是那墙上的壁画也让人吃惊，那藕孔居然像隧道一样能通汽车。艺术需要夸张，但这却是吹牛，夸大了物，人到哪里去了呢？两者关系完全被颠倒了。对于这种生活的变形、变味，刘炽有着某种忧思。

6月28日至7月20日，宝应县委召开了全体下放干部向党交心、进行整风的会议。刘炽在会上发了言，而且直言批评了农村的某些阴暗面。作为一个党员，应该向党袒露一腔赤诚，而作为一个艺术家，他所追求的是真善美，艺术的生命首先在于真，一个真正的艺术家要敢于讲真话。

但是刘炽的"错误言论"被报了上去，并在大会上公布出来，县委书记还点了他的名，组织人对他展开批判。大队长黄洛峰是个好人，有人提出开除刘炽党籍的问题，黄洛峰表示反对。"我们是临时组织，无权解决这一问题！"为此彼此吵了起来，因为黄洛峰坚持的是组织原则，于是这一次刘炽才得以幸免，保住了党籍。

10月间，上面来了指示，要求中央政府文化部的下放干部全部回京。本就是劳动锻炼，大家都锻炼了一个时期。另外1959年是国庆十周年，文艺界要向国庆献礼，创作、排练、演出，需要很多人。

回京，与家人团聚，对每个下放干部来说，自然是十分高兴的事。另外他们一个个毕竟是文化人，挥锄流汗虽然可以培养与劳动人民的感情，但本职工作还在于文化，回到他们乐于从事的文化工作中去，自多一重喜悦。但在宝应生活了近一年，对宝应的土地、宝应的人民却有着别样的情感，刘炽又依依不舍！怀着无限的眷恋，王金陵写了《告别大合唱》的歌词，作曲的任务自然地落到了刘炽的肩头。

此前为参加扬州专区三级干部大会而创作的反映积肥运动的小歌舞剧《大揪什锦汤》，刘炽写了约十首曲子，有老人的歌，有孩子的歌，有青年人的情歌，一首首虽风格不同，却都乐观、明朗。有人不免惊异：刘炽还有心情写这样的歌？刘炽说："写歌时就忘掉了当时的不愉快和坎坷。艺术家要从生活的坎坷与磨难中超脱出来，要生活在歌的气氛中，要预示着美好的未来。"现在，他又用这种超脱的心境来写作《告别大合唱》。

刘炽在县委招待所里写了三四天。其中一曲独唱《千里运河水流长》，是合唱的重点作品。为了写好这首歌，他又去运河体验生活。先是摆渡到了河西，那里清旷而辽阔，眼前是苍苍莽莽的芦苇和南飞的大雁，真令人心怀宽广，过后，刘炽便乘一艘船逆流而上，直至淮安地界，又换乘另外的货船顺流而下。他饱览着南面、北面、东岸、西岸的运河风光。此行用了三四个小时。尔后，他的心胸开阔了，他的思路更开阔了，生活给了他灵感，回去写得非常顺当，只用了半天就完成了这首独唱曲。

歌曲开始的主题很广阔，随着旋律的发展而进入了抒情的境界，朴素而优美。接着以衬字"啊"过渡，转入对大运河所哺育的英雄人民的歌颂，壮美而豪迈。

在告别晚会上，歌剧院的男高音演员谭雅涛独唱了《千里运河水流长》这首歌，他那金属般的嗓音震荡着在座每一个人的心弦，大家由衷地赞叹和感动，多美的歌，这是一首属于宝应的、属于大运河的歌！随着雷鸣般的掌声，这首歌飞了出去，飞向大运河水流过的地方。

后来，这首歌在《中国青年》1959年第4期上发表了。刘炽在选编自己的抒情歌曲集时，收入了这首歌，并放在第二首的位置，可见他对这首歌的重视了。30年后，在刘炽重返宝应的欢迎音乐会上，最使他感慨万千的还是他的这一曲《千里运河水流长》，这歌还真是缠人啊！

临行在即，刘炽还是抽空给学生上了最后一课。别情依依，学生们真舍不得刘炽老师的离去。恰如孟郊的诗句所说："谁言寸草心，报得三春晖。"老师的恩情也是报答不尽的呀！但用什么东西送给刘老师作为临别纪念呢？学生们经过反复商量，精心地制作了两支当年刘炽教他们制作的芦笛。刘炽珍重地收下了芦笛，收下满含别情的馈赠。其实刘炽又何尝不遗憾呢，如果时间长一些，他的学生很可能在音乐上成材，自己却又是无奈。虽然回京后，刘炽还继续给这几个学生批阅作业、修改歌曲，但毕竟不如朝夕相处的方便了，何况他自己手头的事很忙。学生们也走上了各自的生活道路。而对音乐的热爱，对刘炽老师的思念，便都时常抒发在一曲曲芦笛情里。

十三、开始歌剧《阿诗玛》的创作

就在承接电影《风暴》音乐创作的同时，刘炽又开始了歌剧《阿诗玛》的创作。

那是在"大跃进"期间，文艺也要"大跃进"，中央戏剧学院的青年教师李坚、郦子柏写作了歌剧《阿诗玛》。

《阿诗玛》原是彝族长篇叙事诗，在云南圭山地区彝族分支撒尼人中广泛流传。长诗生动地刻画了两个撒尼青年的可爱形象。主人公阿诗玛是一个聪明美丽而又能干的姑娘。她被有钱有势的热布巴拉抢走，虽经百般诱惑和威吓，但始终不屈。她的恋人阿黑勇敢、机智，为解救阿诗玛，阿黑和热布巴拉父子斗智、比武，终于获得胜利，救出了阿诗玛。当阿黑带着阿诗玛渡河之际，热布巴拉不甘心失败，放下洪水，把阿诗玛冲走了。相传阿诗玛没有死。她被一个仙人——应山姑娘搭救，从此便住在山上。撒尼人怀念她，常常对着山谷呼唤着她的名字，这时山谷就会传来她的回声。

《阿诗玛》具有鲜明的人民性和高度的艺术性，受到文学界的重视。1953年初，云南省文工团组织圭山工作组对《阿诗玛》进行了广泛的调查搜集，经黄铁、杨知勇、刘绮、公刘整理，于1954年由云南人民出版社出版。

李坚他们的歌剧本子就是据此改编的。本子呈送歌剧院，院里对它不太感兴趣，就把本子交给刘炽。刘炽看了剧本，觉得情节和人物都很动人，阿诗玛和阿黑的行动表现了撒尼人民反抗阶级压迫和追求自由幸福的坚强意志，是一部歌剧的好材料。只是由于李坚他们对歌剧的艺术样式、特点还不太熟悉，写得稚拙了一些，不过没关系，还可以改。刘炽对于青年人有着固有的热情，扶掖青年也是一个艺术家的义务，他不但没有把他们打发走，而且和他们黏在了一起。

刘炽说出了自己的看法，便问："你们愿意修改吗？"

"愿意，当然愿意！"

"那是要下很大的功夫的！"

"行！您说怎么改就怎么改，我们反正躺在您的怀里！"

刘炽没有正面回答，却跟他们讲了一个故事。一个私塾先生教一群学生，有个学生不好好念书，却好作诗，别人听不懂，他却自我欣赏，自鸣得意。私塾设在庙里，先生规定背书背不上就不准回家。这个学生不好好复习,见有个屎壳郎碰到墙上,他便吟了一句"呜碰扑拉炭"。这时一只猫钻出来盯住老鼠,他便又是一句"呋兹咯喳糖(像吃糖的声音)"。他妈妈见他很晚未回去,问了同学,便来找老师求情。老师同意了,说他关在大房子里。妈妈叫他,他在里面不答应。妈妈就用唾沫舔破窗纸,他从里面看到母亲的眼睛像绿豆,便吟"母窥窗绿豆"。妈妈领了他回来,见一丫头正在烫脚,他立即又吟"丫洗水飘姜(脚趾像洋姜)"。天快黑了,一对鸽子飞了回来,那是他用 120 个铜钱买的,一句"檐前飞百二"又脱口而出。突然来了阵风,把诗稿吹得到处都是,又吟一句"炉头飞万张"。这时二哥回来了,腰间斯斯文文地佩两块假玉,他则吟道"况(二兄)腰二白假"。又瞥妻子头上插了一朵黄花,一闻很香,接着又是一句"肉(内人)顶一黄香"。

写完了,他很高兴,恰巧私塾放假,他就去赶集。一看集上还有"诗医",就前去打躬请教。诗医说:"是否给诗看病?"他问:"你给诗看病用什么药?"诗医说:"我这里无非是补药与泻药。比如杜牧七绝《清明》,每句有浪费,要泻成'清明雨纷纷,行人欲断魂。酒家何处有?遥指杏花村'。这样诗就不累赘。""那补药呢?""例如'久旱逢甘霖,他乡遇故知。洞房花烛夜,金榜题名时',第一句加'十年',第二句加'万里',第三句加'和尚',经四句加'白丁',这就叫补。"于是他将自己的诗给诗医看,问是给泻药还是补药。诗医说:"你泻药不能吃,补药也不能吃。我给你两帖膏药,一张贴在嘴上,一张贴在屁眼上,以后有话少说,有屁少放!"李坚、郦子柏听了哈哈大笑。笑过以后却又有些糊涂,不知刘炽讲这个故事用意何在?

刘炽对李坚他们说:"我们三个人要取得共同的语言,哪里泻,哪里补,哪里贴膏药(即否定),这是我与合作者的原则。这个笑话也是艺术创作一个很要紧的规律和美学原则。"李坚、郦子柏欣然接受了这个原则，他们便开始了真正的合作。刘炽便也一同投入了剧本的修改工作。剧本的好坏直接关系着歌剧的成败。刘炽对歌剧情有独钟，只是这些年一直没有得到施展才华的机会，他想抓住《阿诗玛》这个题材，写出一部真正的、像样的民族新歌剧来。因此，他对剧本的要求很严。一方面反复鼓励二位青年作者树立精品意识，一方面共同呕心沥血推敲、锤炼剧本。李坚和郦子柏也确实表现了极大的耐心和韧劲，一遍又一遍地修改剧本。单是大的推翻，就有三四次之多，前后十八易其稿，剧本才算敲定。其间辛苦，只有李坚、郦子柏和刘炽所共知；其间欢乐，也只有他们三人所共享！三个人又一起去云南采风，体验生活。在云南采风，一是去圭山，二是去石林，两处都属路南县，在昆明的东南。圭山是个美丽的地方，山旁有着长湖，绿水青山相辉映，一派旖旎风光。而且气候温和湿润，一年四季山野遍开着鲜花，景色宜人，真叫人流连忘返。

当时那里还存在着原始的社交活动方式。每个村都有公房，有的是在山坡上盖起的草房，有的则是山洞，洞外搭起遮挡太阳和风雨的篷。房子里或山洞里有生活用的坛坛罐罐，还有乐器和刺绣腰带。

公房里住的都是女孩子，一般从十一二岁就入住了。她们从家里带来生活物资，在这里参加集体劳动：修造田地、种苞谷、种菜、放羊、打猎。除此，还学绣花，学唱歌，学人生的道理。仿佛这里是少数民族特殊的"女子学校"。她们有肉大家吃，有酒大家喝，有歌大家唱，又像是一种大家集资的原始共产主义的生活方式。

一般公房里少则八九个人，多则二十几个人。女孩子们在公房里要生活到十六七岁，唱歌呀，跳舞呀，恋爱呀，赠礼呀，大抵接受了这一段"基础教育"，那就可以搬出公房去结婚。

这样，公房也就成了未婚青年男女进行社交活动的场所。每当夜幕降临，男孩子成群结队来到这里，在火塘里燃起旺旺的火，围着火塘弹弦子、弹月琴、吹芦笙、唱歌跳舞，男女相互倾诉爱慕之情，很有一种浪漫主义的情调。男孩子看上某个女孩子，就赠予信物，女孩子接受了，也就算答应了婚事，爱得朴素而简单。

公房习俗是古代群婚的一种残余，历史很久远了。刘炽、李坚他们自然地想到了阿诗玛，她也该是经历过公房生活的，女孩子对爱情、幸福和自由的追求，应该说，都是从这里开始的。于是他们在公房里寻找着，在女孩中寻找着，寻找着阿诗玛的歌，寻找着阿诗玛的舞，寻找着阿诗玛刺绣腰带上编织的理想与生活……

在圭山采风一个星期后，刘炽他们又去了石林。路南石林是全国著名的游览胜地之一。这里群峰壁立，千嶂叠翠；奇峰危石，千姿百态。一座座巨大的灰黑色石峰、石柱拔地而起，直指苍穹，远望如一片莽莽森林，蔚为壮观，因此而得名。

刘炽他们便置身于石峰、石柱之间。循着阿诗玛的身影，从大石林到了小石林。最著名的阿诗玛峰，傍着一潭碧波，背后又有一峰相连，侧视宛若一位背篓的少女身影，颀长高挑，风姿绰约。"这就是阿诗玛！"刘炽他们惊叹不已。就是她雕塑着一部史诗，叙述着一段不朽的传说！刘炽凝望着，从阿诗玛的造像中寻找音乐的魂。它藏在碧波中么？不，它闪亮在火光里。

小石林间有数十亩草坪，当地撒尼族人就在这里欢度火把节。火把节在每年农历六月二十四日，刘炽他们这回正赶上了。这里的火把节规模很大，很热闹。外地的人来，各族的人也来，有观光的，有做生意的，有卖吃喝的，到处是人，活动却组织得井井有条。白天摔跤、比武、爬竿、骑射，一圈圈人津津有味地看着激烈的竞争，一阵阵欢呼声更是热烈地烘托着节日的气氛。夜晚，篝火升起来了，火把点了起来。人们手持火把从家前屋后，从田边地角，汇聚到这里，把大草坪照得一片通明，远看则像灿烂的星群。乐器奏起来，人们跳了起来，唱了起来，遍地是歌，遍地是舞。火光映红了小石林的不夜天，火光映红了一张张兴奋的脸，人们沉浸在节日的狂欢之中。通宵达旦地唱，通宵达旦地舞。火把变幻着一幅幅闪光的图，火把燃烧着一颗颗闪亮的心，人们在不知疲倦地释放着感召自然的力量。刘炽又一次听到了阿诗玛的歌，看到了阿诗玛的舞，终于找到了阿诗玛的魂，那火光中升华着理想、信念和希望。

刘炽（右三）赴云南创作歌剧《阿诗玛》时，与夫人（右二）同创作组合影

刘炽有个习惯，每到一个地方，一定要看看地方上的东西。除了逛逛地摊，尝尝风味小吃，还要听当地的曲艺，看当地的戏曲。广泛地学习民间艺术，从中吸取有益的东西。他在这里接触最多的是滇剧，其次

是花灯；这两种也最令他难忘。

滇剧主要包括丝弦、襄阳腔、胡琴三种声腔，它们分别来自秦腔、湖北汉剧襄河派、徽调，而在云南流行发展的过程中，又与民族、民间音乐相结合，又各具特色。几种声腔的使用，多以丝弦腔为主。有的戏是一种声腔唱到底，有的戏是多种声腔混用，艺人称为"两下锅"或"三下锅"。另外有杂调，多用于生活小戏。在刘炽的印象里，滇剧如同没有发展改造的京剧。云南花灯也是戏曲的一种，它从民间歌舞发展而来，与花鼓戏、采茶戏艺术风格相近。刘炽觉得它与江西大庾的采茶戏完全是两个情调，特别喜欢那生动活泼的戏曲表演和音乐风格。滇剧、花灯戏，还有云南歌舞给了刘炽采风巨大的收获，为他的歌剧《阿诗玛》提供了丰富的营养，这是阿诗玛的家乡给予他的丰厚馈赠。

刘炽也给了云南人民以回报。在此期间，刘炽创作了《滇池圆舞曲》，后灌制了唱片。写作了歌曲《红山茶》，发表在1960年的《中国青年》上。另外，他的《祖国颂》和《刘炽抒情歌曲集》也由云南人民出版社出版。

从云南回到北京，刘炽便全身心地投入歌剧《阿诗玛》的创作。他日复一日地伴着阿诗玛和阿黑，把他们的灵魂和心声化作剑峰池水一般清纯的旋律。到了年底，刘炽终于完成了这部歌剧的全部声乐创作。因为当时并没有决定上演，所以刘炽将它暂搁一旁，而没有立即配器。然而后来《阿诗玛》1963年在辽宁沈阳演出的辉煌，却正是从这里起步，正是来自他这大半年的不懈努力。

十四、为了童声合唱《天天向上》的演出

1959年,我国遭受了严重的自然灾害。而对于此时的刘炽来说,他却经受着更难承受的精神重负——他被开除党籍了。刘炽是痛苦的,是委屈的。但他经历了长久的消沉后,仍决心顽强地生活下去,祖国和人民还需要他歌唱!

1959年10月,是中国少年先锋队建队十周年,钟灵为孩子们写了大合唱《天天向上》的歌词,将此呈送给当时的团中央书记胡耀邦同志,并言明请刘炽作曲。胡耀邦看了很高兴,即用红笔在词稿上做出批示,大意为:"钟灵、刘炽二位同志:为孩子们写这么大的作品是很好的事。词写得好,我相信刘炽能把曲子写得很好。彩排我要去,演出我要去。"

接到了胡耀邦的批示,刘炽备受鼓舞。为孩子们写作品,是艺术家义不容辞的责任。给《祖国的花朵》写作电影音乐时,他和孩子们一起在颐和园里嬉戏,任小舟轻荡出灵感来,写出了《让我们荡起双桨》,那是何等的欢快舒畅。他是在用童心、童趣体验孩子们的生活,却又艺术地表现孩子们生活中的童心、童趣。而今虽在政治上遭受打击,但他童心未泯,精神犹在。他以儿童的音乐语言,以清新优美的旋律,大气派地表现少先队员们天天向上的精神风貌和希望早日成才的思想感情,格调昂扬,具有催人奋进的巨大力量。在完成音乐总谱后,刘炽长长地呼了一口气,这对他有着创伤的心灵无疑是一种安慰,他为少先队成立十周年献上了自己的厚礼。这是他被开除党籍后写的第一部作品,他没有气馁,没有辜负手中的笔,旋律又一次挺直起他不屈的脊梁。

童声合唱《天天向上》，由北京少年宫合唱团牵头排演。开始由从法国回来的张宁和指挥，也许是回国时间短，对我们孩子的生活不太熟悉，指挥没有把握好我们孩子的思想感情。没办法，刘炽便换下了张宁和。刘炽的双手似乎有魔力，轻轻一挥便把孩子们的情感调动了起来。孩子们高兴了，排练出效果了。当然不无遗憾，换下张宁和他实在有点歉疚的，可是为了艺术，他只有舍鱼而取熊掌了。

可是坏消息接连传来，先是说作品不能演；后来又说作品能上，但不能让刘炽指挥。这样，又临时换上了中央乐团吹圆号的张孔令。张孔令还真不好意思从刘炽的手中接过指挥棒，恰恰是刘炽在做张孔令的思想工作，鼓励他："你上，只要作品能上就行！"面对饱受委屈而坦诚大度的音乐家刘炽，张孔令再也无法推辞了。

中国少年先锋队建队十周年那一天，刘炽的童声合唱《天天向上》终于在人民大会堂演出了。胡耀邦特地给他送来了两张票，并且与胡耀邦坐在一块。

演出的效果很好，因为歌曲的旋律很美，管弦乐写得非常棒。演唱完毕，胡耀邦带着钟灵和刘炽一起走上台去，向指挥、向演员们表示祝贺。

《天天向上》在人民大会堂的演出成功，刘炽也意识到自己处境艰险，他才39岁，未来的路还很长，如果不能为祖国人民歌唱，一个作曲家又如何实现自己的生命价值呢？古代大诗人屈原的《离骚》在唤醒着他的魂："路漫漫其修远兮，吾将上下而求索。"

十五、未曾歇拍的余音——曲折延伸的路

明日向何方，刘炽求索着路；苍茫天地间，路也寻找着他。

他爱歌剧，而当时的中央实验歌剧院几乎难有他生活的艺术空间，一个作曲家却是停杯投箸歌路难了。虽山重水复，却又是柳暗花明，人生的路自也有奇妙之处。辽宁歌剧院需要人才，其时，供职于辽宁省委宣传部、刘炽在延安时的老战友安波知道了刘炽的艰难处境，主管文艺的辽宁省委书记周桓又很欣赏刘炽的才华，于是向他伸以援手。刘炽毅然决定，调往辽宁歌剧院。

1961年3月，刘炽三度来到沈阳。这回却是第一次"当了官"，任辽宁歌剧院副院长兼艺委会主任。可他心里始终谨记周恩来总理的那句教诲，"艺术家应该把精力用在艺术创作上"，从而全神贯注继续大型歌剧《阿诗玛》的写作。

又呕心沥血了一年多，刘炽反复修改剧本，重写增写唱段，再作和声配器，1963年元旦大型歌剧《阿诗玛》在沈阳公演。

这部歌剧以它鲜亮的民族特色展现在观众面前。人物造型、服饰、布景、习俗、舞蹈，无一不体现着撒尼人的民族色彩。而以撒尼民歌《海菜腔》《放羊歌》《猜调》《古老腔》为素材创作的歌剧同样流露出浓郁的民族情韵。女声小合唱、女声独唱、男声小合唱优美动听，令人耳目一新。尤其是开头和结尾的回声合唱，以浪漫主义的丰富幻想飘升着《阿诗玛》的灵魂。歌剧音乐的戏剧化和交响性深化了人物性格，特别是发挥合唱、和声的作曲功能，把民歌发展成为管弦乐、交响乐，呈现出

雄浑恢宏的大气势，这在当时的中国新歌剧中还是比较少的。而在借鉴西洋歌剧、发展民族歌剧的探索中，也取得了令人瞩目的成绩。在这部歌剧中，刘炽采用了序曲、间奏曲、舞曲、独唱、重唱、伴唱、合唱等多种歌剧的表现手法；还运用了大量宣叙调，剧中只有极个别地方用说白，使该剧成为一部从头唱到尾的歌剧，这对于"话剧加唱"式的歌剧无疑是一种进步。

歌剧《阿诗玛》的演出成功，产生了轰动效应，赢得了同行和新闻界的赞誉。其中新华社的报道最具有代表性："这部歌剧风格新颖，以抒情见长，它采用了民族的音乐语言并大胆借鉴了西洋歌剧多种多样的手法，来塑造人物和表现戏剧冲突，这对发展中国的新歌剧是很有意义的探索。"中央广播电台国际部还特地录音向国外播放。

评判音乐家的水平往往看其有无上乘的歌剧作品，歌剧也就成了每个作曲家的艺术追求。由此，刘炽的创作事业又多了一座里程碑。

电影音乐仍是刘炽的一方园地。1964年，刘炽为长春电影制片厂的两部重点影片《英雄儿女》和《兵临城下》写作了音乐。其中《英雄儿女》有22段纯乐队的曲子，4首声乐作品。就写战争影片的音乐而言，它较之《上甘岭》更深沉博大，实现了自我超越。特别是主题歌《英雄赞歌》慷慨激越，壮美深情，荡气回肠。

《英雄赞歌》由公木作词，歌词博大壮丽，恰如刘炽所期望的那样：不是挽歌是颂歌；一定要是中华民族的、50年代的英雄气概；不是公式化、概念化的东西，而是以高尚的心灵、纯美的感情感染人和鼓舞人。读罢词作，刘炽已按捺不住，在寻找着与影片主人公王成英雄形象相近的旋律起因。他想到了20多年前在内蒙古考察搜集的伊克昭盟乌审旗民歌《英雄陶陶呼》。

20 世纪 60 年代末刘炽创作电影《大渡河》音乐时在腊子口铁索桥边留影

其中 5 3 3 į | 5 - | 5 - | 颂赞英雄，宏大感人，而给了他创作的灵感。

他又想到了 1942 年张贞黻老师演奏的一首大提琴独奏曲《黄昏的景色》，而默思着那开头的一句。

$\frac{4}{4}$ 稍慢　恬静而优美

5 - 3 į | 5. 4 3 5 1 4 | 3 - 2 7 2 4 | 6. ♭6 5 - |

这个 5 - 3 į | 5.恰似给"陶陶呼"的 5 3 3 į | 5 增加了秀色柔和的光环，很适宜表现王成对祖国和人民那种优美深情的感情，从而又扩大了动机的内涵。

接着，刘炽把 5 3 3 į | 5 - | 变成 5. 5 3 į 5. 6 3 2 1 |，又续

1972年，刘炽在盘锦农村土屋前同鸡鸭狗鹅斗趣留照

上 2 35 216 5 - |，而构成完整的乐句，又运用旋律线下行和上行的变化，短促乐句和长音的对比，起承转合，极富逻辑而顺畅自然地把歌曲推向了一个高潮。

4/4 0 1 7 6 3 | 5 6 5 6 2 - | 2/4 0 6 1 2 | 4/4 3. 2 1 3. 5 | 6 2 1 2 6 5 -
人民战士 驱虎 豹，　　舍生　忘　死　保和　平。

至此，在音乐的抒发方面，言未尽，兴正浓，需要推向更高的高潮，而下面没词了。一种难抑的创作激情奔泻着，来不及找公木了，刘炽便续写出一节副歌的词：

　　　为什么战旗美如画？/英雄的鲜血染红了它。/为什么大地
　　春常在？/英雄的生命开鲜花。

他笔不停挥地用广阔的颂歌式的音乐语言和浪漫主义手法，把英雄的精神升华再升华，而推向情感的高峰。正歌和副歌珠联璧合，公木见了也称赞续笔的精彩，说正是"意料之外，情理之中"。

这首气势磅礴、壮丽情深的人民英雄的颂歌，随着影片的上映，很快在国内流行开来，并播向国外。它传唱至今，亦是各种音乐会的必选节目，显示出不朽的艺术生命力。

正当刘炽年富力强、创作旺盛、才华横溢时，"文化大革命"的暴风骤雨铺天盖地而来，刘炽最早被批判批斗，之后又被送到了辽宁南大荒盘锦农村……

刘炽不甘心！他才50来岁，正是生活上有着丰厚积累、艺术上有

待收获硕果的金色年华,他相信祖国和人民需要他的歌。

想到这些,刘炽更抓紧在农村的时日写作《大地颂》(由知识青年鲁东勇、刘炽作词)。这曲壮歌高昂豪迈,情深隽永。他是用整个生命在歌唱,歌唱这"美丽富饶的大地,中华民族的摇篮",歌曲倾诉着亿万人民"天天痴心想,夜夜梦里见"的心声:"振兴中华的航船,扬帆破浪正向前。"那赤子之心依旧跳动着时代的强音,浇铸着磐石般的信念。在那寒凝大地的东北农村岁月里,恰似"于无声处听惊雷"。

然而《大地颂》并没有成为刘炽的绝笔,不久"四人帮"被粉碎了,他又获得了第二次解放,又迎来了第二个创作的春天。

1977年,刘炽(左二)在盘锦自住土屋院内与辽宁歌剧院老同志们合影

1976年年底，诗人柯岩寄来了诗篇《周总理，你在哪里》，刘炽含着泪水一口气读了好几遍。这正是他心中蓄积已久的歌，他决心要将它创作出来，纪念演出。此时距离总理逝世一周年的日子已十分迫近了。

12月28日，刘炽噙着泪水进入了创作情境，开始了对我们的好总理的追寻。谱面上随之流淌出五声部凝重的交响，交响着亿万人民深情的呼唤，此起彼伏地回荡着一章章对总理丰功伟绩的颂歌。最终呼应作品的开始部分，又升华成人民的心声：周总理"永远和我们在一起""你的人民世世代代想念你"，从而把人们对总理的深情爱戴、深切怀念呈现在纯净、无边而大垠天成的音乐意境中。就这样，流了三天的泪，刘炽终于在12月30日完成了合唱的最后一个音符。

1977年1月8日是周恩来逝世一周年的日子，刘炽创作的五部混声无伴奏大合唱《周总理，你在哪里》由盘锦文工团正式演出。悲歌一曲，台上是一群歌者泪水夺眶的合唱，台下是全场观众嘤嘤泣泣的和声。演出一结束，指挥史建南不顾一切地冲向幕布拭泪，刘炽却独自消失在了剧场外的夜色中……

1978年9月刘炽回到了北京，调入中国煤矿文工团。1980年中共中央组织部部长胡耀邦批示，为他恢复了党籍。回京后，刘炽相继为电影《豹子湾战斗》《飞虎》《大渡河》《笨人王老大》和电视剧《李信与红娘子》《都市的震撼》《哪儿是我的家》等写作音乐。同时又完成了多部大合唱：《战旗颂》、《清明》、《老艄公叙事大合唱》、《青春的使命》、《教师大合唱》、《太阳颂》(原名《微笑的太阳》)、《少年英雄》等。

《太阳颂》写于1987年。那是刘炽离休以后，一个偶然的机会，他从《陕西日报》上发现了党永庵的长诗《微笑的太阳》，引起了感情上的共鸣。此刻，刘炽和全国人民一样，沐浴着和煦的阳光。"太阳"，这是一个多么好的大合唱主题啊！于是他找到了作者共同修改歌词，谱写出又一曲祖国的颂歌。

《太阳颂》共分十个单元，合唱开始，男高音和男中音独唱伴着混声合唱，逐渐进入$\frac{7}{8}$拍子的颂歌，然后转入圆舞曲，倒叙历经浩劫后人民身心的喜悦。喜剧性的民歌插部用的是陕西的眉户调，一扫凝重的气氛，轻松活泼。最后进入豪迈、辽阔、庄严的情绪，结束在排山倒海的气势中。

这部长达30多分钟的大型合唱作品《太阳颂》，成了刘炽"祖国三部曲"的又一壮丽乐章。较之《祖国颂》《大地颂》，《太阳颂》规模和容量更大，表现手法更丰富，在旋律的广度、深度、交响性、抒情性等方面均有新的突破，艺术上臻于炉火纯青，是刘炽创作的又一高峰。1989年10月，在刘炽创作50周年音乐会上，美国著名钢琴家伊里·赫洛莫维茨听了《太阳颂》后赞叹不已："没想到中国有这么好的作曲家，这么好的作品，这么好的乐队！"并且十分钦佩年近古稀的刘炽那旺盛的生命力和惊人的创造力。

另外，刘炽还为各行各业的基层群众写了大量的矿歌、厂歌、校歌、行歌。也许有人认为这未免有些大材小用了，但刘炽自有他的道理。"作曲家的创作不是为了几个能给自己捧场的内行，而是为了更多的外行。他们需要娱乐，需要美的享受，应该满足他们的需要，给他们写！"从这诠释中，我们便会对他贴近人民的情怀多一分理解，而不会对此再作等闲看。

除了作曲，刘炽还十分重视对自己半个多世纪创作经验的总结，留下了20多万字的论述与文章，其中《关于〈我的祖国〉》《关于〈英雄赞歌〉》《关于〈翻身道情〉》《50年前的〈塞北黄昏〉》《悲壮的旋律》《论中国民族歌剧的脚步》等已见诸书刊，这些文章有着很高的学术水平和史料价值。

在人生的旅途中，刘炽跋涉了近80个春秋，在聂耳、冼星海开创的中国新音乐道路上他行进了60年，他的足迹深深刻着时代的印记。

刘炽生活的年代是国家、社会激烈动荡的年代，他也在其中大起大落着。然而这使他得到了充分的锻炼，磨砺了他的思想、意志、毅力，以及对于人生和艺术的执着。他拿着笔，继续创作那大美、健美、壮美、优美的时代旋律，这旋律是刘炽毕生心魂的抒发，蕴含着刘炽执着的爱国情和他的人格魄力，这便是刘炽作品伟岸辉煌的重要动因，便是一个中国艺术家上下求索的初心。

刘炽曾说过，"我有一种内心的责任感"，"我写的是我心中的祖国，我心中的祖国永远是神圣美好的"。是祖国和人民支撑起他坚定的信念和不屈的脊骨。

有人说"音乐是世界的语言""音乐是国际的语言"，而刘炽更赞同"音乐是心灵深处的语言"。恰如著名指挥家杨鸿年教授所说，"他的每一个音符都是从心底发出来的"，旋律便是刘炽心灵的声响，蕴含着炽热深挚的爱国情和人格的魅力。这便是刘炽步入不朽的终极肇因，也是一个艺术家对其一生无愧无悔的深念。

刘炽生活的大地是中华民族的文化摇篮，包孕着极其丰富的音乐资源。他创作的根便深扎在民族音乐的土壤里。刘炽常这样说，"我是喝民间音乐的奶水长大的""民歌生成了我的血肉"，音乐界常称赞他似乎有着某种创作秘籍，其实这都源于他毕生对民族、民间音乐的热爱和尊重。搜集民歌时，他以记谱为辅，以学真为主。先体验它的韵味，再感悟它的灵魂，然后记录乐谱就似表象化它的躯壳了。记完后，又像食草动物般地"反刍",反复咀嚼,把其中的营养和精髓消化吸收。创作时,则用它的灵魂加以发展,用音乐家的方法、个性去发展它的灵魂。如《荷花舞》、《英雄的炊事员》、以"海菜腔"为贯串主题的歌剧《阿诗玛》,都是用这样的方法去追求作品的"神韵"。几十年来,刘炽就是根据这个关于民族民间音乐的理论贯穿并指导自己的创作的。

日丹诺夫说:"旋律是音乐的花冠。"刘炽则加以发展,"旋律是音乐的灵魂"。刘炽善于"捕捉"旋律,而以"出旋律快,出旋律美"著称,就是因为民族民间音乐给了他丰富的种子。他所搜集的民族民间音乐、戏曲音乐、宗教音乐就有3000多首,经他仔细分析、整理的就有数百首。有着如此丰富的储存,一旦播撒,怎能不绽放出绚丽多彩的花,不收获着丰硕沉甸的果!正是有着如此粗壮发达的根系,刘炽的歌很少有重复之嫌,旋律各呈风格。它们一起形成了刘炽音乐创作那鲜明的艺术特色:他的音乐与旋律隽永优美,朴素情深,气势磅礴,民族风格浓郁。这就是刘炽所说的"民族音",也是他的歌为什么深受人民喜爱而得以广泛流传的又一答案。

刘炽的作品以其卓然风骨充溢着超群的才气。早在延安时,海伦·斯诺就说过刘炽"真是一个少年天才",他确实有着良好的音乐禀赋。造就一个艺术家往往包含着"天才"的因素,而刘炽的成就更得力于他的勤奋刻苦。

有一回几个朋友说刘炽贪玩,他便有些气恼,辩解道:"我能拿着乐谱在你们面前写作吗?你们看到我玩的时候,那是完成创作之后。我的上辈和我的同辈,他们的好作品我都背诵过。该用功的时候,我比别人用功,否则我能有那么多的作品吗?艺术不是可以随便扯谎的,博大精深是能假装出来的吗?心里没有东西,写不出来;只有用功,心里才能装进东西。用功不仅是音乐技术上的，而且是心灵上的。"

作品证实了刘炽的辩白和感悟。在延安鲁艺，刘炽勤奋好学得到冼星海的赏识和鼓励，而于课外更努力地咀嚼星海老师的作品，从中获得启示和教益。20世纪50年代，他已是相当有名气的作曲家，却能正视自己音乐上的那条"瘸腿"，去音乐学院进修，从阿拉波夫的作品分析课中提高自己的音乐理论水平。日常他还把音乐作为一种生活，有时整天地听唱片，去接触大量的西洋音乐，以兼容并蓄的态度和方法丰富自己的学识。在创作上，刘炽也是极其用心的，为了"歌不缠人死不休"，他的每一个音符又是精心雕刻出来的，刻出了民族音乐文化的精粹。正因为有着这努力不懈的追求和攀登，才有了歌曲《我的祖国》、《祖国颂》以及歌剧《阿诗玛》、《太阳颂》一步步地超越、一级一层地升入更高的艺术境域。

半个多世纪的艺术劳动，刘炽创作了不止14部大小歌剧，十几部完整电影音乐，上千首歌曲，多种器乐曲，以及舞蹈音乐、话剧音乐、健身操（大团体操）音乐、儿童歌舞剧音乐、木偶剧音乐，等等。其作品之多，题材之广，质量之高，是异常罕见的。他的许多歌曲伴随着时代的步伐，伴着几代人的成长；他的许多旋律被亿万人民广为传唱而经久不衰，成为20世纪华人音乐的经典之作。而《翻身道情》，舞曲《荷花舞》、《新疆好》等作品在国际上屡屡获奖，为丰富中华民族乃至世界的音乐宝库，刘炽做出了可贵的贡献。评价一个作曲家主要是看他的作品，恰如中国音协前主席、作曲家傅庚辰所论："可以说，他（刘炽）是中国近现代音乐史上，继聂耳、冼星海之后，最有成就的伟大作曲家之一。"

在接受笔者访谈时，刘炽就一再叮嘱，不要用赞美的字眼，不要用

"旋律大师"的提法，一切让别人评判，让历史评判。可人们还是这样评说，音乐学院教授杨鸿年认定刘炽是中国的"旋律之王"，著名词作家乔羽称赞刘炽是中国的"旋律大师"，中国煤矿文工团原党委书记刘中军在刘炽百年诞辰学术研讨会上这样评价老团长刘炽的一生："金奖银奖，不如老百姓的夸奖。金杯银杯，不如老百姓的口碑。"然而对刘炽来说，这些也许并不重要。他说："人民喜欢我的歌，这就是最高的奖赏，比得斯大林奖金还重要。"刘炽情系人民，人民爱唱刘炽的歌，大山长河便是见证。刘炽的音乐是属于人民的，刘炽是属于人民的，刘炽是人民的音乐家。我们有理由这么说，也应该这样说。这是他踏着聂耳、冼星海的音乐之路前行的终极结果，也当是他质朴而准确的历史定位。

我们不会忘记那一天，1998年10月23日，"天上掉下一颗星，地上熄了一团火，思念汇成一条河"（刘炽之子、本书作者之一刘欣欣怀念父亲的歌词内容），音乐家刘炽离开了他深爱着的人民，永远地离去了。但是他那波浪翻腾、波涛激荡的一条大河，永远地流淌在中国大地上。

下篇
———
音乐传奇

神采飞扬与神型兼备
——刘炽与新中国第三套、第六套广播体操

1951年11月24日,也就是新中国宣布成立后短短的两年时间,中央人民政府的教育部、卫生部、体育总会(筹备委员会)等九个机构,就颁布了《关于推广体操活动的联合通知》。文件还告知全国,"中央人民广播电台的广播体操节目将自该年的12月1日陆续开播",由此拉开了全民参与广播体操的帷幕。

到了1954年,"根据总理的指示并政务院第二百零五次政务会议讨论,……正式规定在每天上午和下午的工作时间中抽出十分钟做工间操(即广播体操)"。正式文件名是《中央人民政府政务院关于在政府机关中开展工间操和其他体育运动的通知》(1954年3月1日)。

1955年,中国应邀参加在东欧国家捷克斯洛伐克举办的斯巴达克运动会,国家体委负责人贺龙将军,点名要刘炽来创作中国运动员表演大型团体操音乐。这是刘炽与国家体委的第一次合作。由于那次的合作十分成功,给新中国的运动员首赴海外"亮相"长了脸,国家体委的体操编创部门,就算是"盯上"刘炽了。所以才有了其后请刘炽创作两套广播体操音乐,还有创作柔术音乐等接二连三的特约之举。

创作第三套广播体操的音乐

大约 1957 年的下半年，国家体委专门班组编创的第三套广播体操已经完成，而创作第三套广播体操音乐的"活儿"，也摆在了刘炽的案头。当然，请刘炽去看整套的体操，讲解每个动作的要领和操练的速度，自是要先行的。体委来人尤其介绍了第三套广播体操的特点，并强调了其创新内容，以及编导组为使体操中国化而在这"第三套"中进行的探索和意义。刘炽听了很是高兴，并告诉编导组说："谢谢你们的邀请，更谢谢你们的坦诚！你们来找我，我正要说的心里话就是：我要写，就要写出中国风格、中国气派、中国特色的。若不是这样，你们就是搬出贺龙大将军，我也不会写。还有一点就是，当你们讲解、示范了整套和各节动作后，要明确地告诉我，这是定稿，是不会再有改变的定案。因为一旦我进入创作，那旋律和节奏的个性，速度和音乐的段落与布局，即它们的整体结构，就不容删改、不容增减，一句话，就是不容破坏了……"有言在先后，刘炽开始了第三套广播体操的音乐创作。

由于广播体操本是舶来品，新中国成立以来的前两套中，各节的体操动作，也基本是就着"拿来主义"的快捷方式，所以照抄照搬的内容还不少。同时，新中国的第一套和第二套广播体操的音乐，可以说还十分简单和稚嫩，也还不可避免地掺杂着外来音乐的各种痕迹和因素。刘炽创作的第三套广播体操音乐，就是在这样的背景下，担负起了体操音乐真正的"中国血统""中国创造"的首创责任。

刘炽为这套体操所选择的音乐结构（即曲式）是带变化的"回旋曲

式"，即 A-B-A-C-A-D-A-B，加前奏和尾声，加调式变换和转换。整套体操音乐的前奏以大调开始，即由两个向上的短小干练的音乐动机，给人以集合起来、准备做操的号召感。紧接着就以两个连续的下行，下行到那个大调的属音，然后从容地回到了大调的主音，以一个四拍的长音完成了集合全体、准备做操的"定位"和"就绪"。

在这个仅仅一个扩展乐句的，具有庄重的行进、集合、专注感的前奏后，第一节体操的音乐，突然带给人们一种从未有过的，朝气蓬勃、青春荡漾、中国特色的五声音阶和徵调式的旋律。然后，又开始了一个对比乐段，以管弦乐队中的木管组乐器为主奏，其跳荡的、顽皮的、轻松的旋律特性，使做操的人们即刻获得在新生的国家、新的精神面貌下的兴奋感体验。而紧接着的下一节体操，音乐给出了管弦乐队中铜管组那浑厚和持重的音乐，令做操的人们感觉，若不用力、不发力，自己都会不好意思了。上述这些旋律个性和音乐交替着、激励着、震荡着做操的人们，直到第 7 节"跳跃运动"的高潮。结束段是变化了节奏和个性的前奏短乐段，在播音员简洁有力的一句"原地踏步——走！"的口号响起后，于短短的一个扩展乐句中干净利索的结束。

数十年后，刘炽曾绘声绘色地给小女儿刘萤萤讲，第一次请他去看配乐后的体操演练，第一节就把他惊呆了！那些做示范的运动员们手忙脚乱的做着动作，边做边紧张得出汗……原来，他们把音乐的一小节（四分之四拍的小快板节奏）本应做的两个动作，做成了一小节四个动作！怪不得一个个手忙脚乱的！刘炽手舞足蹈地给女儿表演起来，逗得两人大笑不止……

刘炽创作的第三套广播体操的音乐，赢得了全国人民的喜爱。在很长的一个时期，它每天两次，伴着人们做"工间操"。响彻在中国的工矿与企业、城市与乡村的广袤大地上。它的旋律是那样的深入人心，以至于在刘炽诞辰百年纪念音乐会（2021年春）上，国家大剧院首次以交响乐曲的方式，由国家交响乐团演奏这套广播体操音乐时，观众们竟然欣喜地跟着哼唱起来，还有人风趣幽默地在各段音乐间歇中，不失时机地喊出了"伸展运动""踢腿运动""整理运动"的口号声，令观众们会意地笑出了声。

创作第六套广播体操音乐

1981年9月初的一个上午时光，刘炽的挚友、延安鲁艺的老战友程云，正走在大街上，突然听到附近广场上响起广播电台播音员那令人愉快的声音，原来是让大家开始准备做广播体操。

当第一段两个短乐句的前奏音乐响起时，程云的注意力还没有那么集中。但随着播音员响亮有力的口号声"第一节，伸展运动"，伴奏音乐的一个乐段还没完，程云的注意力就完全专注于飘荡在空中的音乐了。他驻足聆听，并显得兴奋和激动，脱口喊道："刘炽的！"而令他兴奋不已的其实还有一个原因：新作品出来了，那就一定是彻底"解放"了。

是的，是刘炽创作的！那程云怎么仅仅听了不到一个乐段，就敢断定这第六套广播体操的音乐是刘炽所创作的呢？其实是程云太了解他的老战友、老朋友刘炽了，了解他的个性、他的作品；更因为程云本人就是从延安鲁艺走出的，并且是那一代老艺术家中不可多得的音乐理论家，他对刘炽和刘炽作品有超乎常人的关注和研究，这才能让他从音乐技法和音乐理论等多个角度，抓住刘炽旋律的各种典型的旋法和技法。最关键的，还有刘炽的音乐和旋律中那特有的热情、乐观和率真的音乐个性。而这最后一点，若不是深深地了解刘炽的人，是感悟不到的。在延安鲁艺老一代艺术家中，对刘炽的了解能达到这样出神入化程度的，还要数刘炽的那群挚友、那群老战友。

第六套广播体操的音乐，于10小节的 $\frac{2}{4}$ 拍前奏后，总共分成9个乐段，分别对应9节体操的每套动作。前面三个乐段，分别写给"伸展运动""四肢运动""扩胸运动"。它们都是齐整的 $\frac{4}{4}$ 节奏，都是8小节的乐段。这样从容和舒展的节奏，加上刘炽音乐特有的抒情性，使得做操的人们，一下子从早晨已紧张工作了的两小时中解脱出来，得以舒缓一下身心，循序渐进式的先放松，而后再适当地运动起来。接着的第四节"踢腿运动"，在做了必要的身体伸展活动后，该来点运动量大些的动作了，于是，这一节的音乐突然变成了 $\frac{2}{4}$ 的节奏和16个小节。而且，第14小节，突然出现了一个下行的小二度，好像正踢腿踢得高兴的人们中，有人一不小心歪了个趔趄，又赶紧调整好平衡，回到了节奏中，完成了最后一个踢腿运动，令所有人都松了一口气。

值得一提的两点是：第一，在中国的广播体操音乐创作中，第六套的音乐，刘炽创新性地使用了 $\frac{3}{4}$ 的节奏。而且贯穿整整3节体操运动中，它们是第五节"体侧运动"、第六节"体转运动"和第七节"腹背运动"。这三节的音乐，在曲式技法上是简洁规整的三段体结构——呈示段、变化段、重复段，即音乐界常说的ABA结构。第二，第五节的旋律，从第四节的C小调，突然变调至G大调，其开始音，等于突然升高了九度，瞬间造成了一种放下一切，享受蓝天白云，恣意舒展身心的情趣。而这个乐段音乐的加长，仿佛刘炽和做体操的人们有默契似的，尽量延长这"来之不易"的愉悦感。接着的第七节"腹背运动"，刘炽的音乐好像告诉做操的人们："来点儿有难度的吧，千万不要偷懒哪！"

第七节的旋律，虽然还是 $\frac{3}{4}$ 的节奏，但强调了张力和起伏迭宕感，虽有张有弛，但是要一句一句地直冲到高潮，才在最后两小节让做操的人们有了"如释重负"的完成感。但是，体操音乐仿佛和做操的人们开了个玩笑："别歇着啊！最具挑战性的一节来啦！"不由分说地，音乐又回到了第五节"体侧运动"的旋律，不过这次要做的是更大幅度的第七节"腹背运动"；但是比较之前第五节体操的速度，却是要缓慢些和更从容些。想象一下，这时恐怕那些运动健将们会更加的精神抖擞；而那些平时懒得运动的人也定会在心里说："哎呀妈呀，累死我啦！"但这正是第六套广播体操所要达到的设计目的："每一节操都有一个主要的（身体）活动部位"，"既简单易做，又有一定难度"。

第八节的旋律，在降到 E 大调后，终于给人们来了一段轻松跳跃，精简利索！正是用这种方式，将人们从前一节中的大幅度奋力运动后彻底"解放"出来了。最后一节，即第九节。当刘炽的音乐、刘炽式的旋律，以那些特有的、抒情性的音乐动机作开始的旋律再次响起时，做操的人们都明白，这是在做总结啦，做完这套体操时"扬眉吐气"和"伸展腰肢"的时刻也就"转瞬即逝"了！

一个黄金时代，一对南屋和北屋
——刘炽与乔羽的合作

我们先来看一组刘炽曲、乔羽词的作品目录：

一、《赶上咱的马儿》。刘炽注：此曲作于农业合作社开始在全国各地"试点"时，曲内的"合作社"与"生产合作社"词句，演唱时可改为"人民公社"或"咱们公社"。齐唱独唱均可。1952年4月于北京。

二、《滑冰歌》。刘炽注：此曲应《儿童音乐》（杂志）之约而作，可齐唱，亦可独唱。1953年12月于北京。

三、《果园姐妹》。四场加序幕、尾声的儿童童话歌剧、歌舞剧，乔羽作剧本和全部唱词，刘炽为此剧创作了连歌唱、合唱在内的四十八段、首乐曲。乔羽在该剧的少年儿童出版社版本所作的出版前言，所标注的日期为：1954年1月15日于北京。

四、《让我们荡起双桨》。刘炽注：此曲原系童声合唱，电影《祖国的花朵》中合唱之一，1954年于长春。

五、《我的祖国》（电影插曲）。刘炽注：此曲原系女声独唱，混声五部合唱，电影《上甘岭》中合唱之一。1956年11月于长春。

六、《一条金龙江上卧》。刘炽注：此曲为长江大桥落成典礼而作，并在典礼大会上由王昆同志在大桥桥头首次演出。1957年7月于北京。

七、《祖国颂》(交响大合唱)。此曲系宽银幕彩色影片《祖国颂》中的主题曲，含合唱、独唱、领唱。1957年12月于北京。

八、《今晚到处都有歌声》。刘炽注：此曲原系混声四部合唱男声领唱，宽银幕彩色影片《祖国颂》中合唱之一。1957年12月于北京。

九、《敬爱的周总理，我们深深怀念您》。刘炽注：此曲采用了周总理多年来喜欢的陕北民歌进行创作。1976年12月31日作。

从上面这份目录看，刘炽与乔羽的合作在1952年4月就有作品推出了，即《赶上咱的马儿》。但这很可能并不是两人的首次合作。

刘炽应是在1950年3月后，调中央戏剧学院歌剧院任作曲及院艺术委员会委员的，4月2日，"中央戏剧学院成立大会隆重召开，……学院领导及师生员工千余人到会"①。

1950年调入北京后，刘炽就开始了繁忙的创作工作：

五一前，为北京五一节检阅文艺大军创作大型民族乐队乐曲；

5月间，整理歌曲集《内蒙古民族之歌》，乌兰巴特尔词，刘炽曲；

6月间，创作歌剧《节正国》(贺敬之创作剧本)；

---

① 史建国：《刘炽年谱》，中国民俗摄影出版社，2020年7月，第53页。

7月始，开始歌剧《白毛女》的首次歌剧化大改；

8月间，创作电影《走向新中国》音乐（合作，北影厂拍摄）；

9月间，创作大型舞剧《和平鸽》（合作，此为刚成立的中央戏剧学院的首个大型剧目）；

11月间，受燕京大学音乐系邀请，开音乐讲座。

1952年1月1日，创作歌剧《牧羊姑娘》，贾克编剧，刘炽、陈紫曲。2月，我们就看到了刘炽和乔羽合作的"民歌风抒情作品"《赶上咱的马儿》，也就是说，刘炽和乔羽合作的"黄金时代"开始了。那时乔羽与刘炽同住在北京东城区西堂子胡同1号的一个四合院，刘炽住北屋，乔羽住南屋，他们亲密合作。用乔羽先生的话说："我至今还在怀念那个年代！那时，他（刘炽）有活儿（创作任务）就找我，我有活儿就找他，他常常是出来到院子里对着我这边喊：'乔羽，你过来下，咱又有活儿干啦！……'"

除了与乔羽同住一个四合院的便利条件外，刘炽必定也是欣赏乔羽的词风的，否则以刘炽创作声乐作品时对歌词要求之苛刻，是不会对任何词作者"将就"的。那我们就摘录乔羽和刘炽合作的一些作品的唱词，来欣赏一下：

《夏天好》：夏天好，白云缠在半山腰……

《大雪歌》：白云不在天上住，来为大地做新袍……

《春水》：春水弯弯地流成了小溪，你看它流呀、流呀，多么愉快，多么顽皮……

《赶上咱的马儿》：赶上咱的马儿，驾上咱的犁，合作社的队伍下了地。马儿马儿这可称了你的心，犁儿犁儿这可如了你的意，哪里去找这片好土地……

《果园姐妹》：月老娘，亮堂堂，开开后门洗衣裳，洗得白，浆得光，门栓姐姐①你穿上……

《让我们荡起双桨》：让我们荡起双桨，小船儿推开波浪。海面倒映着美丽的白塔，四周环绕着绿树红墙……

乔羽的歌词，在艺术的题材和思想方面很好地继承和汲取了中国民间歌谣的形象性和生动性，淳朴、清新，代入感强，朗朗上口。笔者认为，这就是刘炽与乔羽有那么多经典作品在中华大地上问世和存世的原因。这也是为什么在刘炽离开北京调去东北后，两人合作的机会锐减，乔羽先生一直深感遗憾、久久不能释怀的肇因。

再看刘炽为乔羽的歌词所创作的乐谱，可说每一首都洋溢着中华民族自身的音乐传统，每一首都蕴含着中国民歌的精粹旋法，每一首作品的旋律都体现着中国民间语言音韵的特性。更由于刘炽的音乐，使乔羽的这些美妙的歌词，像鸟儿长出了翅膀般，飞翔在中国的大地上；像无处不在的风一般，钻入了中国人民的耳朵、扎根在了中国人民的心中。

最令艺术界称奇的是，刘炽与乔羽合作的一批经典作品，不仅被时间证明了它们的经典，也印证了那个黄金时代——新中国的第一个辉煌的十年——是多么深情地镌刻在了中国艺术家和中国人民的心底。

笔者认为，最能证实这个新中国"黄金时代"的声乐作品，莫过于刘炽和乔羽合作的交响大合唱《祖国颂》第一段的词曲：

太阳跳出了东海，

---

① 门栓姐姐，儿童歌剧《果园姐妹》中角色之一的名字。

> 大地一片光彩，
>
> 河流停止了咆哮，
>
> 山岳敞开了胸怀。
>
> ……
>
> 鸟在高飞，花在盛开，
>
> 江山壮丽，人民豪迈。
>
> 我们伟大的祖国，
>
> 进入了社会主义时代。

但是，两位艺术家相得益彰的合作，那得要多少的机缘、多少历史的"巧合"才能实现，倒是人们没有去细想的。你可以想象一下：碰巧两人各自完成了在音乐作曲和剧本诗词写作方面相当程度的"修炼"，碰巧两人都被调入中央戏剧研究院的歌剧院任职，碰巧两人都住在西堂子胡同一号内的一个四合院里，碰巧这个院子里就住了他们两家，碰巧来邀请他们写作的人带来了这些题材和委托，碰巧有一批他们选出的歌唱家和艺术家来演唱、演奏……

有兴趣的研究者们，可以从两位艺术家的合作作品中，从两人的词曲中，去了解这两位堪称大师的艺术家，是怎样以艺术打磨了那个堪称伟大的"黄金时代"的，是怎样为祖国、为人民、为中华民族留下了这一大批经久流传的经典之作的！南屋和北屋的传奇就介绍到这里。

祖 国 颂

（合 唱）

乔 羽 词
刘 炽 曲

《祖国颂》曲谱节选

我写我心，"天天向上"

——新中国首部童声交响大合唱

曲作者刘炽与词作者钟灵，他们是怎么想到要用《长长长》《想想想》《上上上》来命名新中国首部儿童交响大合唱的三个乐章的呢？这些命名也太奇特了吧，太另类了吧，太大胆了吧！但存心要从唱词中去寻找这些命名的秘密时，笔者还真是有收获。

你看，第一乐章里真的有唱词"长啊长""长啊长"，第二乐章里真的有"想啊想""想啊想"，第三乐章里自不待言，真有"上啊上""上啊上"。今天的我们，不得不佩服当年词曲作者的童心、想象力和艺术创造力！

总之，任你搜遍古今中外的儿童作品，这三个乐章的命名恐怕是前无古人后无来者的。至于整部作品的命名《天天向上》，也是高屋建瓴，令人充分感受到新中国幸福的少年们朝气蓬勃的生命力。

1959 年的 10 月，恰逢中国少年先锋队建队 10 周年，刘炽在延安鲁艺的老战友钟灵为孩子们创作了大合唱《天天向上》的歌词，呈送给团中央书记胡耀邦同志，并说明要请刘炽谱曲。胡耀邦看了很高兴，立即在词稿上用红笔批示："钟灵、刘炽二位同志：为孩子们写这么大的作品是一件很好的事。词写得好，我相信刘炽能把曲子写得很好。彩排我要去，演出我也要去。"

10月13日，中国少先队建队十周年纪念日，北京少年宫领衔组建了600人的少儿合唱团（这是新中国首次为一个儿童合唱作品，在北京的小学中海选出了600名小演员。其实据当时组织排练的邵紫绶称，上场演唱的小演员不止600个，海选的数量自然更大），在刚落成不久的人民大会堂（1959年9月24日建成），在新影乐团管弦乐队的合作下，上演了刘炽谱曲、钟灵作词的童声大合唱《天天向上》。演出非常成功！演出结束后，胡耀邦带着钟灵和刘炽一起走上舞台，向指挥、向演员们表示热烈的祝贺！

1961年6月，歌曲集《天天向上》童声大合唱简谱本，由音乐出版社出版。

下面，咱们来领略一番这个创新大作的部分词曲。

第一乐章《长长长》唱词选段：

今天一尺，明天一丈；长啊长啊，长啊长啊，开花，结果，让祖国的花园遍地芬芳……

第二乐章《想想想》唱词选段：

想啊想啊，想啊想啊，多么崇高的理想，时刻准备着，实现美好的愿望。
我们的思想长上了翅膀，飞向天空，飞向海洋，飞向祖国的四面八方……

第三乐章《上上上》唱词选段：

西方的乌云将会消散，东方升起火红的太阳。

祖国的建设一日千里，我们的道路无限宽广。

上啊上啊上啊，上啊上啊上啊，爬上真理的高山，建造人间的天堂……

在这些充满了童心、充满了幸福感，以及满满的、跃跃欲试的冲动情趣中，天真、浪漫，是笔者能想到的可总括歌词精神的两个词汇。但是，在欣赏了上面的歌词后，在其形式多样化的总印象之上，读者们也许会发现，那时的词作者钟灵，竟然以完全与中国传统的童谣和儿歌相悖的方式写了这些词，甚至可以说，钟灵根本是以大人的方式，写出了这些虽然很生动，但却极难创作、极难演唱的歌词。一般应用短小洗练的乐句来歌唱的旋律，而他竟然大部分采用的是句子较长的"韵文"。也就是说，它们留给作曲者的挑战是多样的和巨大的。而刘炽，恰恰喜欢上了这些歌词！据刘炽的多位老战友回忆说，有些段落的歌词其实是钟灵和刘炽两个人一起琢磨出来的。并且当钟灵自己也担心，这样的歌词怎么作曲时，刘炽这样回答："那就是我的事啦。"

下面就让我们来看看，刘炽是怎么样创作《天天向上》，怎样化解歌词给予他的那些"挑战"的？怎样令儿童合唱团演员们易唱和爱唱的？当然还有怎样既"不抢"孩子们的童声，又发挥出管弦乐队起承转合的作用，展现管弦乐队特有的魅力的？

其实不需要多么高深的音乐理论知识，只要学习过音乐理论中"曲式"这门课的，哪怕是音乐爱好者，都可以发现刘炽写作这个作品的"秘密"。那就是，将它们分化而写之，即：将它们分成了很多小的章节和段落。我们试列举如下：

第一乐章：A，B，C-D，E，C-D，F

第二乐章：A，‖：B：‖，C，A2

第三乐章：A，‖B-C‖，D，E，B-C，F……

（注：上面各乐章后的英文字母，表示的是各个段落；双竖杠，表示重复其旋律而歌唱出不同段落，甚至多个段落的歌词）

第二个要"披露"的秘密，也是刘炽创作《让我们荡起双桨》时所采用的，儿歌和童谣常常采用的五声音阶来创作这三个乐章的歌唱与合唱。因为这样的旋律是儿童和童声较容易掌握的，音准容易掌握的，且自然的具有跳荡和起伏的特点，极适合表现孩子们好动和不拘束的天性。

要说第三个"秘密"，那就一定要谈到在此作中，各种各样短小的音型和乐句，每每特意的、别出心裁的、以种种悠长些的抒情乐句来与之平衡……

在这些秘密之上，那就是刘炽自己所天生和特有的、一生未曾消褪的童心，和他那优美的、牢牢把握住了中华民族音韵的旋律了。

所有这些，我们今天说起来似乎很容易，但创作起来，却又是难上加难的。诸如，各章的速度变化、节奏变化、调性变化，哪里加朗诵为什么要加朗诵；哪里要进入歌唱，又为什么要进入歌唱与合唱，怎样进入；怎样布局各章的开始与结束，怎样完成整个作品的高潮与收尾……就这样，新中国有了自己的童声交响大合唱——《天天向上》。

音乐"考古"歌为证

——刘炽的《联合国日歌》与《工合之歌》

不久前，笔者整理父辈在延安时期的老作品时，发现了一首关于联合国的歌曲，刘炽是那首作品的作曲（合作作品）！而后笔者在查资料时，竟然发现这首歌曲很可能是为联合国创作的第一首歌，它竟然产生在中国的西北，产生在抗战中延安的山沟里！

《联合国日歌》的作词丁毅，作曲刘炽，该作品应创作于二战中的1944年。歌词是这样的：

（一）

天上的乌云遮太阳，

地上的法西斯太猖狂。

吃人的肉来喝人的血，

要在世界上称霸王。

（副歌）

全世界人民团结起，一心消灭法西斯。

（二）

东方有一个日本鬼，

西方有一个希特勒。

这里烧来那里杀，

逼得咱老百姓没法活。

（副歌）

全世界人民团结起，一心消灭法西斯。

　　　　（三）

大风卷走天上的云（yong），

天下的百姓齐了心（xing）。

中美英苏大团结，

一心消灭法西斯兵。

（副歌）

全世界人民团结起，一心消灭法西斯。

　　　　（四）

苏联打出了国境线，

英美打下了罗马城。

晴天霹雳一声响，

第二战场开辟成。

（副歌）

全世界人民团结起，一心消灭法西斯。

希特勒吓得发了疯，

又遣将来又调兵。

这头打来这头败，

那头打来那头懵。

(副歌)

全世界人民团结起,一心消灭法西斯。

(五)

中国人民真英勇,

坚持抗战七年整。

打死鬼子几百万,

明年来个大反攻。

(副歌)

全世界人民团结起,一心消灭法西斯。

(六)

四大强国结同盟,

反法[西斯]国家齐响应。

法西斯强盗断了种,

全世界人民享太平。

(副歌)

全世界人民团结起,一心消灭法西斯。

请读者注意,此歌创作时,歌词中"四大强国"是中、美、英、苏。刊印此歌的,是一个手刻蜡版、马兰纸油印的珍贵版本。估计这首歌产生的时间应在1944年的下半年。

直到1947年,联合国大会才正式决定每年的10月24日为"联合国日"。那为什么当年鲁艺的艺术家们创作的这首歌,名字却是《联合国日歌》，竟比联合国正式的决定早了三年之久！看来，一首歌曲产生的背后，极可能存在着很多非常有趣的、未被完整解读和诠释的历史。

一直以来，有一首歌因被称以《联合国歌》而被少数人所记忆，它的词作者为美国诗人、词作家哈罗德·罗梅（Harold J. Rome），实际曲作者为苏联大作曲家迪米特里·肖斯塔科维奇（Dmitri Shostakovich）。

20世纪二三十年代，初出茅庐的肖斯塔科维奇曾为苏联电影担任过大量配器工作。《联合国歌》的旋律即源于1932年他为苏联影片写的一首主题歌《相逢之歌》(Song of the Counter plan，英文名为笔者注)。歌曲描绘和抒发了苏联工人迎着曙光唱着歌去工地劳动的愉快心情。这部影片上映后，在世界各国好评如潮。而《相逢之歌》很快就在世界各地传唱，成为反法西斯阵营中激励士气的一种精神武器。

后来当反法西斯同盟酝酿筹建联合国的时候，时任美国总统的富兰克林·罗斯福提议把肖斯塔科维奇的这首《相逢之歌》作为未来《联合国进行曲》的曲调，并且按照《联合国宪章》的要求重新填词。于是，美国诗人罗梅受邀承担了这项使命。很快他就写好了歌词，将原曲的 $\frac{2}{4}$ 变成了 $\frac{4}{4}$ 拍，速度也从原来的小快板改为进行曲速度。

迪米特里·肖斯塔科维奇

而早在 1945 年 5 月，李士钊就曾把这首歌用中文译配出来。同年 7 月 6 日，重庆的《世界日报》率先予以发表。1945 年 8 月 15 日，日本帝国主义宣布无条件投降。那几天，重庆的广播电台曾赶录这首歌的唱片，向全国播放……

《联合国歌》中文歌词（译文）

太阳与星辰罗列天空，大地涌起雄壮歌声。
人类同歌唱崇高希望，赞美新世界的诞生。
（合唱）
联合国家团结向前，义旗招展，
为胜利自由新世界，携手并肩。

奋起解除我国家束缚，在黑暗势力压迫下，
人民怒吼声发如雷鸣，如光阴流水般无情。
（合唱）
太阳必然地迎着清晨，江河自然流入海洋。
人类新世纪已经来临，我子孙多自由光荣。

所以这首歌应被冠以《联合国进行曲》的译名才更贴切，也即英文名的原意，而非《联合国歌》。

而将两首联合国歌曲进行比较，笔者认为：

如果说美苏间产生的《联合国进行曲》是一首颂歌的话，那中国的《联合国日歌》就是一首战歌。

如果《联合国进行曲》不是一首在一时一地产生的、专为联合国写的歌曲，那《联合国日歌》则很可能是由中国艺术家们专为联合国创作的第一首歌。

如果《联合国进行曲》唱起来虽庄严却稍显僵硬刻板的话，《联合国日歌》就更显生气勃勃，充满律动。

如果《联合国进行曲》展现的是西方式的、军乐行进的、一本正经的姿态和节奏，那《联合国日歌》就尽显东方式的乐观、浪漫，以及战无不胜的情怀。

如果《联合国进行曲》展现的是西方式的、大小调的标准音韵和行进曲调，那《联合国日歌》突显出的则是中国五声音阶中的西北调式独有的韵味和歌唱性。

因而，笔者说，中国诞生的联合国的歌，是战斗和必胜的歌，是欢乐和浪漫的歌，应该被再次唱响。

起来,中国的工人!

——延安鲁艺的《工合之歌》

2014年春季的某一天,现任国际工合运动主席柯马凯先生,为创作《工合之歌》的事找到笔者。他很动感情地谈到,国际工合应该有首自己的歌。而笔者因不久前刚刚与国家图书馆社教部合作完成了首届"那些可爱的国际友人——烛光读书音乐会"的演出,故对几位工合的创始人如埃德加·斯诺、海伦·斯诺、路易·艾黎的事迹,有了深一层的了解。那之后不久,笔者首先认真了解了国际工合运动的创立过程和发展历程,然后写了一首《工合之歌》的歌词:

> 工合,工合,
> 它属于世界,它生在中国,
> 闪光的人物说不尽,
> 动人的故事实在多……

那之后不久,笔者意外地看到了一批珍贵的、包含数百首延安时期声乐作品的手刻油印作品集。当小心翼翼地逐页翻看那些已泛黄的珍贵资料时,一个作品的名字赫然跳进眼帘:《工合之歌》。再看标注着作者的右上角:"作词——佚名;作曲——刘炽!"笔者首先向当时的陕西译协主席安危先生报告了这一发现，接着就向现在的国际工合主席柯马凯先生也做了报告。可以想象我们掩不住的兴奋：工合的第一首歌，竟然创作于抗战中的延安时代，作曲者竟然是延安鲁艺的刘炽！下面是延安鲁艺时期《工合之歌》的歌词：

起来，中国的工人，
起来，中国的工人。
相信你自己，再莫要彷徨，
快快团结起来，参加工合运动。

参加生产，利国利己，
幸福就在前面。
咱们拼命，努力，团结向前进。
只要团结前进，幸福就在前方。

那之后不久，笔者专门为这首承载着那么多历史和责任的《工合之歌》写了钢琴伴奏，并且已经在美国海伦·斯诺的故乡以及多地用中文演唱了。

笔者也将这首铿锵有力的群众歌曲翻译成了英文版本，柯马凯主席也认真地提出了他的修改意见，一首兼有中英文版本的、在世界反法西斯的二战烽火中诞生的、在延安时代创作的《工合之歌》，就这样重生了。

一件极其有意思的史实是，一位美国将军威尔逊在来中国考察共产党领导的抗日军队期间，当访问了陕甘宁边区、太行山区等地，并与一批已加入了中国抗战事业的国际友人深度接触后，因有感于工合运动

"努力干，一起干"的精神，在回美国后，受命指挥一支特遣队去执行一次充满危险的军事任务，他的特遣队队员们在冲向敌人时，使用的冲锋口号竟是"工合"！（英文 Gong-ho！）

这首在延安诞生的《工合之歌》，作为现在重新起航的国际工合运动的代表歌曲，频频在国际工合运动的各种大型活动和集会上唱响。其中有两次特别有意义的演唱应被提及：一次是为纪念埃德加·斯诺的诞辰，唱响在北大未名湖畔的埃德加·斯诺墓地旁；一次是为欢迎一大批新西兰友人来中国访问，唱响在人民大会堂的西厅。

国际工合运动的创始人海伦·斯诺，她与刘炽自1937年在延安建立的友谊历久弥新。她在美国康涅狄格州墓地的墓碑上，只刻着这样几个字："工合运动创始人（Gong-ho Original）。"

海内存知己,真情乐与歌

——刘炽为西哈努克亲王作曲和编配作品三首

《阿布阿·萨多》

20世纪60年代初,柬埔寨西哈努克亲王访华,周恩来总理点名让刘炽赶写一首欢迎歌。刘炽欣然应命,很快地赶写出《阿布阿·萨多》(柬埔寨语:欢迎,欢迎)。

这首歌富有浓郁的柬埔寨风格,在欢迎的音乐会上,由中央乐团的歌唱家演唱了,西哈努克亲王听得笑眉频展,沉浸在宾至如归的艺术氛围里。

刘炽就坐在周总理和西哈努克亲王的身后,看得清楚,也便欣慰自己没有辜负周总理的希望。

《怀念中国》

1965年9月,时任柬埔寨国家元首的西哈努克亲王及夫人来中国参加国庆典礼和进行国事访问,在周恩来总理、陈毅副总理等陪同下游览了中国的名山大川,中国美丽的风光,主人的热情接待激发出亲王夫妇长期埋藏在心中的、对中国政府和人民的热爱、感激之情,写就了歌曲《怀念中国》。中央新闻纪录电影制片厂将其编入《中柬友谊新篇章》纪录片中。

啊,敬爱的中国啊。
我的心没有变,
它永远把你怀念!
呵,亲爱的朋友!
我们高棉人哪,
有了你的支持,
就把忧愁驱散。

你是一个大国,
毫不自私傲慢,
待人谦逊有礼,
不论大小,平等相待。
你捍卫各国人民(的)
自由、独立、平等,
维护人类和平。
呵,柬埔寨人民
是你永恒(的)朋友!

《怀念中国》这首歌在中国最流行的时间是1970年到1975年。那五年间,西哈努克亲王作为柬埔寨民族团结政府主席,常驻北京,也到中国各地参观访问。在西北高原牧民的毡房里,在东海之滨的海军舰艇

《怀念中国》曲谱示例

上，从南方的广州到北国的冰城，只要亲王所到之处就会唱响《怀念中国》的歌声。

刘炽为西哈努克亲王词曲所改编合唱的这首作品，非常有意思地注明为"无伴奏双四重唱"，其写作时间应是在 1972 年。因为在另一首同样注明为"无伴奏双四重唱"的，同样是西哈努克亲王词曲的《万岁人民中国！万岁毛泽东！》改编合唱的结束乐句下面，可看到刘炽标注了日期（1972 年 9 月 8 日）；而其写作时所用的稿纸，与《怀念中国》所使用的是同一种。这种稿纸质量并不上乘，似为时在东北乡村的刘炽，在村镇的供销社或小卖店里能买到的唯一一种纸。所以可推断出，此两部改编作品是在 1972 年 9 月 8 日前后完成的。

笔者认为，虽当时正是"文化大革命"时期，虽然只有简陋的稿纸可用，但这一时期的刘炽却已经静下心来，投入他钟爱的音乐创作中去了。那段时间里，一定是从新闻中听到了关于西哈努克亲王在中国活动的报道，激发了他用亲王的词曲改编合唱的心愿。

为什么采用"无伴奏双四重唱"这种艺术形式，我们已经无从猜想了，但有一点可以肯定：由于早年他受命于周总理，曾为西哈努克亲王创作过欢迎歌《阿布阿·萨多》，对亲王和他所坚持不懈的事业是有感情的和赞许的。他也极可能是囿于手头连五线谱纸都没有，所以只能就地取材，用找到的稿纸通过简谱来写作，甚至可以说，刘炽在这样的简陋条件下，又创造出了一种无伴奏合唱的新的方式。

我们看全曲，$\frac{3}{4}$ 节拍，其律动凸显着柬埔寨的歌唱风格，整曲对于中国听众来说是完全新颖的，充满东南亚音乐的律动感。

开始时以四个（四声部）和声长音的哼鸣引入，最后一个长音是延长的和减弱下去的。然后，静静地开始了唱词："啊！"接着就引入男声两声部的歌唱:"敬爱的中国啊,我的心没有变,永远把你怀念。"从旋律和歌唱来看,这第一段是先由男声的两声部开始,女声两声部帮衬并配合;然后换由女声两声部唱主旋律,男声两声部做帮衬并配合。四个声部的交替和轮流的歌唱,是带有复调(卡农手法)特性的,将合唱的织体丰富起来了。听众通过优美的合唱,瞬间感受到了西哈努克亲王和他所代表的高棉人民对中国情真意切的怀念(四个声部,明显的、大大增强了人声所呈现的感情)。

接着的第二段是无缝隙的自然的"接力",由女声以发自内心的动情的"啊!"重复唱出第一段的主旋律,在逐渐由两个声部的女、四个声部的男女声的合唱织体,将西哈努克亲王和他所代表的高棉人民的感念之情,推向作品的第一个高潮。后由浑厚的男低音声部,唱出了第三个(旋律)段落起始的歌词:"你是一个大国……"接着出现女中音声部,然后是男高音声部,再交由女高音声部,交替唱出了"毫不自私傲慢"。随后,"待人亲切有理(写谱时的手误,应为'礼')",四个声部以一个极具匠心的、和声织体的三连音,大气地唱出了:"平等相待""平等相待"。紧接着的"啊!"又是由四个声部、两小节,由弱起、后坚强、再减弱的歌唱,引出了两男声声部的唱词"捍卫各国人民",两女声声部、填充中间音域的、卡农式的歌唱"捍卫各国人民",两男声声部第二次的"捍卫各国人民",两女声声部第二次的"捍卫各国人民",四次的唱词以不同的歌唱旋律重复;然后后面的唱词"维护人类和平",也是以同类的艺术手法来进行,从而强化了刘炽要突出的主题——"捍卫各国人民,维护人类和平"。

为了最大限度地强化这两句唱词在改编者心中的意义,刘炽接下来可以说是用一整段的合唱,以多种形式的、在各个声部出现的歌唱,完成了他为推进此作进入第二个高潮所做的准备。这第二个高潮,也就是此作的结束段落,是在其他三个声部的哼鸣声中,由柔美的女高音声部这样静静地歌唱的:"柬埔寨人民是你(中国)永远的朋友,是你永远的朋友。"然后,四个声部强力度的和声唱出了"啊!"的长音;重复句,则更加发自内心地、趋于平静地唱出:"柬埔寨人民……是你永远的朋友。"

这最后一句唱词——"是你永远的朋友"的旋律,以一个由低向高的角调式五声音阶的琶音"冲顶"后,竟然令人惊喜地落在了五声音阶羽调式的主音"6"上,完成了歌唱,结束了全曲。

《万岁人民中国!万岁毛泽东!》
  高棉人民在民族危亡的时刻,
  得到伟大朋友全力支持。
  万岁人民中国!
  万岁毛泽东!
  您一贯维护您的战友高棉人民的正义事业。
  中柬人民坚决战斗,
  直到帝国主义彻底灭亡。
  我们亚洲苦难将从此结束。
  万岁万岁主席毛泽东!

在这首歌谱的上面,刘炽特意抄录了完整的中文歌词,仅从歌词的内容来看,可以说其更像是一段热情洋溢的讲话,而感觉不到任何一般的歌词创作的表现方法。

需要说明的是:第一,西哈努克亲王能将这样的话语创作成歌曲,是难能可贵的。词歌表达了他对中国和对毛主席的感激，表达了他要为正义事业坚决地战斗下去的决心。第二，若不是对西哈努克亲王和他的事业有很深的感情，刘炽应该是不会克服各种困难去完成创编的。而且，要圆满完成这样一部改编之作，没有丰富的创作经验和巧妙的结构布局，也是不可想象的。

没有"儒家"的儒家，歌唱中的东方女性美
——刘炽赶写《巧媳妇》

"中国木偶剧团"的前身，是1950年成立于中国辽宁地区的"辽西省文工团木偶队"；其后不久，成为中国青年艺术剧院附属木偶剧团；1955年5月5日，正式成立为"中国木偶剧团"；现正式名称为"中国木偶艺术剧团"。

《巧媳妇》就是该剧团正式成立后推出的剧。团里和部里（中央政府的文化部门）自然极其重视初创阶段的演出剧目。他们自然来找那时名气已很大的刘炽，为木偶剧作曲。其时，刘炽正忙于另一个写作任务，但该团领导深知刘炽是个热爱儿童的艺术家，就以此来说服刘炽作曲："为了新中国的孩子们能看到新中国的木偶剧……"果不其然，刘炽就答应了。

来看看《巧媳妇》杖头木偶剧的剧本结构（同时列出主要的音乐与歌唱的曲名）：

第一幕

第一场　闹市

《叫卖》

《赠画》

《给你个巧姑娘》

第二场　结亲

《做饺子》

第二幕

第一场　送鸟

第二场　御宴

《思悠悠，恨悠悠》(笔者拟名，舞女们的歌舞段)

第三幕　绣袍

《剪鸟》(巧媳妇边剪边唱段)

群鸟之舞（器乐曲）

第四幕　发水

《太阳从东方升起》①

从上面的剧本结构可知，这确实是一出大型的木偶剧。剧本作者是梁彦和熊塞声。让该剧团上上下下怎么都没想到的是，刘炽竟然要用两个乐队和一整个合唱团，加上两个独唱演员，来完成这个创作和演出任务。剧团顿觉为难！为难处之一就是经费问题。刚刚成立不久的新团，根本拿不出这笔经费来！私下里他们议论道："天哪，历来给木偶剧伴奏，民间用三五件乐器就算不错的了。这回刘炽老师竟然要用这么大的阵仗！这肯定是要外请大乐队。说到底不就是一出给孩子们看的木偶剧么?!"花大钱无小事，他们只得将这事汇报到部里去了……请示结果倒

---

① 以上标题词皆由刘炽为之创作的、同名的音乐段落，或音乐、或歌唱、或为乐队配器的总谱。之外还有多段的开场音乐、过场音乐以及过渡性质的音乐。

是令他们有些意外：刘炽的创作能力部里是知道的，刘炽的性格部里也知道，既然请了他，还是要尊重他的意见；经费方面，先让他写出来看吧……这样，团里看部里并没明显反对，就忐忑不安地按照刘炽的设计去做各种准备。但他们是真的发愁啊：一旦创作任务完成了，排练完成了，那这费用可就是"吃不了兜着走"的大麻烦！

因为是赶任务，创作很快完成了，排练完成了，也很快搬上了舞台。而演出时的效果，则是令剧团上上下下都异常兴奋，被请来"审查"的部里领导，也频频点头称道！这回剧团上下真是长出了一口气。又一个令剧团没想到的是，部里很快就通知木偶剧团，要他们准备代表国家携此剧去东欧国家巡演……至此，剧团的负责人们、剧团的演员和职员们都打心眼里庆幸，多亏请了刘炽老师来创作音乐，难得他坚持使用大乐队以及合唱团，他这一"折腾"，包括舞美等方面不得不跟上的大设计、大制作，的确是该团大获成功的关键因素和"发动机"。他们这个刚成立不久的团，竟还获得了出国巡演的机会！

也因此，剧团几个领导专门开会，做出了一个破天荒的决定：从院办公费中挤出四十元钱，作为感谢。可是刘炽回答他们的一席话，却又令全团上下感动不已！刘炽说："你们的情况我知道，你们的心意我领了。但这钱你们原样拿回去！为孩子们创作，我分文不取……"

半个世纪过去了，那些剧团初创时期的元老们，对刘炽的这段话仍然记忆犹新。而在该团赴欧洲多国的巡演中，在刘炽所坚持下的音乐创作、乐队录音、合唱和领唱的效果，每每令欧洲观众惊喜和赞叹，为国家争了光，更为新中国的杖头木偶剧艺术在国际上的首次"亮相"画上了一个完美的句号。

原中国木偶剧团首任指挥任兆学和该团首席木偶造型师（也是中国

著名的杖头木偶设计造型师)索万金，后来联系上笔者，满含深情地讲述了上述这个鲜为人知的故事。指挥任兆学并郑重地将他自存数十年的《巧媳妇》的手稿总谱，交笔者保存。这样才有了上面笔者所列的刘炽音乐创作的各段名称。

翻开这部珍贵的手稿可以看到，总谱是由管弦乐队(含钢琴、木琴、敲击乐器的使用)，以及民族乐队(笛子、板胡、二胡、弦，及小中镲、小大锣、小大鼓)组成。

也可看出，整部作品的创作确是在仓促的状况和时日内完成的，而且在排练过程中，一定进行了各种临时的修改和补充。所以谱面上不但兼有五线谱和简谱，而且很多唱词的录入也是省略了的……即使是这样，当笔者试唱那些重要的段落，从歌唱旋律的动机，以及各种开场、过渡和情节转换时的音乐及其连接上，还是可以感受到刘炽创作中对该剧人物与情节的把握是生动的和洗练的。

该剧的造型与设计师索万金认真地与笔者讨论过一件事：该剧演出后，他和剧团里很多演职员最不解的一件事是，刘炽是怎样做到了以音乐的个性和歌唱的内容，塑造出了东方女性的性格美和品德美，怎么竟能将儒家所标榜的东方女性品格给"唱"出来……他还拿出了珍藏数十年的巧媳妇的杖头木偶(实物)给笔者看。当栩栩如生的、灵秀美丽的"巧媳妇"在一个会操弄杖头木偶的朋友手中舞动起来时，笔者突然明白：是刘炽写给《巧媳妇》的音乐和歌唱，写给这个剧中那一群杖头木偶的音乐和歌唱，使这些木偶具有了灵魂！令《巧媳妇》真的活了！

一个作曲家埋没了一个舞蹈家
——刘炽的舞蹈作品概述

一位艺术家只有具备对其他门类艺术有所研学、有所实践的"博大",才有可能使自己从事艺术门类的创作达至"化生"和"精深"。刘炽在陕北,向民间艺人们学习,拜他们为师,对民间秧歌舞所做的研究、实践、创新,然后创作出了集军阵行进式的秧歌舞和歌唱为一体的《胜利鼓舞》,是一个具有多方面学术意义的课题。

《胜利鼓舞》的舞蹈、歌声、鼓声,从延安出发,随着解放大军的洪流一路狂奔。有回忆文章说,其传播过程中,竟被编出了四十多种唱词(刘炽此前只知道该歌唱被编了二十几种歌词)。每当解放一城时,解放军的文艺干部和当地的人民,就根据当地的情况编出新词来,伴着入城式边舞边唱,一路唱到了首都北京!1949年10月1日开国大典上,一支上千人的腰鼓队浩浩荡荡地进入了天安门广场,这支腰鼓队以震天的鼓声、恢宏的气势、壮观的场面,展现了中国人民站起来了的吐气扬眉的风貌。此作流传至今,又成了中国人民向新的征程胜利前进的鼓点。

时光荏苒,笔者听到老一代艺术家们,尤其是"老鲁艺"们眉飞色舞地形容刘炽的舞跳得有多好,舞姿是怎样的活灵活现时,真是美不胜收;可那毕竟还只是老一代艺术家们对延安当年陕北秧歌艺术盛况"语言的盛宴"。

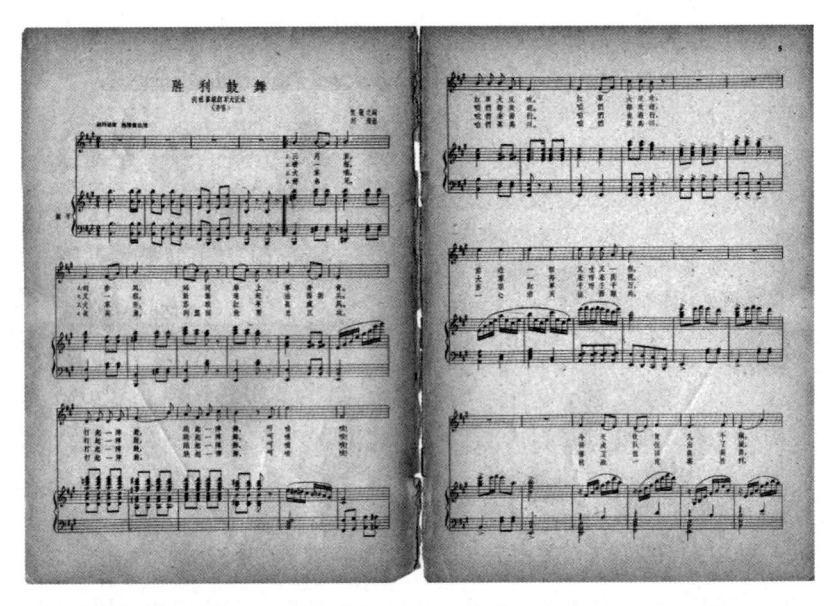

《胜利鼓舞》曲谱

　　直到一天，看到了一段视频，笔者才有幸领略了刘炽的舞姿，证实了刘炽的舞蹈天才、刘炽天生的"舞缘"。有一天，在刘炽的老家西安，陕西卫视的一个演播厅里正在录播一档节目。此前不久，陕西卫视的一个年轻导演葛炜，不无忐忑地拨通了作曲家刘炽北京家里的电话，想请他回陕，作为嘉宾，给陕西卫视的观众们做访谈。令他惊喜的是，刘炽不但答应受邀参加，而且连在陕的住宿也不需台里安排（刘炽要住在自己的小弟刘炜家）。那年，刘炽七十五岁高龄，已被人们既亲切又尊敬地称呼为"刘老"。演播厅里，刘炽行走的姿势已略显蹒跚，说话的底气也稍嫌温顿。当主持人请"刘老"为观众们唱一首陕北的民歌时，刘炽慢条斯理地以家乡话(陕西话)答复和商量说："我现在是个哑哑嗓子，唱不成啦。你看这样成不成？我给你们跳段秧歌咋样？"主持人和现场的嘉宾们，绝大多数是没有亲眼看过刘炽跳舞的！而对刘炽编舞、跳舞的本事，很多人是如雷贯耳的。顷刻间演播厅内掌声一片！此后，一队榆林歌舞团来伴舞的陕北汉子们，个个皆以陕北扭秧歌打腰鼓装束，腰间挂着陕北腰鼓，在他们的舞蹈导演燕小军的安排指导下，出现在演播厅的舞台上，陕北民间秧歌调的音乐响起了，陕北大唢呐特有的醇厚音调传来了……一两个"回合"后，刘炽手里撑着陕北秧歌头儿（伞头儿）做指挥用的"花伞"出场了！他一出场，所有的人都静下来了。大家都惊呆了！因为他之前初显老态的行走，初觉苍老的语调，都不知被他"抛"到哪里去了！只见脱胎换骨般的这一个"他"，全身那轻盈无比的、活灵活现的舞姿；只有他脸上那兴高采烈的、唯我独尊的表情，顷刻间沸腾了全场！他跳跃如松鼠般灵活，旋转如飞燕般迅疾，手舞足蹈挥洒自如；手臂如风摆丝绸般柔顺，腿足似羚羊跃崖般灵敏！哪里还有那七十五岁高龄老翁的影子！半个世纪后的那一刻，刘炽的舞蹈才能，在老家西安，露出了一回云开峰现的"庐山真面目"；那一刻，他对陕北民间舞蹈的神韵，已掌握到"青出于蓝而胜于蓝"的程度，令榆林来的陕北歌舞团年轻的舞蹈演员们惊诧不已，给现场所有的人留下了刻骨的印象。几十年后，当葛炜导演在一次刘炽个展的座谈会上谈起此情此景时，几次热泪盈眶！

一年多后，刘炽辞世而去了。又过了若干年，就是导演葛炜为了找这段视频，钻在资料室里足足八个小时！在播放这段视频时，笔者和在场的几个好友，竟看得心潮澎湃，感慨万端，不能自已！这次的舞蹈，后来被人称为刘炽"最后的秧歌"。

三拍子的中国式浪漫

——刘炽的六首圆舞曲风格作品

已知刘炽创作有六首圆舞曲风格的音乐作品：

1.《滇池圆舞曲》，李坚词，刘炽、郿子柏曲；

2.《青春圆舞曲》(又名《青春的欢笑》)，韩觉刚词，刘炽曲；

3.《湄公河之歌》，刘炽、王昕词，刘炽曲；

4.《扬子江圆舞曲》又名《扬子江之波》；

5.《钢城圆舞曲》(原名《春满钢城圆舞曲》)，陈淼词，刘炽曲；

6.《云雀圆舞曲》。

《滇池圆舞曲》

此曲作于1959年3月初。它是刘炽携歌剧《阿诗玛》创作组一行，在完成赴云南彝族萨尼分支的居住地体验生活和采风后，从昆明回北京的飞机上完成的。颇有些传奇的色彩创作经过是这样的：飞行中，刘炽与编剧李坚和郿子柏比邻而坐。郿子伯感慨于云南省政府和云南各族人民对《阿诗玛》创作组的支持与关怀，并说起应该做点什么有特殊意义的事来感谢他们，刘炽和李坚亦是频频点头。就这样，李坚提议："咱们给云南写首歌吧……"然后就拿出随身的笔和本，专心致志地写起来了……

郦子柏有感而发的、不似提议的提议，定是突然激发了李坚的灵感；而从笔下汩汩流淌出来的歌词，即刻得到了刘炽的认可。此时的刘炽也兴奋起来："你干脆也别休息了，一鼓作气，把这歌词写完，咱们就来个空中的合作，写一首歌给云南吧！"李坚和郦子柏当然是兴奋有加："太好啦！"

李坚的歌词，也激发了郦子柏的创作情绪。他这个以写作和教学为业的老师，此时竟然情不自禁地哼起了几个音符：

|5 - 65 | 3 - 35 | 5 - - | ……

但他毕竟不是音乐专业的、更不是作曲专业的，那之后一时"语塞"，一时间没有了下文；而此时的刘炽，却意想不到地"认可"了这个尚未完成的"音型动机"，也同时"认可"了这个三拍子节奏的律动。刘炽的"灵感"来了！

又过了没一会儿时间，意犹未尽的李坚，竟然又写出了四段歌词。

最终完整版的歌词呈现是这样的：

（一）

曙光像轻纱飘浮在滇池上

山上的龙门映在水中央

像一位散发的姑娘在梦中

睡美人儿躺在滇池旁

啊……

我们的生活多么欢畅

像那山茶花儿开放

　　　（二）

金色的阳光闪耀在滇池上

碧波上面白鸽飞翔

渔船儿轻轻地随风飘荡

渔家姑娘歌声悠扬

啊……

我们的生活多么欢畅

像那山茶花儿开放

　　　（三）

月光像白银撒在了滇池上

绿柳葱葱静立滇池旁

睡美人对着滇池来梳妆

闪烁的星光映在她头上

啊……

我们的生活多么欢畅

像那山茶花儿开放

　　　（四）

各族的儿女团聚在滇池旁

真诚的友谊天天增长

灿烂的阳光照耀我们

愉快地劳动纵情歌唱

啊……

我们的生活多么欢畅

像那山茶花儿开放

问题来了：行内一般的经验，一首创作歌曲通常以三段歌词为宜；而李坚竟然写了四段歌词。当他有些忐忑地"探寻"着刘炽的意见时，刘炽的反馈给他吃了颗大大的"定心丸"："好嘛！放心吧，好歌还怕多一段歌词吗?！等着瞧吧，等着听吧……"果不其然，作品发表、录制、播放后，四段的歌词亦没有衰减歌唱者们和听众们的兴趣，他们兴趣盎然的附和着节奏、哼唱着歌词……

抵达北京后，李坚很快将完整的作品寄给了云南省政府此前负责接待他们的友人。不久后，一首中国风格、云南主题的圆舞曲，就通过电波在昆明的大街小巷中被人们哼唱起来了。

更有意思的是，在长达十几年的时间里，这首中国的圆舞曲，伴着成双结对的舞伴们，一跳就跳了十几年。

将以上作品创作前后的"花絮"写出来，是为了让本书的读者们知道，传奇故事里面的作品未必都是经典，但经典作品背后往往有传奇的"故事"。

一说起圆舞曲，艺术界和音乐界的人自然就会想到欧洲圆舞曲的经典作曲家大小施特劳斯，和他们的《蓝色的多瑙河》《春之声》等作品。那些作品中的旋律无一不是华丽的、流畅的、律动十足的、充满愉悦的。那么，《滇池圆舞曲》的音乐进行，又有怎样的特点和魅力呢？

首先，她是诞生于歌曲，而非纯粹为一首乐曲；然后，她的音乐更洗练，旋律进行更富于变化；再有，她的结构更趋于精致和紧凑。当然，这些特点一定首先是为了使歌词和歌唱，通过音乐旋律的歌唱性的布局，而充分地体现出来。

然而，当她作为一首独立的乐曲演奏时，却又并非有意设计地满足了中国人对乐曲旋律性的偏好，所以一经播出，就受到了人们长久的喜爱。当然，在曲式结构上和乐句进行上，刘炽也有别出心裁的创新。例如，一些延长音和上行音型对前有音型的扩展，就给人以种种意外惊喜和情深谊长之感，而且将三拍子节奏的律动，发挥出了新意。又如，歌唱和旋律进行，从头至尾牢牢地紧抓着歌者和听众们的心，那是因为刘炽此作的音乐进行，自始至终没有给人以任何"休息"的机会，自始至终令人们心潮起伏、心神荡漾，每个音乐短暂下行时，你以为可能会给人一个心理上"喘息"一下的时刻，刘炽的旋律，就"裹挟"着歌词，又把你给"卷走"了。刘炽式优美的旋律进行，好似潮水般一波一波地涌来，始终冲击和把握住了听众的意识和情感。这应该是此作品成功的秘诀吧。

《青春圆舞曲》(又名《青春的欢笑》)

《青春圆舞曲》(笔者为之命名)，创作年代未知。《青春的欢笑》是其在刘炽一份手刻蜡版乐谱(简谱版)上的名称。首页右上侧有刘炽手书"校过"两字，所以确定是曲作者本人认可的版本。名称下又以括号表明为：花腔女高音独唱曲。该版本注明：韩刚觉词，刘炽曲。

就像其名称，从词曲来审视，这是一首充满了青春气息的、优美的、圆舞曲风格的作品。此歌在歌谱上呈现的唱词是这样的：

(一)

青春的欢笑，美丽的欢笑，笑声多爽朗。
笑声穿过山谷，在那山谷里回旋震荡。
山谷清泉在流淌，她带着笑声向远方。
笑得这样清脆，好像小鸟在歌唱。
驱散了寒冷的冬云，呼唤着明媚的春光。

(二)

青春的欢笑，美丽的欢笑，笑声多健壮。
笑声穿过田野，在那田野上随风飘扬。
田野麦苗在生长，她迎着笑声翻波浪。
笑得这样深情，好像大海在歌唱。
送走那暗淡的岁月，迎来这金色的希望。

长期以来刘炽在作曲前一定会花足够的功夫审视和修改歌词。他对上面这两段歌词进行了哪些修改，现在已不得而知了，但此作的副歌部分，相信是刘炽在创作时后加的。因为他对这种结构的掌握，可说是已到了炉火纯青的程度了。例如《英雄赞歌》，其副歌部分"为什么战旗美如画，英雄的鲜血染红了它。为什么大地春常在，英雄的生命开鲜花"，就是例证。

而《青春圆舞曲》的副歌为：

大地欣欣向荣，人人心花怒放。
银铃般的笑声插上了翅膀，
愉快的翱翔在祖国的蓝天上。

我们再来看作品的音乐部分：

与其他刘炽的圆舞曲类作品比较，这首独唱曲的第一个显著的特点是，刘炽有意识地突出花腔女高音的声乐技巧部分。他使用了三个非常口语化的感叹字"呵""哈""啊"来写花腔女高音独特的、表达感情宣泄的、炫技的乐句和乐段。开始是每个乐句后的花腔乐句；其后是情不自禁的、紧凑的花腔乐段；最后，紧随着副歌，他为歌唱家准备了一段宽广的、相当时长的、很"过瘾"的华彩乐段，将作品推向结束的高潮。

第二个显著的特点是，此曲自始至终采用了完整意义上的七声音阶，而不是刘炽众多其他类经典作品常采用的五声音阶。参考刘炽的《滇池圆舞曲》，同样采用了七声音阶来创作，笔者认为，刘炽常采用七声音阶来创作圆舞曲类作品，应是七声音阶更易于作曲家写出流畅的、阶梯式的、模进的、花腔声乐技法的、相对易于歌唱的乐句和乐段。

第三个显著特点是，此作品应被归入大作品类中，歌唱者能够驾驭这样大的作品的，非有足够的训练、足够的嗓音"本钱"，加上足够的艺术修养、足够的舞台经验（指歌唱家能够布局整个作品的展开、进行、大小高潮等，以自始至终牢牢地把握观众、兴奋听众、赢得喝彩等），方能胜任。

总而论之，这是一首典型的音乐会演唱曲目，其全曲充斥着常为人们津津乐道的、刘炽式的优美、活力、能量。

《湄公河之歌》

这是一首别致的圆舞曲风格的作品，曲谱标明：刘炽、王昕词，刘炽曲。此作作于1970—1973年，地点在当时辽宁省的盘锦垦区（即现在的盘锦地区大荒公社三道梁子。在那里刘炽一家居住了四年，直至1973年春节后，刘炽一家先回到盘山市，然后于1978年回到北京）。

此作是可以两种方式演唱的作品。其一，可用明朗的小快板方式，刘炽在一份钢琴伴奏谱上标注的是：坚强，明快（小快板）；其二，可用较慢节奏的抒情歌曲方式来演唱。笔者在此重点谈论下这种方式，也先介绍下那时刘炽的日常生活状况：

在那段时期，辽宁省文艺界的大多数艺术家们都被送到盘锦垦区来"锻炼"，或称为接受贫下中农的"再教育"来了。而因为只有刘炽家把钢琴搬到这个位于"三道梁子"的土屋子里了，那些歌唱家们自然是没事就往这儿聚，就在这儿唱。也就在这个时期，不少原辽宁歌剧院的歌唱家们，就开始忍不住地向刘炽提出，能不能给他们写些新作品。相信这也是刘炽在那时的农村有一批作品诞生的原因和动力。

恰巧，辽宁歌剧院的一个词作家王昕，也被分配到三道梁子这里。于是在那段时间，刘炽和王昕就有了不少合作机会。王昕其人高大孔武，近两米的雄壮的东北大汉，其写词的风格，却是格外的细腻、淳朴，好像自带着黑土地民间的平和与厚重。

又恰巧在那段时日，刘炽从报纸上看到一篇关于湄公河的报道。它可能是介绍那时在湄公河流域，中、泰、缅、柬、越等国人民友好相处，共同发展的亲情和友情（湄公河是东南亚最长的河流，其主源为中国的扎曲，发源于青海省唐古拉山的东北坡，流经中国、老挝、缅甸、泰国、柬埔寨和越南，于越南胡志明市流入南海，是亚洲最重要的跨国水系，在中国境内叫澜沧江）。

  刘炽先生为什么喜欢他看到的这篇报道，并为之作词和谱曲，他又为什么选择了三拍子的圆舞曲风格来创作这个作品，今已很难考证了；但从词曲的内容和形式上，我们仍可窥探其中的一些奥秘。例如：这个作品是写河流的，当以每小节三拍子的节奏，以小块板的速度，专注于欢快，或是放缓下来，专注于宽广时，听众就能感受到一种流动着的水，或汩汩流淌、或滚滚奔腾、或徐徐涌动的韵律。此其一。其二，这是一首带有颂歌意味的歌曲，它并不只是在唱中国人对湄公河的情，而是要唱这条河流经的那些国家，那里（印度支那）的人民的情。从这点来引发的，是刘炽、还有中国这块土地上的艺术家们的心胸——宽厚、包容、善良、和平主义的心胸。当这种心胸驾驭着歌词，以优美的旋律、优美的歌声在湄公河流域飘荡时，她所起的作用，就不是那直白的、相对简单的歌词所能起到的感动人的程度了。因为只有歌声，才能永久地流淌在人们心中。下面来看歌词：

  湄公河，美丽的河。
  碧波荡漾，唱着幸福的歌。

  河水像母亲的乳浆，哺育着古老的民族。
  人民辛勤的劳动，创造了丰硕的成果。
  勤劳的印度支那人民，世代相传，在这里生活。

勤劳的人民，美丽的湄公河（英雄的湄公河）。

"英雄的湄公河"这一结束乐句，应是专为音乐会和歌唱家准备的版本。

看歌词就知道，这是一首半散文、半韵文、一气呵成、单段机构的作品。这样的内容和结构，就自然面临着怎样通过音乐创作，使之生成为一种易于记忆的旋律的问题。刘炽的方法是，以每两个短句型（基本是四小结、三拍子）延展成乐句，并以这样的基本结构，使歌者能较容易地掌握和较完全地唱出每行歌词。

这样的"基本单位"，垒成了基本的乐句和乐段，逐渐延展开来，并逐渐推向高潮。

而在从开始到高潮的歌唱中间，刘炽先是以情感词，"哎"来开篇，即以一个散板方式的乐段，使歌者为正式唱起歌词做足了充分的准备和铺垫；然后在仅仅唱完两句歌词后，就以一个情感词"啊"引领的紧凑乐段，把歌唱推向第一个小高潮，那么自然地唱出了接着的歌词："河水像母亲的乳浆，哺育着古老的民族。人民辛勤的劳动，创造了丰硕的成果。"接着的一句歌词："勤劳的印度支那人民，世代相传，在这里生活。"就将歌曲推向了第二歌小高潮了。

然后，第二个抒发情感的散板乐段，以一个"啊"字，使歌者和听众，能充分地感受到在湄公河两岸生活的欢乐与祥和。那之后，就将歌曲推向了最高潮："勤劳的人民，美丽的湄公河。"

刘炽还为大型管弦乐队演奏写过一首圆舞曲《扬子江圆舞曲》（《扬子江之波》），其优美的旋律，管弦乐队的配器，也使很多中外听众为之倾倒。另有两部曲目——《云雀圆舞曲》和《钢城圆舞曲》，目前只知曲目尚未发现曲谱，就有待后者的进一步发现与研究了。

且将故事化歌传

——刘炽的四首叙事声乐作品

《和平玫瑰》

刘炽曲、王昕词的《和平玫瑰》，写作时间是 1979 年 3 月 31 日，刘炽手稿上手书的四个字——"和平玫瑰"，颇具他潇洒和浪漫的个性与风格，他并且注明此作为女声二重唱，现存钢琴伴奏谱手稿谱面上的歌词如下：

有一种玫瑰花，生长在美国加利福尼亚，
在那晴朗的日子里，人们精心地培育了它。

人们无比热爱它，都叫它和平的玫瑰花。

有一位热爱和平的美国朋友，家乡就在加利福尼亚，
在那反法西斯的年代里，八路军战士营救过他。

美国朋友访问北京，看见了这棵玫瑰花。
手扶鲜花思故人，斯人已去，留有玫瑰香万家。
怒放时红似火，正像那青天映朝霞。

从这份手稿上刘炽标注在旋律下面的阿拉伯数字来看，似乎首段省略了旋律从曲首至反复小节内的第二节的词。而从接续着的歌词"人们无比热爱它，都叫它和平的玫瑰花"来分析，其不同于第一节歌词的那句"人们精心地培育了它"；而且旋律先是采取了节拍收紧、小节缩短的作曲手法，却是为到"和平的玫瑰花"时，能更舒展的歌唱做了准备。该作品接下来的第二大段（整段的速度标记为［稍快］），歌词和旋律的谱面，也是这样处理的。第二大段的第五节、第六节和第七节歌词是省略于该手稿谱面的。这样做的目的亦很明显，是为了节省谱面所占空间。最后一段是此作的高潮部分（此段的速度，从其间奏标记为［原速］，即回到该作品首段的、从容叙述的速度），歌词唱出了这样的内容：美国朋友访问北京，看见了这棵玫瑰花……

总结上面的分析和研判后，应该说，这是一首大歌，也是一部在艺术形式上相当难以把握的大作。

现在我们简单地介绍一下它的音乐创作，即旋律创作和旋律结构的特点。该作品采用了在曲式上可称为 A-B-A-C 的结构。其中的 C，亦可视为 A 段的扩展句。整个作品所用的音乐素材堪称节俭，布局亦极具匠心。全曲有意识地结合了七声音阶和五声音阶的特点，又充分地考虑到了汉语的音韵特性（这种旋律创作特点，可在刘炽其后另一首可称为"大歌"的作品《我们的朋友海伦·斯诺》中再一次运用的）。当然，该作亦自然显现着刘炽作品优美和起伏的旋律进行，以及舒适的歌唱性。那刘炽为什么要用女声二重唱的艺术形式呢？笔者猜度可能基于两方面的考虑：第一，这么大的作品和这么多段，一个歌手唱起来很累，而且显得单调；第二，两个声部增强了歌唱的丰富性，作品中有意地做了些许"卡农"式的声部处理就是例证。还应该说，在这两首可视为刘炽的国际主义题材的大作中，虽然刘炽承前启后地开启了新一种叙事歌曲的创作，但其架构和叙事歌的传统，却是深植于中国传统的。

"文化大革命"时期，王昕一家和刘炽一家都在三道梁子，两家走动很多。他说话时慢条斯理的，却很幽默，给刘炽在乡村单调和寂寞的生活带来不少的欢乐。别看王昕膀大腰圆的，但其词风却十分的细腻，十分贴近民谣的自然风格。于是在那六年的时间里，刘炽和王昕就有了不少的合作机会。刘炽和王昕在1979年合作完成了《和平玫瑰》后，又在1980年合作完成了叙事歌《老艄公》。本文仅介绍他的两首叙事歌的歌词，即可见其词风之一斑。

《老艄公》(叙事合唱曲) 王昕词，刘炽曲

这是一首奇特的作品，创作于1980年6月20日的北京，由中国煤矿文工团于当年7月7日刻印。此作是刘炽调回北京、调入煤矿文工团后不久(1978年9月)所写。

下面看此作的歌词：

[四部合唱]
大渡河水波浪翻，有两位老人站在岸边。
一位是当年红军的军团长，
一位是老艄公，他为红军驾过船。
两位老人见了面，无限深情话当年。

[男中音领唱,饰彭德怀。四部合唱]
想当年,后有追兵几十万,前有恶水把路拦,
红军纵有千钧力,插翅也难上青天。
水又急,浪又险,长征路上遇难关。

多亏你呀老艄公,
你冒着枪林弹雨,你冲过恶浪险滩,
把我们的英雄送到了河对岸。
强渡大渡河,红军越天险,
革命的胜利,才能有今天。

[四部合唱]
强渡大渡河,红军越天险,
革命的胜利,才能有今天。
……

[女声合唱]
老艄公,走向前,未曾说话身打战,
双手紧紧握,热泪流胸前。

[男低音,饰老艄公]
我们的彭老总,红军的司令员
不见你的大名也有好几年。
你这革命的老艄公,敢驾顶风船。

你为百姓说真话，丢职又丢官。

我们日夜想念你呀，彭总的威名刻心田。

……

[男高音领唱]

大渡河水浪滔天，两位老艄公挺立岸边，（合唱进）

乌云压顶何所惧，风大浪险腰不弯。

还像当年穿恶浪，还像当年破天险。

[四部合唱]

划哟、向前，划哟、向前……

千千万万的艄公啊，驾起了新长征的团结胜利船。

摘录了以上的歌词，从刻蜡版的油印稿上刘炽标注的文字可以看出，这可不仅是一首叙事歌，它已经是一个有角色、配合唱、带情节的迷你清唱剧了：第一部分，深沉而悲壮的，稍慢；第二部分，中板，稍慢；第三部分，深情的；第四部分，激动的；第五部分，雄壮的，强烈的。

这个作品的演唱，需要有一定规模的合唱队，需要有四个声部即男女高音和男女中低音声部，并独唱或领唱的演唱者齐全方可。当然伴奏的乐队，无论是管弦乐队或国乐乐队，其规模亦不会小，否则无法配合这么丰富的声乐及合唱。这样一来，一个可以驾驭声乐和器乐的指挥就又是必不可少的了（还应有个好导演来设计每个"角色"的出场等情节，以及整个演唱过程的戏剧性的处理）。从这些特点来分析，就可知刘炽对此作是花了相当的心血的。为了什么呢？明知像这样的作品，其演出和演唱的机会不可能很多……因为刘炽是在唱他心里的一首歌。为了彭德怀，也为了千千万万个"艄公"，包括他自己。为了这份心中的激情，他用了充沛的和声，以强有力的合唱队，以歌者们推向最高潮足够时间的、一浪高过一浪的"声浪"，来表达要"千千万万的艄公啊，驾起了新长征的团结胜利船"的心愿。读者可从这个作品的创作中体会到刘炽曾说的一句话也是很多老艺术家所感慨的：谁是"真的爱党、爱国、爱民，去听我的作品"。

此作属典型的艺术歌曲创作风格，并未使用某种类或某地域的民歌素材，而是更多地考虑了四个声部歌者的声音与"情节"的结合，合唱应该怎样配合，各段的情绪应该怎样表达，各段的起承转合又是怎样的成为一体，各类的艺术表现方式和表现手法等。

所以说，此作是一个典型的专业音乐会的演唱曲目。

《狼牙山上五壮士》（大合唱《战旗颂》第三乐章之一节）

本曲1977年7月写于北京，1982年3月改于北京，混声合唱谱。

歌词如下：

战旗高悬狼牙山，五棵青松立云端。
血染山菊开不败，棋盘陀上红艳艳。

一九四一年秋风寒，鬼子"扫荡"进了山。
子弟兵一团打得好，掩护突围是六班。

鬼子四次来冲锋，子弹呼啸烟雾弥漫，
顶天立地五壮士，誓死守住狼牙山。

鬼子五次再冲锋，兵分两路攻上山，
敌人死伤无其数，英雄们子弹全打完。

宁死不屈五壮士，砸烂钢枪跳下山。
风萧萧兮易水寒，壮士一去兮不复还。

啊！
战旗高悬狼牙山，五棵青松立云端。
血染山菊开不败，棋盘陀上红艳艳。

这首叙事歌，是刘炽回到北京后，与军旅作家张士燮，为庆祝建军五十周年所合作的一部军旅题材大合唱第三章中的一个部分。是继刘炽创作的《边疆战士大合唱》（七个部分）后，为人民解放军谱写的又一部力作。作品的内容反映的是抗日战争年代里的"狼牙山五壮士"。整部作品是英雄事迹发生后，以当地百姓的口吻来创作的，好似老百姓们就齐聚在狼牙山主峰棋盘陀下，讲述刚刚发生的故事，表达他们对英雄们的热爱和感佩。

此作，刘炽写了一首极具太行山地区民歌韵味的旋律，唱起来朗朗上口，听起来地域风味十足，又兼具满满的刘炽式的激情。曲式采取了典型的 A-B-A2 三段体，首段和重复变化段唱情，中段叙述了英雄们的事迹。此作品首段是浓郁的四部合唱和男声领唱；中段是女声独唱与合唱的伴唱；再回到四部合唱，使歌手们各得其所，尽情发挥。尤其是高潮部分——"风萧萧兮易水寒，壮士一去不复还，一去不复还"，和紧接着的四部和声织体紧密的合唱，三声"啊！啊！啊！"接着的是一串断开的五声"啊——啊，啊——啊，啊！"。

听来既好似人们对勇士们英勇跳崖后生死未卜的悲哭声，又恰似对侵略者的痛恨；配合着最后一声发自内心的感慨"啊！"，乐队声部以三个八度的琶音上行，冲向了模拟歌唱情绪的顶点；而此时声乐却仅以一个四声部同音的低音，即仅仅用这个无限延长的音，就令合唱队所代表的"人民的声音"，尽显了这个真实故事悲壮的品格，兼引出了第三段的回归。

当歌手们又唱起"战旗高悬狼牙山，五棵青松立云端。血染山菊开不败，棋盘陀上红艳艳"，这段的最强、最舒展、和声织体最丰富的结束句时，这第二回的歌唱，就像是当地人民唱给后人听的情景。歌手们已化作当地的人民，抑或是对着来此的游客们在唱他们的家乡，他们对家乡的英雄们充满了赞颂和自豪。

可以想象，以上这些具有创新特点的创作手法，必然令听众们感受到了刘炽别具一格的叙事歌唱作品，也深深地将狼牙山五壮士的壮举刻在了心间。

这首歌被刘炽选入人民音乐出版社为他编辑出版的《祖国之歌——刘炽歌曲选》（1979年6月），说明刘炽对此作的重视。

《我们的朋友——海伦·斯诺》

时光回到1987年7月6日晚上，在刘炽的老家西安，在著名的八路军办事处(西安人称"八办")院子里,刘炽和安危两人都在为举办首届海伦·斯诺特展而忙活着。刘炽还是从北京专程赶来做"义工"的。要特别说明的是,那时的安危先生刚捐赠给了"八办"300多件他从美国带回的、与海伦·斯诺生平有关的文物。安危是唯一一位在海伦·斯诺回到美国后的晚年期间,一次去看望她就达10个月之久的中国人;也是在安危的提议,以及在当时"八办"的正副馆长的大力支持和坚持下,才有了"伟大的女性——海伦·福斯特·斯诺在中国"首展的实现。白天忙完了,刘炽和安危两人坐在"八办"的院子里,光着膀子,每人摇着个大蒲扇,在谈天说地。刘炽鼓励安危为海伦·斯诺写首歌词,他来谱曲。就这样,一个从未写过歌词和诗歌的翻译家,竟然在刘炽的鼓励下,动手写歌词了。

第二天晚上,安危竟然拿来了初稿!刘炽一看,安危将海伦·斯诺在中国待过的四个地方,即北京、上海、西安、延安的事迹,各以两句词来概括,当即表扬安危道:"你看,很好嘛!就凭这点,就证明你最了解海伦……"又隔了一天,刘炽竟然就拿来了党永庵(陕西著名作家和诗人,刘炽大合唱《太阳颂》的词作者)修改的歌词,还有他已经谱好的曲,自然又引来安危的一阵惊喜!

问题又来了,7月10日就是"伟大的女性——海伦·福斯特·斯诺在中国"首展开幕的日子,刘炽说就要在这天现场演唱!安危发愁了,就剩一天时间,请谁来唱啊?怎知刘炽说:"没问题,我找冯健雪来(陕西省著名的女高音歌唱家之一)!"

就这样,7月10日,冯健雪真的出现在现场,声情并茂地首唱了这首《我们的朋友——海伦·斯诺》。现场自然引起了不小的轰动,也令应邀来参与开幕式的所有嘉宾,以及观展的观众感动不已!来宾中有《西安晚报》的记者,在兴奋之余,记录下了现场的盛况,第二天就见报了。此作品的产生过程,真是佳话与传奇不断。下面是此作的歌词:

美丽的太平洋碧波荡漾,
浪花里回旋着海鸥的身影,
海伦·斯诺!海伦·斯诺!
中国人民呼唤着您的英名。

黄浦江边,留下了您健美的脚步,
北平街头,回荡着您愤怒的呼声,
古城西安,颂扬着您不朽的杰作,
延河清清,辉映着您明媚的笑容。

啊!啊!

人民的使者,杰出的女性,
您是中美友谊的象征,
在这古老而年轻的中国,
您的名字将世代传颂。

美丽的太平洋碧波荡漾,
蓝天上回响着亲切的歌声,
海伦·斯诺!海伦·斯诺!
中国人民呼唤着您的英名!

现在我们来分析下刘炽的音乐创作。前面在介绍和分析叙事歌《和平玫瑰》时，我们就谈到，《我们的朋友——海伦·斯诺》似可作为《和平玫瑰》的姐妹篇。因为在旋律创作上，这两个作品中运用的艺术手法是有共通之处的，又都是国际主义题材，都是在歌唱国际友人。

此作与《和平玫瑰》的不同之处在于，刘炽在创作《我们的朋友——海伦·斯诺》时，其定位应是群众歌曲（笔者的猜度），也就是说，刘炽是为了让尽量多的人能传唱。又由于改词和作曲是在一天之内完成的，囿于他手头什么谱纸都没有，而第二天就要演唱等原因，在创作时，他只是写了简谱版。这就带出了其后的有趣故事。

当刘炽之子刘欣欣与安危相识于国际友人研究会的活动，又及数次国际工合运动的活动后，刘欣欣看到了《我们的朋友——海伦·斯诺》的简谱。令安危又一次感动的是，刘欣欣不但完成了此作的五线谱版，为之配了合唱和钢琴伴奏，又将其推送至陕西省译协创办的首届外语演唱陕北民歌比赛活动中，这次是以合唱的方式登台的。当重回第一段的歌唱时旋律依旧，但歌词从"浪花里回旋着海鸥的身影"变为"蓝天上回响着亲切的歌声"时，在台下聆听的安危先生热泪盈眶；而当唱到最后高潮的一句"海伦·斯诺！海伦·斯诺！中国人民呼唤着您的英名"时，安危已热泪流淌。

故事还没完，在刘欣欣访问海伦·斯诺家乡——美国南犹他州的斯达城时，刘欣欣将此作翻译成了英文版，在南犹他州艺术学院唱响。而此次演唱的，是一位美国的女高音，由于时间太紧，她几乎是在练习了一个钟头后就独唱和清唱的。那之后，海伦·斯诺的亲侄孙女，一个在纽约百老汇学习音乐剧演唱的姑娘，也在不同场合多次演唱了该作品，都是独唱。

震撼心魂的经典
——刘炽的电影音乐

在刘炽的创作生涯中，电影音乐的创作是举足轻重的。自 1949 年创作纪录片《人民的新旅大》开始，至 1997 年写《红嫂》中的《摇篮曲》，他一生创作的电影音乐，应在 20 部以上（本文后附部分音乐作品）。其中尤以《祖国的花朵》《上甘岭》《祖国颂》《英雄儿女》等最为音乐界和电影界所赞赏（此四部影片皆出自长春电影制片厂）；其中多部电影中的插曲，亦是为人民耳熟能详，经久传唱。下面从他的首部电影音乐说起。

电影《人民的新旅大》的音乐

《人民的新旅大》是新中国最早的大型纪录片，是延安鲁艺时期刘炽的老战友王家乙找刘炽为其配乐的。当年二人在延安的秧歌运动中，刘炽是鲁艺秧歌队的龙头（伞头，即秧歌队的领队和指挥），王家乙是鲁艺秧歌队的龙尾（即后队总领队）。这两个角色本事的大小，直接决定了一场秧歌表演的成败。他俩非相互了解至深则不可能配合紧密。例如，相互间的一个眼神、一个暗示，就得心领神会。来找刘炽时，王家乙已是长影的导演，当决定要拍摄《人民的新旅大》时，自然首先想到要刘炽来写音乐；而对于刘炽，这却是他以交响乐写作电影音乐的第一次。

在这部影片的音乐中，观众感受到的是那自始至终祥和、恬静、明媚的音乐情趣。因为此时，东北全境已经解放了。当刘炽又一次来到大连的海滨，感受着大海的波浪，享受着和平的阳光，欣赏着蓝天、白云、海鸥，一首优美温柔的女声独唱曲的旋律逐渐地浮出脑海。影片导演王家乙的歌词，自然是创作这美妙旋律的声韵基础："柔和的阳光照海波，自由的船家幸福的窝。轻轻地撒网紧拉绳，捕鱼的船儿行如梭。"当创作完成插曲《柔和的阳光》时，王家乙就非常的满意："老伙计，这首歌超出了我的预期啊！太美啦！我有个预感，这首歌一定大获成功啊！"果不其然，影片一经上映，《柔和的阳光》就被人们传唱起来，尤其传唱在旅顺和大连的街头巷尾。

这首歌的第一句旋律，给人以小调式(6调式)的亲切感，接着第二句就到这个小调式的上四度音，然后就通过两个上下起伏呼应的短乐句，从兴奋的情绪中过渡到了小调式(6调式)的下大二度音，也是大调式(1调式)的属音(上五度、下四度音5)，为重复第三句旋律的大部分，为进入大调式(1调式)的主音(1音)做好了准备，然后以一个刘炽式的五声音阶上行八度后，再下落，回到大调式，完美的以属音——主音稳定地结束一段唱词的歌唱。全曲给人以出海时情不自禁的抒情，到渔场紧张地撒网劳动，同时感慨、感恩在"人民的新旅大"幸福的生活。

应特别指出的是，旅大(旅顺和大连)地区，经历了清末时期、日俄旅顺口大战时期、日本侵占东三省时期，直到1949年解放回到人民的怀抱前，是充斥着压迫、奴役、没落、腐朽、黄赌毒、数不胜数的人民恨之入骨的丑陋社会现象的。所以，当电影《人民的新旅大》播映时，当片中既兴奋又祥和的音乐推波助澜地感染着观众时，当片中的歌曲响在旅大的大街小巷时，可以想象人民的心情是怎样的舒畅和愉悦。

只不过那之前，在刘炽进入为交响乐队配器的工作阶段时，他却因为此前长期地处于战争年代，而延安鲁艺时期和东北鲁艺时期一直在辗转的，每每是紧急的，没日没夜地完成各种配合战争形式和斗争形式的创作、宣传和演出任务，并无机会精心地为管弦乐队写作和配器，所以开始时难免生疏，第一天为整个管弦乐队的配器，只完成了4小节总谱。但是，刘炽并不气馁，反而借此次机会，发明制作出了一个自己的"转盘式乐队乐器变调对照使用表"。很快地，就将配器的工作效率提高了5倍以上。

刘炽第一次创作电影音乐，便取得了圆满的成功，给世人留下了一首经典插曲，后被歌唱家们打造成了一首柔美的音乐会独唱曲并流传于世。

电影《陕北牧歌》的音乐

写完《人民的新旅大》的第二年，即1950年，刘炽另一位老战友、大导演凌子风，就来找他，请他为故事片《陕北牧歌》作曲。影片的音乐创作完成后，产生了两首插曲《崖畔上开花》《刘志丹颂》。特别是《崖畔上开花》一曲，其生动洗练的充满陕北民歌风格的歌词，经刘炽创作的愉悦、淳朴和乐观主义的优美曲调一唱出，即刻在全国各地传唱开来："崖(ɑi)畔上开花崖畔上红，受苦人盼着(那)好光景"，"有朝一日翻了身，我和我的干妹子结个婚"。《崖畔上开花》一曲，采用了陕北地区自古流行于民间的短歌小调"信天游"的形式，其特点是上下两句的句式；

但其创新内容，是完全以对唱的方式展开的。一男一女，每人一段唱词轮流着唱。如此歌中的："［男］青杨柳树长得高，你看哥哥哪搭（儿）好？""［女］黄河岸边灵芝草，哥哥你人穷生得好"。此歌旋律曲调的特色，又在于其采用了中国西北地区特有的5-2调式，即按中国五声音阶调式宫、商、角、徵、羽中的徵调式（5调式）。当这个调式的音阶中完全不用4音，而只用3音时，就产生了一种乐观、清新和自信的情趣。无怪乎，人们在观看此电影尚未结束时，歌儿就已在口中唱出；走出电影院时，观众们已在美滋滋地哼唱着了。尤其是那些年轻观众唱"我和我的干妹子结个婚！"那句，更是唱得起劲着呢！

《刘志丹颂》在电影内外亦是广受称赞，认为是写出了人民对这位陕北革命领袖的爱戴和情感。当聆听刘炽为此影片所作的音乐时，研究者们会发现，刘炽已在用自己的音乐创作来表现、塑造和深化人物与情节，而不是简单烘托气氛的起承转合，不是简单的服务于戏剧内容了。刘炽其后在写作电影音乐中逐步形成了自己风格，而其风格不但能为影片增加成功的因素，更成为影片获得巨大成功的关键性因素了，从而使重大题材和重大影片拍摄的导演们对刘炽都是青眼相加。

电影《祖国的花朵》的音乐

1955年，长影决定拍摄新中国第一部儿童题材的彩色故事片《祖国的花朵》。该片导演严恭和苏里来到北京，请刘炽作曲。七月的一天，严恭和苏里带着摄制组全体成员，请刘炽和剧组的一群小演员们体验生活，他们在颐和园嬉戏，在昆明湖上划船。当泛舟到"犀牛望月"附近时，刘炽突然有了音乐的动机和灵感，他让船赶紧靠岸，就在"犀牛望月"附近的一块大石头上，以自己的腿当桌子，以不到半个钟头的神速，写成了《让我们荡起双桨》。在回到新街口太平胡同，即剧组当时的驻地后，他很快又完成了另一首同样在电影播映后脍炙人口的儿童歌曲《我们在大地上栽种鲜花》。这两首歌都是乔羽作词。其实，电影《祖国的花朵》中，还有第三首童声合唱曲——《伙伴们，唱吧，唱吧!》，也在片中起到了不可替代的烘托高潮的作用。

童声合唱《让我们荡起双桨》获得过众多奖项，被收入中小学课本等；但最令刘炽感到荣幸的，是"文化大革命"过去后，康克清在人民大会堂因这首歌为他颁发了"电影音乐奖"的歌曲奖。

而《我们在大地上栽种鲜花》，一首似乎被《让我们荡起双桨》巨大、深远、经久不衰的影响而部分地遮挡了光芒的儿歌，却始终散发着跨越了时光的异香。它被搬上舞台，其抒发的另一种活泼的童趣，宣告的另一类美妙的理想，蕴含的另一波浪漫的激情，就一次次地让观众和听众们既欣喜又陶醉。很多人感慨道：小时候看《祖国的花朵》电影时，没走出电影院几乎就唱会《让我们荡起双桨》了，光顾看情节和故事了，竟然忽略了电影里还有第二首这么美妙的儿歌；尤其是从头至尾那欢快、轻盈和跳荡的节奏，真的可以感受到新中国的孩子们，在参加集体劳动时的天真活泼和满满的幸福感！

电影《上甘岭》的音乐

也许因为影片中的插曲《我的祖国》影响巨大，流传极广，并且传唱数代人而愈深入人心，电影《上甘岭》的主题曲反倒是不太为人们所熟知了。其实，它的作用从电影的片头曲部分，就已经牢牢地抓住了观众们的心：当刘炽以仅仅一个连串上行的羽调式（6 调式）五声音阶音乐响起，将观众的心瞬间抓住时，电影主题曲的唱词，就以其凝重、刚毅和雄浑的声音，配着片头的画面，响彻观众席了："狂风呼啸，大海翻腾。刀枪在手，愤怒在胸。"（存见此作的油印本歌谱）。然后，突然间，合唱队的一声高八度的"呐喊"："啊！"将音乐和歌唱引入了急促的 $\frac{2}{4}$ 节拍。这次，歌唱和旋律给人的感觉好似令歌者们和观众们都变成了参战者，那一声紧似一声的、饱含愤怒的歌唱，彻底把观众们带上了抗美援朝血雨腥风的战场。然而令观众们的心情又一次受到激荡的，是歌声中志愿军战士们的拼死奋战的英雄气概："壮志的祖国儿女，为世界，为和平，赴汤蹈火……战斗在上甘岭。"此时的音乐节奏又变成了慢 $\frac{4}{4}$，伴之以一连串的、跌宕起伏的三连音冲击……那一股前赴后继、视死如归的精神力量，通过音乐震撼着观众们的心魂……这就是电影的主题曲《英雄颂》。

《英雄颂》的管弦乐队音乐，在整个影片中多次变化的出现，尤其是年轻的警卫员杨德才，在最紧要关头坚决请缨，去炸掉横亘在攻上主峰途中的最后一个暗堡时，连长一声："杨德才！"杨德才一回头，那还带着几分稚气的脸，显得异常的镇静和刚毅，怎能不令人感动莫名！你听，伴着他短短的一句"连长还有什么指示？"，此时响起的《英雄颂》令人感到某种预示般的沉重和悲壮！伴随那一连串上行的羽调式（6 调式）五声音阶音乐又响起了。细听此时的唱词，有了这样的变化：

硝烟滚滚，

火势熊熊。

　　杀声呐喊，

　　铁石飞蹦。

但这时的电影情节，令观众们紧绷的神经已经不可能仔细去分辨唱词的变化，而将全部的心神，集中到了杨德才身上了……在这段情节中，《英雄颂》的声乐和器乐所起的作用，是令观众们夹杂着愤怒、紧张、激情和期待而又不敢期待的血脉偾张！其后，《英雄颂》主题曲又一次激动人心的出现，是在电影最后的高潮，贯穿杨德才用自己的身体堵住暗堡的机枪扫射而壮烈牺牲，八连指战员们不顾一切地拼命冲上主峰的整个过程。这段超过十分钟的情节，自始至终为《英雄颂》的主题曲所渲染着，所激励着，"狠狠地"撞击着观众们的神经，直到这场战斗胜利结束。再往后，硝烟刚刚散去的主峰上，师长来看八连仅剩下的八位指战员，交响乐队中钢琴演奏的运用，给人平添了骤然间心情的舒展、缓解和灵动，使得上甘岭主峰阵地上八连八位英雄们的身影，那样的伟岸，又是那样的淳朴和安详。在师长走到女护士前短短两个字的一问："你是……""王兰！"昂首挺胸，已淬火成钢的"王兰"两个字的回答，此时反倒都胜过了千言万语的豪情。师长一句"快下去休息吧！"，结束了整部电影的所有情节。这是何等高明的导演手法呀！这又是何等真实地展现出了东方文明中那种言简意赅的人情味。所以，当再一次重温沙蒙导演日记中的"音乐一直感染着观众，维系着观众的注意和感情，这一收获是始料不及的"这句话，我们就对刘炽创作电影《上甘岭》的音乐，尤其对《英雄颂》的歌唱和音乐，有了更深一层、更高一极的感佩和认知了。

这里需要专门探讨一下钢琴在管弦乐队中的运用。

关于钢琴在创作电影音乐时的运用，刘炽即便不是首位，也是最早使用的作曲家之一。在《上甘岭》音乐中，几段使用钢琴的音乐，都显示出恰到好处的艺术匠心。这里以其在电影最后的高潮阶段的使用来介绍。当志愿军经过殊死战斗，付出大量战士的牺牲，终于攻上主峰阵地后，一段带有颂扬风格的钢琴主奏和管弦乐队的重奏响起，给观众以如释重负的、心潮澎湃的、胜利喜悦的多重心理感受。钢琴，音域宽广、和声丰富，音域可从鼓震寰宇的厚重、电闪雷鸣的霹雳，直到莺歌燕舞的细语，又赋含近似玻璃般通透清脆的种种音色，在其独奏和领奏的一个个乐句乐段中，尽显了志愿军战士们和看电影的观众们此刻潜在的心理诉求。尤其令观众们好似身已不在电影院，就在上甘岭的阵地上，围绕着志愿军八连的战斗英雄，正与他们分享着胜利，分享着生存，分享着那一刻的和平。就在这时，管弦乐队的乐手们，好像是迫不及待地冲上来，将钢琴领奏的"权力"抢走了一般，使音乐瞬间生成了天地同辉、排山倒海的气势，而此时的钢琴，是那么情愿地加入了乐队整体，为他们托起节奏、为他们壮势扬威……而观众们此时正听到下面雄浑的多声部合唱："用生命保卫母亲平安，用鲜血换取大地和平。"这两句合唱的词，就是用眼睛来看，用声音来朗诵，都可产生激情和感动，自然以合唱唱出时，即刻将整部影片的思想境界，将志愿军指战员们的精神境界，永远地镌刻在了观众心中。再来品味这段合唱的最后三句唱词："不朽的功绩，无比的英勇。巍峨，雄壮，美丽，庄严。像一道长虹，横跨在万里无云的碧空！"当作曲家刘炽以一个独创的、音乐旋律的"长短句"，而不是宋词式的长短句的乐段，将整部电影以一个最强音、最高音来结束时，观众们的心已经彻底地被融化在这中国式的英雄情节中。这验证了艺术界对刘炽电影音乐评价的一句话："什么是经典？这就是经典!"

为电影《上甘岭》刘炽创作了插曲《我的祖国》，四种合唱《英雄颂》等，17段交响音乐，共23段各种声乐和器乐写作以及其全部的配器。其间心力和情感的付出，我们今天是很难想象，是很难真实地再现的。而在其后的电影《英雄儿女》的音乐创作中，他的付出更是增加到了2首插曲，5种合唱，并28段交响音乐和全部的配器!

谢绝有理，创作有情，为了英雄（完成《上甘岭》后的自我超越）

1955年，刘炽为整部电影《上甘岭》作曲，电影还未上映，其中的插曲《我的祖国》即不胫而走，唱响在中国的山川平原上，唱响在江河湖海间。而谁能想到，在创造了被世界华人誉为第二国歌的《我的祖国》后，时隔8年(1963年)，刘炽竟然被延安时期的老战友们，因一部电影的音乐创作任务，给"逼到了墙角上"。

原来，电影《英雄儿女》的导演武兆堤引着编剧毛烽，还有刘炽的老朋友、老战友田方（《英雄儿女》中饰演王芳的生身父亲王政委），一起来找刘炽，说什么也要刘炽为电影《英雄儿女》作曲。刘炽仍然是说什么也不肯接这个"活儿"！理由很清楚：让一个作曲家去超越自己已完成的同样类型题材的电影音乐，尤其是之前的一部，已经被公认为中国电影音乐的经典之作，实在是"出难题"。没想到他们竟又搬来了辽宁省委主管文艺工作的周桓书记，周桓又是刘炽的老首长和艺术上的知己之一。姜还是老的辣，周桓用了个"激将法"来说服刘炽："我看《上甘岭》也还不是你创作的顶点吧？就不能自己超越自己么？我看你定能写好《英雄儿女》的电影音乐！"周书记出马这么一"将军"，刘炽也只能退一步说："那我有言在先，先看剧本，若剧本不能打动我，那就是周书记发话了，我也是不能接的啊！"

但当刘炽看了剧本只一遍后，他自己竟然就改变了，他被剧本中的王成、王芳、王文清、王复标、金大爷等角色深深地吸引住了。没过多久，来到长春、住进"长影"小白楼的刘炽，就拽着武兆堤和田方他们，去找长期在长春工作的另一个老战友，时任吉林大学副校长的公木了（公木为笔名，真名张松如）。干什么？写歌词。为什么偏偏找公木？因为刘炽深知公木的国学功底，亦熟知公木的词风，在研读了剧本后，他已拿定主意，电影中的歌词，尤其那首插曲的歌词，就得请公木去写。

刘炽"带队"，直接冲到公木家里，又不由分说地把公木也接到"长影"小白楼那儿去了。进小白楼住下了，才谈起请公木为电影《英雄儿女》的主题曲写歌词，自然是武兆堤慷慨激昂，刘炽绘声绘色，田方老成谋国，那又是一次不容推辞和不容分说……总之该交代的一股脑交代清楚，不写也得写！

公木呢，自然是不负所托，写出的歌词令刘炽他们几个欣喜加兴奋。歌词以公木那大气磅礴、凝重洗练的中国传统词风，摆在了刘炽他们面前：

烽烟滚滚唱英雄，
四面青山侧耳听。
晴天响雷敲金鼓，
大海洋波作和声。

人民战士驱虎豹，

舍生忘死保和平。

于是，刘炽开始为之谱曲。但很快，当刘炽为这六句颇具中国古典诗词风格的歌词谱完曲，在情感和乐思上已是情不自禁时，歌词已用完！但此时，正是对志愿军英雄的心灵、精神做升华的最佳契机呀！此时正是将音乐和歌唱推向另一个高潮的最佳时机呀！为了此时他胸中仍在涌动着的"千军万马"，他提笔写出了四句其后被国人广为传唱的副歌歌词：

为什么战旗美如画，

英雄的鲜血染红了它。

为什么大地春常在，

英雄的生命开鲜花。

第二天，当公木看到这段出现在每段歌词后面，被三次唱诵的副歌歌词时，连连称赞道："嗯，续得好，续得精彩！真是意料之外，情理之中啊！"

电影《英雄儿女》主题歌旋律的创作，刘炽使用了他早在1940年作为抗战时期的一个考察团，赴内蒙古伊克昭盟所搜集的民歌《巴特尔陶陶乎》（音译）的素材。无独有偶，另一首作品的素材，是当年在延安鲁艺的一次"星期音乐会"上，海外归来的大提琴家张真黻演奏的一首欧洲古典作品，因其深沉、宽广、悠扬而留在了刘炽的记忆中：5-5-3-1-5。这两部音乐的头五个音，恰恰令刘炽捕捉到了《英雄赞歌》的音乐个性和旋律动机。发展开来，就是刘炽创作的那首"烽烟滚滚""晴天响雷""大海扬波"，感天动地的旋律音乐了。

你看王芳在唱《英雄的赞歌》时，将志愿军指战员们、慰问团和中朝鲜人民，一下子带到了英雄王成那大无畏的、视死如归的英雄气概面前。而当副歌响起，导演那大气磅礴的画面布局，伴随着好像连松涛和山峦都加入了的、地在动山在摇的混声合唱，恰似化成海涛涌向海岸般一浪高过一浪，滚滚的"热浪"在演出场上和场下瞬间生成后，顷刻间响彻山峦、刺破蓝天。在副歌的旋律创作中，刘炽式的三次向上涌动的旋律进行，3-5-6-$\dot{1}$；5-6-$\dot{1}$-$\dot{2}$；6-$\dot{1}$-$\dot{2}$-$\dot{3}$，把歌者和听者的心彻底点燃，紧接着一个在时值上"站住了"的7音和涛下面的附点音符6，为下行到下四度属音的5，再下行三度到3，然后向上进行的"冲顶"到高八度的$\dot{3}$，做了充分的铺垫，而唱出了整整一个八度向上进行，又在上行中加入了两次婉转变化的、激情加柔情的"开——鲜——花"。至此，歌者和听者，就都已是神似沸水、泪如泉涌、不能自已了。就是在那一刻，《英雄的赞歌》已经由一首歌，化成了一柄英雄主义的刻刀，将中国式的英雄精神深深地嵌入了人民的骨髓中。

而《向我开炮》和《宣誓》这两首，为什么在千万次的电影播放中，都令观众们热血沸腾，常常被人们形容为"边听边看时，汗毛孔都激动得竖起来了呢"？为什么至今半个多世纪过去了，其震撼人心的力量依旧呢？难道刘炽缺少中外音乐的理论和实践，未藏潜移默化的技法，不经深思熟虑的结构，不以得心应手的乐器配器，没有自我感动不已的激情，未继承中国音乐旋法的精髓，不懂得中国音韵的特点，甚至是未得黄土高原这块土地的独特音乐声腔和底蕴，就全靠天分而"不用功"就能写出经久传世的这些音乐和歌曲吗？可以说，真正深入地研究电影《英雄儿女》的音乐创作，是刘炽留给后辈音乐界的课题，而刘炽的经典电影音乐创作，每部电影都可写一本厚厚的论文集。

《英雄的炊事员》是幽默的说唱曲，本书前面的章节曾介绍过，在写《人民的新旅大》的电影音乐的最后一段时间，刘炽是在北京。"住在电影艺术处，即西单舍饭寺的花园饭店里"。那时，"西单茶社里有个说唱团，每天晚上都有曲艺表演"。刘炽常去那里，还有前门鲜鱼口的"应春茶社"等，他"不是为了余闲的消遣，而是来向他们学习的，真诚地向他们学习的"。到创作《英雄儿女》的音乐时，因为一段慰问英雄炊事员的情节，他就词曲都自己来，写出了这首大鼓风味十足的说唱曲。这段情节加上这首说唱曲，在战场上炊事班坑道前的演出，为电影平添了几许中国式的乐观主义情趣。其十足的大鼓词风味，在电影播放后，即受到不少曲艺老艺人的赞赏。此曲之后又成了各种音乐会上演唱的保留节目，成为音乐界的一段美谈。那之后，刘炽晚年又写了不止一首此类型的说唱风格的作品，例如《说说咱们的老北京》，听起来京味儿十足，韵味儿十足；却又突破了大鼓词原有艺术范围的窠臼，而扩展了美声唱法的类型，故广受欢迎。

在这又一部中国电影音乐经典完成后，人民的喜爱自不必说，而艺术界和音乐界的感慨之言倒是值得玩味：刘炽竟能在同样主题内容的两部故事片电影中，创造了两座音乐艺术和歌唱艺术的高峰与丰碑，竟然能在第二部电影《英雄儿女》的音乐创作中，超越了他前一部电影《上甘岭》！这真是近代中国电影音乐创作史上的一个奇迹。

这一次，刘炽为电影《英雄儿女》的音乐，共创作了四首歌曲：主题歌《英雄赞歌》(公木词)、《英雄的炊事员》(刘炽词)、《向我开炮》(公木词)、《宣誓》(公木词)。又为整部电影创作了28段交响音乐。现在回顾当初周桓老将军用激将法激励刘炽的那段话，我们可以说，他真是了解刘炽的潜能的，为中国电影音乐的历史平添了一道亮丽的彩虹；而刘炽，则以他的创作才能给中华民族创作了又一部前无古人的电影音乐经典。

附：刘炽创作的部分电影音乐目录

《人民的新旅大》（新中国最早的大型纪录片） 1949年【长影】

  (1)《柔和的阳光》

《陕北牧歌》 　　　　　　　　　　　　　　1950年

  (1)《崖畔上开花》（曲一）

  (2)《刘志丹颂》 （曲二）

《走向新中国》（合作） 　　　　　　　　1951年【北影】

《祖国的花朵》（故事片） 　　　　　　　1955年【长影】

  (1)《让我们荡起双桨》 插曲

  (2)《我们在大地上栽种鲜花》插曲

  (3)《伙伴们，唱吧，唱吧!》（又名"联欢"）（主题歌）

《上甘岭》（故事片） 　　　　　　　　　1956年【长影】

  (1)《我的祖国》（一条大河）（插曲）

  (2)《英雄颂》（主题歌 主题曲）

  (3)《哀乐》（指导员牺牲 器乐曲）（曲三）

《祖国颂》（新中国首部大型宽银幕纪录片） 1957年

  (1)《祖国颂》混声四部交响大合唱（主题歌）

《风暴》（故事片） 　　　　　　　　　　1959年

《英雄儿女》（故事片，共 28 段交响乐曲）　　1964 年【长影】

    （1）《英雄赞歌》

    （2）《英雄炊事员》　　刘　炽词

    （3）《向我开炮》

    （4）《长鼓舞曲》

    （5）《宣誓》

    （6）《抬王芳》

《兵临城下》（故事片）　　　　　　　　　　　1964 年【长影】

    （1）"二胡和古筝二重奏"（器乐曲）

《豹子湾的战斗》（故事片）　　　　　　　　　1977 年【长影】

《狼牙山五壮士》（故事片）　　　　　　　　　1978 年

《笨人王老大》（故事片）至今未公演　　　　　1978 年

《飞虎》（故事片）　　　　　　　　　　　　　1979 年

《大渡河》（故事片）　　　　　　　　　　　　1979 年【长影】

    （1）《拉纤歌》（插曲）

《红嫂》（故事片）

    （1）（音乐及其中《摇篮曲》插曲）　　　　1997 年

刘炽为电影《英雄儿女》创作《向我开炮》手稿（一）

刘炽为电影《英雄儿女》创作《向我开炮》手稿（二）

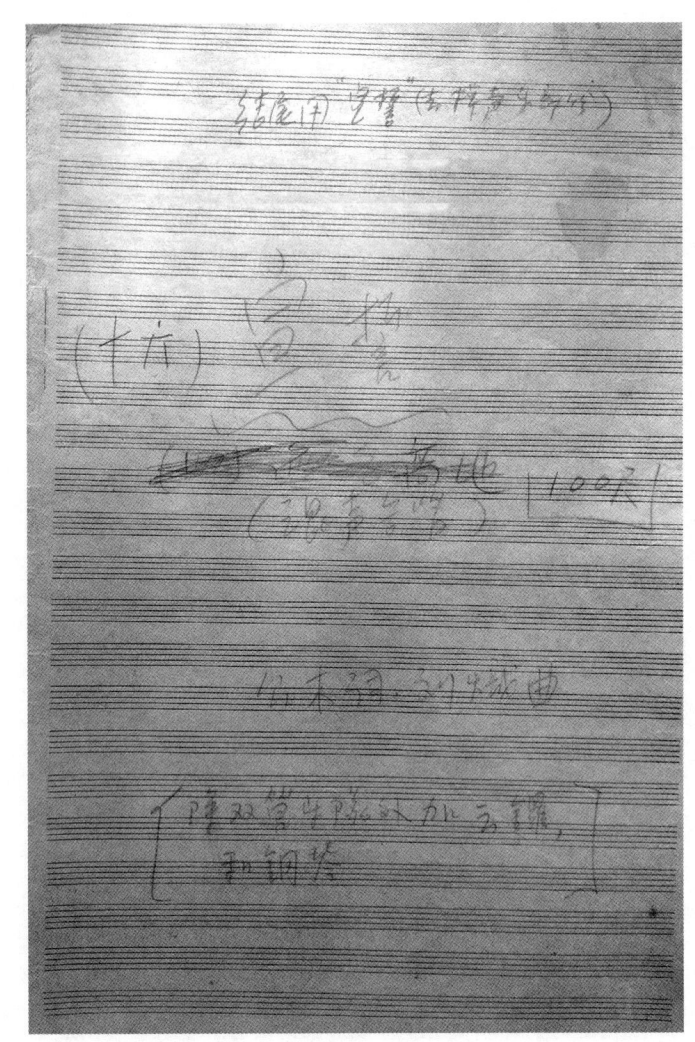

刘炽为电影《英雄儿女》创作《宣誓》手稿（一）

刘炽为电影《英雄儿女》创作《宣誓》手稿（二）

来自东方的咏叹与抒情

——介绍刘炽的四部歌剧音乐创作

歌剧《塞北黄昏》

歌剧《塞北黄昏》，创作于 1941 年 2 月，1941 年 3 月由西北文艺工作团首演于延安并获得成功。剧中的一些唱腔很快就在延河两岸传开并能听到人民哼唱了。但是，当胡宗南进攻延安期间，刘炽参加延安鲁艺干部团挺进东北，故委托其兄弟刘烽（由刘炽带往延安参加革命队伍，其后也成长为作曲家）保存该剧的总谱和剧本等珍贵的手稿，却遭不测并遗失。直到 1982 年 10 月，当年参与演出此剧的阮艾芹和李凝两位演员，凭着高度的责任感，竟然奇迹般地将在战争年代遗失手稿的这整部歌剧回忆了出来！这才有了 1983 年《延安文艺丛书·歌剧卷》的首次发表和出版。

此作品是延安鲁艺创作并演出的第三部歌剧（第一部名为《农村曲》，1938 年；第二部名为《军民进行曲》，1939 年）。到上演时，刘炽还不满二十岁。这部中型歌剧还有几个特点：1. 它整场是以蒙古族音乐风格创作的；2. 它是独幕独景的；3. 它是用比较纯正的歌剧艺术的表现方式来创作的。

歌剧最重要的艺术表现方式就是歌唱。粗略统计《塞北黄昏》发表的乐谱中，歌唱部分就有32段（首），若加上所有的纯音乐部分，以及承前启后的音乐前奏、间奏等，音乐创作的分量是相当繁重的。需要指出的是，这所有的创作竟然是刘炽在3个日夜里完成的！

那么，不满二十岁的刘炽，又是第一次创作中型歌剧，创作质量怎样呢？从后来延安鲁艺老一代们的回忆中，可知当时的演出十分成功：因为演出后的数日，延河两岸就（第一次）响起了蒙古族风格的、剧中的唱腔。例如剧中角色蒙古族姑娘巴索的一段唱：

我喜欢春天，我喜欢春天。
春天的风儿，吹青了沙漠；
红花开在了高粱上，黄花开遍了西吉滩（伊克昭盟的一片草地名）。

这段轻快的唱腔，以它优美又奇异的蒙古族旋法，一经上演，当即令天生爱唱歌、又会唱歌的陕北人民耳目一新。

又如，剧中男主角桑杰扎布和另一角色"嫂嫂"两人所唱，分别描述女主角阿他花的两段唱："我们的阿他花，骑着一匹桃[色]走马。两只眼睛闪金光，脸蛋儿上飘浮着彩霞。""红腰带配着绿衣裳，头巾底下辫子长。你要是听见她歌唱，不会再想到别的姑娘。"其第一段欢快跳荡的旋律，是用了内蒙古民歌《我的红走马》的素材；其中就有很多年后，刘炽创作电影《英雄儿女》插曲《英雄赞歌》的，$\frac{2}{4}$节奏的音乐动机：5531 5……；其第二段的旋律中，就是刘炽带回到延安后，又相继为多个音乐家在创作乐曲时多次运用的$\frac{2}{4}$节拍的音乐性格：

5 5 6 | i 16 | i 35 | 32 10 | 15 | 65 33 | i ……

这大气、辽阔、高昂的旋律。

又如"你可平安"这段合唱的唱腔："翻过多少山，越过多少滩，一向眼望穿。绵羊般洁白的毡房，今天才看见。"这段旋律悠扬、舒展、兴奋。它十分贴切地表达出牧民们摒弃诱惑的阴谋，坚定爱国的决心，终于回到家乡的愉悦心情。

像这样的唱段和唱腔，在《塞北黄昏》剧中此起彼伏，弦歌不断，你方唱罢我登场；难怪作曲家刘炽，在《塞北黄昏》剧上演的数日后，就在延河岸边，听到人们哼唱这些曲调，传唱这些歌儿了。

在《塞北黄昏》剧的音乐创作中，未满二十岁的刘炽，已经在有意识地运用歌剧艺术中众多具有代表性的音乐表现方式，如宣叙调、朗诵调、多声部合唱，以对唱展开情节，甚至创造性地将喇嘛诵经以明确的音调和旋律唱出。这些技术的运用，这次在歌剧创作方面"旗开得胜"的修炼，是否已经在预示着，其后刘炽在歌剧创作方面，将取得足以令其作品传世的成就呢?!

《塞北黄昏》剧还有一个对今后民族歌剧的发展极有研究意义的现象：纵览整部歌剧，其描述场景、戏剧动作、演员上下场，总共只用了279个字；而经研判作为演员道白(台词)的，只有仅仅48个字。一部中型歌剧的剧本和演出，能做到如此，即使时光飞逝过了八十年，也足以令今天的人们感到不可思议，不得不对当年延安鲁艺老一代艺术家们肃然起敬。

歌剧《火》

那是在 1947 年 11 月 2 日至 9 日，鲁艺三团遵照中共中央东北局和松江省委的指示，自通河县三天演出四场（包括大合唱、秧歌剧、话剧等综合节目）晚会后，返回哈尔滨，组织学习刚刚颁布的《土地法大纲》，并开展对下一阶段的形式、任务、普及教育等方面的学习和讨论。就是在这时，编剧胡零，在作曲家刘炽的深度参与、帮助和鼓励下，开始了歌剧《火》的剧本写作。11 月 11 日至 14 日，成型的剧本已交付导演和演员们共同研究分析了。

在《鲁艺在东北》一书中，老东北鲁艺们的回忆文章内容，1947 年 11 月 17 日至 1948 年 1 月 2 日，"全团（东北鲁艺三团）投入《火》剧紧张排练……""1948 年 1 月 2 日至 15 日，大型歌剧《火》在哈市（哈尔滨市）亚细亚电影院正式演出。"由此来推断，剧本的写作、成型、讨论、修改，总共两周时间（11 月 2 日至 11 月 17 日），其间还包括刘炽用一周时间创作这部歌剧的全部音乐和歌唱。别忘了这是一部大型歌剧，演出时长是两小时半。再从 1 月 2 日开始正式演出来算，排练时间满打满算就两周。刘炽，以及那时的艺术家们，为完成任务的拼命精神，可再用一次"不可思议"四个字来形容。若放在现今，则可用一句话来概括："完成了不可能完成的任务！"

1948 年 1 月 2 日至 15 日，大型歌剧《火》在哈尔滨亚细亚电影院正式演出。首次演出 9 场，二次演出 13 场，这两次共演出 22 场。

1948 年 2 月 8 日至 14 日，第三次演出，鲁艺三团带《火》剧，到东北土改重点地区——呼兰县康金井区(一说"康金村"),演出 6 场。接着,全团(东北鲁艺三团)奔赴近三十个区、镇、乡,演出歌剧《火》14 场。

1948 年 2 月 28 日至 5 月 10 日,在兆麟电影院演出歌剧《火》(13 天,按 8 场计)。这样,首轮就演出了不少于 50 场。

1948 年 7 月中,歌剧《火》于大连市与观众见面了。首场演出地点在宏济大舞台,演出前,在车站旅社前绘制了巨型海报,《大连日报》也发了演出盛况的消息。《火》剧在大连市引起强烈反映,受到观众们一片好评。《火》剧在大连共演出 38 场,观众达 5.8 万多人。

依据以上内容就可以推定,1948 年的东北,在开年的第一个季度里,歌剧《火》演出竟愈百场。那期间,在东北解放区党的文艺工作会议上,《火》就已获得了中共中央东北局的奖励。

东北鲁艺老一代艺术家、歌剧《火》导演干学伟的回忆文章《哈尔滨的〈火〉》,以赋诗开始:哈尔滨的《火》,燃起在松花江畔;她那熊熊的烈焰,曾牵动过千千万万人的心田……

他回忆道:"1947 年底,这出戏(《火》)在哈尔滨颇为轰动,……不少单位前来包场。一天,《东北日报》在头版正中刊出东北局宣传部给我团这个剧目以嘉奖,并颁发了奖金。为满足广大农村的需要,我们谢绝了相继而来的包场,全团去了当时土改的热点地区,呼兰县的康金村。"

李维(东北鲁艺艺术家)的回忆文《在鲁艺三团的生活回忆》中的第一段——"《火》把我引进了革命"介绍:"一个偶然的机会,我看了歌剧《火》的演出。这是我生平第一次受感动的戏,不仅剧中人物的逼真形象感染了我,而且地主那滔天的罪行也激起了我的愤怒。……不知不觉底与观众一起喊起了口号。""《火》使我第一次知道了地主是什么样的人,怎样剥削人。从那以后,我就一心想参加革命,想把剥削人的人打倒,叫天下的人都能平等底生活。机会终于来了,听朋友们说鲁艺(东北鲁艺)正在招生,我高兴极了,就去报了名……"

刘炽自己也有一篇文章,《关于大型歌剧〈火〉》。文中他回忆:"1946年初,……土地改革运动席卷着中国北方的大地,松江两岸也掀起了斗争的巨浪。濒临于饥寒交迫的贫农、雇农和下中农们,甩掉了几千年来的桎梏,站起来了。为了像个人(而不是奴隶和牛马)一样的生活,把压在他们头上的地主老财和形形色色的'穆仁智'(注:在延安的歌剧《白毛女》上演后,剧中地主的管家名'穆仁智',成了中国社会对中国农村地主和财主们的帮凶的代名词)们掀翻在地,把土地还给种地的贫雇农、下中农手中……

"我和鲁艺三团的胡零同志,先去了呼兰,后到双城。我们都把自己投入这场如火如荼的斗争中,使自己接近斗争中的人民,和他们同呼吸,共命运,同时也积累着表现他们的素材。

"回到哈尔滨后…… 我同胡零同志也突击完成了大型歌剧《火》……

"贯穿歌剧《火》的音乐动机、旋律、主题,以及表现不同人物性格和内心世界,都是采用了东北民歌、二人转的韵律,尤其采用了北满皮影戏音乐的手法和旋律,加以发展、延伸和变化,使得整个歌剧音乐,凝聚着黑龙江、松花江和嫩江流域的泥土的芳香,因而在排练和正式演出中,受到了热烈的肯定和欢迎。获得了文代会(东北地区文代会)歌剧创作、演出奖。"

歌剧《白毛女》

歌剧《白毛女》，应该说是在过去的半个世纪里，中国最著名、演出时期最长、演出场次最多，并且影响最广泛的一部作品。它的素材，是在1940年前后的晋察冀边区，当地流传的一个关于"白毛仙姑"的"民间故事"。然后，这个故事又有了新的、真实发生的进展：八路军和村干部要搞清楚到底有没有"白毛仙姑"。他们秘密地埋伏在山里的"奶奶庙"，最终救出了一个满头白发的女子。原来她是一个被地主糟蹋后侥幸逃出来，躲进大山里艰难求生，变成了满头白发的可怜的姑娘……

该剧于1945年4月在陕北的延安首演，那次，"前后共演出了三十多场"。在首轮演出不到一年后所写的《白毛女的创作与演出》中，贺敬之先生就已经对《白》剧的成功和其在艺术上的"不完整性"有清醒的认识。例如他谈道："《白毛女》主要由于内容获得效果，而形式或技术方面则存在着不少缺点。""《白毛女》在形式上、技术上始终是不完整的。有些是近于歌剧的处理了，而有些地方相当容忍了散文部分的存在。有不少地方是'话剧'的。因之，它没有做到整个的统一谐和。歌词一般地说，未能提高到诗的境地，有许多地方，是说白加韵脚，配上曲调。而一般的说白，则完全是话剧的处理方法。"

直到1950年5月，《白》剧的修改任务完成，由剧作家贺敬之和曲作家马可撰文介绍："……这次的修改工作便是在过去已经修改的基础上进行的。剧本的修改工作是由贺敬之担任的，音乐的修改工作是由马可、刘炽、陈紫担任的。""……在作曲上打破了过去那种片段的'民歌配曲'的做法，而更多地采用了合唱、领唱、重唱等形式，以使音乐与戏剧能有更好的结合。在乐队方面，根据现有的条件把过去简单的伴奏谱改写成为管弦乐谱，并增加了许多过场音乐。"

上面两段文字，清楚地介绍到了刘炽成为《白》剧作曲者之一的缘由。下面，根据2000年7月，中国青年出版社版的《白毛女》剧本后部曲谱章节，我们来看看刘炽作曲以及合作作曲的部分，其中的"合作曲"，意为与其他人合写。例如第七十五曲，是刘炽与马可、陈紫合作的：

第五十六曲（合作曲，喜儿独唱："想要逼死我，瞎了你眼窝！"）

第六十一曲（合作曲，多声部混声合唱：雷暴雨）

第七十曲（刘炽曲，喜儿的咏叹调："我是人。"）

第七十五曲（合作曲，众人大合唱："为什么?!"）

第七十六曲（刘炽曲，赵大叔、大春独唱，众人伴唱、合唱："黄世仁你瞎了眼。"）

第七十九曲（合作曲，众人合唱："受苦的人今天要出头。"）

第八十曲（合作曲，喜儿独唱，群众合唱："我有仇，我有冤。"）

第八十一曲（合作曲，喜儿、王大婶领唱，群众合唱："屈死的人数不完。"）

第八十二曲（合作曲，喜儿、张二婶领唱，群众合唱："你的罪孽到了头。"）

第八十三曲（合作曲，喜儿领唱，群众合唱："太阳底下把冤申。"）

第八十四曲(刘炽曲，群众合唱："如今是咱老百姓的天。")

第八十五曲(刘炽曲，终曲，大合唱："黄世仁你发了抖。")

从上面列举的这些曲目，可看出刘炽为《白》剧增加了这首《我是人》分量是很重的，已可认定是"咏叹调"的唱段。不同于众多西方歌剧咏叹调的是，刘炽在女主角喜儿的悲情歌唱中，加进了男主角大春的"逼问"和"催问"，令这段唱腔充满了戏剧性的张力。在充满伤痛、爆发着悲愤、跌宕起伏的旋律进行中，经过了临时转调和转调……这种"张力"在喜儿最终一句"我就是喜儿啊，不死的人！"达致最高潮。此唱在每场演出中，都令观众跟着喜儿的唱和大春的问而激荡与共鸣着，取得了巨大的成功。《白毛女》正式出版时，中央戏剧学院院长欧阳予倩曾动情地说："刘炽的这一段一定要排上，这是戏剧的高潮！"这次的大修改，刘炽"前后用了三个月时间"。

《白》剧在20世纪50年代初那次改造时，对《我是人》《黄世仁你瞎了眼》《如今是老百姓的天》等曲，可视为完整部分的修改和重写，使用的艺术手法的多角度、多方式的运用。也就是说，这一大段的戏剧动作和戏剧行为，又是通过歌唱(领唱、伴唱、合唱)来进行的。从上述这些改造的用心亦可看到，延安鲁艺这批《白》剧的创造者艺术家们，是怎样先向民间传统学习，以"拿来主义"的方式，在战争时期和新中国成立后，创作了《白毛女》，并不停地修改着《白》剧，又在这个过程中，以"古为今用，洋为中用"的勇气，不断地向外部世界学习、借鉴，实验着、开拓着中国民族歌剧发展的"路线图"。

介绍到这里，我们就对这次大修改，这次"歌剧化的改造"有了比较清楚的认识，也对刘炽被指定参加此次《白》剧修改所做贡献，有了比较清楚的认知了。而以上介绍并未提及刘炽为《白》剧管弦乐化改造所作的配器,为全剧音乐进行中的起承转合等多个领域所做的大量工作,这些成果对《白》剧所起的作用不亚于对各种声乐部分的修改。而尚未被人们所注意到的,还有刘炽所专注的修改思路,以及他所花费的大量时间和精力。

其实,在延安时期《白》剧初创和初版时,刘炽所做的贡献也是不少的。例如,《白》剧初创时期的作曲,一组民歌素材,即为刘炽所提供,那时他们这批年轻作曲家,虽各自在紧张地完成着各自被指定的创作任务,却又都倾力地相互帮助,不分彼此。

《白》剧在中国歌剧发展史上的地位十分显著,也十分特别。一个奇特的现象是,从来没有一出剧,有这么多延安鲁艺出身的艺术家参与创作;也从来没有一出剧,在长达八十年的时间里,有那么多次的集体修改,还存在着那么多种的建议与批评;更从来没有一出剧,能招来众多的艺术家和理论家,开过那么多次的座谈会和研讨会。可以说,歌剧《白毛女》已成为中国歌剧发展永远的话题。而刘炽为《白》剧所贡献的音乐创作,又肯定是这些话题绕不过去的一部分。

歌剧《阿诗玛》

《阿诗玛》的歌剧创作,源于在彝族分支撒尼人中世代广泛流传的一部长篇叙事诗。1958年底,刘炽看到了那时中央戏剧学院的两位年轻教师李坚、郦子柏写作的歌剧《阿诗玛》的初稿,当时这两位初出茅庐者所写的剧本并不被重视,但刘炽在阅读过剧本后,却认为此剧是大有前途的歌剧材料，但要做"大手术""大修改"，且修改剧本要"吃大苦"。两位年轻教师被刘炽的真诚、相知、伯乐精神所感动、所激励，表示了他们坚定配合刘炽的修改，甚至大改剧本决心。

1959年，这一整年，刘炽带着李坚、郦子柏修改剧本，"单是大的推翻，就有三四次之多，前后十八易其稿，剧本才算敲定"。

1962年底(一说1963年1月1日)，歌剧《阿诗玛》在沈阳由辽宁歌剧院搬上舞台，首演十场。

1964年，中央歌剧院曾计划排演《阿诗玛》，后因种种原因未能完成和上演。

1966年，"文化大革命"开始，歌剧《阿诗玛》被定位为"大毒草"，也就没有了演出机会。

1981年11月，中国歌剧舞剧团开始了复排《阿诗玛》的工作。其实该团计划做此项目的时间应更早些。十分可惜的是，据说此次又因经费短缺而未能完成。

谈完了这些背景，现在让我们来谈谈刘炽的歌剧《阿诗玛》的音乐创作。

从现存中国歌剧舞剧院手刻蜡版、油印本歌剧《阿诗玛》的选段、曲谱，即该剧基本的声乐与唱腔比较全的乐谱目录看，《阿》剧已有24种歌唱唱段：

1　序歌(混声四部合唱) 回声(剧尾再现)

2　小伴儿们的合唱(女声合唱)

3　白云噢，飘绕在山岗(阿诗玛的独唱[咏叹调体])

4　绣花(阿诗玛和女伴们的对唱、合唱)

5 奴卡的哭诉（奴卡、阿诗玛，及小伴儿们的伴唱）

6 鸡皮舞（阿支少爷的独唱及男声伴唱）

7 借人的合唱（男声合唱）

8 永远激荡在我心间（阿诗玛的独唱[咏叹调体]）

9 火把的光（阿黑的独唱[咏叹调体]）

10 山歌（阿黑、阿诗玛，对唱、二重唱）

11 烟盒舞（女声合唱）

12 喜歌（阿诗玛、阿爸、阿婆、阿多及群众的合唱）

13 阿支要娶阿诗玛（阿爸、海热老爷、阿诗玛的轮唱）

14 阿爸的独唱

15 海热老爷的独唱

16 哀求（阿妈的独唱）

17 大雪难把劲松压（阿诗玛独唱）

18 阿妈的哭诉

19 天上的玉鸟（阿诗玛的独唱[咏叹调体]）

20 阿黑呀！我的亲人（阿诗玛独唱）

21 你在哪里呀？我的阿诗玛（阿黑的独唱[咏叹调体]）

22 是什么在窗外叫（阿诗玛的独唱[咏叹调体]）

23 生生死死不分离（阿诗玛、阿黑的重唱，加合唱）

24 等着我，阿黑哥（阿诗玛的独唱）

从列表可看到，《阿》剧中阿诗玛演唱的、大段的、可称为咏叹调的，就有四首；阿黑演唱的大段的、可称为咏叹调的，有两首。就是说，以歌剧艺术来衡量，此剧中男女主角的歌唱，其分量是足够重的。

再从多声部合唱的角度看，小伴儿们的合唱，猎人的合唱，绣花、烟盒舞的合唱，就以这四首或生动、或激昂、或柔情、或愉悦的多声部合唱来分析，它们给《阿》剧带来的，体现现代歌剧艺术的"分量"已是足够丰满的了。

再从几首反面角色的、音乐性格各异的歌唱来看，其所带给《阿》剧的戏剧性和丰富性，也是一出大型歌剧的成功所必不可少的。

再从开始的序歌以及剧尾的"回声"再现，以多声部的大合唱，将全剧统一起来，首尾相呼应，起到了令观众们加深体验、加深艺术感染力的作用。只可惜，原在沈阳演出的现场实况的音视频录像，至今尚未找到。

我们再来介绍《阿》剧中的舞蹈音乐以及舞蹈本身。从上面的目录就可看到《阿》剧中有：绣花舞、烟盒舞、鸡皮舞等几个较完整的、独立的舞蹈情景场面。这在为各族人民能歌善舞的云南地区来创作歌剧，也是应该被重视的。自然地，自古以来欣赏这种带歌舞的戏剧，亦是中华民族的一个历史悠久的传统。而且，在世界各地的歌剧发展史中，舞蹈进入歌剧和被承认，还经过了不少的艰难和曲折。所以，刘炽和《阿》剧的创作艺术家们，这么重视舞蹈部分，说明他们是走在了发展中国歌剧的正确的道路上。既不生拉硬套和生吞活剥西洋歌剧的一切，更不去理睬少数以歌剧正统卫道士自居的所谓高雅的理论家们，一些看不起中国歌剧的，或扭曲、或浅薄的论断。歌剧《阿诗玛》中的舞蹈，是由刘炽的夫人柳春编排的。柳春，自新中国建立起，就是中国民族歌舞团的舞蹈编导。她深厚的民族舞蹈功底，加上常年深入各个民族地区不辞劳苦的采风和向各族人民中的艺术家们的学习，令《阿》剧中的一组舞蹈极具彝族撒尼人的神韵，为《阿诗玛》的成功做出了她不应被遗忘的贡献。一旦歌剧《阿诗玛》获得复排和上演的机会时，这一组经典舞蹈的再创作，能否达到柳春以数十年对各民族舞蹈研究的经验基础上的创作水平，却是对今后舞蹈编舞和导演们的不小的考验。

现在，让我们简单地介绍刘炽在歌剧《阿诗玛》创作中的管弦乐写作和配器。这部歌剧中，刘炽创作了诸如：序曲、间奏曲、舞曲等纯管弦乐、器乐的音乐，更不要忘记，所有的声乐和歌唱部分，都是由刘炽自己配器写作的交响乐队部分。如果你听过开场的"序曲"，你就一定会被那气势恢宏的交响乐队音乐所震撼，也一定会为紧接着进入"讲述""回声"等部分的交响乐队细腻的配器所折服。就是说，在写作歌剧《阿诗玛》时，刘炽已经相当熟练地掌握了写作交响乐和交响乐队的技法了。将管弦乐队各种乐器的演奏特点与云南民间音乐特有的韵味相结合，这是极不容易做好的，是对中国音乐的民族化与交响化的结合与创新。这些，就有待于专业的研究者们去挖掘和研究了。

附：刘炽创作的部分歌剧音乐作品目录

1.《塞北黄昏》（作于1941年2月延安，是延安文艺的第三部歌剧）

2.《火》（作于1947年底，1948年初上演，首演时期达百场以上）

3.《白毛女》（作于1950年初至5月间，后两次修改，合作作品）

4.《节正国》（作于1950年6月，未上演，也未正式出版，剧本收进贺敬之文集第五集之歌剧歌词卷）

5.《砖》（作于1951年，三场小歌剧，该年2月《剧本》杂志

发表,编剧李建庆)

  6.《牧羊姑娘》(作于 1951 年底,1952 年 1 月 1 日天下出版社出版,中央戏剧学院创作室编辑,合作作品)

  7.《卢沟桥》

  8.《月亮照着她》

  9.《珠穆朗玛》(部分草稿)

  10.《莲花山下》(小歌剧)

  11.《赛诗会前》(小歌剧)

  12.《抢伞》(小歌剧)

  13.《草原之歌》(作于 1953 年 3 月,合作作品)

  14.《阿诗玛》(始作于 1962 年,首演 1963 年初)

  15.《红梅岭》

  ……

"雪压冬云白絮飞"

——为毛主席诗词《雪》《冬云》谱曲

为《沁园春·雪》谱曲

《雪》，毛泽东1936年2月初作。那时，毛泽东率红军长征部队到达陕北清涧。他登上陕北的黄土高"塬"，眼望"千里冰封"的河山和白雪皑皑的"塬野"，回去后填了这首词。

《雪》的豪放、胸怀、气势，读来令人眼前尽揽气象万千胸中顿生豪情万丈。自它产生后，举国各界的文人骚客便被深深地折服了。而其对于长征胜利到达陕北的红军的鼓舞，对于中国革命征程中各个时期仁人志士的激励，不是笔者在此可以描述万一的。正是由于这堪称伟大的作品，各个时期都有中国的音乐家们为之谱曲；而刘炽为它谱曲，却是在"文化大革命"中，即在他人生的一个最低谷时期。由此可以说，刘炽创作此曲的缘起，也应含有在逆境中自我激励的心理因素。

首先，若对刘炽此作进行艺术形式分类，其应被归到艺术歌曲一类，而且是音乐会演唱。那么，在前有作曲家们写过数首作品后，刘炽又是怎样创作的呢？

对该词的上阕，刘炽的旋律给出了三个层次，或可称三个乐段的处理，他在谱面上标注有"（稍慢）雄浑，壮丽，气势蓬勃"。全曲的开始，钢琴伴奏以2个丰满和强健的幅度跨越了4个八度的和声长音，接着一长串先是每拍六连音，然后是四连音、三连音的倾泻，好似高塬之上极目远眺所见宏大的全景，突然出现在人们的眼前……接着，人们好似于高塬之巅上亲见苍苍莽莽的"北国风光"，瞬间沉静下来，心灵在震撼中感悟着时，独唱的旋律在低音区开始，其所见"千里冰封"，"万里雪飘"，由旋律的两个向上推进后，定在了歌唱开始音的高八度音上。第二个乐段旋律的乐思，开始于一个很富有人情味的长音"望"字上，然后的"惟余莽莽"将旋律下行，为其后的"大河上下，顿失滔滔"，这激昂的两个词的两次上扬做了准备。至此，刘炽已经为歌者和听众在即将到来的上阕的"冲顶"做了充分的铺垫。你听，在两个四字词："山舞银蛇""原驰蜡象"，其先下后上的、四度旋律动机的提升后，3个二度的跳跃式的级进，将"欲与天公试比高"的"高"字，以1个上跳的五度音程，定在了主音八度之上的大三度上。"须晴日，看红装素裹，分外妖娆"，自"须晴日"三个字的旋律，歌者和听众好像看到了那白雪皑皑塬上的日出，心情豁然开朗，在优美舒展的歌唱旋律中享受着"分外妖娆"的美景，《雪》上阕的歌唱圆满完成。

下阕，在曲谱上方标注着"（中板稍慢）汹涌，激荡地"。下阕歌唱前的间奏，刘炽以2小节上下起伏的六连音来造势。歌唱首句："江山如此多娇，引无数英雄竞折腰。"起首即给人以宏大和宽广之感，至"竞折腰"的"腰"字时，旋律突然出现了新颖的、主音的上四度、下五度"4"的四拍长音。这可说是刘炽旋律中对"4"音新奇运用的又一个案例，与其他多种刘炽经典作品中旋律的运用一样，造成了刘炽式旋律写作的异曲同工之妙。在此作中，这一句甚至可以作为一个独立的乐段来理解。因为接下来旋律性格展现了明显的变化，曲谱上也特意标注"（稍快）空旷,回忆地"。我们似可以这样来理解:这段述说性质的歌唱,是要突出秦皇汉武、唐宗宋祖、成吉思汗,这些在中国历史上或伟人或枭雄,经塬上劲风的"洗礼",唏嘘也罢,感慨也罢,也就只留得空旷的追忆了。他们的丰功伟绩无法解决中国当时所面临的深重灾难。所以,此时刘炽的曲,是一种近乎理智式的、叙述性质的。这一整段的歌唱,都是为了引出"俱往矣"这三字的果断和笃定。笃定什么?笃定的是"数风流人物还看今朝"。在这句歌词两次的歌唱中,"数风流人物"的旋律,刘炽用相隔大二度的、向上推进的音乐动机,为再一次向上冲顶的高音唱出"还看今朝",并再次的展开式的、在高音区起伏与盘桓的歌唱,回到了此作高八度的持续两小节的主音"1",似无可争辩地向世人宣告,中国共产党的事业,就是古老中国之"风流人物"的"今朝"。

笔者完全可以想象,这首应该是为大号男中音所写的独唱作品,当在音乐会上演唱时,歌者与听众会是怎样的激动与享受。

为《七律·冬云》谱曲

《七律·冬云》

毛泽东

雪压冬云白絮飞,万花纷谢一时稀。
高天滚滚寒流急,大地微微暖气吹。
独有英雄驱虎豹,更无豪杰怕熊罴。
梅花欢喜漫天雪,冻死苍蝇未足奇。

此诗发表于人民文学出版社 1963 年 12 月版《毛主席诗词》。

首联，是严寒冬天的景象。诗人在拟写冬日景象的同时，更是借此喻指 1959 年到 1961 年中国面临的严峻局势。颔联，滚滚寒流带来了大雪纷飞，而"大地暖气"拓展了新的内涵。冬至一阳生时，寒流中已透出着暖气。"滚滚寒流"隐喻那个年代的反华逆流。"滚滚"与"微微"对照，"滚滚"写恶势力来势凶猛，"微微"写中华民族不屈的斗志。颈联，"独有英雄驱虎豹，更无豪杰怕熊罴"，是"大地微微暖气吹"的事功。大无畏的英雄气概，崇高的英雄品格，属于中国人民，属于诗人自己。尾联，毛泽东以"梅花"这独傲霜雪的中国花，象征诗人及中华民族不屈不挠的斗志和高洁精神。毛主席化用中国古典文化中梅花清高、孤洁的形象，为革命浪漫主义壮美的情怀，通过"冻死苍蝇未足奇"抒发了对经受不住考验者的蔑视。

这首词运用了隐喻、象征、对比等艺术手法。笔者以为，此诗特别能表现毛泽东伟人的个性，尤其是不怕"寒流急"，敢斗恶势力。其表述的风格直给人以"一言九鼎"和"斩钉截铁"的刚毅和凌厉；那么，刘炽的曲是怎样表达出此伟人诗词的精髓和精神面貌的呢？

刘炽对此作的布局，是将其分为三大部分：第一部分，首联与颔联的四句；第二部分，劲联与尾联的四句；第三部分，重复和强化段（结束段）。来看第一部分，旋律在开始的"雪压"和"万花"二词引领其后的旋律上起着主导和引领的作用。而"冬云白絮飞"和"纷谢一时稀"的旋律，整体向下进行，确实令歌者和听众会产生某种压抑和凝重之感，但那自然的冬日之景是"壮丽雄伟的"（刘炽在此段曲谱上的文字标注）。整个的第一段，刘炽的曲，颇有古诗词唱诵的"古风"。抑扬顿挫间，不失现代感和刘炽特有的音乐旋法。这样的"娓娓道来"，不也恰恰表达出了伟人毛泽东博大的胸怀和对大自然(时局)的洞察力吗？接下来的第二段，才是刘炽此作的个性所在，以及他要表达的豪杰气概，包括他自己在逆境中，像梅花那样，不但挺拔不倒，还要"怒放"的气概。所以，干净利索的、没有更多间奏的，在第一段的最后一个四拍长音中，钢琴伴奏以4个一拍时值的三连音，引出了第二段铿锵有力的四个断句："独有英雄""驱虎豹""更无豪杰""怕熊罴"；在钢琴伴奏给力的合鸣中，引入了此作的第一个高潮乐句："梅花欢喜漫天雪。"此句的旋律在"漫天雪"三字时，以一个刘炽式的七度上扬和大二度回落，直把漫天大雪纷飞的壮丽景色带出；然后，好似直落千尺般的4个下行模进音程，直下九度，给歌者和听众带来任意并毫不掩饰地对被冻死的"苍蝇"的鄙视，似将第二段结束了。而就在此时，伴奏钢琴两小节推波助澜的、一连串向上的十六分音符，推出了重复第二段唱词的、乐曲的第三段，即全曲的高潮段落。你听此时的旋律和歌唱，已充满了高亢和刚毅的正能量："独有英雄驱虎豹，更无豪杰怕熊罴。"然而在"梅花欢喜漫天雪"时，歌唱却以先下行再上扬的旋律线，令人感动于梅花"我行我素"的品格，接着给出它对"冻死苍蝇"大声的"声明"，在较高的音区亮出了梅花自己的态度。然后，曲作者以一字两拍的、异常舒展的节奏和时值唱出："梅—花—欢—喜—漫—天—雪"作为此作的最高潮；又再次唱出一个"冻"字，引出了"冻死苍蝇"，然后，以全曲最高音唱出"未"字，引出"未足奇"，全曲结束。

刘炽还为此作写了第二种结尾(手稿注明为"另一种结尾")。这第二种结尾，更分别将"冻死苍蝇"和"未足奇"推高了三度音程和大二度音程，并将全曲结束在了调的属音上，给人以更有力的，意外和新奇的结束之感。这样的结束，可令歌者更"过瘾"，可令听者更兴奋。

我心中的祖国与家乡
——两首思乡曲的创作

刘炽创作《八百里秦川是我家》

此作是刘炽在"文化大革命"后期的一首思乡曲,词曲皆出自刘炽。创作完成后,只由刘炽于家中唱给自己的小女儿刘萤萤和不多的几个同在该村的歌剧院的演员们听过。

首次在公开场合演唱,是因为陕西卫视的一档节目《我的家乡在陕西》为刘炽拍摄专辑。导演陈橘听刘炽之子刘欣欣说起这首《八百里秦川是我家》,并听刘欣欣哼唱了该曲后,兴奋地提出,有无可能把此歌用到刘炽这档专辑节目里呢?他在看到了原歌词后又提出建议:为了《我的家乡在陕西》这个栏目今后多集使用,能否在原歌词的基础上,再修改出一个可涵盖整个陕西,而不是集中歌唱"关中"的唱词呢?而且还要快!要两天完成修改,两天给歌唱家练习,一天完成录音。就这样,在保留原曲旋律的基础上,一个歌词新版本被刘欣欣写了出来。

《八百里秦川是我家》原歌词如下:

（一）

人说江南美如画，我爱陕西胜过它。
土地肥沃矿藏多，八百里秦川是我家。

（二）

渭河两岸花似锦，终南山下战马壮。
棉花朵朵像白云，麦浪滚滚瓜果香。

（三）

汉中平原多富饶，稻田万顷鱼儿满仓。
宝塔山下米浪川，满山遍野谷子黄。

《三秦大地是我家》，即经调整内容后的歌词：

（一）

人说江南美如画，我爱故乡胜过它。
田野肥沃多矿藏，三秦大地是我家。

（二）

大河上下英雄淘浪沙，秦岭南北万物绽芳华。
八百里秦川周秦汉唐，陕南陕北人人夸。

而后面的副歌部分，明显地带着那个时代的烙印：

战鼓咚咚红旗飘，劳动歌声震四方。
革命青年奋发图强，人换精神地换装。
……

导演陈橘与刘欣欣商量，由于节目录制时间极其紧张，建议暂省略掉副歌段，就以上面调整的两段歌词来赶制这首歌。

刘炽此前曾紧急请来陕西著名歌唱家冯健雪，凭着她多年的演唱经验，以极短的时间完成了《我们的朋友——海伦·斯诺》的首唱。而这次刘欣欣找到冯健雪时，她还在病中，正因感冒而全身乏力，往日甜美的嗓音也大打折扣。但是，为了这档节目不耽误录制，她还是紧急练习了作品，而且自费联系了录音棚，完成了音频录制。当节目送审时，栏目主管听到了这首作品，即时联系了陈橘导演，表示了他的惊喜和赞赏。

这是一首一经哼唱，就会令陕西人，尤其是关中人感到亲切无比的歌。它会令陕西人即刻联想，甚至回味到陕西特有的戏曲"碗碗腔"的柔美，并有关中民间小戏"眉户"（迷糊）的自然和生动。第一个乐句的唱词"人说—江南—美如画"的旋律，就在下行的 4-3-2 后，突然升高八度，重复这三个音，即冲到了契合了"江南"两字的音韵，又给人以"说起"江南时常带着的赞叹感，且为下一句"我爱陕西胜过它"做了铺垫和准备。第一句即冲到了高八度的主音，而好似要作"对比性的总结"的第二乐句，就由上下起伏的旋律启动后，由一个四度向上到此歌调的属音，一路"自信"和"肯定"的，以一个八度的下行，落到了低八度的属音。这样的处理，不但平衡了第一个乐句对江南的赞叹感，而且以足够的分量，烘托出了对于爱家乡"胜过"赞叹江南的主旨。

从曲式的旋律学的角度来赏析此曲时，学习音乐的人们也许会感觉到，这虽然只是一首"小歌"，却很有分析的内容。因为在它的旋法中，使用乐音的节俭，充分显示出了刘炽驾驭乐音材料的功底。此其一。再有，在其旋法中，不仅有刘炽创作风格的音乐工作和呈现，而且颇有新意，恰到好处。这些运用，并不满足于七度音程的原型的重复和再现，而是以反向、变形、琶音、分解等新颖的方式，把词的演唱，紧紧地"绑"在了刘炽式的七度运用的"战车"上了……自然，只用这些"刘炽式的七度大跳"是不能解析好这首作品的。例如，此曲中就有十度的大跳音程等。笔者要说的是，在环绕着这些刘炽使用的得心应手的音乐旋法之上，此曲既凸显思念和柔情的曲风，又将跌宕起伏的旋律线完美地融入其中。

纵览全曲，刘炽在曲首标注的速度是"中板稍慢"。就是说，第一部分的歌唱（原曲有三段歌词），速度是兼有叙事性质的抒情歌唱。而第二部分的歌唱，刘炽标注的速度是"转稍快，威武雄壮的"。就是说，第二部分的歌唱，是以激情的鼓舞和宣示为主旨的歌唱。本文主要介绍这首歌的第一部分。有一点应被指出的是，这首歌的产生，承载着刘炽思念故乡而又不能返回探望的苦闷之情。这些也许只有笔者作为刘炽之子才能够觉察到。指出这点才能说通，为什么那时住在东北的腹地、盘锦垦区大荒公社三道梁子大队的刘炽，创作了此词曲。

刘炽编创《宁夏川》

这件事说来时间长了。多长呢？五十年。发生在哪儿呢？在东北。

那是在20世纪的1972年。一个风和日丽的日子里，作家安妮几经打探，终于找到了住在大荒公社三道梁子大队第二生产队的一个大"泡子"（大大小小的、自然形成的水洼）边儿的"老刘家"，来看望她已几年未见的、十分想念的刘炽叔叔(这辈分是从抗日英雄、烈士赵尚志那儿论起的。因为抗战后期,刘炽是延安鲁艺挺近东北干部团的艺术"干将",进入东北后就深知赵尚志的事迹,也与其战友们和亲属们交往甚多,而安妮的母亲尚英是尚志的亲妹妹)。

刘炽见安妮来探望显然是欢喜异常,不久,就听到那土坯建的、已"老破了""老旧了"的老屋里,传出了他俩的歌声:那真是验证了一句话:"哪里来了宁夏人,哪里就有'花儿'漫。"

安妮此行除了看望刘炽,还想请他为宁夏写一首新的《宁夏川》,而刘炽也欣然应邀。

新版《宁夏川》歌词是:

> 宁夏川(哪),两头尖,东靠黄河西(呀)靠山。
> 鲤鱼满仓,花果满山,金川银川米(呀)粮川。
> 哎——! 毛主席,共产党,
> 你把幸福撒满人间。

而老民歌歌词是:

> 宁夏川(呀)两头尖,
> 东靠黄河西(呀)靠山,
> 金川银川米(呀)粮川。

比较下原民歌《宁夏川》,人们可看到,新歌的视野宽阔,深入到了更多宁夏人民引以为傲的、具代表性的地方特色、特产、特征和特点。你看:牛羊、花果、驼铃、荒滩、贺兰山、六盘山、甘草、稻花,真有些美不胜数、美不胜收之感！再来看，歌词中"荒滩变林海"、"鲤鱼满仓"、"花果满山"（注意不是瓜果满山）、"牛羊成群"、"麦浪翻"、"引水上山"、"回汉人民肩并肩"、"革命精神代代传"，不仅描绘出了宁夏人民在新时代里改天换地的精神面貌和丰硕成果，并最终水到渠成地引发出最重要的、"画龙点睛"式的艺术手法和歌唱高潮：作品以一唱一赋的副歌句段，重复三次地唱出了"毛主席，共产党，你把幸福撒满人间"。又这三段的起首，都以一声"哎——！"来起"赋"、来发端，接着导出刘炽新写的一个两乐句段落，那唱由心生的感慨、韵味独特的旋法、宁夏民歌的风格，就从刘炽心中的灵感迸发出来了。真可谓是以一代万、万种风情。就一句，一下子就表达出了宁夏人民对故乡的山水、对毛主席和共产党、对新时代和新家乡的赞美！

这一声"哎——！"，起始于人们平时发出由衷感慨的自然声区，然而一个大二度的自然下行，突然来了个刘炽式的"大跳"：这回不是音乐界津津乐道的六度或七度的，而是整一个八度的大跳。这种逆向于人们平时发出感慨时，声音全部自然下行的惯性，而是异军突起的旋法，瞬间产生出一种高昂亢奋的感染力（在"冲顶"的高八度音上，刘炽特意标明，建议用唱宁夏花儿式的假声）。之后紧接着的自然下度下行，从高八度的属音，下落到高八度的主音，给歌者和听者带来的，是情不自禁的、高昂亢奋的情感。好似宁夏大地和宁夏人民，在经历了苦难和压抑后，终于挺直了腰杆，释放出解放了的那种兴奋。之后呢，从音韵学的角度讲，人类的情感和语言的自然属性，就需要和缓与平复性的抒解和回归，就是回到了前面所说的主音。称此一声"哎——！"可"以一代万、万种风情！"应不只是笔者的想象力"迸发"吧。

然后呢，两句唱由心生的感恩，亦是两句韵味独特的旋法；但富含纯正的宁夏民歌韵味的旋律——似民歌非民歌，似花儿非花儿，由刘炽心中如高山流水般倾泻流淌出来了。其所要表达的，恰恰是词意："毛主席，共产党，你把幸福撒满人间。"这两个乐句，前部分旋律是两个波浪式的上下起伏，感恩毛主席和共产党；然后呢，一句先下行蓄势而后上行高涨的旋律，将"把幸福撒满人间"七个字所赋予歌者的激情、所寄予听者的感动和享受，推向了高潮。

让我们来简单分析、比较一下原民歌和这个新编创作品的音乐结构：原民歌的构成，是1个自然乐段含3个短乐句、共8小节；经刘炽编创的新作品，由1个乐段、3个短乐句，扩展到了2个乐段、6个长短不一的乐句。其中第一个乐段，由3个乐句扩展为4个乐句、11小节；第二个乐段则完全是刘炽创作的。其由1个感慨型乐句加2个扩展型乐句构成，共9小节组成。若再加上3段歌词唱完后的4小节结束句，则完整的第二个乐段就是13小节了。再加上刘炽为此作品写的钢琴伴奏，其前奏是7小节，整个作品拓展成了31小节。至此，《宁夏川》这首新时代的、新编创的独唱曲，就在东北腹地、盘锦垦区、一个老旧的农家小院里诞生了！

刘炽与安妮编创的歌唱新时代《宁夏川》这个作品，是一个极有研究价值的民族音乐学的案例。重温其编创过程所带来的启示和意义，也是多方面的。例如：在民族音乐学方面，在继承和研究中国民歌方面，在保持和创新民歌方面，在音乐创作与教学实践方面，等等。但是，除了这些在音乐领域的学问和课题外，恐怕最重要的启示，还是艺术家对于生于斯、长于斯的家与国的真情和责任。没有真情，则其创作就可能是做作的和矫情的；没有了责任，则其很可能就坠入自以为是的清高、陷入自我中心的固执，以及跌进不能自拔的所谓"绝对的抽象人性""独立的纯粹艺术"的怪圈。

　　也正是如此，现今仍活跃在电视剧表演一线的演员吴京安曾感慨地说："刘炽把旋律'种'在了人民心中！"笔者深以为然。

附录

刘炽文存选

关于《七月里在边区》

《七月里在边区》是一部民歌风较强的大型联唱作品，全曲共分六段，即：一，七月里；二，纪念碑；三，割麦子；四，自卫军；五，开会来；六，在边区。作品创作于 1942 年 5 月。写作地点：延安桥儿沟，鲁迅艺术文学院音乐研究室。在介绍词、曲作者之前，尚有一段佳话。

延安鲁艺音乐部里，有个音乐研究室(最早时叫作音乐工作团)，在这研究室内附设了一个民歌研究会，会员有安波、马可、李丽莲、溪天风、关鹤童、张鲁、刘炽等。我们都在音乐部主任吕骥同志的直接领导下(他兼民歌研究会的会长)进行民歌、民族音乐的记谱、整理、分析、研究工作。当时吕骥、溪天风二同志正在进行绥远(现为内蒙古)民歌的研究工作(他们二位当时，即 1941 年前，已写出了论文《论绥远民歌的旋律和调式》《绥远民歌的节奏与曲体》，等等)。

我们这个民歌研究会的宗旨是遵循毛主席在《新民主主义论》里明确指出的有关文化方面的论述，即"新民主主义的文化(包括文学艺术)应当是民族的，民主的，科学的，大众的"。那时是在 1941 年，即《延安文艺座谈会讲话》发表的前一年。那时，陕甘宁边区的音乐工作者(全国更是如此)对音乐创作、演唱、演奏等方面如何继承和发展民族音乐，如何写出民族化的新的音乐作品，都在探索着、学习着，这还是个新课题。我们的民歌研究会就是为此目的而成立的。当时我们的陕甘宁边区又是在国民党反动派几十万军队的严密封锁包围之中。根据现有的可能，只能先着手于陕北民歌和陕西地方戏曲音乐的记谱、研究工作。

1942年，延安鲁迅艺术文学院曾组织了一个"河防将士访问团"，由延安出发，到绥德、米脂、葭县（佳县）、吴堡，沿着黄河西岸的各县去慰问坚守河防的三五九旅、独一旅的将士们，为他们演出的同时，顺便也大量地搜集、记谱，整理了将近500首陕北民歌和民间器乐曲，还有部分戏曲音乐。参加访问团的音乐工作者是关鹤童、张鲁、安波和刘炽（还有美术工作者和文学工作者）。在以上安、关、张、刘去北部河防的同时，马可因回延安探亲（他爱人杨蔚在延长县教书），顺便也记录了不少民歌，如酒曲《审录》就是在这次探亲假期间记录的。当回到延安后，我们两方面交流记录，交流经验、心得时，不约而同地提出了"我们的民族音乐（声乐和器乐曲）是如此优美又如此丰富"的论点，同时大家又谈到了"如何在我们的创作中发挥民族音乐的特点，使我们的音乐更能感动人民（包括青年和干部），更富有人民性"，这便成了我们共同的课题。

回到延安，在我们相互交换经验和收获时，除大量的民歌外，还发现了两种小的地方戏曲，这就是郿鄠①戏和道情戏的音乐。它们的确很丰富而又很美。张鲁同志从小在山西读书时接触过郿鄠戏，刘炽小时候在西安，也对郿鄠戏较熟悉。

1942年秋季的音乐会或下乡演出中，张鲁和刘炽经常表演郿鄠戏中的对唱《五更鸟》（当时是很受欢迎的），安波、关鹤童、马可三同志也逐

---

① 本书"上篇""下篇"均采用"眉户"的用法，此篇则保留刘炽原稿用字。

渐对郿鄠戏产生了很浓的兴趣，后来我们五个人相互称呼就采用了"郿鄠"这个有趣的称号，因为民歌研究会字太多，啰唆，当时边区正在推行新文字（即拼音加词儿），缩写民间的第一个字母是 M，音乐第一个字母是 I，研究会的第一个字母是 X，合起来 MIX 也是米赫（郿鄠），所以大家见面就简称"郿鄠"①。

恰巧当时，我们正在分析、研究俄罗斯的"国民乐派五人团"（即强力集团）五位作曲家的作品，尤其是他们音乐创作的道路，因而，大家半是玩笑，半是相互鼓励，称呼自己是"郿鄠五人团"。这五个人就是：安、马、刘、关、张。

1942 年五月底六月初，安波同志拿出联唱的歌词，他是我们之中文学创作、音乐创作兼而有之的诗人。读了他的新作《七月里在边区》，从诗的歌词的题材、体裁、形式、意趣，尤其是风格上，我们都感到很满意。听完后，异口同声地说："这是一组好诗，好歌。"题材新颖，写的是陕甘宁边区人民的生活；形式生动活泼，采用了民歌体的结构方法；运用了人民（尤其是陕北农民）喜闻乐见的语言。正好可以实现我们"郿鄠"们（即民歌研究会）很久以来梦寐以求、想在音乐创作方面'突破一点，推动全面'的探索。大家的热情很高，我们五个人采取"认购"的方式，每人一首，分头去作曲，然后集体修改。

我们的分工如下：（一）七月里刘炽，（二）纪念碑（马可），（三）割麦子（关鹤童），（四）自卫军（张鲁），（五）开会来（安波），（六）在边区，大家公推刘炽担任这首民族风格的合唱的作曲任务。

---

① "迷糊"的音，这是陕西的两个县名，一个叫郿县，一个叫鄠县，是这种戏曲的发源地，后来发展到渭（南）华（阴），又东传至山西，西传至甘肃宁夏，再传至河南即"河南曲子"。

这首歌以的不同形式、不同风格、不同表现手法，从陕甘宁边区人民生活的各个侧面来表现边区人民的战斗、生产、生活、各方面的内心世界，同时也可以发挥每个作曲家的风格和特点，令其充分地体现和发挥出来。下面对每首作品进行简洁的介绍和分析：

1.《七月里》在形式上采用了领唱、合唱的方法，在调式上采用了郿鄠音乐的 5-$\dot{2}$ 调式，但没有直接引用郿鄠的具体乐句，也就是说从大量的郿鄠音乐中，抽出了它们乐音旋律的连接规律、曲式结构逻辑，结合着陕北人民的现实生活，重新创作歌唱新生活的崭新的歌。它是一首很受欢迎，听起来既亲切明快又很易上口的民歌体的，对边区人民新生活的赞歌。所以，每次表演中，听众反映都很强烈，表演之后，很快便在陕甘宁边区流行了，并传到了各个根据地，甚至也传到了全国各地。

2.《纪念碑》是一首悼念抗日战争中为了祖国和人民壮烈牺牲的烈士们的挽歌，采用了郿鄠音乐中《慢西京》的音调和旋律进行创作。这种《慢西京》曲调本身就蕴藏着深深的悲哀和忧伤（在郿鄠戏里，经常用在极大痛苦和悲哀的场面与角色的哭诉中），在创作过程中扬弃了《慢西京》中的绝望情绪，取消了哭泣中的气音，使这种悼念的感情趋于深沉、博大，使其成为表现中华民族全体人民对英雄、烈士的热爱、尊敬的心情，以深沉的悼念来歌唱他们不朽功绩的歌颂、崇敬的深悼。通过这首挽歌，号召青年、干部、战士和全国人民向烈士们学习，学习他们的坚贞不屈、英勇顽强，为祖国、为人民的利益流血牺牲的大无畏精神。每当我们在台上演唱时，台下的观众肃穆而沉痛，有时甚至可以听到台下有轻声抽泣，有时又看到台下有人流着热泪。这就是用人民的音乐（加以改写和发展）表现人民心中的悲痛，从而唤起人民对敌人的仇恨、对英雄的悼念。这个作用是的确起到了。

3.《割麦子》是一首明朗而轻快的、歌唱边区军民在大生产运动中生气勃勃的精神面貌，也可以说是陕甘宁边区人民生产劳动的、愉快的赞歌。此曲（也是采用了郿鄠的调式和旋法，重新进行作曲的）风格简洁，轻快，结构单纯，干净利落，写出了人民在收获季节里欢快而乐观的情绪。演唱效果很好，尤其是唱到"今年不愁粮和草，军队一定吃的饱"时，台下的反映是愉快的、活泼的，是对抗日战争的最后胜利充满信心的。

4.《自卫军》，这是一首写民兵活动的歌曲，因为当时的陕甘宁边区处在三面包围（南、西、北）、一面威胁（东面是黄河，河对面的日本帝国主义侵略者做梦都想攻过黄河占领边区，消灭八路军和共产党的总指挥部）中，而南、西、北三面被国民党反动派用几十万大军包围着，封锁着，梦想困死、饿死边区军民，而我们的对策是：生产自救，开展生产大运动，自己动手，丰衣足食。同时（还不能忘记周围的几十万大军），除了我们的野战军、地方武装之外，全边区人民也动员起来了，我们一面生产，一面时刻警惕着敌人的偷袭和进攻。当时全边区各县、各区、各乡、各村，都组织了自卫军。农民、工人、妇女、儿童都组成自卫军。早饭前、晚饭后，都是他们操练和学习的时间，他们一手拿锄、一手拿枪，一面生产、一面保卫边区，自卫军就成了当时全民皆兵的最好的组织形式。

在这首歌里，生动而又风趣地描写了自卫军的战斗生活，他们的精神饱满，意气风发地在操场上练兵，在窑洞里学习，经常实弹演习，突击，奔袭，游击战，一个个像是小老虎。调式，旋法，也是采用了郿鄠的素材，而旋律的构成却喜剧化了，以民间特有的节奏，使旋律开展得活泼风趣，当唱到"连长的哨子嘟儿、嘟儿、嘟儿响"时候，台下听众一片笑声，有人评论说"真美气！"（好听、过瘾之意）此曲充分地表现了边区自卫军的欢快、乐观、纯朴而雄壮的感情。

5.《开会来》，这是采用对唱形式，描写边区人民的民主生活的一首歌。写一对"亲家"（公公和岳父）从乡镇府开会归来，在村头上碰到时的对话。每当表演这首对唱时，台下不时地爆发出笑声和掌声，因为歌里唱的都是边区农村经常发生的，又是和农民生活联系很紧密的事，此曲虽然也是采用了鄜鄂音乐的素材，但却运用了"岗调""一串铃"的处理方法（即语言的风趣化，更多成分的朗诵调），听起来特别亲切、清新，通过喜剧风格的对话和喜剧式的旋律，造成了非常诙谐的效果。后来再到农村去，那些老乡看见我们就说："亲家来了，快给咱再唱那个，'亲家你从哪达儿来……'"可见印象是很深的。

6.《在边区》，这是一首民歌合唱。民歌风好办，写合唱也不难，但写民歌合唱（而且是混声合唱），这可有点棘手。这首歌的写作已牵扯到鄜鄂调式和西欧传统和声如何统一，民歌式的旋律和曲式结构，和声配置、复调如何运用的问题。这些问题直到今天，音乐创作方面同行们还在探讨和争论中，何况四十年前的延安作曲界，更何况我们当时的民歌研究会——"迷糊"们，又何况我这个才二十一岁的作曲学徒呢？好在"初生的牛犊不怕虎"，当我拿起笔写这首歌时，自己对自己说："干吧！反正写坏了不要紧，就根据自己当时所学到的调性、调式、和声、复调、作曲的知识，胆大而虚心地写吧，错了改，总不会把天捅个窟窿。"

《在边区》这首歌词本身是很明快而生动的，它写出了边区人民愉快、健康、无所畏惧的性格。他们才是创造历史、改造世界的主人。但是，这首歌的情趣有别于前面的《割麦子》《自卫军》《开会来》，它所描写的是全边区军民心目中这个抗日战争的统帅部所在地的延安，这里有党中央，有八路军总部、陕甘宁边区政府，这里是抗日战争胜利的保证，它紧密联系着十几个抗日战争根据地，它联系着全国人民的心，它联系着中华民族的前途，所以要用博大的感情来写这首终曲——民歌合唱，它虽采用了民歌的旋法，但又要写出边区人民的气魄。

……

它采用了郿鄠调式内特有的降7，这种调式不是欧洲的大调1为主音，也不是欧洲的小调6为主音，而是以5为主音，它的属音是2，当时称为5-2̇调式。这种调式在陕西秦腔音乐中占着主导地位，而秦腔音乐中又分两个体系，一种叫作欢音，又称(官音)，另一种叫作苦音，又称"哭音"，它们共同使用的音是1、2、5，欢音体系加上了3、6，形成1、2、3、5、6、7，苦音加上4、降7，形成1、2、4、5、降7，这种调式除秦腔音乐外，还影响到陕西(指关中地区)各种地方戏曲和民歌，如：郿鄠，碗碗腔，同州梆子，阿宫腔，弦板腔，长安道情，等等。又如：陕西民歌《绣荷包》(即新中国成立后重新填词的《绣金匾》)，也是在这种调式基础上产生的民歌，不过在这首民歌中是把"欢音"和"苦音"混合使用而已。

处理《在边区》的旋律结构时，除了欢音和苦音之处，我还掺入了陕北民歌如信天游、《张生戏莺莺》、《打连成》等的旋法。

在处理和声、复调问题时，也采取了一些色彩性的调式和声的方法，使其更能烘托民歌风的旋律。

在曲式方面，采用了回旋曲式A-B-A-C-A-B-C(变化发展了的C)。

在合唱方面，采用了多声部的结构法，再加上丰富的打击乐器，造成生动、热情、此起彼伏的红火场面，用以表现边区人民的明朗、欢快、乐观的心境。当这首终曲演唱到后半段时，台下的观众们情不自禁地鼓起掌来，他们说："看！咱们边区军民就是这样信心百倍地发展生产，到处热气腾腾的，叫他们蒋管区的老爷们来看看咱们是怎样战胜荒旱、发展生产，怎样打破国民党反动派的包围和封锁的。这歌唱得好！真唱出了咱们边区军民喜气洋洋、热火朝天的心情，在边区人民面前，没有克服不了的困难，咱们丰衣足食，兵强马壮，气死那些反动派的老爷们！"

从以上六首歌综合起来看，我们得到了预期的效果，那就是先让干部、青年、人民（主要是农民和小手工业工人）听懂，并让他们爱听，然后再引起他们的共鸣，给人们以艺术上美的享受，在享受的同时受到教育和鼓舞。这部民歌联唱演出后，很快地在陕甘宁边区的各个分区以及晋绥边区流行开了。除鲁艺音乐部演唱外，延安其他机关学校，如自然科学院等团体也在演唱，同时引起了各方面的评论。大家认为这部民歌联唱在音乐创作的民族风格（地方特色）方面进行了有意义的探索。群众的热烈欢迎和鼓励肯定了这条创作道路。后来，在陕甘宁边区的文代大会上还受到林伯渠同志（当时边区政府的主席）的表扬和奖励。

在这部民歌联唱的创作过程中，我们安、马、刘、关、张和全体民歌研究会的同志，也受到了深刻的教育，那就是毛主席经常教导我们的："要当群众的先生，先当群众的学生。"我们五个人确实是踏踏实实地向人民的生活，同时也向人民的艺术（首先是民歌）虚心地学习了。没有艰苦的绥德、米脂、葭县、吴堡之行，没有延安之行，就不会有《七月里在边区》这个作品的诞生。这就更坚定了我们继续深入农村，坚持不懈地记录、整理、分析、研究陕北民歌和陕西地方戏曲、说唱音乐和民间器乐曲，用人民创造的民歌改造我们的创作意趣和道路。俄罗斯音乐之父格林卡曾说："音乐是人民创造的，音乐家们只不过把它加以改编而已……"这部作品演出之后，我们更勤奋、更刻苦、更深入地学习民间音乐，分头深入去各地，拜民间艺人为师，记录、分析、研究了各种民歌和地方戏曲，如：陕北道情、河南曲子、梆子、郿鄠、陇东道情、秦腔、山西梆子，等等。这就给《延安文艺座谈会上的讲话》之后，延安兴起的秧歌运动，在音乐创作方面准备了较好的条件。从《兄妹开荒》到《刘二起家》，从秧歌剧《赵富贵自新》到道情戏《减租会》，从大型秧歌剧《血泪仇》到《周子山》，逐步深入，逐步发展，直到1944年底1945年初，歌剧《白毛女》就应运而生了，总结这段创作历程是很有意义的。四十年后的今天来回顾这段音乐道路，更有它的现实意义和深远的历史意义。

有抱负的、有出息的音乐界的同行们。努力学习吧，我们民族的音乐是优美而丰富的。深入地分析、研究我们民族音乐的遗产，它将是我们进行音乐创作时取之不尽、用之不竭的宝库。使我们的民族音乐，成为你强筋壮骨、充实心灵的营养吧。吸收它、消化它，使它变成你的血肉。有了这最根本的、我们民族音乐的审美观，加上你大胆的、丰富的想象力，再通过你严肃而刻苦的创作，相信你会写出无愧于我们伟大民族、伟大时代的伟大作品。

四十年前的我们，当时也不过是二十出头，各方面修养还很差，我们五个人的探索，也不过是五块铺路石。今天来看这个联唱，各方面都很幼稚，我的介绍只能提供同行们一些不成熟的经验和教训，其目的是愿你们为祖国写出更美更好的作品来。

1983年2月20日于北京

关于《翻身道情》

去年(1985)十二月，在沈阳的一个音乐会上，秦月香同志演唱了《翻身道情》这首歌。她的音质纯厚而明亮，音色健美而圆润，在行腔、吐字和气息的处理上，都有独到之处。她的演唱不仅打动了每位观众的心，更使我激动不已，把我——这首歌的编曲者和第一个演唱者——又带回了黄土高原上，带到了四十三年前陕北绥德龙湾儿的那个大秧歌的广场上(减租减息动员大会上)。使我又想起了我的"道情"师傅，他就是从黄河东岸的晋西北请到陕北子洲县驼耳巷专门教"道情"的杜师傅(杜兴旺)。

下面，我想谈谈有关《翻身道情》的四个问题。

第一，什么是道情？

古人云："佛家讲理，道家讲情"，"渔鼓简唱道情"。道情，本来是李聃(即老子)为了传播道家哲学思想和教义的一种传道方式，它类似释家的佛曲，基督教的圣咏(也称为弥撒)。它向人们讲解、宣传宗教对人类的启迪、引导、关怀，对罪恶者的惩罚，同时也诫人远离一切罪恶，不然，是会因果报应的……这就是"道情"最早的目的。

随着社会的演进，从后汉直到盛唐，道教是相当繁盛的，例如：唐明皇为了求取长生不老的药，曾委托四川一位道行很高的道人，替他专程由长安城出发，赴蓬莱仙岛亲见杨玉环的仙体，亲见仙翁求取仙丹妙药。白居易的《长恨歌》里曾写道："临邛道士洪都客，能以精诚致魂魄……"在上八仙里，还有一位倒骑毛驴、手持渔鼓简板的张果老，一路走着，一路唱着道情。

后来，在"乐府"里、宋词里，尤其在民间的演唱中，已形成了一种为人们所熟悉而热爱的民间音乐，进而发展成各地的独立曲牌，最后，又形成了地方戏曲。

流行在江南一带著名的"道情"如：老渔翁欲钓杆靠山崖傍水……此曲，我孩提时期在小学里还表演过。这个"道情"五十几年前，曾给我幼小的心灵里，留下了非常纯净而美好的印象。所以，事隔这么多年，我还深深地记得它，热爱着它。

1936年12月，我当了红军，开始在红军大学（后改名为抗日军政大学）九队四组当学员，上课时直打盹，我们大队长聂鹤亭同志（已故）发现我听课听不懂，事实上对于一个十五六岁的孩子来说，叫他听辩证法、游击战争、哲学等课，那可真是十分难以承受的"折磨"、受罪。聂队长说："叫这孩子到剧团跳舞、唱歌去吧，他哪能听懂这么深的课？！……"我一听说叫我去剧团，还能唱歌跳舞，那可太好了！很快地，我被调到了剧团，这才称了我的心愿。

这个剧团就是"人民剧社"，当时唯一的红军剧团，也就是美国著名记者埃德加·斯诺和他的第一位夫人海伦·福斯特·斯诺（又名尼姆·韦尔斯）1937年向全世界报道的红军剧团（后改名为"抗日剧团"）。

在这个剧团里，有三位陕北道情的土专家，他们是：刘子云（后改名为刘志荣）、刘振武、曹洪。我向他们学习了陕北的古道情，这种道情流传在陕北的清涧县、延川县、延长县以及绥、米、葭、吴各县，唱起来听起来很古朴，也很苍凉。如下：

月照南山

月照南山一朵云

近照前川雾沉沉

穷到当街无人问

富到深山有近亲

……

这种道情的定弦法，不是 1-5、5-2，或是 6-3，而是 2-6。

古道情的十字调和新道情的十字调有着迥然不同的两种感情，一个压抑而平庸(古)，一个抑扬而跳跃(新)，举例如下：

【谱例】古道情的《十字调》(道情剧《上前线》)

$\frac{2}{4}$(稍慢)

一劝上奴丈夫你不要走，你走了撂下奴可怎么过……

【谱例】新道情的《十字调》(《李翠莲大上吊》)

$\frac{2}{4}$(中快)

李翠莲打坐在柴门以外，要待他二师父讲经说法……

古道情即西路道情(以黄河分东西)，也称作陕北道情；新道情即东路道情，也称作山西(晋西北)道情，它的定弦法是 5-2。

这些道情的发展演变，后来形成了地方戏曲的道情。如："长安道情"流传在西安城乡一带;"陇东道情"流传在甘肃,尤其是曲子、环县一带,宁夏、青海也演唱这种道情;"陕北道情"流传在陕北的延川、延长、绥德、米脂、葭、吴、神府各县;"山西道情"流传在晋西北的兴县、榆次、大同一带。

第二,我是怎样学习道情的

1. 小时候在西安,九至十三岁(1930—1934)在西安城内甜水井街的三仙庙里学习隋唐燕乐,与此同时,也曾听过长安道情的演唱。当时人们把长安道情简称为"碰、碰、碰"(即唱时敲击渔鼓的伴奏声),多半是些女居士们唱经布道、劝善拒恶的宗教活动,但从音乐演唱上,却给我留下了奇特而新鲜的印象。

2. 1936—1938年,在抗战剧团向刘志荣、刘振武、曹洪三位同志学习了陕北的古道情,它的旋律苍凉而忧虑、空旷而古朴,但是听过,尤其是唱过之后,却永远留在脑子里,而且老在回旋着,真是"余音绕梁,三日不绝"。岂止三日,距今已五十年了,我还清清楚楚地记着、爱着(这次写此文引用时,就是凭记忆顺畅而熟悉地默写了下来)。这真是:"好曲儿攒人心。"(一辈子再也忘不啦)空旷辽阔的陕北山谷里回荡着陕北古道情那久久不能忘怀的、鲜明动人的音乐形象。

3. 陇东道情(这是四十多年前的称呼,因为当时陕甘宁边区只占着甘肃省的一个偏僻角落——陇东,成为边区政府管辖下的一个分区)。当时(1943年)延安鲁迅艺术文学院曾派出舒非(袁文殊)、李刚、徐徐等同志,到陕甘宁边区的陇东分区去体验生活,搜集民歌、民间戏曲(用今天的话说,就是下乡采风)。他们回到学院,介绍了陇东的民歌、民间文艺、民间戏曲,其中,以陇东道情效果最明显、最突出,给我留下了很深刻、很别致的印象。

例如陇东道情《劈门卖画》中一节：

【谱例】$\frac{2}{4}$（中板）

领唱：清早间 奔大街 去卖墨

帮腔：画哎（哎　哎哎哎 哎嘿呀哈 哎啧呀哈）……

这种帮腔，在当时的陕甘宁边区境内的民歌和戏曲中是很少见到的（当然，全国解放后在川戏的高腔里，以及其他南方的某些剧种里，听见的就多了）。

4. 山西道情（新道情、东路道情）。1943年秋，为了继续发掘、整理道情音乐，我从延安去延安北部的绥德分区子洲县的驼耳巷，据说那个村子里有个道情班子（延安到州县，再到驼耳巷，共三百多里），去了之后，才发现这里唱的是黄河以东的新道情，即山西的东路道情。那里有一位杜师傅，是从晋西北请来的（后来我把他请到延安鲁艺音乐系，请他教同学们唱道情）。我当时是如获至宝，立刻找到了杜师傅杜兴旺，说明来意，登门拜师，杜师傅欣然收下了我这个学院里研究室的徒弟。杜师傅先让我看戏，他知道我笛子吹得尚好，又让我拿根笛子跟着乐队溜，就这样溜了两个多月，我已经成了驼耳巷道情班里出色的乐队队员了。杜师傅这才给我开讲道情的腔调、板式以及道情的表现方法，用各大本戏中的实例进行讲解。与此同时，我也开始了记录、整理并研究它的音阶、调性、调式，声乐、器乐的有机结合，等等。还有音乐学方面的问题，民间戏曲音乐的结构逻辑、表现手法，民间戏曲音乐的演变发展，以及当地民歌的血缘关系。可惜！这一本道情音乐的系统曲谱材料和我初步分析、研究的论文，也被胡宗南进攻延安时掘地三尺，把我未能出版的唯一宝贵的资料付之一炬了。

第三，《翻身道情》是怎样写作出来的，它采用了什么曲体结构、表现逻辑、手法和民间音乐？如何使用和发展了民间音乐？

1. 作品产生的时代背景

1943年底，我们鲁艺大秧歌队（第一，我们人多；第二，除了秧歌舞和广场小剧之外，我们还带了大型的秧歌剧）带了《血泪仇》到绥德分区去演出，一面演出着，一面还在绥德和交州县，收集革命历史歌剧《周子山》的材料，并且在监狱里调查了朱永山和他弟弟二老朱的全部叛变经过（周子山和二朱，就是朱永山和二老朱的化名）。

此时，绥德地委发出了"大力开展减租减息的群众运动"的指示，在地委书记习仲勋同志的领导下，在警备区司令员王震同志的支持下，展开了轰轰烈烈的"减租减息群众运动"（因当时的绥德分区没经过土地改革，是和平过渡的地区）。

地委有指示："一切文化、文艺团体，都应立即配合这一政治运动。"我们秧歌队的队长田方同志，从地委开会归来，召集了我们几个同志，一起商量如何尽快地写出反映减租减息的秧歌剧来。田方同志找了我、关鹤童、林农、王岚、韩冰等同志一起商量，而我正好才从子州县的驼耳巷返回延安，立刻又随着秧歌剧到了绥德。我向田方等同志建议："我已经把道情音乐的系统材料整理出来了，这个减租减息的戏，可否就用道情的音乐加以改变和发展……"大家兴奋地、异口同声地说："太好了！就这么办。"

2. 音乐素材的选择和取舍、运用和发展

在大家热情、积极而认真的合作之下，《减租会》的剧本，两天半就完成了（但时间仍然十分紧迫）。当我拿到成型的剧本，三天后就要在减租减息的群众大会上正式演出,还得给演员们留下背台词、背谱、合乐队的时间。花在编曲、作曲的时间,只能给我一天半。在这一天半时间里,我根本没睡觉,总算按规定的时间完成了。

陇东、长安道情的音乐,同陕北道情音乐相距太远,它们不是一个语言体系,因而调式、音阶、曲体、旋律,以及表现出来的气氛、风格截然不同,不能混用;而陕北的古道情同山西的新道情却是一个语言区域,也可以说是一个母胎所生的两个孩子,模样儿有些相似,但性格有所不同而已。基于这种鉴别和分析,我把古、新两道情的音乐素材,恰好用在了不同人物、不同环境和不同的心理状态中。

穷困而胆小的农民夫妇,农民甲(关鹤童饰)、甲妻(韩冰饰),他们生活无法维持,又有旧的观念在束缚着他们:"种人家的地,人家要多少租金,那是老辈传下来的,佃户少交租那是违背天良……"因此,他们没吃没穿,只能守着穷命往前熬日子,怎么敢在大会上和人家财董地主当面说理,更不敢说斗争了。

另一个农民乙(林农饰)是个敢于反抗斗争的毛头小伙子,但他不讲政策,不顾后果,一味地凭着年轻气盛,乱吵,乱骂,只凭个人的想法蛮干,又不去团结别人联合起来共同斗争,最后也是得不到斗争的胜利。这和前面的农民甲夫妇形成了强烈的对比。

农民丙(刘炽饰)是个减租减息运动的积极分子,他既敢于斗争,又善于斗争,很讲政策,能说服别人,又能团结别人一起去斗争。

第一场,农家之妻正愁苦地面对着除了空窑啥也没有的、熬不下去的穷日子的家而伤心、落泪,农民甲从地主家借米归来,拿着空口袋,愁眉苦脸地拖着沉重的步子进门来,妻子问:"借下米没有?"他说:"跑了三家,一颗米也没借来……"夫妻相对无言,忍受着生活的煎熬。在这段戏里，我做了如下的处理：农民甲妻一出场，采用了陕北古道情的十字调，使人听起来凄凉而难受，还有些内心的压抑。

【谱例】$\frac{2}{4}$较慢

  李兰芝端簸箕把桃黍来簸，这样的苦日月呀实实的难过。
  哎呦……（桃黍即高粱）

  农民甲和他妻子的对话，也是用古道情的十字调来述说的。
  农民乙，那个愣小伙子上场（他没有唱腔，只有对白）。
  他只是一味地要单枪匹马去和地主拼。他一肚子的气，又嫌农民甲夫妇太胆小、太窝囊；而自己是干着急、干生气，又没有好办法。正在此时，农民丙（积极分子）出场了，他的上场，给人们带了温暖，带来了光明，带来了生活的希望，那就是团结众人和地主说理、斗争，这也是陕北农民常说的"三人一条心，黄土变成金""众人拾柴火焰高"。当然，还要有政策的指导和保证。
  这个减租的积极分子出场了，也是个健壮而乐观的青年农民，他的上场，给农民甲的全家，给农民乙，也是给秧歌场里的观众们，也是给加"减租减息动员大会"的会场上带来了欢乐，带来了希望，带来了勃勃生气，带来了欢乐的热烈气氛。他给农民乙带来了斗争方法，首先是团结起来，其次是按政策进行斗争，给农民甲夫妇带来了斗争的理由和勇气。为塑造这个积极分子的形象，我采用了新道情的平调大起板（即引子）。
  半年前在子洲县驼耳巷，我第一次听到平调大起板，兴奋的心情是无法控制的，因为它使人感到新鲜、生动，充满朝气，很有活力。现在正需要这个大起板来渲染此时此刻的热烈气氛，所以农民丙(积极分子)一上场，乐队奏起了明朗而雄健的前奏(适时还加上小锣、小鼓、小镲)。还未开口唱，观众已情不自禁地鼓起掌来。从观众的掌声中，我已感受到全场观众的心里有了答案："这一下好了，这家人有救了。""这一下弄美咧，减租一定减得成了。"

下面是由新道情的平调大起板加工改编的《翻身道情》的前奏，或引子。谱例标注"$\frac{2}{4}$稍快"。原来的大起板比这个长，重复得多，显得有些烦琐，这种处理干净利落。

当农民丙开口唱出"太阳……一出来(噢)来……"时，观众们报以雷鸣般经久不息的掌声，一连在唱腔中出现八个"哎咳"，又一次获得了观众的热烈掌声。以上是声乐部分的第一段，直至唱到"旧社会咱们受苦的人"转入回忆的第二段(变化着的分节歌)：

1. 旧社会咱们受苦的人……
2. 打下的粮食，地主他拿走……
3. 毛主席领导咱们平分土地……

第1段是回忆旧社会贫农、佃农所受的剥削和苦难，所以，再一次出现在道情的十字调和平调混用，组成了表现悲痛苦难的生活场景的旋律，在演唱中使观众立刻从欢乐转入了沉痛的感情。当时，有些贫下中农低下了头，有的眼里含着泪，一面点头一面说："唉！旧社会真的就是这样啊！哪有咱穷人们过的日月呀……"

第3段，当唱道："毛主席领导咱平分土地"时，人们又开始扬起了头，不断地说："就是的，不减租那是不行的！非减不可！……"

下接第 3 段"往年咱们眼泪往肚底流，如今咱站起来，作了主人……"，下面（观众们）又是强烈的反应："哎！这一下就弄美咧，这租子是非减不可了！"

前奏的第三次出现，把观众又带到积极分子开始出场的欢乐而生气勃勃的气氛中了。他们开始交头接耳地评论着："鲁艺家这秧歌就是美气，咱陕北这道情，叫他们一唱就活不啦啦儿价！你看那个积极分子演得美着咧，就像咱们绥德州的庄稼汉……"又说："看鲁艺家秧歌，这也是高台教化，教给咱怎样斗争才能过好日子，拜识！这回回到村里，死活也要闹减租哩！不闹是活不成。"诸如此类的评语，几乎满场皆是。

当最后一段唱道"大家要团结闹翻身"时，人们几乎疯狂了，呜哇喊叫的，拼命鼓掌，喜笑颜开，嘴里不断的"啧！啧！啧！"赞扬着。演出结束了，我们跟在观众群里，听听他们的反映，他们大着嗓子说："看看人家这秧歌，简直演活咧，唱绝咧，再叫咱看上十天十夜也还是爱……"

这首《翻身道情》，在曲式上采用了 A-B-A-C-D-D-B-A-B 的结构，调式方面采用了 5-2 调式，它不在大调的"1"（主音）、小调的"6"（主音）上结束。这首独唱曲，也未采用转调、离调的方法作为终止，而是很自然的结束在这个调式的主音"5"上。这种调式和音列，在秦腔、同州梆子、郿鄠、碗碗腔、蒲州梆子、山西梆子、河北梆子等剧种里，大体上是广泛运用着的。

这首歌，在曲式方面虽然采用了 A-B-A-C-D-D-B-A-B 的类似回旋曲式，但从总的结构方面来看，从内容或者说从感情的变化和发展方面，也可以说从生活逻辑，以及人物性格和风貌方面来看，它只是三个大的段落：

1. A-B-A-C，第一段，描写了当时减租减息运动的必要性、急迫性，同时也描写了一个积极分子给穷苦而软弱的农民带来了幸福和希望的那种乐观、充满活力的形象。

2. D-D，第二段，回溯了旧社会贫农、佃农，在残酷剥削和压榨下的悲凄日子，以及平分土地后的幸福生活。

3. B-A-B，第三段，主要表现了减租运动的必然胜利，幸福生活即将到来的光明前景。同时也告诉人们，这样的道理和方法：只有"大家要团结闹翻身"这个胜利才能到来。

在旋律、节奏方面，使用了大跳跃，造成坚强、明朗、信心百倍的感觉。在前奏里，使用了不规则的重要记号，也造成了动乱的、铿锵的效果。

这首独唱曲，除了第二大段慢速度，音的连接也比较柔和，使它形成悲苦、哀怨的回忆镜头和气氛外，第一和第三两段，基本上采用了中国戏曲中梆子系统的"紧打慢唱"法，用短促音和长音的交替，造成明快而雄健的效果。

它不是采用欧洲在古典音乐作品史上普遍使用的矛盾冲突对比并置，也不是主题变奏或动机开展的方法，而是采用了唱段延伸和矛盾推进的方法，这是戏曲音乐和曲艺音乐的常用手法，但它又是合乎主题变奏和动机开展的结构逻辑的。我认为这样更适合大多数中国人民的欣赏习惯和心理状态。后来创作《英雄的炊事员》(电影《英雄儿女》中，王芳唱给老李和老赵那段大鼓式的独唱曲)，也是运用了这种曲体结构。以上就是《翻身道情》的写作过程及如何运用、发展民间音乐进行新的创作的一管之见。

第四,《翻身道情》的社会效果

前面介绍了《减租会》首次演出的真实观众反应。而这首歌,自从在绥德龙湾的减租减息动员大会的广场上演唱后,很快地传遍了陕甘宁边区、晋绥边区和其他十几个抗日根据地。在延安,凡是周副主席(总理)招待外宾和边区之外(国统区和游击区)的来宾,他们到延安之后的第一个欢迎晚会,必然是音乐会;在各次音乐会的节目中,必然有《翻身道情》(男生独唱)。当时是我独唱的,每次独唱结束,听众们总是以热烈掌声送我到后台的。

随着全国解放,每打开一个城市(即解放军每解放一个城市),必然要演歌剧《白毛女》、大型秧歌剧《血泪仇》,还要唱《黄河大合唱》,也必然地要演唱《翻身道情》(后来这首歌曲由李波同志灌制了唱片,有些同志就认准了这是一首女声独唱曲,这确实是个误会;应当说这是一首表现男性美的、健壮的男高音独唱曲,女高音也可以唱罢了)。

新中国成立后,此曲由郭兰英、王昆、李波等同志由南方唱到北方,从关里唱到关外,又由国内唱到国外(世界青年联欢节上还得了奖),很多位偏重于民族唱法的女高音歌唱家都唱过。遗憾的是由于长期误会,很多男高音歌唱家都不敢问津。我以为男高音唱起来更生动更饱满,更有气魄也更感人!因为它当初(1943年前)就是秧歌剧《减租会》中的积极分子,一个以健壮而乐观的青年男农民的形象出现的独唱曲,它有着男性美的气势和格调。

"四人帮"垮台后,全国各地又把《翻身道情》列入了独唱节目单中,中央人民广播电台和电视台也一再向国内外播放,也照样收到了预期的效果。1985年12月,在沈阳某音乐会上,秦月香同志的演唱,又一次说明这首歌的艺术生命力依然存在着。在今天回顾这首歌的产生和四十几年来的演唱情况，我又想起了我的道情老师和驼耳巷道情班的民间老艺人，他们都与世长辞了，应该说真正的作曲家是他们！是他们啊！

俄罗斯音乐之父格林卡曾说过这样的话："音乐是人民创造的，音乐家只不过把它们编成曲谱。"（大意）

事隔四十三年了，当时，我向民族民间音乐学习还很浅薄，当时的作曲技法还很幼稚（当然，今天也还在幼稚中）。《翻身道情》的产生，顶多只能算是我向我的作曲老师冼星海同志，向我的道情老师杜兴旺师傅和我的民歌、民间音乐的老师——陕北人民的一次禀报。

1986 年 2 月 2 日于北京

从四十年前的歌曲《胜利鼓舞》谈起
——兼论"作曲的形式和内容"

1943年的春节,正是延安秧歌剧运动高潮时期,陕甘宁边区各地,各行各业,各学校、机关、团体,各工厂,各个连队,都组织了秧歌队,相互拜年,并相互演出、观摩来交流经验。

延安县的秧歌队步行几十里一路演来,他们给鲁迅艺术文学院的全体师生拜年演出。在他们大秧歌演出时,突然从秧歌队伍中,跳出身穿箭衣、武士打扮的演员(类似《秦香莲》里韩琪的衣着、鞋帽),他们挎着腰鼓,雄伟、朴质、威风凛凛。他们并非单独的表演一个完整节目,只是在大秧歌的演出中,根据预先规定好的鼓点儿,跳进场子的中心表演,一两个动作和特殊鼓点,然后退回他们原来所在的秧歌队的位子上去,就这样反复进行了三四次,却博得了全场观众的热烈掌声和称赞!当地人民说:"真美气!"外来的干部们说:"真棒!真带劲儿……"

当时我也看得非常兴奋而激动,我感受到了一种中国气魄,一种男性的健壮美。记得看完了延安县的腰鼓之后,我问贺敬之同志"印象如何"?他说:"雄伟健壮,中国气魄。"这虽然是我们当时的直感反映,但给我们留下了强烈而深刻的印象。

恰好没过几天,苏德战争中,苏联红军由相持转入反攻,以摧枯拉朽之势,大兵团地向前推进,打得希特勒匪军失魂落魄、哭天喊地、屁滚尿流、夹着尾巴大踏步地后撤，他们是只恨自己的爹妈没给他们生了四只脚，再加两个翅膀；而苏联红军则是士气旺盛，雄赳赳气昂昂地向前推进，再挺进，一举收复了基辅、明斯克两座大城。

全边区、全延安都在热烈庆祝苏联红军反攻的胜利。我们鲁艺秧歌队也接到了为此大胜演出的任务。鲁艺总支书记宋保夫同志，院长周扬同志，召集了我们秧歌队的负责人田方同志和我们搞创作的同志（王大化、张水华、贺敬之、丁一、关鹤童、张鲁、马可和我）共同研究，要以最快的速度、最好的质量创作排练一组雄壮热情的、庆祝红军反攻胜利的广场歌舞、秧歌剧、宣传画牌，等等。

在这之前，我们鲁艺秧歌队北上，去绥德、米脂各县巡回演出时，我曾专程去了米脂县，向当地老艺人学了灵水寺的文腰鼓，前几天又看了延安县的武腰鼓，这就给后来我创作大型腰鼓舞和《胜利鼓舞》歌曲积累了素材。也可以说，解决了艺术创作中的形式问题、表现手法问题。

第二次世界大战，是两个阵营的对垒，以苏联为首的苏、中、英、美等国为一方的同盟国，以德、意、日为一方的轴心国。这两方的胜负，决定着全世界人民的命运。苏联红军的反攻胜利，直接影响着中日战争的前途，密切联系着中华民族的解放事业，中国人民的生活和命运。苏联红军把希特勒匪帮赶出国境，乘胜追击，直捣希特勒的老巢，攻克了柏林，彻底消除了战争的可能性（策源地）。然后腾出手来，回马杀奔东方。（苏联）远东红军出兵东北，以泰山压顶之势配合了中国抗日军民，共同作战，迫使日本侵略者投降。基于这种认识、这种感情，当时在延安把庆祝红军反攻和胜利，当作中国人民自己的胜利而热情地举行大规模的庆祝大会。我们鲁艺和秧歌队当时接到演出任务后，也是基于这种热情而进行创作和演出的。我以为这就是当时进行艺术创作的内容问题、感情问题。以上决定创作的两个首要问题（内容与形式）也是创作的根本问题，我们初步地得到了解决。下面将是具体动手，解决创作中的技巧问题，排练、演出问题。

……

就在周扬院长召集的关于创作动员小组会的第二天晚上八九点钟，贺敬之同志拿来一首歌词《庆祝苏联红军反攻胜利》。他问我："你看看，适合作曲不？"我草草地读了两遍，立刻为这首新鲜、生动、健壮、有气魄的歌词所鼓舞、所激动，我说："太好了，正好我想编一个大型的腰鼓集体舞，来庆祝苏联红军大反攻的胜利，只是这个歌的名字太长了，不好记，可否改成《红军大反攻》？"后来排练中又征求同志们的意见，最后确定了《胜利鼓舞》这个名字。有两层含义：一是胜利鼓的舞蹈，二是胜利在鼓舞着我们更勇猛、更顽强地前进。记得贺敬之走后，我急不可待拨亮了我的小豆油灯，一鼓作气，用了不到一个小时（那时我们谁都没表，只觉得是熄灯号之前），写完了还洗了把脸就睡了。第二天早晨吃过早饭我带着曲稿去找贺敬之，唱给他听，他是词作者，也是这首歌的第一位听者，记得他听了两遍之后，非常高兴地说："好！真带劲儿，有民族风格，有中国气魄……"（此话至今已整整四十年了，当时他才19岁，我才22岁）。

曲子写好了，舞蹈怎么办？此曲是为腰鼓而作，无论延安县的腰鼓或米脂灵水寺的腰鼓，都只是在大秧歌表演中穿插几个动作，几个特殊的鼓点儿而已，从未形成有完整的构思的单独表演节目。我们则要用大型的、集体的，有男性壮美的气魄来表现苏联红军在大反攻中的雄姿。这个舞蹈由我来编导。我首先征求了一些同志的意见，然后和秧歌队的负责人田方同志一起商量，我说："我想在咱秧歌队里挑选十六个健壮的小伙子，一色陕北农民打扮，以震天动地的鼓声（十六面腰鼓，还有伴奏乐队里的一面大鼓）和十六个雄威健壮的农民的舞蹈来表现这一主题——庆祝红军反攻胜利……"田方同志说："太好了，就这么干！一切后勤工作由我亲自抓，你大胆地排练吧……"

一方面突击制作腰鼓，都是我们自己制作，一方面在秧歌队里挑选了十六个壮实的小伙子（他们现在也都六十多岁了），计有：仇平、李百万、吴坚、叶央、叶枫、关鹤童、张鲁、王家丁、丁毅等，我也是十六分之一（领头）。

在正式排练前，先要把三件准备工作做好：一、腰鼓的各种节奏型的鼓点要学会，敲熟；二、各种舞姿、舞步，即动作的组合；三、把《胜利鼓舞》的歌唱会背熟。当大家掌握以上三种素材时，我也同时在构思全部舞蹈的结构、造型、画面、队形以及各分段的布局。经过了三天紧张排练，第四天我们在鲁艺的篮球场上首次演出，从开始到结束，观众们一直保持着新奇而兴奋的气氛，一个热潮接着一个热潮，十六个健美的农民小伙子分成两队，从乐队的两侧（广场演出，没有后台）一阵旋风刮进秧歌场子的中心，震人心肺的十六面腰鼓在大镲的领奏之下，真是惊天动地，人们用惊奇的眼睛注视着场内的鼓，倾听着震人的鼓声，第一次为腰鼓舞的各种奇妙的节奏、整齐又雄壮的演奏而情不自禁地鼓起掌来。特殊的鼓声之后，开始了健壮优美的舞蹈（用各种舞姿、舞步、队形，敲击着腰鼓），造成了别具一格的大型民间集体腰鼓舞，尤其是当弹跳起来，在腿下击鼓和蹲下双锤，前后左右击鼓，前弓后箭地上下击鼓时，观众们第二次报以热烈掌声。接下去是全场帮唱，我们十六个人也一面击鼓，一面舞蹈，一面也唱着《胜利鼓舞》；除了场上十六面腰鼓之外，还有唢呐和打击乐队给我们伴奏着。歌声的雄威健壮，舞姿的奇妙潇洒，伴奏伴唱的红火热闹，全场观众报以经久不息地热烈鼓掌，这是第三次高潮。临收尾之前，十六人又摆着方阵，密集的鼓点，渐快渐强，又一次博得观众的热烈掌声，这是第四次高潮。之后，又以行进速度，用大军挺进的步伐走下场去，作为全舞的结束（象征红军继续追击着希特勒匪帮的排山倒海的气势）。最后观众们以合着我们的步伐有节奏掌声热烈陪送着我们出场。这是在学校内部的预演，正式演出是在延安南门外新市场，观众的反映比在校内预演时更热烈、更兴奋。

很快，鲁艺秧歌队的大型腰鼓舞在延安广泛获得"振奋人心"的好评。紧接着在全边区传开了："鲁艺家秧歌队的大型腰鼓舞又美气，又带劲儿。"《胜利鼓舞》很快地在全边区流传了，流传到十四个解放区，随着大军南下又流传到全国（不完全统计，此曲在不同时期，不同地域填写了新词，沿用原曲演唱的有二十几种之多）。

1949年新中国成立时，天安门的腰鼓队就是参加过延安鲁艺秧歌队大型腰鼓舞首次演出者中的两位同志（吴坚和叶央），把腰鼓舞教给华大三部同学们，再由同学们教给大批中学生们（当时打过腰鼓的同志，现在也都四十五六或者五十出头了）。

1943年，当我写这首歌时，脑子里闪现了一个强烈的愿望，"我想写一首中国民族气魄的雄壮有力的进行曲"。

在三十年代，我听到的是两种不同的音乐作品，一种是雄壮有力的群众歌曲，几乎无一例外地在作曲方法上采用了西欧的或者苏联的进行曲、手法，强调了它的功能性，大调采用：do mi so，主和弦的和弦跳进，fa-la-do，下属和弦的so-xi-re，属和弦的；小调采用：la-do-mi（主），re-fa-la（下属），mi-so-xi（属）的和弦跳进这种进行，听起来确实感到了向前挺进时的有力步伐，使人感到兴奋、鼓舞，但总觉得缺少点亲切感，和我们民族的感情有个距离。一句话：不像是中国人自己的歌（中国人的感亲）。

另一种，确有民族、风格的，但几乎都是比较柔美、缠绵的、民歌风的。如：咿呀嗨，呀呼儿嗨……为什么不能是民族调式的、中国气魄的，同时又是雄壮有力的呢？难道中国人民就不该有自己的气势磅礴的歌曲或进行曲吗？从1939年初，我进入鲁艺音乐系学作曲以来，到后来在音乐研究室（1943年之前），尤其当我听了捷克斯洛伐克作曲家德沃夏克的《自新大陆》交响乐第三章中的谱例和俄罗斯作曲子家柴可夫斯基的《第六交响乐》第三章中的谱例（类似这类的作品还很多，如《伊万·苏萨宁》中的《光荣颂》，合唱《哈利路亚》，等等），它们都给人们以鼓舞，引领着人们向上前进的力量。我们为什么不能写出自己民族风格、中国气魄的歌曲（包括合唱）和进行曲呢？为了解决这个矛盾（民族化的，又是雄威健壮的），我想在《胜利鼓舞》的作曲中试试，这也叫作探索吧。

因此，在作曲中我没用欧洲的大调（以"1"做主音）或小调（以"6"做主音），而采用了陕北民歌中常见的2-6调式（5-2-6），在歌曲中把它们倒过来使用，就变成了以"2"当轴，向上向下各进行四度，成了这首歌里很突出的乐句 | 5—6— | 2226 5 0 | ……而且效果很好。这个七度向下做的大跳跃并不苦涩，也不拗口，其奥妙就在于把"2"字当轴，上下推进四度的方法上。按照一般作曲法，在旋律上跳进的禁止七、九度大跳，在和声方面也反对连续四度同方向；当时，我为歌曲的感情所激动，自觉不自觉地要求挣脱锁链，让热情的马儿尽情奔驰，后来实地演唱证明了群众感到新鲜、生动、雄壮。全曲用了234561这样音阶，而歌曲的开始和结束都用了"2"这个主音，有些好心的同行，曾把曲中的

454562161326 的"4"替我加上了"#"记号,变成了#45456。这样已不是我所采用的音阶了(《哀乐》中,原来1956年我采用了陕北唢呐曲子《凤凤铃》,用在《上甘岭》七连指导员死时,管辖虐对加大锣的追悼曲里,其中5644又被善心的同行改成56#44。真是令人哭笑不得,为什么非把"4"升半音不可呢?请这些同志研究一下鄘鄠音乐和秦腔音乐中的"哭音"和"欢音"的调式变化,也许以后就不随便给不应加升记号的曲子加"#"记号在"4"上了吧)。

调式和音阶,只能给一首音乐作品带来色彩性的效果,根本问题还在感情的踏实和充沛,用这种调式(2—6)、这样的音阶(234561)同样也可以写出深沉、悲壮或抒情、柔美,或者明快、活泼风趣的曲子。决定一首歌或一首乐曲能否感人、能否流传的关键,还在它所具备的灵魂——感情的深刻性,形象的准确性。《胜利鼓舞》这首歌的写作过程中,我始终燃烧在那种特大胜利的热烈的激情中。经过不同时期、不同场合的演唱,也证明了原来创作前所预期的效果是达到了的。人们也在议论:"这个歌里有股劲儿,是其他歌曲里所没有的……""这个歌确实有中华民族的气概,雄威健壮,又是我们民族的音乐……"这个歌把当时中国人民为苏联红军的伟大胜利而鼓舞、而兴奋、而狂欢的热情又集中了、又升华了(扩张了)。所以当时和后来有人评论说:"这是一首革命现实主义和革命浪漫主义相结合的歌……"

而我自己的看法:前辈们的同志们的鼓舞,只能说明在星海、吕骥、向隅等老师以及陕北人民(包括民间艺人)的教育下,这条创作的道路和指导思想是对的。当时我才二十二岁(贺敬之同志才十九岁),我们也只是在漫长而艰苦的创作道路上开始迈步而已,远谈不上什么现实主义、浪漫主义。但是,这个信念在我脑子里,四十多年来一直坚信不疑，即：我们祖先遗留给我们的音乐财富和历代英雄豪杰的可歌可泣的事迹，我们应该责无旁贷地用我们中国民族、中国人民的音乐写出无愧于我们祖先、无愧于我们这个伟大时代的音乐来，再别让人家指着我们"新作"说："似曾相识，反正在国外某作曲家的作品中听见过……"人家的意思是说："在音乐创作中没有中国气魄，中国风格，中国特点，只不过是热热国外的剩饭（其实就是模仿，甚至是抄袭）。"

我相信中国作曲界的同志们是有这个能力，也有这个骨气的，在不久的将来，我们中青年作曲家中（老年作曲家们也不会自甘落后）会写出无愧于祖国，无愧于时代，无愧于中华民族的，有国际水平，又有中国气魄的声乐、器乐作品来。

此篇文章是《中国音乐辞典》编辑室约我写的有关《胜利鼓舞》《我的祖国》《让我们荡起双桨》和大合唱《祖国颂》等歌曲，当年创作、流传和评论的条目之一。因回忆四十年前的往事，信口开河地写了一大堆，可能废话较多，不妥之处在所难免，就以此求教于音乐界、作曲界的同行们（老一辈、中一辈、青一辈的同行们），请给以斧正。

1983 年 12 月 20 日北京

五十年前的《塞北黄昏》
——歌剧创作随草

1.《塞北黄昏》是五十年前的一部中型的民族歌剧；

2. 它是在陕甘宁边区正式上演的第三部歌剧(第一部：《农村曲》；第二部：《军民进行曲》)，编剧：王贾凡，作曲：刘炽，由当时的西北文工团排练；

3. 1940年在延安上演。下面分五个分题简而述之。

第一，蒙古文艺考察团在鄂尔多斯草原

蒙古文艺考察团是根据边区政府指示，由延安鲁艺、西北文工团、青委联合组成的。

团长由王铎担任，翻译由许光禄担任。

美术组：朱丹，焦心河，陈叔亮。

文学，戏剧，社会调查组：杨思仲，王亚凡，马寅。

音乐组：刘炽，李庆森(人名下画横线者，已故)。

1940年9月初，从延安北上，路经安塞、清涧、绥德、米脂、定边各县，出长城，进入伊克昭盟的西乌审旗，沿着乌审昭(庙宇)、伊金霍勒(成吉思汗墓)，再往北，直至木胡儿梢、石柱地坑等地进行采访、分析、研究，对蒙古族人民的历史、社会现象、生活、经济、婚姻、宗

教，以及表现他们生活和感情的美术、文学、音乐，尤其是对蒙古民族的民歌进行分析研究。

鄂尔多斯，即伊克昭盟，所保存蒙古民族历史、文化、宗教、艺术，以及人民的生活、风俗最古老、最完整，是最值得记述、分析、研究的典型。有些生活传统，很多年来都已在其他地区的蒙古族人中失传了，被汉民族的文化和生活同化了，因而也就绝迹了。例如：少妇、主妇们的头饰，用珊瑚，有的还加翡翠、白玉、玛瑙连缀起来，一直连到耳鬓之间垂下来，是与两边若干小辫儿之上的头戴的缀饰。色彩斑斓，雍容华贵。有些贵妇人头饰上面还再加一层连缀着的珊瑚以显其富贵。全部头饰戴在头上，再穿上宽松而鲜艳的蒙古袍子，系上腰带，再穿上绣花布长靴，不但看起来美丽而端庄，走起路来也显出了亭亭娜娜的风姿。可惜，这种头饰，我离开伊克昭盟后，再也没看到过。又如：在一定节日里，一群虔诚的老太太，集合在某个蒙古包或平房的炕上，为了祈求人畜的平安，她们用蒙文念的《玛尼经》非常好听。一人主念，群声复颂副歌（五十年前，我把这些《玛尼经》的副歌都记了谱，而且用在《塞北黄昏》歌剧中了，不幸的是，后被辽宁的造反派抄走而付之一炬了）。这种蒙文的经，五十年来，我也再没听到过了。还有，乌审旗的一座大庙"乌审昭"，三四千喇嘛的念经声，四五里之外都可听到，那是很壮观的宗教音乐。西乌审格里庙的跳鬼，使我终生难忘。那假面的美学价值，那舞姿的雄健，那音乐的浑厚、雄健，也是我五十年来从未再见过的。说老实话，北京雍和宫的所谓跳神，与之相比，简直小的、少的、单调的、穷酸的无法观看。这些年，我也到过蒙古族不少地区，却再也看不到那些感人的民族文化艺术（包括宗教的）可呈现的动人、惊人的场面了。这都在我们考察团的考察之列，这也就是边区政府之所以要组建并派出蒙古文艺考察团的起因和目的。

经过三个多月的跋涉和考察，完成了预期的任务，我们十个人带着各自的收获返回了延安。我学唱和记谱了一百多首宗族民歌，其中有古代的长调，有现代的情歌，有蒙古人民共和国传来的新蒙调，也有不少宗教音乐，总之，收获是丰盛的。

第二，在纪念成吉思汗的音乐会上

正当我们撂下行李，稍事休息，准备向政府、向民委会汇报演出之际，边区政府和民委会通知我们，要纪念民族英雄成吉思汗。除了歌、舞之外，还希望能写一个较有分量的节目。得到此通知之后，考察团的团长王铎和朱丹、王亚凡，三人来找我商量，大家一致通过：写一个蒙汉骑兵队的歌剧。当时还是抗日战争中期，日本侵略者已经占领了包头，他们推行着诱降政策，说什么"满蒙是一家""大日本皇军是蒙古人的朋友""日本，满族、蒙人携起手来，建立东西共荣圈""成吉思汗的子孙起来，斗争！""摆脱汉人的压迫"，等等。欺骗了不少蒙古族青年参加他们的骑兵团。

当时，我们（指朱丹、王亚凡、刘炽）已经搜集了一个有关"都归拢"（沙窝里的圆圈会议）故事的题材，是写"乌里吉"发动革命斗争的事迹，蒙古人民称他为"希尼喇嘛"（即新的喇嘛）乌里吉，最后牺牲得很壮烈，现在蒙古人民革命烈士纪念碑上刻着的第一名烈士就是乌里吉。但这是个大型歌剧的材料，短时间内是无法完成的，只有暂时放下。于是，我们搜集好的另一个有关蒙汉骑兵队的现实题材，用来创作中型歌剧。王铎团长和考察团全体同志也希望我们先完成蒙汉骑兵队这个剧本，即《塞北黄昏》。我记得连写剧本、作曲、排练，总共只有二十七八天。因纪念会的日子不能往后拖，王亚凡四天半没睡写完了剧本，给我作曲的时间只有三天，那只有夜以继日地高强度突击，我也是三天三夜没合眼。

当时的场面是这样的：在一个窑洞里，我不停地作曲，西工团和民委派了几位同志来帮助工作。我的右面是刻蜡版的，再右面是油印的，再右边是装订的，我的左面是给我们做饭的……就是这样一条人工流水线在运转着。第四天鸡叫三遍，东方鱼肚白，太阳还未冒出山头时，我们这个集体的突击者，总算按时完成了作曲和印刷装订任务。当西北文工团起床号吹响的时候，《塞北黄昏》歌剧的油印本，已摆在团长苏一萍窑洞里的桌子上了。同时，作曲者的我，已被人们抬到中央医院内科病房"睡着"了。

排练中的声乐指导是潘奇同志，乐队排练是马可同志，我在医院昏迷了两天，第三天才逐渐醒过来，但还是不能行动，十天之后才稍微能走几步（医生不让我出院），直到彩排的前两天，大夫才允许我出院。此时全剧的架子已搭起来了，西工团的全体同志也是夜以继日地奋战着，他们居然在很短的时间里丢下了带歌谱的剧本排练，紧接着彩排，以至正式公演，多好的演员啊！多好的文艺战士啊！

纪念成吉思汗的音乐、舞蹈、歌剧晚会，按照原计划的日子上演了。前半场有舞蹈蒙古族的跳鬼（一种民间带有简单舞蹈和戏剧内容的表演——刘欣欣著），独唱，合唱，是有关伊克昭盟的蒙古族音乐的介绍，晚会的后半部是歌剧《塞北黄昏》。

整个音乐会从头至尾，贯穿着蒙古族的美术（布景、服饰、假面等）。舞蹈（跳鬼的舞姿、神态等）、音乐（丰富的民歌、伴奏的乐器等）。这些都是从伊克昭盟带回来的。四十年代之初，在陕甘宁的延安，从来没有出现过蒙古民族的文化，尤其是他们的音乐，这样集中、这样壮美辽阔而这样逼真，所以当时的听众们感到特别亲切，对我们的演唱、演奏报以经久不息的热烈的掌声。当《塞北黄昏》呈现在他们的面前时，剧场内鸦雀无声，观众们都被台上不断出现的各种蒙古民歌迷住了，同时，他们为猎人和阿他花的爱情而担心，为女主角和她丈夫阿里以及拜也尔的团圆而焦虑，对那个凶狠毒辣的催税官投去仇恨的目光，对受骗上当的蒙古青年们，唱着蒙古族合唱逃回家乡的蒙汉骑兵队，则用掌声迎接他们回到草原，回到祖国的怀抱（这部歌剧的上演在当时还是很轰动的。记得不久我又去了文化沟，在路上、在沿河边上听见了有些青年朋友情不自禁地吟唱着《塞北黄昏》中的某些民歌和唱段）。在这部歌剧中，我采用了、发展了一批蒙古民歌，如：《龙门达赖》《班禅达赖》《森吉德玛》《黑马走四方》《英雄陶陶呼》，以及不少喇嘛念经的音调、老太太们念玛尼经的音调和唱段。这次纪念成吉思汗音乐会上的种种动人情景，至今还历历在目，声声在耳。这是因为蒙古民族的音乐太丰富、太美、太感人了，是有神奇而绝不是其他。

第三，胡宗南占领延安后掘地三尺

1945年8月15日，日本投降，9月2日我们挺进东北的干部团（由两个战斗团保护着）奉命横跨五省（陕、晋、翼、热、辽）步行到沈阳。临行时刻必须轻装，我只好忍痛把我从1939—1945年作品底稿留给我的弟弟替我保存，等将来全国解放后再还给我。我的《塞北黄昏》手稿和第一次油印也在其中。

其时，胡宗南奉蒋介石之命，向陕甘宁边区发动疯狂地进攻，他们烧、杀、抢、夺，无所不为，对于曾住过机关、学校和团体的村镇更是仇恨得眼红，所到之处，掘地三尺，找他们所需要的文件、情报，我留下来的手稿包括《塞北黄昏》也被这些豺狼从地底挖了出来，焚烧成灰了。

新中国成立后，我多次向所有在延安住过、工作过的朋友们打听，甚至悬赏追索，最后，徒劳而未获。为什么我如此厚爱《塞北黄昏》？因为那是我19岁那年，冒着一场大病写出来的我的第一部歌剧作品啊！

后来，实在无望只好放弃寻找《塞北黄昏》。

第四，四十年后，两位当时的演员默背记谱

默背一首、两首曲子，对于音乐工作者来说，这不算什么，但默背一部中型歌剧，连唱腔和前奏、间奏也没落下，这可太难了，尤其是四十年前演过的歌剧，这就更难能可贵了。

这两位同志，一位是阮艾芹，另一位是李凝。她们早已年过半百，而有这样惊人的记忆，实在是了不起。连我这个当年写这部歌剧音乐的曲作者，自认为记忆力不弱的人，听说她二位居然凭四十年前的记忆，把整个歌剧先录了磁带，后记了谱子，都被震惊得目瞪口呆！激动之后，流下了热泪，它，《塞北黄昏》又复活了。

阮艾芹同志现在在中央民委文化司工作，当年她扮演《塞北黄昏》歌剧中的阿他花，她在歌剧中唱段并不多，她怎么能记住全剧的所有音乐和唱腔？

李凝同志现在在北影作曲组工作，写了不少电影音乐，她当年扮演《塞北黄昏》中的牧童（女扮男装的牧童），她在剧中的唱段，只有牧童的《拦羊歌》，她怎么能记住全剧的所有音乐和唱腔？

阮、李二位同志，她们惊人的音乐记忆力，从五十年前在延安时就很出众，再加上蒙古民歌又是那么容易上口，它的旋律结构，单纯而丰富，形象的准确度较高，因而，只要唱过几遍之后就会在歌唱者的脑子里扎根，难以忘记，这也是人们容易回忆的原因之一。记得当我从伊克昭盟返回延安的路上，曾向一位蒙汉边境的歌手学过一首情歌（五十年过去了，却像昨天、前天有人才教会我唱这首歌一样），它音的进行奇特，旋律结构也与众不同，而内容是描写一位汉族姑娘和蒙古寺庙里年轻喇嘛恋爱的情景……

当然，也不排除在音乐创作中下的一定的功夫，例如旋律进行得流畅，抒情，易于上口；曲式结构的严谨，干净；表现剧中人物的性格化、风格化，因而才使它很快钻入了听众的耳朵里、心灵里，使人们久久未能忘怀（尽管这只是极次要的因素）。所以四十年后在北京，居然能有两位四十年前的演员，把全剧的声乐部分统统默背下来，使《塞北黄昏》重新获得了生命。这在音乐史上罕见而奇事，却也有自然的道理。

第五，《塞北黄昏》歌剧的声乐本，正式收入延安文艺丛书的歌剧卷

这是1981年春天的事了。春节才过去，我接到了一个电话，是中央民委文化司阮艾芹同志打来的。她说："我（指阮）和李凝同志，经过将近一周的回忆演唱，总算把《塞北黄昏》歌剧的全谱（指声乐和前奏、间奏、过门）用磁带录下来了，我们俩准备根据默背下来的录音记谱、整理，等记完了，形成文字和谱子之后，请你校对一下，即可拿去排版，付印……"第三天，又收到了阮艾芹和李凝二同志与电话内容相同的信。

我简直不相信自己的耳朵，是这样吗？怎么可能呢？一个多小时，一幕两场歌剧，他们能从头背到底？这简直是奇迹！

又过了一段时间，还是阮艾芹同志又来电话说："好啦！我们已完成了全剧的记谱，只是乐队以及合唱、重唱和声部分，我们记不下来，等你往进填写，同时，校对一下全剧的谱子是否准确？你哪天有空？……"我立即回答："明天上午，我去你家！"

第二天上午我到了阮艾芹同志家，一进门看到李凝同志也在座。匆忙查过她们的记谱，我好像看见了失散四十年的亲生儿子，爱不释手啊！我的两眼发直，手颤抖着，但心里甜滋滋地对她们俩说："你们做了一件善事，也创造了一个奇迹，故去了的亚凡（剧作者）、活着的我，还有千千万万蒙古族人民和当年的蒙汉骑兵队的同志们，都由衷地感谢你们的惊人的记忆、深厚的热情和不辞辛苦的劳动啊！……"说老实话，连我这个当年的曲作者也记不得了那些细微末梢的过门、间奏，还有不太重要的段落，她们俩简直神了！都默背得那样准确，所以我说这是个奇迹。

《塞北黄昏》这部歌剧创作，它曾遭受过大劫，（极可能）是被胡宗南占领延安掘地三尺后，挖出来付之一炬了。四十年后，阮艾芹和李凝二位同志又抢救了这部陕甘宁边区的第三部歌剧。反映蒙古族人民生活和蒙汉骑兵队斗争的这部作品，就是这样被追忆、默背、录音、记录，经我校对之后编入了延安文艺丛书的歌剧卷内，于1983年正式出版发行了。

1990 年 11 月 16 日

"他是我们延安长大的孩子"

1977年1月8日,辽宁省盘山县影剧院里肃穆寂静,各阶层人士的代表在这里悼念敬爱的周总理逝世一周年。悼念仪式完毕,由盘锦地区文艺宣传队演唱我刚完成的无伴奏合唱《周总理,您在哪里?》,指挥是辽宁歌剧院的下放"五七"战士史建南。台上,演员以最诚挚的感情唱着"人民的好总理,您在哪里呀在哪里";台下,观众有的哭泣拭泪,有的发出悲泣。营口市人民广播电台的录音师录下了这悲壮的旋律。

大幕刚拉上,指挥史建南抓着幕布放声大哭,只听台上台下一片悲声。我坐在观众席中自始至终泪水扑簌簌往下淌,到演唱完毕,我已是泣不成声了。

半个月前,一封北京来信送到我手中,信厚厚的,打开一看,原来是延安鲁艺时期的老同学贺敬之的妻子冯凯(笔名柯岩)的来信,从落款上看,信11月份就寄出了,但七转八转,直到12月下旬才到了我手中。当时我还没有被落实政策,仍在辽宁南大荒的盘锦农村"监督劳动"。信中说,随信寄来她为悼念周总理逝世周年的新作《周总理,你在哪里?》,希望我为之谱曲。

我展开诗篇,一口气读完了它,又读、再读。诗写得实在好!质朴的语言,深情的呼唤,表达了人民对"人民的好总理"多么深沉的感情啊，冯凯写出了亿万人民对周总理无尽的热爱和思念！

时间已临近元旦，必须马上谱曲，赶上 1977 年 1 月 8 日献给"人民的好总理"。我把满腔的缅怀变成了乐句，一个个"小蝌蚪"布满了总谱纸，仅用了三四天，四个声部加独唱的无伴奏大合唱《周总理，您在哪里？》完成了。

盘锦歌舞团庆祝元旦的聚餐会上，人们欢声笑语，觥筹交错，喜庆"四人帮"垮台后的第一个新年。我一句话没说，也没动筷子，我还沉浸在写作《周总理，您在哪里？》的悲痛之中，只坐了坐，把刚完成的这部无伴奏合唱《周总理，您在哪里？》的一卷总谱送到了歌舞团团长手中，悄无声息地走了。

刘炽是个什么官？

1950 年，中华人民共和国成立后的北京市第一届文代会在怀仁堂召开，我是东北代表之一。会议期间，东北鲁艺音工团为与会代表演唱了我的《工人大合唱》，这部作品是 1948 年我奉命为在哈尔滨召开的全国第六次工代会而创作的。这天，周总理在文代会上做了长篇重要报告。会间休息，我和东北代表在外面的凉棚里说说笑笑，突然，有人轻轻拍了两下我的头，我抬头一看，原来是总理！我蹦了起来："总理，您好！"周总理笑着说："小刘炽，你也来啦，几年不见，可是长大了嘛！"没等我开口，总理问道："你现在在什么地方，做什么工作呀？"

1945 年 9 月 2 日，我从延安出发挺进东北，已整整五年了，我这是第一次再见到总理。我忘不了邓颖超大姐从重庆给我带的布娃娃，我忘不了在欢迎张治中、赫尔利的晚会上，总理总要亲切地说："刘炽，来一段笛子，唱唱你的《翻身道情》。"更忘不了我能参加挺进东北干部团，投入白山黑水的解放战争，是总理替我向周扬院长讲的情。

高兴、激动，我有好多好多话涌到喉咙，但是时间场合不允许。我回过神，只简单地向总理汇报了自己的情况——挺进东北后，一直在东三省搞作曲、指挥，文代会上演唱的《工人大合唱》就是我 1948 年在哈尔滨写的。

会议继续进行，总理接着做报告。总理着重讲了文艺工作者、搞文艺的专家，不应当计较级别待遇，去比当什么官，当什么长。总理说："艺术家去当官，不就做个文工团的团长、剧院的院长，到头了吧？艺术家应当是把精力用在艺术创作上，艺术工作做的时间越长，年头越久，越能够深入人民的心中。人民会记住他，而不是其他。"这时，总理突然把话锋一转："今天到会的有个东北代表小刘炽，他原是我们延安长大的孩子，现在都变成青年了。他在东北工作，成了作曲家、指挥家了，你们说刘炽是个什么官？"

大家的眼睛在寻着"小刘炽"，一下子，眼光集中到了我身上，我红着脸，激动得心都快跳出来了。

"艺术家应当把精力用在艺术创作上"这句话时刻在我耳畔回响，成了我的座右铭。几十年来，我的级别、我的工资、我的住房都没有得到应有的待遇，我把这一切看得很淡很淡。不少人为我鸣不平，说刘炽啊，别人写一首经典的歌，就能吃一辈子的资本了。你写了这么多优秀作品，怎么会生活得这样清贫？我笑笑，我想，我的歌已被人民传唱了几十年，而且还会被人民传唱下去，我的歌已深入到了人民心中，因此，"硬件"上我是清贫的，但是"软件"上我最富有！

我在音乐上的成就正是我听了总理在第一届文代会上讲的那些话，我对名利这些身外之物不去走脑子，我把我的全部精力用在了音乐创作上。因此，我才能够用最纯美的感情写出《翻身道情》《荷花舞》《新疆好》《让我们荡起双桨》《我的祖国》《英雄赞歌》《祖国颂》等这些久唱不衰的好歌曲。全国各地以及海外侨胞给我寄来那些感人的信使我激动不已，我听总理的话听对了，人民确实记住了我。

我给周总理写了三封信

1945年8月，我给周总理写了第一封信。"八一五"日本鬼子投降，那是多么难忘的一天啊！周扬院长率先从《解放日报》得到消息，一向文文静静的周扬，跑到了桥儿沟的小东山上，嗓音都变了腔调，激动地大喊："同志们，日本鬼子投降了！我们胜利了！"

接着，中共中央组织了挺进华北和东北的干部团，鲁艺也组成了两个文艺工作队，编入挺进团里，编号为第八中队。名单宣布下来，两个队都没有我。

我着急了。1936年，我在陕西云阳镇参加工农红军，不久就进了延安城，在延安学习、生活了10年，我真想出去闯闯，看看祖国的大平原、大森林、大江大海，想到斗争的最前线去锻炼锻炼！我跑到院部，找周扬院长，他不在，只见到了吕骥，我软磨硬泡了半天，他也不答应。我不死心，想到了一直关心着我的周恩来副主席，我想也许周副主席会帮我说话，所以我赶紧回到宿舍，给周副主席写了一封信，讲了我迫切想参加挺进团的心情，请周副主席替我向鲁艺的周扬院长讲讲情，批准我参加挺进团。

信写好了，正碰上延河发大水，从桥儿沟到枣园，必须蹚延河。我正在岸边犯愁，急得不得了，这时陈赓将军骑着马过来了，他正要去枣园开会。陈赓平时很喜欢到鲁艺看排戏，他是我最喜欢的一位将领，为人非常随和，而我又是鲁艺的活跃人物，和他很熟。"小鬼，在干什么？""我想给周副主席送一封信去，可是过不了河。""什么信呀？这么着急。""我想参加挺进团,他们不批,我想让周副主席替我讲讲情。""小鬼,莫着急,我替你把信带过河,交给周副主席。"当时的延安,民主风气浓厚,过了两三天,大概是八月底了,在南门外边区政府交际会处开欢送会,欢送挺进团的同志离开延安。周副主席做了讲话,会间休息,我挤到周副主席面前,焦急地问:"周副主席,我请陈赓同志带的信您收到了吗?"周副主席说:"收到了,收到了。"他马上回过头,对身边的周扬说:"这孩子写信给我,想出去看看闯闯,我看很好嘛,请战嘛,他要到艰苦的地方去就让他去吧。""马上执行,一定执行!"周扬连声答应。

我看周扬同意了,高兴得不得了,"谢谢周副主席!谢谢周扬同志!"我一面说,一面往外跑,一溜烟跑回我的窑洞,也不听下面的会了。回到窑洞,我把洗脸的瓦盆、盛饭的瓦罐全摔出了门外,以示走定了!结果出发前只得用别人的瓦盆洗脸,又向伙房借了个瓦罐盛饭。

二十世纪六十年代初,我给周恩来总理写了第二封信。当时,我已被调到辽宁歌剧院工作,因为写作任务来到北京。我住在西堂子胡同一号的中央实验歌剧院后楼。

歌剧院正在天桥剧场上演歌剧《白毛女》,周总理到天桥看演出。上半场,总理连换了三个地方,从前面的六七排到最后一排,又跑到楼上的中间,但都听不到演员唱了些什么,中间休息时,总理把指挥黎国荃叫到休息室,对他说:"你们应当让观众听清唱了什么内容,才能使人民受到教育嘛。管弦乐队像厚厚的一堵墙,观众根本听不清演员都唱了些什么。我看还是把乐队减一减吧。"在下半场的时候,黎国荃把乐队减了一部分,又尽量把乐队的声音压了压,也还是听不清唱词。

我在歌剧院后楼听到了这件事,这也是我曾经考虑过很久的问题。

于是，我提笔给总理写信，把观众听不清演员的唱词的见解坦率地向总理说了出来。我认为，听不清唱词的主要原因有几点：首先，剧场建筑的音响学没解决；其次，演员缺少戏剧音乐的扎实功夫（郭兰英就不存在这个问题，她的演唱观众不必看字幕，连最后一排也能听清楚）；再次，作曲家在配器时没给演员让出路子来；最后，指挥在演出时，光注意乐队的交响性和演奏的完整性，忽略了演员的嗓子和听众的耳朵是肉长的，敌不过器乐的"音墙"。我在信中说，光减乐队是解决不了问题的，即使乐队减到只剩下散件——锣、鼓、镲，观众仍然听不见唱词。我把信写好，托了一个"内线"人把信很快送到了周总理手里。

导演林农从长春来到北京，这时北京已传开了"刘炽给上边写信了，周总理让减乐队，他说减乐队也解决不了问题，弄不好要倒霉的！"林农听了很是为我担忧。自从 1957 年以后，人们说话都非常小心，更何况行诸文字。当时越级反映情况是不合法的，我还越级到中央了！林农对我说："你小子又闯祸了，往上边瞎写什么，可不是闹着玩的！"

没过几天，吉林省白城子地委宣传部赵自评到西堂子胡同来看我，一进门就说："刘炽，你可是大出风头了！我们开全国宣传部长会议，你给周总理写的信被印成了文件，我们参加会议的人每人发一份。总理还表扬了你呢！总理说：'你看刘炽，根据自己的经验，写信给我们，提了四种方法来解决观众听不清唱词的问题，你们宣传部长应当像刘炽一样，对工作负起责任来！'"陕西省宣传部长王荣也来了，也兴高采烈地描述周总理表扬我的事情。

这下，不少为我担忧的朋友们总算放下心来。其实，我自己倒是一直很坦然，信送出后说三道四的风言风语，我听到不少，但我从未感到有什么负担或压力。我对总理坚信不疑，总理是看着我长大的，我像对父辈那样信任他，我深信总理也会像慈父一样，理解爱护我。

我给总理的第三封信是在那寒冷大地的日子里，全信只有十二个字："总理，我很危险，请来救我！刘炽。"当时，我正在辽宁南大荒盘锦的三道梁子被"监督劳动"，对于"四人帮"的卑劣行径已经忍无可忍了……

我把信交给了一位当时正偷着跟我学作曲的下乡知青，让他把信藏起来，如果听说我被抓起来或是突然失踪，让他马上去北京，设法把这十二个字的信交给总理，我还向这个知青提供了一些曾和我挺好而且可能接近总理的人，这个青年把信缝进了他的小棉袄里。这是一封未送出的信。

中国青年艺术剧院排演迦梨陀娑的诗剧《沙恭达罗》，这部剧由吴雪导演，白珊、梅熹主演，吴雪请我为诗剧配乐。

在二十世纪五十年代初，我对印度音乐知之甚少，更何况是一部几百年前的诗剧，吴雪通过印度使馆寻到了三张一套的慢转唱片，是印度古典音乐，拿给我当资料。

我听了一遍，这套印度古典音乐离迦梨陀娑时代接近，可以用，我把自己关在家里，一面读剧本，一面听唱片，还跟着哼哼，家里老保姆对邻居说："我们家刘炽疯了，听着唱片就念起经来了。"印度是信奉佛教的国家，音乐也有经文的韵味，老保姆以为我念经呢。

终于，我和青艺的计永康师傅（他是优秀的录音师）把这些唱片的音乐一段段配在剧里，共二十七段音乐。

正式演出时，周恩来、印度使馆官员及夫人都去观看，印度官员特别称道该剧的音乐配得好。不久，印度使馆宴请《沙恭达罗》剧组，是在当时的和平宾馆宴会厅举行的，周恩来也参加了，印度使馆给吴雪、白珊、梅熹分别赠送了礼物，最后赠给我一尊舞蹈女神、一盒印度全套的古典乐器模型。他们一面赠礼品，一面对我说："这个剧的配乐，时间划分得这么清楚，人物感情表现得这么恰当，就是我们印度的作曲家也未必能做到。"

周恩来总理一直微笑地看着我，听着印度官员的谈话。印度官员又说："你到过印度吗？你大概对我们印度非常了解吧？"我说："我没去过印度，但我很喜欢印度音乐，很喜欢东方音乐。"

周总理看着我拿着奖品走下来，高兴得很，拉着我的手说："小刘炽，干得不错嘛！"又回头对周围的印度官员及夫人说："他是我们延安长大的孩子！"

二十世纪六十年代初，柬埔寨西哈努克亲王访华，除了演唱《远方的客人请你留下来》以外，周总理还点名让我写一首欢迎歌，我很快写出了《阿布阿·萨多》(柬埔寨语，"欢迎欢迎"的意思)由中央乐团演唱，秋里指挥。亲王听到这首富于浓郁的柬埔寨风味的《阿布阿·萨多》，笑眉频展。最后，由秋里指挥我于1957年写的大合唱《祖国颂》，西哈努克听了这首大合唱惊叹不已："多么有气魄的大合唱啊！"他问坐在身旁的周恩来："这首歌的作者是谁？"西哈努克是很懂音乐的，自己不时还作个曲。"诺，就是他！"周总理笑着指了指坐在他们身后的我，"刚才演唱的那首《阿布阿·萨多》，也是他为阁下赶写出来的。"周总理微笑着示意我走过来，拉着我的手向亲王介绍："他叫刘炽，是我们延安长大的孩子，现在成为我们的作曲家了。"西哈努克注视了我好长时间，向我点头微笑，双手合十。

秋里还向我谈了一件事：1959年，周总理亲自审定，欢迎外国元首的欢迎会上要演唱三首歌曲——《远方的客人请你留下来》、这位元首所在国的名曲、大合唱《祖国颂》。当时正值总路线、"大跃进"、人民公社三面红旗的时代。在一次欢迎某国元首的欢迎会上，秋里把《祖国颂》中间的一句歌词"我们伟大的祖国，进入了社会主义时代"改成了"进入共产主义时代"，演出结束时，周总理走到秋里面前："秋指挥，你把歌词改了，是不是？""是的。"秋里很得意地说："总理，河北省徐水县都宣布进入共产主义了，我这样改能跟上形势发展。"周总理温和而严肃地说："我看这样改不妥吧，还是改回来的好！"

秋里回家，一夜没睡好，他说："后来我慢慢理解了，总理不是对我个人的批评，也不仅仅是针对我改的《祖国颂》里这句歌词的批评，而是对当时的冒进、浮夸、大刮'共产风'的批评啊！"

周总理喜欢我的大合唱《祖国颂》，不仅会唱，还能把歌词全背下来，甚至可以指挥。

"他是我们延安长大的孩子！"周总理不止一次地向外宾介绍，每次听到这句话我都特激动，是啊，我从小家里很穷，十五岁就参加了工农红军，以后到了延安，当红军剧社的小舞蹈演员、舞蹈班副班长，之后，我又考进了延安鲁迅艺术文学院，向星海老师学习作曲、指挥，不到延安，我成不了作曲家，是延河水、小米饭养育了我，是革命大家庭的温暖和人民的智慧造就了我，我是在延安成长起来的作曲家。

周总理为我这个在延安窑洞里、共产党亲自培养起来的作曲家感到自豪。

（1997年4月1日，此文被收入由北京政协文史委编辑的《周恩来与北京》一书，有节略）

后 记

甜水井的"一滴水"

古城西安，含光门内西南角的甜水井，因井得名，是刘炽少年时期的家园。正是从甜水井时期开始，少年刘炽如饥似渴地学习陕西民间音乐、戏曲。可以这样说，刘炽六十年的音乐艺术创作生涯即发端于千百年来在古城西安存留下来的多种音乐遗产。它们给予刘炽的影响，恰似黄河与长江源头的潺潺细流……

而随着刘炽的足迹踏遍大半个中国，他也不断地从中华大地的东、南、西、北，从中华民族的各种歌、舞、乐、戏中，汲吮营养，汲取灵感，生成品性，升华创作。正如中国音乐学院教授杜亚雄所言："刘炽把中国民歌提升到了一个很高的水平。他的作品源于民歌，高于民歌。这是人民自己的旋律。"

正是应了陕西著名作家朱文杰先生的一句"神来之语"："甜水井的一滴水，流成了中国的一条大河。"而如果没有"甜水井"的那"一滴水"，就没有后来的刘炽——这个共和国的艺术家，和他的"共和国的旋律"。

人民音乐的"一条大河"

刘炽的作品不是应景式的，只为完成政治任务；不是插花式的，仅能短时间存活；不是平淡式的，未令人感觉深入、震撼和生动；也不是偶然式的，让人唱过和听过就忘记了；更不是"土八路"式的（产生于战争年代，没有多少音乐艺术技法）。他用六十年的创作生涯给中国人民留下了种类众多的经典作品，经由甜水井的"一滴水"汇成了奔腾流淌的"一条大河"。那这样一条大河是如何汇成的？

笔者认为，刘炽之所以有这样的成就，之所以能创作出众多经久不衰、广为传唱的音乐作品，不仅在于他在音乐方面的天分，更在于他善于学习、敢于借鉴、勇于创造。

首先，刘炽在对中国民歌的学习和钻研上，下足了功夫。他毕生真诚地尊民间艺人为师，不论是三仙庙古乐队的富振中，还是吹奏竹笛的王六爷；不论是陕北采风时访问的陕北唢呐艺人常茆儿、民间道情班子师傅杜兴旺、黄河船夫、普通农民歌者（叙事歌《宋家川》原创王佩吉，刘炽记录整理），还是考察蒙古文艺时结交的干妈、江西赣州兴国山歌歌手、云南彝族撒尼人民歌手……刘炽都虚心地向他们请教学习，潜心研究中国各地、各民族民间歌、舞、乐、戏，从而储备、消化了大量民间音乐素材，据说仅苗族民歌刘炽就掌握了上千首。

再之，刘炽善于学习、总结中国音乐的旋法，十分熟悉中国旋律的生成、发展和变化，以及东方音乐内在的心理诉求、情感习惯、审美偏爱，还特别重视语言特性、诗词曲赋、音韵语调等方面的传承。在中国传统音乐中，无论是在民间音乐和套曲中，还是在宫廷音乐和大曲中，这些旋法无处不在，但在一个相当长的时期内并不被专业的音乐院校加以推介、研究和传承，却为像刘炽这样的艺术家们所珍视。他们在研究、借鉴、传承中尝到了"甜头"。这个"甜头"就是，人民不但接受他们的创作，而且喜爱他们的作品。他们的作品是真正接地气的，是真正用中国音乐的旋律和音韵创作的、切中人民审美情趣的作品。

最后，正如他的名字，刘炽对创作有一种走火入魔般的"炽热"。例如在二十一岁创作中型歌剧《塞北黄昏》时，留给他作曲的时间仅三天。三天三夜，刘炽近乎狂热地构思，真正疯狂地作曲。第四天黎明时分他按时交稿，却同时被抬去了延安中央医院的病房……又例如在创作电影《上甘岭》音乐时，他甚至给自己关了十天"禁闭"！他全身心投入电影情节中，深入电影角色内心，捕捉灵感、确立基调，悟出韵味、反复品味，这些"拼了命"的创作最终成为人民口口传唱、历久弥新的"一条大河"，成就了国人的情感原声、震撼了国人的心魂记忆。

为新中国讴歌的"一个人"

刘炽出生于 1921 年，那一年中国共产党在风雨如晦的华夏大地点燃了复兴的革命火种，为波澜壮阔的现代中国史诗落下了浓墨重彩的起笔。年仅 15 岁时，刘炽成了延安抗大的"红小鬼"，然后调入人民抗日剧社，又从那里报考鲁艺，师从冼星海……正如周恩来总理所说："他是我们延安长大的孩子。"在延安，刘炽确立了自己奋斗的事业和道路。抗战刚胜利，他即随挺进东北干部团自延安经"小长征"赴东北，在"东北鲁艺工作团"和"东北音乐工作团"担起繁重的创作、演出和宣传工作，转战于白山黑水的炮火与硝烟中……1949 年 10 月 1 日，他作为东北的观礼代表参加了新中国开国大典。自 1950 年 3 月调任北京，他一步一步地迈入了艺术创作的巅峰时期。《工人大合唱》《人民的新旅大》《新疆好》《让我们荡起双桨》《我的祖国》《祖国颂》《英雄的赞歌》……他的作品里无不饱含着对祖国、对人民的深情厚爱。

当此生的喜怒哀乐、爱恨情仇、恩恩怨怨、风风火火接近"尾声"时，刘炽对自己的音乐艺术人生做了这样的总结："我把音乐还给了人民。"

是的，刘炽在人民的音乐中活着，人民在刘炽的音乐中生活着……

《共和国的旋律——人民音乐家刘炽传》出版之际，我要首先感谢好友李向晨、王友群、朱文杰，特别感谢陕西出版界的张炜先生、宋亚萍女士、刘景巍女士、关宁女士，以及管中洣编辑、杨舒雯编辑、杨亚强编辑，感谢他们在本书写作和出版过程中的鼎力相助。尤其感谢赵征溶老师贡献他用多年心血写作的本书上部书稿，并允我和出版社同仁略加编修；感谢《中国文化报》王伟杰的序言文稿，画家张喜忠传神的原创插图，长辈党永庵殷切的精神支持，世交程木兰、古安村、周月等的有求必应。我最感谢的还是三位延安鲁艺的老一代、刘炽毕生的挚友贺敬之老、程云老、王一达老。他们对刘炽的真情，对刘炽艺术人生深刻的解读，是令我的写作不致流于浅敝的通衢和不会迷失明确导向的指南。

谨以此书献给我父亲刘炽的百年诞辰，献给陕西这片热土，献给我们伟大的祖国和人民。

对刘炽的研究，才刚刚开始。

刘欣欣

2022 年 11 月 5 日 于杭州